ちくま学芸文庫

入門経済思想史
世俗の思想家たち

ロバート・L・ハイルブローナー

八木甫 松原隆一郎 浮田聡
奥井智之 堀岡治男 訳

筑摩書房

THE WORLDLY PHILOSOPHERS
by Robert L. Heilbroner

Japanese translation rights arranged
with Robert L. Heilbroner
c/o William Morris Agency, Inc., New York
through Tuttle-Mori Agency, Inc., Tokyo

目次

本書は一九八九年にHBJ出版局から刊行された原著第六版訳本を元に、第七版に準じて大幅に改訳したものである。

入門経済思想史　世俗の思想家たち

わが恩師たちに捧ぐ

序　文

本書は、私が約四六年前に書いた本の七回目の改訂版であり、本書の年齢は、私がこれを書いたときの年齢をはるかに上回ることになった。私がまだ大学院生だったときに企てたこの冒険的試みが、まったく予想外の長い寿命を保ってきたので、この最新版（これが最終版だと思うが）でなされた重要な変更について述べる前に、これまでの経緯を簡単に述べさせていただきたい。

一九五〇年代初め、私が大学院での学業に携わっていたころ、私は生活費を得るために、フリーランサーとして機会がありさえすれば、経済学とはまったくかけ離れたことをも書いていた。私が書いたもののいくつかに目を通してくれたサイモン・アンド・シュスター社の古参の編集者ジョゼフ・バーンズ氏が私に昼食をご馳走してくれて、いろいろな本の企画について私の意見を求めた。しかし、そのどれもが私には芳しく思えず、サラダが出てきたときには話は終わってしまい、私にとって出版社が招待してくれた初めてのランチは、一冊の本にも結びつきそうになかった。だが、バーンズ氏は簡単に諦める人ではなかった。彼は私に、ニュースクール・フォー・ソーシャル・リサーチの大学院で何を勉強しているのかと尋ねはじめた。そこで私は、後ほど本書に登場するアドルフ・ロウ教授の指導のもとで参加している、アダム・スミスについてのきわめて魅力的なゼミについて夢中で話をした。デザートが出るまでのあいだに、私たちは私のテーマを決めてしまった。次の授業の後、私は経済思想の発展史を執筆するという決心をロウ教授に急いで伝えた。すぐれたドイツ人学者気質の典型例のようなロウ教授は、ひどく驚かれた。「君にはできないね」と、教授は威厳ある態度できっぱりと言われた。だが、私はそれを書けるという強い確信をもっていた。それは、他のどこかですでに書いたように、大学院生のみがもつ、自信と無知の必然的な組み合わせから生まれた確信だった。フリーランスの仕事と学業とのあいだに、私は初めの三つの章を書き上げ、それをおそるおそるロウ教授に見せた。それが、一〇二歳で亡くなるまで私に対するもっとも温情ある、かつまたもっとも厳しい批判家だったこの際立った人物の度量のあるところなのだが、数ページに目を通してから彼は、「これは君がやるべきだ」とおっしゃった。本書は、教授のお力をお借りして仕上がった。

本を書き上げ、書名が必要になった。私は、「経済学」という言葉を使ったのでは本の売れ行きが悪いことを知っていたので、別の言葉を見つけるのに知恵をしぼった。そうした折、私にとって編集者からの二回目のランチへの招待を、『ハーパーズ・マガジン』(*Harper's magazine*)の編集者フレデリック・ルイス・アレン氏から受けた。私は彼のためにたくさん小品を書いていたし、彼はまた、私に大変親切で力を貸してくれた人だった。私は書名に苦心していることを話した。そして、「貨幣の思想家たち」という題にしようかなと思っているけれど、「貨幣」というのがぴったりこない、と言った。すると彼が「『世俗の』(worldly)はどうかな」と言った。「ランチは私がご馳走します」と私は答えた。

出版社の人たちは、私ほどこの書名を喜ばなかった。そしてだれもがびっくりしたほどにこの本が売れはじめると、出版社側は書名を「偉大な経済学者たち」と変えたらどうかと言いだした。幸い、この変更はなされなかった。おそらく「世俗の」という言葉が、一般の人々にはなじまないと思ったのだろう。実際、多くの学生が"wordly"と綴りを間違えていた。あるいは出版社の人は、私が何年も後になって聞いた次のようなトラブルを予想していたのかもしれない。それは、ある学生が大学の書店で、著者名は思い出せないけれども、たしか"A World Full of Lobsters"(ロブスターだらけの世界)とかいう奇妙なタイトルの本をくださいと言った、という話である。

長いあいだ本書は、私が思っていた以上によく売れてきた。そして私は、何十万という疑いを知らない犠牲者を経済学の課程に誘いこんだ、と言われた。私は、その結果として経験することになったのかもしれない苦労に報いることはできないが、多くの経済研究者から、本書が示した経済学のヴィジョンを通じて初めて経済学への関心を呼び起こされたという話を聞き、大いに喜びを感じている。

この第七版は、旧版とは二つの点で異なっている。第一は、これまでと同様に、十分に気をつけたつもりでも原稿にしのび込んでいた誤り、あるいは出版後の調べで出てきた誤りを訂正したことである。また、私自身の考え方の新たな展開に基づく強調点や解釈の変更もなされている。ただし、これらの改訂はわずかで、たぶんこの分野の学者だけの目にとまるものであり、それ自体は版を改める大きな理由ではない。

第二の改訂点はもっと重要である。長いあいだ、私は本書に欠如している重要な糸がないかどうか考えていた。それは、たんに注目すべき人々を時代順に並べるのではなく、興味深い考え方で各章をより強固に結びつける糸である。そして数年前、私はそのような糸は、変化の概念、すなわち「ヴィジョン」の中に確かに存在すると確信するにいたった。そのような考え方は、一九五〇年代に、もっとも想像力豊かな世俗の思想家の一人であるヨーゼフ・シュンペーターによって初めて提起されている。もっとも、シュンペーター自身も、その洞察を経済思想の歴史に適用することをしなかったのだから、この本に長いあいだそれが欠如していたことも許されるだろう。

この序文で、私は世俗の思想の発展という新しい見方をこれ以上論じるつもりはない。それは、推理小説で事件が始まる前に筋書を明らかにしてしまうのと同じことだからである。そこで、本書では社会ヴィジョンの役割について何度も言及されるけれども、最終章に達するまで、その今日的意味を考えるのをやめることにしよう。

そこで最後の点だが、すでにこのページをめくってしまった読者は、最終章が「世俗の思想の終わり？」という奇妙なタイトルであることに気づいているかもしれない。しかし、ここに疑問符が付されているということで、これは運命を宣誓しているのではなく、本書のテーマの性格が変化していることを確実に意味していることは明らかである。その変化がどのようなものであるかについては、本書の最終ページまで待たなければならない。それは、読者を焦らせるためではなく、本書の終わりにおいてのみ、つまりは現代においてということだが、まさに変化が経済思想そのものの本質と意味を説明するように求めているからである。

だが、こうしたすべては、まだ論証されていない。このきわめて個人的な序文を締めくくるにあたって、読者諸氏、とりわけ学生と教師の方々に感謝したい。読者諸氏は非常に注意深く、訂正すべき点、異なった意見、賛同する点などについての手紙を送ってきてくれた。いずれも、私は大歓迎だった。私としては、経済学者になろうとする勇気ある人はもとより、「ロブスターだらけの世界を知りたい」読者や出版人になろうとする読者たちにとって本書が、経済学についての展望を開き続けていくことを期待したい。

一九九八年夏　ニューヨーク州、ニューヨーク

ロバート・ハイルブローナー

第一章　前奏曲

偉大で風変わりな経済学者たち

本書は、世に名を知られる資格をもった一握りの人物のことを書いたものだが、小中学校の歴史の教科書の規準のどれをとっても、彼らは取るに足らない人たちである。彼らは軍隊を指揮したわけではなく、兵士たちを死地に送り込んだわけでもないし、帝国を支配したわけでも、歴史をつくるような意思決定に参画したわけでもない。彼らのうちの何人かは名声を得たが、国民的な英雄となった人は一人もいない。また、何人かの人は激しく罵られはしたが、国賊とまで言われた人はいない。だが、輝かしい栄誉に浴した政治家の多くの行為よりも、彼らの行なったことのほうが歴史上ずっと決定的だったし、前線の軍隊を右往左往させるよりもずっと大きな動揺を世の中に与え、さらに国王や立法機関の勅令・布告よりも、よかれあしかれ影響力をもった。それは、彼らが人々の考え方を育み、かつ左右したからである。

およそ人の心を惹きつける者は、武力や権力よりもずっと大きな影響力をもつものであるから、これらの人たちが世の中を育み、かつ左右したのである。彼らのうちには、実力行使に出た人はほとんどいなかった。つまり、大部分は学者として、おとなしく目立たぬように、自分たちのことを世間が何と言おうと頓着せずに仕事をした。だが、彼らの影響は帝国の崩壊や大陸の激動をもたらした。また、ある政体を支持したり、転覆させたりした。はたまた階級間の対立、さらには国家間の対立すら生み出した。それは、彼らが騒動を企んだからではなく、彼らの思想が非常に大きな影響力をもったからである。

さて、彼らとはどのような人たちなのだろうか。それは、「偉大な経済学者」として知られている人たちである。だが不思議なことに、彼らについて知られていることはきわめて少ない。さまざまな経済問題に大いに悩まされている世界や、たえず経済情勢を気にかけ、経済問題を論じている世界であれば、偉大な経済学者は偉大な哲学者とか政治家などと同じくらいよく知られているはずだと思うかもしれない。ところが、彼らの人物像は過去のごくぼんやりとしたものにすぎず、彼らが熱っぽく論じ合った問題は、ある種の冷ややかな畏敬の念をもって眺められている。経済学が重要なものであることについては異論の余地はなくとも、面白味がないうえに難しいので、思想の深遠の王国によく通じた人たちに任せておくのがいちばんいいとされている。

しかしこれほど真実とかけ離れた話はない。経済学は教授連にとっての問題にすぎないと思っている人は、経済学こそ人々を戦争に送り出した学問であることを忘れているのである。経済学のテキストにざっと目を通して、経済学とは退屈なものだと決め込んだ人は、兵站《へいたん》学の入門書を読んで、戦争についての研究は無味乾燥なものに違いないと決め込んだ人と同じである。

そうした思い込みは間違っている。偉大な経済学者たちは、非常に刺激的で、そして危険でもある探究を行なってきた。偉大な哲学者たちの思想と異なり、経済学者たちが扱った思想は、人々の日々の労働生活に重大な影響を与えた。また、彼らが強く主張した実験は、科学者の実験のように実験室に閉じこもって行なえるようなものではなかった。偉大な経済学者たちの考えは、世界を揺り動かし、彼らの過ちは大変な災難をもたらすものだった。

みずからも偉大な経済学者であるケインズ卿は、次のように書いている。「経済学者や政治哲学者の思想は、それが正しい場合にも間違っている場合にも、一般に考えられているよりもはるかに強力である。事実、世界を支配するものはそれ以外にはないのである。どのような知的影響とも無縁であるとみずから信じている実際家たちも、過去のある経済学者の奴隷であるのが普通である。権力の座にあって天声を聞くと称する狂人たちも、数年前のある三文学者から彼らの気違いじみた考えを引き出しているのである。私は、既得権益の力は思想の漸次的な浸透に比べて著しく誇張されていると思う」。(『雇用・利子および貨幣の一般理論』塩野谷祐一訳)

もちろん、すべての経済学者がそうした巨人だったわけではない。何千人もの経済学者が教科書を書き、その中にはつまらなさの記念碑のようなものもあれば、中世の学者のようにありったけの熱意をもって事細かに調べたものもある。もし今日の経済学がほとんど魅力のないもので、大いなる冒険心を欠くものだとすれば、その責はほかでもない、それに携わっている人たちにある。偉大な経済学者たちは、たんに知的な空騒ぎをするような人ではない。彼らは世の中全体を自分のテーマとし、その世の中をさまざまに大胆な態度で、つまり怒り、絶望し、また期待を込めて、描いた。彼らの異端な考えが常識へと進化し、常識だったことを迷信とあばいたことが、現代の世の中の多くの知的建造物を徐々に築き上げているのである。

「世俗の」思想家たち

これほどまでに風変わりな人たち——とても世界をつくり変えるよう運命づけられているとは思えない人たち——は、ちょっと想像しがたい。

彼らの中には哲学者もいれば狂人もいるし、僧侶も株式ブローカーも、革命家も貴族も、さらには美術愛好家、懐疑主義者、放浪者などがいた。国籍、職業、気質もまちまちだった。才気縦横といった人や退屈な人、愛想のよい人やどうにもならない人がいた。少なくとも三人は財産を築いたが、自分の財務についての初歩的な経済学も修得できなかった人も同じくらいいた。すぐれた実業家も二人いたが、旅商人で終わった人、自分の財産を潰してしまった人もいた。

世の中についての彼らの考えは、彼らの運命と同じにさまざまだった。また、これほど口論好きな思想家グループもない。一人は生涯を通じて女性の権利を擁護し、他の一人は女性が男性より明らかに劣っていると主張した。また一人は、「紳士」とは変装した野蛮人にすぎないと主張し、他の一人は、紳士でない者こそ野蛮人だと言い張った。彼らのうちの一人は大変な金持ちだったが富の廃止を訴え、もう一人はきわめて貧しかったが慈善に反対した。さらに何人かの人は、いろいろ不十分な点はあるにせよ、この世は考えられる世の中で最善のものであると主張し、他の何人かはそうでないことを証明するために生涯を捧げた。

彼らはみな本を書いたが、それはまったくバラエティに富んでいた。一人か二人は、アジアの片田舎にまで届いたベストセラーを書いたが、他の人たちは世に知られない著作を自費で出版しなければならなかったし、その本もごく限られた範囲の人にしか行きわたらなかった。何人かの人は多くの人を興奮させるような言葉で書いたが、同じように世界にとって重要である他の人たちは、頭を混乱させるような散文で書いた。

これらの人たちを結びつけたのは、彼らの人格でも経歴でも偏見でもなければ、彼らの思想でさえなかった。彼らの共通点は何か別のこと、つまり共通の好奇心だった。彼らは身の周りの世界に、その複雑さと上辺の無秩序に魅せられた。また、殊勝げな仮面をつけた残酷さに魅せられ、それが首尾よく気づかれないことに魅せられたのだった。彼らはみな、同時代の人々がまずは物的な富を築くような行動をとることに心を奪われ、そして、その分け前にあずかろうと隣人を怒らせるような行動をとることに気を奪われたのだった。

したがって、彼らは世俗の思想家と呼ばれる。彼らは思想体系の中に、人間のあらゆる活動の中でもっとも世俗的な行動である富への衝動を組み入れようとしたからである。それはたぶん、もっとも高雅な思想とはならないだろうが、これほどに興味をそそり、かつ重要な思想はほかにない。貧困家庭や息を殺して破滅の訪れを待っている相場師の中に「秩序」と「計画」を探したり、街頭を行進する群衆や客に愛想笑いをする八百屋の中に整合的な「法則」や「原理」を求めることなどを考える人がほかにいるだろうか。だが、まさにそうした見かけ上は関係ないように見える糸が、一枚のタペストリーに織られていき、かなりの距離をおいて見れば、騒々しい世の中も秩序ある進歩と見ることができ、騒動は調和という形で解消するというのが、偉大な経済学者たちの信念だった。

実に壮大な信念である。しかも驚くべきことに、それが正当化されることになった。経済学者たちがそれぞれ考え出した行動様式をひとたび同世代の人々に示すや、貧しい人も相場師も、八百屋も群衆も、訳もわからず舞台に投げ出された場違いな俳優ではもはやなく、それぞれは、人間のドラマそのものを進行させるのに欠かせない、幸福あるいは不幸の役割を演じることを知るのだった。経済学者たちが理解されるとともに、これまで単調であるか混沌であるかだけだった世の中が、それ自身の有意義な生活史をもつ秩序ある社会になった。

経済学の中心をなすのは、社会の歴史の秩序と意義を探究することである。したがって、それが本書の中心テーマである。われわれは諸原理についての講演旅行に旅立つのではなく、歴史を形成する思想を巡る旅に出る。途上で学者に出会うだけでなく、多くの貧民や、損したり得したりの相場師、多くの群衆、そこここの八百屋に出会うだろう。われわれは、偉大な経済学者たちが見つけたわれわれ自身の社会の根源を、混乱した社会の中に再発見するために歴史を遡ることにしよう。そうすることによって、偉大な経済学者たち自身を知ることになるだろう。それは、彼らの人となりが華やかな場合が多かったからだけでなく、彼ら自身が思想の創始者だったからである。

まずは偉大な経済学者の最初の人であるアダム・スミスから始めるのがよいのだが、アダム・スミスはアメリカ革命の時代に生きた人であり、それ以前の六、〇〇〇年もの歴史の記録の中に、「世俗の」経済学者が一人も登場しなかったという、少々困った状況を説明しなくてはならない。奇妙なことだが、古代エジプト王ファラオの時代から、人間は経済問題と取り組み、その数世紀間に、何十人もの哲学者、何百人もの科学者、政治思想家、歴史家、芸術家、そして何千人もの政治家が登場した。が、なぜか経済学者がいなかった。

その理由を見出すために、一章を充てようと思う。初期の、いまよりはるかに長く続いた世界、経済学者が必要でなかっただけでなく、存在しえなかった時代の性格を探ってからでないと、偉大な経済学者が登場する舞台をしつらえることはできない。われわれの主な関心は、過去二世紀のあいだに生存した一握りの人物にある。しかし、まず初めに、彼らが登場する以前の世界を知っておかなければならない。そして、大きな革命の騒動と苦悩の中で、以前の世界が近代世界——経済学者の世界——を生み出すことに注目しなければならない。

第二章　経済の革命――市場システムの登場

生存のための人知の展開

人間は、木から降りて生活するようになったそのときから、個人としてではなく社会集団の一員として生存するという問題に直面した。人間がこれまで絶えることなく生きながらえてきたという事実は、とりもなおさず、この生存の問題をうまく処理してきたことを裏づける証拠である。ところが、もっとも豊かとされている国々においても欠乏や困窮は相変わらず存在している。このことは、人間が生存の問題をうまく処理してきたといっても、それはせいぜい部分的な解決でしかないことを物語っている。

しかし、人間が地上にパラダイスを築くのに失敗したからといって、それをあまり厳しくとがめてはいけない。この地球という星において、生活の糧を搾り取るのは容易なことではないのだ。動物を飼いならすことを覚え、種を蒔くことを発見し、地表近くから鉱石を採掘するといったことに注がれてきた不断の努力には想像を絶するものがある。こうして人間がなんとかうまく生きながらえてこられたのも、人間が社会的に協力する生き物であったからにほかならない。

ところが、人間は同胞に依存しなければならないというまさにその事実が、生存の問題を困難きわまりないものにしてきた。人間はアリとは違い、生まれながらにしてうまい具合に社会的本能を備えているわけではない。それどころか人間は元来、はなはだ自己中心的にできているようだ。かりに人間はその相対的に貧弱な体格のせいで仕方なく協力的になるものだとしたら、人間の内に秘めた本能的欲求がそうした社会的協働行為を崩壊させてしまう恐れが常にあることになる。

未開社会にあっては、自己中心的本能と協力のあいだの対立は環境が収拾してくれる。エスキモーのように常に飢餓の恐怖と向かい合わせであるような人間社会では、ただ自分自身の生存を確保する必要から、社会は日々の労働を協力的にこなすよう駆りたてられる。人類学者によると、さほど過酷でない状況のもとでは、広く世間で認められている血族関係や互恵主義の行動様式が強力な導き役となって、男も女も決まった仕事をこなしていくという。エリザベス・マーシャル・トーマスは、アフリカのブッシュマンにかんするすぐれた著書の中で、一頭のゲムズボック〔南ア産カモシカ〕が親戚やそのまた親戚へと分けられていく様子を述べているが、その結末は「だれかが他のだれかよりたくさん食べるということのない状態」になるという。ところが文明の進んだ社会にあっては、未開社会のような環境の作用も希薄だし、慣習の拘束力が社会全体に張りめぐらされているわけでもない。男も女も協力して生存に直接かかわるような作業に携わることがもはやなくなってしまった状況、たとえば、人口の三分の二が土に触れることもなければ鉱山に入ることもなく、手作業でものを作ることもなければ工場に立ち入ることすらないといった状態のもとで、あるいは血族がその権利を主張するといったこともほとんどなくなってしまった状況のもとで、人間という動物を永続させていくことは、社会のなせる驚くべき離れ技とでもいうしかない。

注目すべきことだが、社会の存立は実にきわどい状況のもとに成り立っている。現代の人間社会は、数知れない危険にさらされている状態にある。たとえば、もし万一農家が必要なだけの穀物の植付けに失敗したら、また線路工夫が帳簿係になってみようとか、逆に帳簿係が線路工夫になってみようという気になったら、あるいはまた鉱山労働者や錬鉄師になりたいとか工学博士の学位を取ろうと思う人の数が極端に少なかったとしたら――要するに、無数にある相互に絡み合った社会の仕事のうちどれか一つでもうまく行なわれなくなったとしたら――、産業に基づいた生活はたちどころに手の施しようもないほど混乱に陥るだろう。社会は常に崩壊の危険性にさらされているが、それも自然の諸力からくる危険性ではなく、純然たる人間に帰する予測不可能性からくる危険性なのである。

何世紀もかかって人間はこうした災いに対処する方法を三つだけ見つけ出した。

人間は、伝統に基づいて人間社会を組織し、慣習やしきたりに従って親から子、世代から世代へと必要な仕事を後世に伝えていくことによって、みずからの存続の確証を得てきたのであった。アダム・スミスによると、古代エジプトでは「すべての人間は宗教の教えにより父親の職業を受け継ぐ義務があり、もし職業を別のものに変えようものならそれは神に対するもっとも恐ろしい冒瀆だとされた」。インドでも、つい最近までカースト制によって世襲的に割り当てられる職業があった。工業化されていない世界では、いまだに生まれる前から職業が決まっているところが多いのが現実である。

さもなければこの問題は社会が別の形で解決してくれる。社会というものは、中央権力の独裁的支配という鞭を振うことで必要な仕事がうまく行なわれるようにすることができる。古代エジプトのピラミッドは、ある建築業者がピラミッドの建設を思いたったから建てられたわけではないし、ソ連の五カ年計画にしても、それがたまたま昔からの習慣や個人の私利私欲に合致していたから遂行されたわけではない。ロシアにしてもエジプトにしても統制された社会であり、政治的側面は別として、ともに当局筋からの勅令と最高権力者が適当と考えて下す刑罰とによって、経済的生き残りを確かなものにしてきたのである。

経済学者の登場と市場システム

何世紀ものあいだ、人間はこれら二つの解決策のいずれかによって生存の問題を処理してきた。そして、生存の問題が伝統ないしは命令によって片づけられているうちは、「経済学」と呼ばれるあの特殊な研究分野を発生させることはけっしてなかった。歴史に出てくる数々の社会は、経済的に実に驚くべき多様性を示していて、国王が強い場合もあれば人民委員が強い場合もあり、鱈の干したものを貨幣に使用することもあれば人間の手ではとても動かせないような大きな石を使用することもあり、また分配方式にしても、はなはだ単純な共産主義的方式による場合もあればまことしやかに儀式的なやり方をとる場合もあった。しかし、社会が習慣や命令によって動いているかぎりは、社会を理解しやすくする役回りの経済学者などはまったく必要とされなかった。神学者、政治学者、政治家、哲学者、歴史家は必要であっても、不思議に思うかもしれないが、経済学者は必要ではなかったのである。

生存の問題に対する第三番目の解決方法が発明されて初めて経済学者が登場する。各人に思い思いのことをさせても、それが中央の指導方針にかなった行動でありさえすれば、社会はその存続を保てるという驚くべき装置が開発された。経済学者の出番はその後のことである。その装置とは「市場システム」と呼ばれるもので、その原則は思いのほか単純である。すなわち各人は金銭的に見て自分にいちばん有利なことをしなさいというものである。市場システムにおいては、伝統の強制力や権力の鞭などとは違って、利得のもつ魅力がすべての人に仕事をするよう仕向ける。しかも、各人はみずからの欲望のおもむくままに何を欲しがろうと自由でありながら、他人との相互作用によって、結果的には社会に必要な仕事がうまく行なわれるようになるという。

経済学者の登場を呼び起こしたのは、生存の問題に対するこのパラドクシカルで微妙かつ難解な解決方法だった。習慣や命令に従う場合のように単純ではなく、各人がただひたすら自分の利得を得ようとするなかで、社会は実際にもちこたえていけるかどうかまったくわからなかったのである。習慣や命令が世界を動かすことがなくなったとして、きれいな仕事も汚い仕事も、社会のすべての仕事がはたしてうまく行なわれるのかどうかも、かいもくわからなかった。社会が一人の支配者の指図に従うことがなくなってしまったら、社会がどういう結末に向かうかをだれが教えてくれるというのだろうか。

こうした難題を解き明かすことを買って出たのが経済学者だった。しかし、市場システムが一般に受け入れられるようになるまでは、解き明かさなければならない難題も存在しなかった。ほんの二、三世紀前まで、市場システムというものを疑惑や嫌悪や不信の目で見るべきではないという確信などどこにもなかった。それまで何世紀ものあいだ、世界は伝統や命令という居心地のよいお定まりのやり方でうまくやってきたのである。それが、こうした何の心配もない状態を放棄し、代わりにうさん臭くてわかりにくい市場システムとやらを受け入れるには、まさしく革命のようなものが必要だった。

それは、近代社会の形成という観点からして、いまだかつてないほど重要な革命であり、根本的にフランス革命よりも、アメリカ独立戦争よりも、ロシア革命よりもはるかに大ごとだった。この革命がいかに重要であるかを評価し、それが社会に与えた苦痛がいかに大きかったかを理解するためには、それ以前の、いまとなっては忘却の彼方へと追いやられてしまってはいるが、現代のわれわれの社会の大もとである世界に立ち入ってみなければなるまい。そうすることで初めて、経済学者がなかなか出てこなかった理由もはっきりしてくるだろう。

第一の訪問先・一三〇五年のフランス

われわれの訪れるのは定期市である。武装した護衛を従えて今朝ここに着いたばかりの行商たちが、派手な縞模様のテントを張って、行商人どうし、あるいは地元の人々と取引をしている。絹やタフタ〔コハク織り〕、スパイスに香水、獣皮や毛皮など、いろんな外国の品々が売りに出されている。東方から持ち込まれた品物もあれば、スカンディナヴィアから入ってきた品物もあるし、またほんの数マイル先から持ち込まれた品物もある。一般の人々に加えて地元の貴族や貴婦人たちもこの露店を足しげく訪れ、退屈ですきま風の吹くような荘園生活の憂さ晴らしをしたくてたまらないといったところだ。彼らは、アラビアから入ってきた珍品が欲しくてしょうがないのだが、それと同時に、途方もなく遠いところから入ってきたディヴァン〔東洋風絨毯《じゅうたん》〕、シロップ、関税、アーティチョーク、ホウレンソウ、壺といった聞き慣れない言葉を覚えることにも余念がない。

ところが一歩テントの中へ入ると奇妙な光景が目に入ってくる。テーブルの上に開いたまま置かれている帳簿類は、取引メモ程度のものでしかないこともある。たとえばある商人の帳簿を見ると、「聖霊降臨の日、ある男に一〇グルデン貸したがそのままになっている。男の名前は覚えていない」といった調子で書かれている。計算は主にローマ数字で行なわれるが、金額の間違いなどはざらで、長ったらしい割算などはまるでミステリーのごとくざっと計算されるし、ゼロの使い方もはっきりとは理解されていない。けばけばしい陳列と人々の活気にあふれてはいても、市場そのものの規模は小さい。一年間に聖ゴタード峠を越えて（史上初の吊り橋を渡って）フランスに入ってくる商品の総量は、現代の貨物車でいえば一台分にも満たない量であろうし、ヴェニスの大船団が運ぶ品物の総量にしても、現代の鉄製貨物船一隻分にもならないだろう。

第二の訪問先・一五五〇年を少し過ぎた頃のドイツ

顎鬚《あごひげ》を生やして毛皮のコートをまとった一人の商人、アンドレアス・ライフは、バーデンの自宅に帰ってきた。妻宛の手紙にも書いたように、三〇カ所もの市場を回ってきたため靴ずれに悩まされている。しかしその靴ずれ以上に悩まされた度重なる不愉快な思いがあった。旅の途中、ほぼ一〇マイルごとに止められては通行税を払わされたことである。バーゼルとケルンの間で三一回も通行税を徴収されたのだ。

それだけではない。彼の行く先々で使われている貨幣は違うし、基準や決まりにしても法律や秩序にしてもまちまちなのだ。バーデンの近辺だけでも長さの尺度は一一二種類、面積の尺度は九二種類、乾量の尺度は六五種類、穀物の単位は一六三種類、液体の尺度は一二三種類、酒類だけに適用される尺度は六三種類、重さの尺度は八〇種類もある。

第三の訪問先・一六三九年のボストン

裁判が行なわれている最中である。ロバート・キーンという人物が「年老いたキリスト教の神学教師、要職にある人物、裕福で子供は一人だけ、骨休めをかねて福音の伝道にやってきた」というのだが、彼がいま、憎むべき罪を犯した被告人として告発されている。その罪とは、べらぼうな額の利得、つまり一シリングに対して六ペンスを超える利潤を得ていたというものである。法廷は、その罪を理由に彼を破門すべきかどうかを議論したが、結局、前科がないことを酌量して温情判決を下し、二〇〇ポンドの罰金で釈放とした。ところが哀れなキーン氏は、気が動転してしまったのか教会の長老の前で「涙ながらに自分の欲深い邪悪な心を認めてしまう」。ボストンの牧師は、不法者の生きた実例がいるというこの絶好の機会を利用せずにはいられず、日曜日の説教のときにキーンの強欲の例を引いて、取引をめぐる誤った考え方について一席ぶったのである。その一例を紹介すると、

「人は物をできるだけ安く買い、できるだけ高く売ってもよい」

「航海中の災難その他で商品の一部を損じた場合には、残った商品の値段をつり上げてもよい」

「どんな高い値段で買ったとしても、その買った値段で売る分にはかまわない」

これらはすべて誤っている、間違いなのだ、富のために富を求めることは強欲の罪へと堕ちていくことだ、と牧師は叫ぶ。

イギリス、そしてフランスへと戻る

イギリスでは、大規模な貿易組織、マーチャント・アドベンチャラーズ・カンパニーが設立の定款を作成したところである。その中に、この組織に参加する商人に適用される規則が次のように記されている。下品な言葉を喋ること、仲間うちで口論をすること、トランプ遊びに興じること、猟犬を飼うこと、以上を禁止する。また街ではみっともない荷物を持ち歩かないこと。これはまことに変わった商社である。まるで友愛会の集会所に近い感じがする。

フランスでは、このところ織物産業が目にあまるほどに独創性を発揮していたが、コルベールは、この危険で破壊的な傾向を排除すべく一六六六年に条例を公布した。それ以来、ディジョンとセランジーの織物は「耳」も含めて一、四〇八本の糸が入っているのが決まりになり、それ以上でもそれ以下でもいけない。またオークセル、アバローン、それにあと二つの産地では、糸の数は一、三七六本でなければならないし、シャティヨンでは一、二一六本でなければならない。こうした決まりに反することが見つかった布地は、曝し台の上で物笑いの種にされる。そしてそれが三回重なると、こんどはその布地を扱った商人のほうが曝し台に架けられるのである。

このように、あちこちに散りばめられた過ぎ去りし世界の断片にも共通するものがある。それは、第一に、個人的利得という基礎の上に組織されたシステムが（必要なものだとまでは言えなくとも）妥当なものだとする考え方は、まだ根を下ろしていなかったという点である。第二に、経済だけを切り離し独立させても成立するような世界は、まだその社会的文脈の中から出現してはいなかったという点である。実務の世界が、政治的、社会的、宗教的生活の世界と渾然一体となっているのである。この二つの世界が分離するまでは、現代の生活のテンポや感覚とは似ても似つかない生活が続くだろう。そしてこの両者の分離が実現するには長く辛い闘争を経なければならないのである。

利得という観念の登場

意外に思うかもしれないが、利得の観念は比較的近代になってから出てきたものである。われわれは、人間とは本質的に強欲な生き物であり、放っておくと自尊心の強い実業家ならだれでもとるような行動をとるものだと信じ込まされている。また、利潤の動機は人間そのものの歴史と同じくらい古い歴史をもつものだとも、常に聞かされてきている。

しかし事実はそうではない。われわれの知っているような利潤動機が「近代の人間」の歴史と同じくらい古くからあるというだけなのだ。利得のための利得という観念は、世界の大部分の人々にはいまなお無縁であり、記録として残っている歴史を見てもまず出てこない。一七世紀の驚異的人物、ウィリアム・ペティ卿——彼はその生涯で、船員、行商人、洋服屋、医師、音楽教師を次々と経験した人物で、政治算術と称される思想の創始者でもある——は、賃金がいいと「労働者たちは食べるためにだけ、というよりむしろ酒を飲むためにだけ働くような放蕩者ばかりだから、労働力の確保はままならない」状況になる、と主張した。しかし、ウィリアム卿の主張は、たんに当時のブルジョア的偏見から発せられたものではない。彼は、工業化されていない地域の人々のあいだにいまもって認められるような事実を、当時すでに見抜いていた。その事実とは、賃労働にも工場生活にもなじめなくて、生活水準は常に上がっていくものだなどとは教わっていない未熟練労働者たちは、賃金が上がっても前より働くことはせず、休みを多くとろうとするだけだというものである。利得の観念、すなわち働く者は常にみずからの物質的運命を改善しようと努力してもよいし、また努力すべきだとする観念は、ルネッサンス期と宗教改革期にちらほら見受けられるだけで、エジプト、ギリシア、ローマ、そして中世へと至る文明の流れを通して、大多数の中・下層階級にはまったく縁がなかった観念であり、東洋文明にいたってはほとんどといっていいくらい存在しなかったものである。この観念が社会のいたるところ

である。印刷技術の発明と同じくらい近代になってからで見受けられる特徴となったのは、

このように、利得の観念は、普遍的なものだと思われることもあるが、けっしてそうではないし、さらに利得が社会的に正当なものと認められるようになったのはずっと近代になってからのことで、それも限定的な形で認められたにすぎなかった。中世においては、「キリスト教徒たる者は何びとも商人たるべからず」と教会で教えられていたが、この格律の背後には、社会をパン種にたとえるなら、商人はそれをかき乱すイースト菌みたいなものだとする考え方があった。シェイクスピアの時代には、上流階級に属さないごく普通の市民すべてにとって、人生の目的とは、みずからの身分を高めることではなくて、それを維持することだった。ピルグリム・ファーザーズと称されるアメリカ人の祖先たちでさえ、利得は黙認されてよく、場合によっては有用でさえある人生の目標だなどと考えようものなら、それこそ悪魔の教え以外の何ものでもないと思えたことだろう。

もちろん富はいつの世にも存在していたわけだし、ごうつく張りの話にしても少なくとも聖書と同じくらい昔からある。しかし、一握りのけたはずれな有力者が所有する富に刺激された羨望と、社会にくまなく散乱する富を求めての全般的な闘争とでは大きな違いがある。冒険商人の存在は、フェニキアの水夫にまで遡ることができる。また、ローマの投機商人、ヴェニスの商人、ハンザ同盟、さらには個人的財産を求めてインド航路の旅に出た大航海時代のポルトガル人やスペイン人たちに代表されるように、冒険的な商人はいつ

の時代にもいたわけである。しかし、ごく少数の冒険的な人々が存在するのと、社会全体が冒険的精神によって動かされているのとではまったく話が違う。

一六世紀のドイツのとてつもない大銀行一族フッガー家を例にとってみよう。全盛期には金銀鉱山を所有し、数々の貿易特権のほかに自分の貨幣を鋳造する権利までもっていたフッガー家の信用は、当時の国王や皇帝の富をもはるかに凌ぐほど絶大で、彼らに戦費を（場合によっては家計費までも）用立てたくらいである。しかし長老アントン・フッガーが亡くなると、一番上の甥ハンス・ヤコプは、町の仕事と自分のことで手一杯という理由で、この銀行帝国を引き継ぐことを拒否した。ヤコプの弟ゲオルクは安らかな暮らしがしたいと言い、三番目の甥クリストフも同様に興味を示さなかった。とにかくこの富豪の王国の跡取りとなる可能性のある者はみな、やり甲斐がないと考えたようである。

国王（ただし支払能力を有する）やフッガー家のような一握りの富豪は別として、初期の資本家たちは社会を支える柱ではなく、どちらかというと社会を追われた者や根無し草（デラシネ）たちだった。フィンチェールの聖ゴドリックのように、海岸の物拾いから始めて、そのうち難破船から集めた貨物を元手にして商人になるといった、企業心に富む若者があちこちで出てきた。ゴドリックは商人としてひとかどの財を築いたのちに引退し、隠修士として神に仕える身となった。しかしこういう人物はそうめったにはいない。地上の生活は永遠の生命に至るための辛い足掛かりにすぎないと考えるのが至高の理念とされているかぎり、実業の精神は奨励されることもなければ、自然に培われていくすべもなかった。国王は財宝を欲しがり、そのために戦争をした。貴族たちは土地を欲しがったが、自尊心のある貴族ならだれでも先祖代々の土地を売りたがらないものだから、ここでも征服という手段に訴えざるをえなくなる。しかし、たいていの人々は――農奴、村の職人、それに製造業ギルドのマイスターでさえ――、自分の親の代がしていたような生活をしたいと思うし、自分の子の代にもそれと同じ生活をするよう望み、自分のことは放っておいてほしいと考えていた。

日常生活の通常の行動原理としての利得の観念がなかったこと――事実、利得の観念は教会には絶対的に不評を買うものだった――、この点が、一〇世紀から一六世紀にかけての奇妙な世界と、現代に近づいてきた、アダム・スミスに先立つこと一、二世紀の頃の世界とを区別する大きな違いである。ところが、これよりもさらに根本的な違いがあった。「生計をたてる」という観念がまだ生まれていなかったことである。経済生活と社会生活は一つになっていて同じものだった。仕事は、ある目的、つまり金を稼ぎその金で物を買うという目的のための手段にはまだなっていなかった。仕事は、もちろん金や物をめぐって行なわれるものではあったが、伝統の一部として、自然な生活様式として携わるものであり、仕事そのものが目的だった。要するに、「市場」という偉大なる社会的発明はまだ出てきていなかったということである。

「市」と「市場システム」の違い

これに対し、「市」の歴史ははるかに古く、有史以来のものとされている。アマルナ書簡には、紀元前一四〇〇年にファラオとレヴァントの国王のあいだで活発な交易があったことが記されている。金や戦車と奴隷や馬とが交換されたらしい。交換の観念も利得の観念と同様、人間の歴史とほぼ同じくらい古くからあるものには違いないが、かといって世界中の人々が二〇世紀のアメリカの子供たちのような売買の性癖をもっていると考えるのは早計である。まったく奇妙な実例として次のようなことが伝えられている。ニュージーランドのマオリ族のあいだでは、カツオの釣針一本は食べ物でいうとどのくらいの価値があるのかと尋ねるわけにはいかない。というのは、そんな交換はけっして行なわれはしないし、そんな質問をすると馬鹿にされるからだ。ところが、所変わってアフリカのとある村落では、婦人一人は牝牛何頭の価値があるのかという質問――これは、マオリ族が食物と針の交換などありえないと考えるのと同様に、われわれからするとありえない交換ではあるが（もっとも、新婦の持参金といった慣行がまだ残っているような所だと、アフリカ人との隔たりは小さいということになろうが）――をすることはまったく正当なのである。

しかし、市場というものは、それが、たまたま地上に落ちてきた物を対象として行なわれる未開の部族の間の交換であろうと、中世の活気あふれる旅回りの市であろうと、市場システムと同じものではない。市場システムとは、たんに財を交換する手段にとどまらず、社会全体を養い維持していくためのメカニズムなのである。

そしてそのメカニズムは、中世の世界の人々にはまるでわからない代物だった。だれもが利得を求めてもよいという考えは、先に述べたようにまったく冒瀆だとされていた。それがもっと進んで、利得を求めての一般的闘争が実は社会を結びつける力となるなどと考えようものなら、それこそ狂気の沙汰とされたことだろう。

「生産要素」の形成過程

このように人々が盲従したことには一つの理由があった。中世の時代、ルネッサンス期、宗教改革期においては——実際には一六、七世紀以前の全世界がそうなのだが——、土地、労働、資本——市場システムによって配分される、生産を行なうための基本的要因——がまだ存在しなかったという、まことに歴然とした理由から、市場システムというものを空想だにしえなかったのである。もちろん土壌、人間、道具という意味での土地、労働、資本なら、社会が存在するかぎり常に存在していた。しかし、抽象的な土地、抽象的な労働という観念は、抽象的なエネルギーとか物質という観念がそうであるように、人の心にすぐさま浮かんでくるものではなかった。生産の「要因（エージェント）」としての、人格を持たず人間性もない、経済的存在としての土地、労働、資本という概念が登場するのは、なんと微積分の概念とたいして変わらないくらい近代になってからのことである。

土地を例にとって考えてみよう。一四、五世紀になるまでは、自由に売買できて地代を生む財産という意味での土地は存在しなかった。もちろん屋敷、荘園、領地といったような土地はあったが、それらは必要に応じて売買される真の意味での私有地ではなかった。こうした土地は社会生活の核をなし、地位と名声の根拠を与え、社会の軍事的、法的、行政的組織の基盤を築くものだった。ある一定の条件のもとで（あれこれヒモ付きで）土地を売ることもできたが、それは一般に売りに出されるわけではなかった。今日、コネチカット州知事がロードアイランド州知事に州の一部を売りわたすなどということは考えられないのと同じで、中世の位の高い貴族ともなれば、けっして自分の土地を売ろうなどとは考えなかっただろう。

売ることができないという点では労働も同じだった。今日、労働市場といえば、それは各人が自分の労働用役をいちばん高く買ってくれる相手に売りつける場、職探しの一大ネットワークのことをいう。このようなネットワークは前資本主義的な世界にはまったく存在しなかった。農奴、徒弟、熟練職人が入り交じって大世帯で労働に従事することはあっても、こうした労働が売買の対象として市場に入ってくることはまずなかった。農村部では、百姓たちが領主の土地に縛られて生活していた。彼らは、領主のかまどでパンを焼き、領主の製粉所で粉を挽き、領主の畑を耕し、戦争になると兵士として領主に仕えたが、それでも彼らの労役に対して報酬が支払われることはなく、あったとしてもまれだった。これらの行為は農奴としての「義務」であって、自由な契約を結んだ者の「労働」ではなかった。都市部では、徒弟たちがマイスターのところで奉公していたが、奉公の期間、奉公人の数、賃金、労働時間、仕事のやり方までもがすべてギルドによって規定されていた。耐えられないような状況になってストライキが起こることもあるが、それ以外は、奉公人とマイスターのあいだで労働交渉はまずなかった。こうした奉公は、病院のインターンが提供する労働と同じで、労働市場から出てきたものではない。

また、資本についていえば、私的な富という意味では前資本主義的な世界にも資本はたしかに存在していた。しかし、資金はあっても、それを新しい積極的な用途に投じるような勢いはまったくなかった。そのモットーは「安全第一」であって、危険や変化ではない。生産技術の面でも、もっとも短くもっとも効率のよい工程ではなくて、もっとも長くもっとも多くの労働を用いる工程のほうが好まれた。広告は禁止されていたし、ギルド内でマイスターが仲間よりもよい製品を作ろうものなら、それは裏切り行為とみなされた。一六世紀のイギリスでは、織物業で他に先がけて大量生産がはびこっていたが、これに対してギルド側から国王に抗議の申し入れがあった。するとこの驚異的な仕事場——世評によると、二〇〇台もの織機があり、奉公人の中には労働者のための屠殺人やパン焼き係までいたらしい——も、国王陛下によってただちに不法とされることになった。こうした効率のよさや富の集中を認めると、それは悪しき先例をつくることになるということだった。

このように、中世の世界では市場システムを考えつくことができなかったという事実は、当時、抽象的な生産要素自体まだ考えついてはいなかったという、当を得てしかも十分な理由に基づいていたのである。そして市場がなかったために(華やいだ各地の定期市や旅回りの市場はあっても)、社会は習慣や伝統によって動いていた。領主が命令を下し、生産活動はそれによって活況にもなれば減退もした。命令が下されないところでは、昔からのしきたりどおりの決まりきった生活が繰り返されていった。アダム・スミスがもし一四世紀より以前に生まれていたならば、彼は政治経済学(political economy)の理論を構築する必要を感じなかっただろう。中世を和合させていたものは何かを理解する際に看破しなければならないようなヴェールもなかったのである。倫理学と政治学は必要だった。下級領主と上級領主の関係や上級領主と国王の関係には、説明を要することや正当化しなければならないことがたくさんあったし、また教会の教えと商人階級のいかんともしがたい風潮との不一致にも、頭をしぼって考えなければならない点が多かったからだ。しかし経済学者は要らなかった。世の中を説明するといっても、荘園や教会で定められている決まりや人々の終生変わらぬ習慣を見るとすぐわかってしまうような状況にあって、需要と供給、費用、価値にかんする抽象的な法則を探ろうなどという者がいるだろうか。アダム・スミスがもっと前の時代に生まれていたら、偉大な道徳哲学者にはなっていたかもしれないが、偉大な経済学者にはけっしてなりえなかっただろう。彼がやるべきことなど何一つ存在しなかったはずだからだ。

こうした自己再生的で自給自足の大いなる世界が爆発的な勢いで変化し、その後一八世紀という騒がしくせわしい、参加自由の世界が訪れるまでの数世紀のあいだは、どんな経済学者もまるで出番がなかった。「爆発的な勢いで変化した」というのは、ことによると劇的すぎる言い方かもしれない。というのも、この変化は一度きりの激しい突発的な変化というより、何世紀もかけて起こった変化だろうからである。しかし、長い時間をかけたからといって、この変化が平和的な進化だったわけはなく、社会が苦闘する大動乱、文字どおり革命だったのだ。

土地を商品化すること――すなわち、社会的諸関係そのままの土地の階層構造を、実に多くの空き地と利益を生む用地の二層構造に改変すること――一つをとっても、そのためには安泰だった封建的生活様式をがらりと変えるくらいのことは必要だった。家族主義を隠れ蓑にしたひどい搾取だとしても、一応は庇護のもとにあった農奴や徒弟たちを「労働者」に仕立てるためには、プロレタリアートという、脅え惑う階級をつくり出す必要があった。また、ギルドのマイスターから資本家になる者が出てくるようにするのは、納屋の前庭しか知らない家畜にジャングルの掟を教えるようなものだった。

これらの変化のどれ一つをとってみても平和的な方向へは向かいそうもなかったし、こうした生活の商品化を望む者はだれ一人としていなかった。それがいかに激しい抵抗にあったかを知ろうと思えば、いま一度だけ過去に遡る旅をして、経済の革命が起こるところを眺めてみればよい。

再び一六六六年のフランスに戻る

当時の資本家たちは、市場メカニズムが拡大してきたことによってすぐさま不可避的に生じた不穏な挑戦に出くわす。それは変化という挑戦である。

織物ギルドのあるマイスターが、自分のところの製品に革新を試みるのを許すべきかどうかという問題がもちあがっている。その評決はこうである。「布地を織る者が、自分の発明を活かして一反の布地を加工しようと思っても、すぐにそれを織機にかけてはならない。ギルド内の年長の商人四人と年長の職人四人に諮《はか》ったうえで、自分が使いたいと考えている糸の本数ならびに長さについて町の判事の使用許可をとりつけなければならない」。何かを変えてみようという数々の提案のうち、どのくらいがすんなり通ったかは推して知ることができよう。

布織屋の件が解決して間もなく、今度はボタンを作っているギルドから、制服の仕立屋どもが今まで聞いたこともないような布製のボタンを作りはじめているが、これは不法行為であるとの声が上がってきた。革新的行為は平穏な産業を脅かすものだとして憤慨した政府は、布製ボタンを作っている者に罰金を科す。ところがボタン・ギルドの幹部たちはそのくらいのことでは満足しない。彼らは、一般家庭のワードローブを立入り検査して罰金を科す権限、さらにはこの危険な品物を身に付けているところを見つけたら路上で逮捕できる権限までをも要求する。

また、変化と革新に対するこうした恐怖の念は、たんにごく一部の脅えた商人の滑稽な抵抗にとどまらない。資本側はしゃにむに変化と闘っていて、だれもそれを抑えられない状況だ。イギリスでは、数年前に靴下編機に大変革をもたらす特許が却下されたばかりか、枢密院によってその危険な機械は廃棄させられている。フランスでも、いまやプリント地のサラサが入ってきて織物業の土台を脅やかしている。これに対する措置は、なんと一万六、〇〇〇人もの生命を犠牲にすることになる。ある事件が起こって、ヴァラーンスだけで七七人が絞首刑を言い渡され、五八人が車裂きの刑に、六三一人がガレー船〔奴隷や罪人に漕がせた大型船〕漕ぎの刑に処せられるが、一人だけ運のいいのがいて、ご法度のサラサ製品を取り扱った罪で捕らえられていたが放免になっている。

しかし、生産要素のうち、市場的な生活様式の危険を回避しようと躍起になっているのは資本だけではない。それ以上に絶望的なことが労働に起こっているのだ。

もう一度イギリスに戻る

一六世紀末、イギリスは拡張と冒険の大いなる時代を迎えている。エリザベス女王は、国内を凱旋してまわってきたところである。ところが女王は奇妙な不満を感じて帰ってきたのだった。「いたるところに貧民がいる」と女王は声を大にして言う。女王がこんな言い方をするのは変である。というのも、つい一〇〇年前、イギリスの田舎はヨーマンと呼ばれる自作農が大半を占めていた。ヨーマンはイギリスの誇りであり、独立自尊、自由にして富裕な、当時世界最大の市民集団であった。それがいまや「いたるところに貧民がいる」というありさまだ。一〇〇年のあいだにいったい何が起こったというのか。

それは大規模な収奪運動だった。というより、当時はその運動が起こりはじめたばかりだったから、むしろ大規模な収奪運動の開始といったほうが正しい。羊毛が新商品としてもうかる商品となったが、羊毛を生産しようと思えば羊のための放牧場が必要になってくる。放牧場は共有地を囲い込んで作られる。パッチワーク・キルトのようにあちこちに散らばる小規模な耕作地（柵を設けるわけでもなく、ただそこいらの木とか岩とかを目印にしてだれの土地かわかるようにしてあるだけだが）も、以前はだれでも家畜を放牧したり泥炭を取ったりしてもよかった共有地も、突如として、これらの土地はみんな荘園領主の財産だから全教区の者はもう立ち入ってはならないと宣告される。かつて共同所有権があったところにいまは私有財産が存在し、以前ヨーマンが住んでいたところももう羊しかいない。一五四九年にジョン・ヘイルズという人物が著した書物にも、「昔は六〇人が生活していたところも、いまでは一人の男とその牧羊犬がいるだけだ。そう、この羊こそがすべての不幸のもとなのだ。羊のおかげで耕作は農村から追い出されてしまった。これにより羊はあらゆる食糧を上回る勢いで増え続け、いまではまったく羊だらけだ」とある。

この囲い込みがどの程度まで進行し、どれほどのインパクトを与えていったかはほとんど想像を絶する。一六世紀の半ばには囲い込みに反対する暴動がいくつも起こっている。なかには三、五〇〇人もの死者を出した暴動もあった。一八世紀中頃になっても依然囲い込みは進行し続けるが、それが恐ろしい歴史的経過をたどることになるのがわかるのは、一九世紀も半ばになってからのことである。一八二〇年、つまりアメリカ独立戦争のおよそ五〇年後のことだが、サザランドのある侯爵夫人が、七九万四、〇〇〇エーカーの土地から一万五、〇〇〇人の小作人を追い出し、代わりにそこに一三万一、〇〇〇頭の羊を放った。そして追い出した家族にその代償として貸し与えた土地は、平均二エーカーばかりの耕作に値しない不毛の土地だった。

しかし、注目に値するのは大規模な土地収奪だけではない。小作人たちに起こったことこそ悲劇だった。共有地を利用する権利を奪われ、もはや「農夫」として自活できなくなってしまった。雇ってくれる工場もないから、かりに望んだところで工場労働者へと転身することもかなわなかった。それどころか彼らは、すべての社会階級のなかでもっともみじめな存在である農業プロレタリアートと化し、農業労働のないところでは物乞いや泥棒までやるという、とにかく極貧状態に陥ったのだった。国中に貧民があふれ出るという事態を憂慮したイギリス議会は、この事態を特定の地域に限定してしまうことで問題を処理しようとした。議会は、わずかばかりの救済金で貧民を教区に縛りつけ、浮浪者を鞭打ち、焼印、四肢切断の刑に処した。アダム・スミスの頃のある聖職者は、貧民たちを「恐怖の館」よろしく押し込める教区付属の労働施設のことを、由々しき事態として取り上げている。しかし最悪だったのは、国が貧民から身を護るためにとった手段そのもの——救済金を与えて貧民を教区に縛りつけ、そこで生かしておこうとしたこと——が、この問題の唯一可能な解決方法を妨げてしまったことだった。イギリスの支配階級が冷酷で残忍きわまりなかったといっているのではない。そうではなくて、流動的、可動的な労働力という概念、すなわち市場の命ずるままに仕事を求めてどこへでも出向いていくような労働力という概念が、彼ら支配階級には理解できなかっただけである。労働の商品化も、資本の商品化の場合と同じく、それが実現するまではことごとく誤解を受け、恐れられ、そして抵抗にあったのだった。

市場システムの誕生

こうして、土地、労働、資本を本源的な構成要素とする市場システムは、悲痛なまでの苦しみ——それは一三世紀に始まり、一九世紀も相当経過するまで治まらなかった——の末に生まれた。これほどまでに理解されず、歓迎もされず、そして計画性のない革命はなかった。しかし、市場を創出しようとする大いなる諸力は、抑えつけようとして抑えられるものではなかった。その諸力は知らないうちに習慣のカビをむしりとり、おそれ多くも伝統のしきたりを引きはがしてしまった。ボタン業者があれだけ反対したにもかかわらず、布製ボタンは勝利を収めたし、枢密院があれだけ阻止しようとした靴下編機も、七〇年後には同じ枢密院がその輸出を禁止するほど価値の高いものとなった。車裂きの刑に処せられたサラサの取引も急速に増えてきた。保守派の最後の抵抗を踏み越えて、先祖代々の土地から経済的土地が創出され、また使用人からもマイスターからも上がった抗議の声を制して、失業中の徒弟や土地を追われた農業労働力から経済的労働ができあがったのである。社会を大きな馬車にたとえるなら、これまで長い間伝統という緩やかな坂道を重力にまかせて走り降りていたのが、いまや内燃機関によって動力を与えられたというわけだ。取引につぐ取引、利得という利得全部が新しい動力、それも驚くほど強力な動力を与えたのである。

新たな社会の勃興

いったいどんな強力な力が働いて、心地よい安定した社会を壊し、代わりにこの新しいだれも望まない社会を打ち立てることができたのだろうか。

何か一つ特定の大きな要因があったというのではない。サナギの中で育つ蝶のように、古い生活様式の中で新しい生活様式が育ち、生命の胎動が十分に強くなったとき、それが古い伝統の殻を打ち破ったのである。経済の革命をもたらしたのは、数々の大きな出来事でもなければ単独でなされた冒険でもなく、また個々の法律でもなければ有力な人物でもなかった。それは、内在する力から生じた変化、それも多面的な変化の積み重ねのなせるわざだった。

経済の革命をもたらした四つの潮流

一、ヨーロッパにおいて国家的政治単位が徐々に出現してきたこと

農民戦争と国王による征服で打撃を受けた、初期封建制という孤立したあり方は、中央集権的な君主制に取って代わられた。そして君主制への移行に伴い、国民国家の精神の昂揚が起こった。それは、王室お気に入りの産業、たとえばフランスでいうとタペストリー細工のような産業が保護されたり、艦隊や陸軍、およびその周辺のあらゆる軍需産業が発展してきたことからうかがえる。先のアンドレアス・ライフをはじめ一六世紀の旅回りの商人たちをさんざん悩ませた無数の規制や取締まりもなくなり、それに代わって国家の定める法律、共通の度量衡、それに多少なりとも基準化された通貨制度が生まれた。

ヨーロッパを変革しつつあった政治的変化には、海を渡る冒険や探検を奨励するという

一面もあった。一三世紀、ポーロ兄弟は何の保護もない商人として向こう見ずな冒険旅行を敢行し、汗《カン》の国までたどりついた。それが一五世紀になると、ポーロと同じ土地をめざして航海に出たコロンブスにはイザベラ女王の援助があった。探検の性格が個人的なものから国家的なものへと変わったことは、人々の生活が個人的なものから国家的なものへと変わったことをもっともよく表している。それに、イギリス、スペイン、ポルトガルの航海資本家たちの国家的大冒険は、山のような財宝と財宝熱をヨーロッパに持ち帰った。クリストファー・コロンブスは言った、「金をもつ者はこの世で望むこと、願いごと、なんでも手に入るし実現もできる。それに金があれば魂を天国にやることだってできるのだ」と。コロンブスのこの所感は当時の世相そのものであり、それがまた、利得と機会を志向し、金銭を追い求めることで活性化されるような社会の到来を早めたのだった。ちなみに、東方の財宝は実に莫大なものだった。エリザベス女王は、フランシス・ドレーク卿のゴールデン・ハインド号の航海で株主として受け取った配当で、イギリスの対外債務のすべてを償還して予算を均衡させたばかりか、多額の資金を複利で海外に投資までしている。この事実からすると、一九三〇年のイギリスの在外資産総額の大きさもうなずけよう。

二、イタリア・ルネッサンスの懐疑的、探究的、人道主義的なものの見方の影響で、宗教精神がしだいに薄れてきたこと現世は来世に肘鉄を喰らわせ、はねのけてしまった。そして、地上での生活が重要性を増してくるにしたがい、物質的基準や平常の安らぎといった観念も重要性を増してきた。宗教の許容範囲が変わったことの裏には、プロテスタンティズムの台頭があった。プロテスタンティズムは労働や富に対する新しい姿勢を奨励するものだった。かつてローマ教会は商人を常に疑いの目で見ていたし、高利貸しにいたっては罪悪だと決めつけてはばからなかった。しかしいまは、その商人が日に日に社会での地位を高めているし、もはやたんなる従属的存在ではなく新しい世界の不可欠な構成員となったからには、商人というものの役どころを何らかの形で再評価する必要が出てきた。プロテスタントの指導者たちは、宗教的生活と世俗的生活との融合の道を開いた。彼らは、世俗的生活から離れ、貧しさに耐えつつ宗教的瞑想にふける生活を賛美するどころか、神から授かった自分の才能を日々の務めに最大限活用することこそが敬虔であるとまで説くのだった。取得欲が広く認められた美徳となった——ただ、私的な享楽のための取得欲とまではいかず、あくまでも神の栄光を高めるための取得欲ではあるが——。ここまでくると、富の大きさと精神的崇高さを、金持ちと聖者を同一視するところまであと一歩である。

ある地方に一二世紀から伝わる民話に、自分の挙式で教会に入ろうとしたところ神像が落ちてきて押しつぶされた高利貸しの話がある。あとでよく調べてみると、その神像というのは別の、これまた高利貸しのものであることがわかった。つまり神はお金を扱う者を快くお思いにならないということだ。また一七世紀半ばでさえ、先の例にあるように、商売をやっていたばっかりに哀れなロバート・キーンはピューリタン当局と衝突した。このような敵意に満ちた雰囲気の中で市場システムが広まるのは容易なことではなかった。市場システムが完全に育っていくためには、市場に依存するやり方は無害どころか実は有益なのだという事実を、宗教的指導者たちが徐々に認識するようになることが不可欠だった。

三、物質的な側面においても大きな変化の潮流があったということ、そしてそれが結局市場システムの実現を可能にした

中世というとつい停滞した進歩のない時代というふうに考えてしまうが、封建時代の人々は、五〇〇年間で一、〇〇〇もの都市を築き（これはたいしたことである）、それらの都市と都市とを結ぶ、道路とまでは呼べないまでも一応は使える道をつくり、田舎から食糧を運び込んで都市の人々を養った。こうしたことのすべてが、貨幣や市場への親近感、売買に基づいた生活様式を培ってきたのである。この変化のあいだに権力は、金銭にうとく驕るばかりの貴族たちの手を離れ、金銭に明るい人々、つまり商人たちへと自然に降りてくるようになった。

この緩慢なる貨幣化の進展のほかにも進歩はあった。技術の進歩、それもきわめて重要な技術進歩があった。何らかの形の合理的な貨幣計算がすでに発達していたからこそ、商

業の革命も始まりえたのである。一二世紀のヴェニスの人々はすでに洗練された計算方法を用いていたが、ヨーロッパの商人たちは計算をろくに知らないという点ではほとんど子供並みだった。簿記が必要だという認識が広まるまでには時間がかかり、複式簿記が一般に行なわれるようになったのは一七世紀以降のことである。また大規模な商売がうまくやれるようになったのも、金銭勘定が合理的に行なわれるようになってからのことなのである。

四、効果の浸透という点で見逃せないのは、何といっても科学的好奇心の勃興である。技術が華々しく開花するのはアダム・スミスの時代まで待たねばならないが、一連の小産業的発見がその下地を用意していなかったら産業革命も起こりえなかっただろう。印刷機、製紙工場、風車、歯車式時計、地図、その他多くの発明が前資本主義時代すでに世に出ていた。発明という観念そのものが定着し、実験や創意工夫が初めて好意的な目で見られるようになっていたのである。

これらの潮流のうちどれをとっても、単独で作用していたとしたら社会をひっくり返すことなどとてもできなかっただろう。実際、それらの多くは人間組織の大動乱の原因であったと同時に、その結果だったかもしれない。歴史というものは急激に変化するものではなく、すべてが大変革を遂げる場合も時間をかけて、それも不均等に進展していくものである。市場的な生活様式らしきものが現われてきた当初は、以前の伝統的な生活様式との併存状態だったし、市場が経済組織を導く原理としてあらゆる実践的なところで勢いを得てからも、かつての名残りは色濃く残っていた。そんなわけで、フランスでギルドと封建的特権の数々が撤廃されたのは一七九〇年になってからのことであり、イギリスでも一八一三年になってようやくギルドの業務を規制していた工匠関係法が廃止されたのだった。

しかし一七〇〇年、これはアダム・スミスが生まれる二三年前にあたるが、このときすでに、ロバート・キーンを裁判にかけ、商人が見栄えの悪い荷物を持ち歩くことを禁じ、「公正」価格を気にし、先祖代々受け継がれる特権を求めて争うような世界は終わりを告げようとしていた。それに代わって社会は、「自明」ではあるが新しい方向性を示す格律を気にしはじめたのだった。その一部を紹介しておこう。

「人間だれしもぜにかねの儲けに貪欲なのがあたりまえ」

「利得に勝る法はなし」

「利得は商業という円の中心」

一つの新しい観念が出てきていた。それは「経済人」、すなわち、みずからの加算機頭脳の命ずるままにどうにでも動く青白き幽霊、という観念である。間もなくすると教科書の類には、無人島のロビンソン・クルーソーに代表されるような経済人の例がいくつも出てくるようになるが、彼らはことごとく、まるでしみったれの会計係のように自分の身の周りのことをきちんと系統立てて処理していくものとされている。

実業の世界では、富と投機の新しい熱病がヨーロッパを席捲していた。一七一八年、フランスでジョン・ローというスコットランドの山師がミシシッピー会社という名の、いい加減で実体のない投機的事業を起こし、アメリカの金山を採掘する事業の株を売り出した。すると、その株を入手する権利を求めてわれもわれもと路上で争い合い、殺人を犯してまで一夜にして財を成さんとしたのだった。これで三、〇〇〇万ルーブルも儲けたホテル給仕もいた。この会社が、投資しているすべての株主にひどい損害を与えていまにも倒産寸前というとき、政府がその最悪の事態を何とか食い止めようとしてやったことは、一、〇〇〇人にも及ぶ乞食を駆り集め、全員につるはしとシャベルをかつがせて、黄金の国へと向かう坑夫の一団に見せかけてパリの街を行進させたことだった。もちろん、この組織は崩壊したが、それにしても一〇〇年前の臆病な投資家たちと比べると、一攫千金を夢見てキンカンポア通りで押し合いへし合いしているこの暴徒たちは何という変わりようだろうか。あんな図々しいペテン師の言うことを真に受けるのだから、いかに金に飢えた世の中だったかということだ。

かくして市場システムは、陣痛を終え、間違いなく産み落とされたわけである。それからというもの、生存の問題は習慣によってでもなければ命令によってでもなく、市場そのもので結びついた、利潤を追求する人々の自由な行為によって解決されるところとなった。

このシステムこそが資本主義と呼ばれることになるものだが、この言葉が広く使われるようになるのは一九世紀も後半以降のことである。そしてこのシステムの基礎となっている利得の観念は、間もなく、人間の本性のうち永久かつ普遍のものだと人々が自信をもって言いきるまでにしっかりと根づくようになる。

新しい哲学づくり

この観念は一つの哲学を必要とした。

よく言われることだが、人間という動物はとりわけ自意識の強さで抜きん出ている。そうだとすると人間は、ひとたび人間の社会をつくり上げてしまうと、ものごとをあるがままの状態にしておくことに満足しなくなるのではないだろうか。つまり、人間は、自分のいま住んでいる社会こそが存在しうるすべての社会の中で最善の社会であって、その自分の社会の仕組みも、天がこれまでその外につくってきた仕組みを縮図的に反映しているのだと自分に言い聞かせるに違いない。それゆえ、すべての時代はその時代時代の哲学者、弁証家、批評家、改革家を育むものといえよう。

しかし、もっとも初期の社会哲学者たちが取り組んだ問題は、生活の経済的側面よりむしろ政治的側面に焦点が当てられていた。習慣や命令が世界を支配しているうちは、富や貧困の問題に対しても彼らは、溜息まじりに甘んじてそれを受け入れるか、それともくだらない人間であることのもう一つのあかしとして罵るのがいいとこで、それに心を動かされるなどということはまずなかった。人間が雄蜂のように生まれついてののらくら者であるうちは、働けど貧しいという状況の原理的説明などだれもそう気にはとめなかった――そんなことより女王蜂の気まぐれのほうがはるかに気分をそそり、刺激的だった。

「人間は生まれついたその瞬間から、服従する運命にある者もいれば支配する運命にある者もいる」とアリストテレスは述べているが、この言葉に込められているのは、軽蔑の念というよりむしろ、初期の哲学者が無味乾燥な世の中を眺めたときの無関心な思いなのである。おびただしい数の下層労働階級が存在するのはまったく当然のこととされ、貨幣や市場のことも、ジェントルマンや当世の学者たちが考察するには、あまりにも骨の折れることであるばかりか俗悪なことでもあったのだ。種々の観念を闘わせる場を提供したのは厚かましい商人の野心ではなく、王権神授説をめぐる議論、および王権は世俗的権力か宗教的権力かという大問題だった。これまで私的な富にも世の中を動かしていくうえでそれなりの役割というものがあったが、富を求めての闘争が一般的で普遍的なもの、そして明らかに社会に不可欠なものとなるまでは、富にかんする一般的哲学などというものはまったく無用だったのである。

そうなるまでは、市場世界の胸くそ悪い闘争の側面は無視してもよかったし、手厳しく非難してもよかった。ところが、それがとうとう哲学者たちの神聖なる書斎にまで浸透してくると、市場世界の原型らしきものはここまできてもまだ見えないのかと尋ねたくもなろうというものだ。このためにこそ、アダム・スミス以前の二〇〇年間というもの、哲学者たちは日常生活の諸理論を展開してきたわけである。

しかし、彼ら哲学者は、世の中の根底にある目的を見きわめようとしながら、世の中というものをなんとも奇妙な代物に次から次へと仕立て上げた。

生存をかけたいまわしき闘争は当初、金の貯蓄に明け暮れていた。コロンブスもコルテスもドレークも、たんに国家のお抱え冒険家だっただけではない。彼らは経済発展の媒体であるとも考えられていたのだ。重商主義者たち（当時、貿易にかんするパンフレットやエッセイを著した連中のことをこう呼ぶ）にとっては、経済的努力が対象とするところは当然に国家権力であり、その国家権力のもっとも重要な要素が金であることは自明であった。つまり、彼らの哲学は大艦隊を保有し大いに冒険を試みる哲学、国王の富を増やすべく国民はケチになるという哲学であり、財宝の探求が万事うまくいけば、その国は繁栄しないはずはないとする圧倒的に強い信念である。

こうした考え方の裏には、なにか共通した観念なるものがあったのだろうか。ここで初めて、本書の序文の末尾で触れた概念――「ヴィジョン」が実践の基礎をなし、実践よりも優先されるという考え方――に直面する。こうしたヴィジョンは実は、『リヴァイアサン』の口絵を見ればその具体的な姿としてうかがえよう。『リヴァイアサン』は、イギリスの哲学者であり政治学者、トーマス・ホッブズが一六五一年に出版し、大きな影響を及ぼした書物である。そのエッチングによる口絵には、平穏なる田園地帯に、それを守るようにしてそびえ立つ巨大な人物像が描かれている。それは王の姿であり、片手に剣、もう一方の手には王権の象徴である笏《しゃく》を携えている。よく見ると王の甲冑の板金の一つ一つが人間の頭として描かれているのがわかる。

ただし、これは政治的ヴィジョンであって、経済的ヴィジョンではない。『リヴァイアサン』の議論の中心は、人類が「孤立、貧困、不潔、粗暴、欠乏」といった状況に陥ることを防ぐには全能なる国家というものが必要だとする考え方である。重商主義的な経済活動は重要なものではあるが、国家を支えるばかりではなく攪乱する恐れもある。それゆえ、すべての王家は財宝の蓄積に余念がなかったとはいうものの、商人の船が金を海外に持ち出しては絹をはじめとする奢侈品の数々を買って帰ることは王室の財宝の損失だとして、一様に懸念するところであった。

ところが、こうしたヴィジョンも実は、今日経済分析と呼ばれるものを初めて定式化しようとする試みに対し、その基礎を与える役割を果したのだった。『リヴァイアサン』以前にも商業側の代弁者たちは、たびたびパンフレットを出しては、テムズ川に入港してくる商人の船は国王の財産なのであってけっして脅威ではないことを示そうとしていた。商人たちが海外に持ち出した金の一部は外国製品の輸入に充てられるだろうが、彼らは同時に英国製品を海外に持ち出してより多くの金に換えて帰ってくるのも事実である。実際、東インド会社の総督であったトーマス・マンは『外国貿易によるイングランドの財宝』の中で次のように説明している。国家がその富と財産を殖やす「通常の方策」は貿易であり、「貿易にあたっては、外国製品の購入額以上に国産品を海外で販売することを旨とすべきなのは明白である」。

けれども一八世紀にならないうちから、金をことさら強調するのは少々あさはかだと考えられはじめていた。商業を国家の活力の大もととして一段と強調するという新しい学派が出てきていた。しかし、彼らが取り組んだ哲学的問題というのも、いかにして金市場を独占するかではなく、もっともっと多くの富を創り出すという目的のために、のしてきた商人階級に手を貸してその仕事を推進するにはどうしたらいいか、であった。

この新しい哲学は新しい社会問題を呼び起こした。すなわち、どうすれば貧民を貧民のままにしておけるかという問題である。貧民が貧しくなくなったら、法外な賃金を要求することなく正直に働いたりしないのは周知のことだった。一八世紀初頭、もっとも鋭く社会を風刺した時評で有名なバーナード・マンデヴィルは、「幸福な社会というものをつくろうとするなら、……大多数の者が貧困であると同時に無知である必要がある」と述べている。だからこそ重商主義者たちは、イギリスの安い農工業労働力の実態を目のあたりにしながらも、それでいいのだと言わんばかりに落ち着き払っていたのだ。

だが、なにも金と商業だけが、混沌とした日常生活にある種の秩序を冠する唯一の概念だったわけではけっしてない。数え切れないほど多くの人々が、いろいろな説明をしては社会を正当化しようとしたり、あるいはこきおろそうとした。その中には、パンフレットの執筆者や聖職者、変わり者も頑固者もいた。ところが困ったことに、彼らの示す手本はどれもみなとうてい満足のいくものではなかった。ある者は、国家は売る以上に買ってはならないのは当然だと考え、また別のある者は、交換で渡す分より受け取る分のほうが大きければ、明らかに国家はその分だけ豊かになると力説した。国家を豊かにするのは交易であるとして貿易商人を持ち上げる者もいれば、交易は強靭なる農夫の身体に寄生して大きくなっていくものにすぎないと主張する者もいた。また、貧民は神の命ずるところにより貧しくあるよう運命づけられているのであって、たとえそうでないとしても、彼らが貧困であることは国家の富にとって不可欠なのだと言う者もいれば、赤貧の中に社会悪を見出し、貧困に富を創出する力があるなどとはとても考えられないとした者もいた。

この互いに矛盾した正当化の泥仕合の中ではっきりしていることはただ一つだった。それは、人間は自分の住んでいる世界を理解する助けとなるよう、何としてもある種の知的な順序づけをしようとしたということである。せちがらくいらついた経済の世界が、ますます重要性を帯びてきた。サミュエル・ジョンソン博士が「貿易ほど哲学による説明を要するものはない」と言ったのも無理はない。要するに、経済学者たちの時代がやってきたというわけである。

またこの泥仕合の中から驚くほどの識見をもった哲学者が出てきた。アダム・スミスは、一七七六年に『諸国民の富の性質ならびに原因に関する研究』(『国富論』)を刊行し、その一七七六年という運命的な年にもう一つの革命的な出来事を加えたのだった。大西洋の一方の岸で政治的民主主義が生まれ、その他方の岸で経済の青写真が姿を現わしたのである。政治革命のほうは、全ヨーロッパがアメリカの先例に追随したというわけではなかったが、スミスが初めて近代社会の真の姿を提示してからというものは、西洋のすべての世界がアダム・スミスの世界と化した。彼の描いたヴィジョンが何世代にもわたってものの見方の処方箋とされるようになったのである。スミスは自分のことを革命家だとは思いもしなかったであろう。彼はただ、自分にとって非常にはっきりしていて道理にかなっており、しかも伝統に従っていると思われることを説明したまでだった。ところがそれが、世の中がこれまでずっと探し求めてきた自身のイメージを与えることになったのである。『国富論』以降、人々は身の周りの世界を新しい目で見るようになった。人々は、自分のやる仕事がどのようにして社会全体に適合していくのかを知り、また全体としての社会が遠いながらもはっきりと見えるゴールに向かい、堂々とした歩みでもって邁進していくことも知ったのだった。要するに、新しいヴィジョンが登場したわけである。

第三章　アダム・スミスのすばらしい世界

その新しいヴィジョンとは、いかなるものであったか。それが国家ではなく、制度——より正確には、完全な自由の制度（System of Perfect Liberty）——であったことは、予想がつく。しかし、この類のない概念にいきなり入り込むのではなく、同程度に類のない——たしかに並はずれた——その創案者のことを知ることが、正しい手順というものだろう。

一八世紀後半のイギリス社会

一七六〇年代にイギリスを旅した人は、おそらくグラスゴー大学のアダム・スミスという人物のことを耳にしたことだろう。スミス博士は有名ではないにしても、よく知られた人物だった。ヴォルテールは彼のことを伝え聞いていたし、デーヴィッド・ヒュームは彼の親友だった。彼のぎこちないが熱心な講義を聞くため、はるばるロシアから旅してきた学生もいた。学問的な業績で有名なだけでなく、スミス博士は一風変わった人物としても知られていた。たとえば、彼の放心癖は有名だった。あるとき、友人と熱心に議論しながら歩いていて革鞣《かわなめし》用の穴に落ちたことがあった。また、パンとバターで自己流の飲み物を作ったが、これはいままで飲んだなかで一番まずいお茶だと述べたとのことである。しかし奇行が大変多かったからといって、それが彼の知的能力の妨げとなるものではけっしてなかった。アダム・スミスは、当時の一流哲学者の仲間入りをしていた。

グラスゴー大学でアダム・スミスは道徳哲学の諸問題を講義していた。道徳哲学は当時、今日よりもはるかに広く論じられていた学科であり、自然神学・倫理学・法理学・政治経済学などをも含めていた。したがってそれは、秩序と調和を目ざす人間のもっとも気高い衝動から、自分の生活の資を稼ぎ出すという不快な仕事《ビジネス》での、いささか秩序と調和を欠いた活動に至るまで、さまざまな範囲にまたがっていた。

自然神学——宇宙の混乱のなかに計画《デザイン》を求めること——が、もっとも初期の時代から人間の合理化衝動の対象だった。したがって、スミス博士が宇宙の表面的混沌の基底にある自然法則を説明してくれたことで、わが旅行者はすっかり安心したことだろう。しかし、それがスペクトルの他端に、すなわち日常生活のごたごたの下にある大建造物の探索に及ぶとなれば、わが旅行者はこの高名な博士が、哲学をその本来の限界を越えて拡大していると感じたことだろう。

というのも、一八世紀後半のイギリスの社会的状況が示唆するものがあるならば、合理的秩序や道徳的目的ではないことはまったく明らかであったからだ。有閑階級の優美な生活からひとたび目を転ずると、社会はもっとも卑劣な形の動物的生存競争として姿を現わした。ロンドンの客間や地方の気持ちのよい豪奢な邸宅の外では、ずっと昔の、すでに時代遅れとなったきわめて非合理で当惑するような習慣や伝統と混じりあった、貪欲や残酷や堕落だけが目についた。社会という物体は、各部分が全体に貢献しているのがわかるように注意深く設計された一つの機械ではなく、むしろ真っ黒で騒々しく、能率の低い、危険な、ジェームズ・ワットの奇妙な蒸気機関の本体に似ていた。スミス博士がこのすべてのうちに、秩序、計画、目的を認めると公言したとは、なんとも不思議なことである。

たとえば、わが旅行者が真っ暗な立坑を降りていき、底に着くとベルトからロウソクを抜き出し、ロウ鉱夫たちが真っ暗な立坑を降りていき、コーンウォールの錫《すず》鉱山を見にいったとしよう。そこで彼は、ロウが垂れてなくなるまで横になって眠るさまを目のあたりにしただろう。それから二、三時間、鉱夫たちは慣例となっている次の休憩――今度は煙草を一服するくらいの時間――まで鉱石を掘ったものだ。半日まるまるが横になることで、残りの半日が鉱脈を掘ることで費やされた。だが、わが旅行者が北方へ旅行し、勇気を奮ってダラムやノーサン・バラントの立坑に降りたとすれば、ずいぶん異なった光景を目にしたことだろう。ここでは男も女も腰まで裸になって一緒に働いており、時には疲労のあまり泣き事をいうような非人間的状態に陥っていた。もっとも野蛮で野卑な習慣が実行されていた。半裸の女性をちらっと見て生じた性欲は、どこか人けのない坑道で満たされた。また冬のあいだ、七歳や一〇歳の子供たちが、日の光を見ることもなく、鉱夫たちによって石炭桶を引っぱる手伝いに使われ、虐待され、わずかな報酬を支払われるだけだった。さらに、みごもった女たちが馬のように石炭車を引き、真っ暗な洞窟で子供を産むことさえあった。

だが人生が多彩であったり、因襲的であったり、あるいは野蛮に見えたりしたのは、ただ鉱坑の中だけではなかった。地上でも、観察力の鋭い旅行者ならば、秩序や調和や計画とはほど遠い光景を目にしたことだろう。田舎のあちこちでは、貧農の群れが仕事を求めてさ迷っていた。ウェールズの山岳地方からは古代ブリトン人隊（みずからそう称した）が、収穫期に隊伍を組んで下ってきたものだ。全隊で一頭だけ、鞍も手綱もつけていない馬を連れてくることもあれば、全員が徒歩でやってくることもあった。一団の中で英語を話せる者が一人しかいないことも稀ではなく、その者が一団と豪農との仲介者となり、刈り入れの手伝いをさせてくれるよう頼み込むのだった。賃金が一日六ペンス程度と低かったのも驚くにあたらない。

そして最後に、わが旅行者が製造業の町に立ち寄ったとすれば、彼はさらに注目すべき別の光景を目にしたことだろう。──ここでも教育のない人たちの目に、秩序を思わせるようなものは何一つなかった。彼は、一七四二年にロム兄弟によって設立された工場を見て驚嘆したかもしれない。それは当時としては巨大な建物で、全長五〇〇フィート、六階建て、内部にはダニエル・デフォーが「一分間に三回転する水車が一回転するごとに、七万三、七二六ヤードの絹糸を紡ぐ二万六、五八六台の紡車と九万七、七四六個の伝動装置」から成ると描写した機械群があった。同じく注目に値するのは、一交替一二ないし一四時間ぶっ通しで機械の番をした子供たちで、彼らは、おそろしく汚い鍋で食事をこしらえ、バラックで交替で寝起きしたため、ベッドはいつも暖かかったという。

これは現代のわれわれにとってはもとより、一八世紀の人たちの目にも異様で、残酷かつでたらめな世界と映ったに違いない。それよりいっそう注目すべきは、この世界がスミス博士の構想した道徳哲学体系と調和しうるということ、そしてこの博学の士が、そのなかに、アーチ形にかかる一つの意味のある全体と合致する、非常に意義のある諸法則の明確な特徴を見て取るべきだと、実際に主張したことである。

その風変わりな人となり

この垢抜けした哲学者はいったいどのような人物だったのか。あるときアダム・スミスは友人に自分の蔵書を誇らしげに示しながら、「私は本だけを心の友としている」と、みずからを評した。彼はどう見ても、美男子といえるような人物ではなかった。大メダルに刻まれた彼の横顔を見ると、突き出た下唇が大きな鷲鼻にとどくほど押し上がっており、大きく出っ張った目が重く垂れ下がったまぶたからのぞいている。一生を通じてスミスは、神経性の苦痛に悩まされた。首はぶるぶる震え、またおかしな、ぎこちない話し方をした。

そのうえ、彼は名うてのぼんやりときた。一七八〇年代、スミスが五〇歳代後半のころ、エディンバラの住民は決まって、町のもっとも著名な紳士が薄色の上着、半ズボン、白い絹の靴下、留め金付きの靴、平たいつば広のビーバー帽、そして杖といったいでたちで、目を無限のかなたに据え、声を出さずに話しているかのように唇を動かしながら、丸石を敷き詰めた通りを歩いていくおかしな光景を目にしたものである。一歩か二歩踏み出すごとに、彼は向きを変えるか、引き返そうかとためらうのが常だった。そのため、彼の歩き方を友人は「虫の動くよう」と評した。

彼の放心ぶりについての風聞は広く伝わっていた。あるとき彼は、部屋着だけをまとって庭に下りていたところ、急に空想にとりつかれて、気がついたときには一五マイルも歩いていた。またあるとき、スミスがエディンバラのある身分の高い友人と歩いていると、一人の衛兵が槍をかかげて挨拶をした。スミスは、このような挨拶をそれまで数限りなく受けていたが、突然その兵士の敬礼で催眠術にかかってしまった。彼は杖で答礼し、さらに衛兵の歩調そのままに後に従い、槍の動く通りに杖を動かして友人を驚かせた。この呪縛が解けたとき、スミスは長い階段のてっぺんに立ち、杖で「構え銃《つつ》」の恰好をしていた。それまでどんな変わったことをやっていたのかまったく憶えていなかったのに、彼は杖を地面につくと、話のとぎれたところから再び話を始めた。

このぼんやり教授は一七二三年、スコットランドのファイフ郡カーコーディの町に生まれた。カーコーディは人口一、五〇〇を誇り、スミスが生まれた当時は一部の地元の住民のあいだで、釘がまだ貨幣として用いられていた。彼が四歳のとき、実に不思議な事件が起こった。スミスが通りがかりのジプシーの一団に誘拐されたのである。彼の伯父の尽力で（父親は彼の生まれる前に亡くなっていた）ジプシーは追跡され、逃走の途中、幼少のアダムを道端に捨てていった。「あわれなジプシーになり果てていたかもしれない」と、彼の初期の伝記作家の一人は言っている。

スミスは小さいときからよくできる生徒だった（時折放心状態に陥る子供だったにせよ）。彼は明らかに教職につくべく運命づけられていたのであり、一七歳にして奨学金を得てオックスフォードに行き——馬に乗って旅をした——そこに六年間とどまった。しかし、その当時のオックスフォードは、後のような学問の砦《とりで》ではなかった。たいていの有名教授は、とうの昔に教えるふりさえしなくなっていた。ある外国の旅行者は、一七八八年にそこで行なわれた公開討論を見て唖然としたことを詳細に物語っている。四人の討論参加者がみな、自分の割り当てられた時間をまったくの沈黙のうちに過ごし、夢中で当時の大衆小説に読みふけっていた。教育が通例というよりも、むしろ例外だったので、スミスはほとんどの年月、個人教授も受けなければ講義も聴かず、ただ自分が適当と思った書物を読むだけで過ごした。事実、あるとき彼は、デーヴィッド・ヒュームの『人性論』が一冊部屋で見つかったという理由で、大学から放校になりかけた。ヒュームは哲学志望者にとってさえ、適当な読み物ではないとされていたのである。

一七五一年、まだ二八歳にもなっていなかったスミスは、グラスゴー大学の論理学教授の地位を提供され、その後間もなく道徳哲学教授の地位を与えられた。オックスフォードとは異なり、グラスゴーはスコットランド啓蒙派と呼ばれるようになっていた学派の主要な拠点であり、きら星のごとく並ぶ才能を誇っていた。しかしそれでも、現代の大学の概念とは相当に懸け隔たったものだった。とりすました教授連は、スミスの振舞いに見られる軽率さや熱心さを必ずしも評価しなかった。彼は時として礼拝中ににやにや笑っていた（きっと空想の最中だったのであろう）とか、あの不埒なヒュームの親友であるとか、キリスト教明証論の日曜講座を開かないとか、大学評議員会に授業の初めのお祈りをしなくてもよいという許可を求めたとか、何か「自然宗教」じみたお祈りを唱えたとかいって非難された。スミス自身の恩師フランシス・ハチスンが、学生にラテン語で講義するのを拒否し、グラスゴーに新天地を開いたことを思い起こせば、これらのことはずっとわかりやすくなろう。

だが、一七五八年にスミスが学部長に昇進したことを考えると、こうした非難もさほど厳しいものではなかったのであろう。彼がグラスゴーで幸福だったことは疑いない。夕暮れともなれば彼はホイスト〔トランプゲーム〕を楽しみ（放心するといささか頼りない相手となったが）、学会に出席し、静かな生活を送った。彼は学生に愛され、その講義は名高く、ボズウェル〔伝記作家〕でさえ聴きに来たくらいである。また、その奇妙な身ぶりや話し方は物まねの敬意を勝ち得た。彼の小さな胸像が書店の飾り窓に出るくらいだった。

彼が名声を得たのは、たんにその風変わりな人となりからだけではなかった。一七五九年に彼は一冊の本を出版したが、それはすぐさまセンセーションを巻き起こした。その本は『道徳感情論』と題されたが、それはただちにスミスをイギリスの哲学者たちの最前部へと押し出した。この本は、道徳的是認と否認の起源を研究したものである。私利を追求する生き物である人間が、利己心を棚上げしたような、もしくはそれがずっと高度な水準に変質したような道徳的判断を下しうるといったことが、いったいいかにして生じるのだろうか。その解答は、自らを第三者——公平な観察者——の立場に置き、そうすることによってある事柄の客観的な(利己的に対する意味での)真価にかんする同情的な観念を形成するという、われわれ自身の能力にあるとスミスは主張した。

この本とそこで提起された諸問題は幅広い関心を集めた。ドイツではアダム・スミス問題が好んで取り上げられる討議の議題となった。だが、われわれの観点からしてもっと重要なことは、この本がチャールズ・タウンゼンドという興味ある人物の気を惹いたことである。

タウンゼンドは、一八世紀に多く見られるようなすばらしい人物の一人だった。機智に富み、博識でさえあったタウンゼンドは、ホーレス・ウォルポールの言葉を借りれば、「あらゆる偉大な才能に恵まれ、もしも人並みの誠実さ、着実さ、そして常識さえ備えていれば、当時のもっとも偉大な人物になっていたに違いない男」だった。タウンゼンドの気まぐれは知れわたっており、当時の皮肉な表現で言えば、タウンゼンド氏は脇腹が痛く具合が悪かったが、どちらの腹が痛いのか明かすのを断ったとのことである。彼が常識を欠いていた証拠としては、一つには植民者が自分たちの判事を選ぶ権利を拒否したこと、またアメリカの茶に重税を課すことによってアメリカ独立革命を早める手助けをしたことが挙げられる。そういうことを行なったのが、まさに大蔵大臣としてのタウンゼンドだったのである。

フランス旅行へ

だが、その政治的近眼にもかかわらず、タウンゼンドは哲学および政治学のまじめな研究者であり、そうした人間としてアダム・スミスに心酔していた。さらに重要なことは、彼がスミスに破格の申し出を行なうことができたことである。一七五四年、タウンゼンドはバックルー公爵の未亡人ダルキース伯爵夫人と華麗な営利結婚をし、妻の息子のためにその頃たまたま家庭教師を物色中だった。上流階級の青年の教育といえばグランド・ツアー、すなわちチェスターフィールド卿がきわめて高く賞賛した、かの優雅さを身につけるべくヨーロッパ大陸に滞在することが主だった。アダム・スミス博士こそこの青年公爵の最良の相手役だろうとタウンゼンドは考え、年間五〇〇ポンドと諸経費、さらに終身年金五〇ポンドを支払う申し出を彼に行なった。これは断るには惜しい申し出だった。当時は教授たちが直接学生から授業料を徴収していたのだが、スミスの場合、せいぜい一七〇ポンドの収入にしかならなかった。愉快な話を記せば、大学を去るときスミス博士が授業料を払い戻そうとすると、彼の生徒たちはそれを受け取るのを辞退したとのことである。もう払った以上の見返りをいただいておりますと。

この家庭教師と青年公爵は、一七六四年、フランスに旅立った。一八カ月のあいだ彼らはトゥールーズに滞在したが、ひどく退屈な連れがあったこととスミスのフランス語がひどくまずかったことで、グラスゴーでの静かな生活がまるで道楽のように思われた。その後彼らは南フランスへと下り、そこでスミスはヴォルテールに会い、彼を崇拝し、また好色な侯爵夫人の求愛を拒んだりした。さらにそこからジュネーブに行き、最後にパリを訪れた。地方での退屈を紛らすためスミスは、かつてグラスゴーで講義し、エディンバラの上流社交界で幾晩も討論し、親友デーヴィッド・ヒュームと細大漏らさず討議したテーマである政治経済学の論文にとりかかった。この本が後の『国富論』であるが、その完成には一二年もの歳月を要することになる。

フランソワ・ケネーと会う

パリでは事がうまく運んだ。スミスのフランス語はまだひどいものだったが、フランスの第一級の経済思想家と詳しく語り合うのに十分なくらいには上達していた。この思想家とはフランソワ・ケネーのことで、ルイ一五世の御典医であり、ポンパドゥール夫人の侍医でもあった。ケネーはすでに、重農主義として知られる経済学派をなし、「経済表」と呼ばれる経済の循環図を考案していた。経済表はまさしく医者の洞察にかかるものだった。富とは金や銀などの固形物をさすと信じていた当時の観念をケネーは否定し、富は生産から生ずるものであり、それは血液の循環のように社会という身体を満たしながら、人手から人手へと国家のいたるところを流れるものだと主張した。経済表は大きな感銘を与えた。先輩のミラボーは、それを文字や貨幣と同じくらい貴重な発明であるとみなした。けれども重農主義の難点は、農業労働者だけが自然の働きを味方につけることで真の富を生産し、製造業従事者は「実りのない」やり方でその形状を変えるだけだ、と主張したことにあった。したがってケネーの体系は、実際の政策に対して限られた有用性しかもちえなかった。確かにそれは自由放任政策——当時としては急進的な新方針だった——を擁護するものだった。しかし、工業部門をたんに不毛な操作だけを行なうものと述べたため、労働が耕作地だけでなく、いたるところで富を生産しうることを認めることができなかった。

自然ではなく労働が「価値」の源泉であると認めたことが、スミスの偉大な洞察の一つだった。おそらくこれは、彼がフランス風の圧倒的に農業中心の環境ではなく、むしろ商業が盛んな地域で育った結果だったろう。理由は何であれ、スミスは重農学派の農業偏向を受け入れることができなかった(ケネーの信奉者たちは、ミラボーのように何よりもおべっか使いだった)。スミスはこのフランス人の医者に対して、個人的には深い賞賛の念を抱いていた。もしケネーの死がなかったならば、『国富論』は彼に献呈されていただろう。しかし重農主義は、スミスのスコットランド的なものの見方にとって、根本的に性に合わないものだった。

『国富論』を出版

一七六六年、旅行は突然の中止を余儀なくされた。彼らに同行していた公爵の弟が熱病にかかり、スミスの必死の看病にもかかわらず(彼はケネーを招いたりもした)、錯乱のうちに他界した。公爵はダルキースの所領に帰った。スミスは最初ロンドンに行き、それからカーコーディに戻った。ヒュームの懇願にもかかわらず、彼は次の一〇年間はほとんどこの地に滞在し、そのあいだにかの偉大な大著が形をなしたのである。その大半は彼が暖炉に向かって立ち、神経質に頭を壁にこすりつけながら口述したもので、彼のポマードが鏡に黒い筋を残したくらいである。時折彼はダルキースの所領に以前面倒を見た公爵を訪ね、また時には当時の文人たちと自分の思想を論じ合うためロンドンに出かけたりした。その一人にサミュエル・ジョンソン博士がいたが、スミスはこの人の入会条件のうるさいクラブに入った。もっともスミスとこの尊敬すべき辞書編集者が、非常に打ち解けた雰囲気の中で顔を合わすことはめったになかった。ウォルター・スコット卿は語っている。ジョンソンが初めてスミスと会ったとき、スミスが何か言ったのに対して攻撃を加えた。そこでスミスは自分の主張が正しいことを立証した。「それでジョンソンはどう言ったんだい」と、みんなが尋ねた。「どう言ったって？」とスミスはいかにも憤慨した様子で、「『このうそつきめ！』と言ったよ」と述べた。「それで君はどう答えたんだい？」。『こん畜生！』と言ってやったよ」。この二人の偉大な道徳家がこのように初めて会って別れ、またこの二人の偉大な哲学教授の間の古典的な対話がこのようなものであった、とスコットは述べている。

スミスはまた、ベンジャミン・フランクリンという、魅力的で知性のあるアメリカ人にも会った。彼はスミスにアメリカ植民地にかんする多くの真実を伝え、いつかこれらの植民地が果たすと思われる役割について深い認識を示した。スミスが後に、これらの植民地は「実際、これまでなかったような巨大で恐るべき国を形成することになるだろう」と書いたのも、疑いなくフランクリンの影響によるものである。

一七七六年、『国富論』が出版された。二年後、スミスはエディンバラの関税委員に任命されたが、年間六〇〇ポンドをもらう閑職だった。スミスは母親が九〇歳になるまで一緒に暮らし、終生独身を守り、平和で静かな生涯を送った。平穏で、満足のいく、そしておそらく最後まで放心の癖を伴った生活を。

壮大なパノラマの『国富論』

では、『国富論』とはどんな書物なのか。

この本は「たんにある偉大な人物の手になるというだけでなく、時代全体からほとばしり出た産物」と言われてきた。しかも言葉の厳密な意味では、「独創的《オリジナル》」な著作ではなかった。スミスが世界をあのように理解するに至るまでには、観察者の長い系譜があった。ケネーやヒュームの名を再び持ち出すまでもなく、ロック、スチュアート、マンデヴィル、ペティ、カンティヨン、チュルゴーなどがそこに連なる。スミスはこれらすべての人々の文章を引用しており、この本には全部で一〇〇名以上の著者の名が挙げられている。しかし、他の人々があちこちで魚を捕らえようとしている場所へ、スミスは大きく網を広げたのである。また他の人々があれこれの問題を明らかにしてきたのに対して、スミスはその全景を明らかにしたのである。『国富論』は完全に独創的な本というわけではないが、それが傑作であることに疑問の余地はない。

まず第一に、それは壮大なパノラマである。開巻劈頭《へきとう》、ピンの製造における細かな分業について記述した有名な文章に始まり、巻末までに「最近のアメリカ植民地における動乱」（スミスが独立戦争はその本が印刷にまわるまでには終結すると考えていたことは明らかだ）、オックスフォードにおける学生生活の無駄、あるいは一七七一年以降のニシン漁獲高の統計といったような多様な問題を扱っている。

カナンが新しい版のために編纂した索引をちょっと見ただけで、スミスが言及し、考察した範囲の広さがわかろう。Aで始まるものを一〇個ばかり挙げてみよう。

Abbassides〔アッバース朝〕　その治世の間、サラセン帝国は富裕だった
Abraham〔アブラハム〕　通貨単位のシェケルを銀で秤《はか》った
Abyssinia〔アビニシア〕　塩を貨幣に用いた
Actors〔俳優〕　社会はその職業を軽蔑することに代価を払った
Africa〔アフリカ〕　強大な国王といえどもヨーロッパの貧農よりも暮らし向きが悪い
Alehouses〔居酒屋〕　その数が酒癖の広がる有力な原因ではない
Ambassadors〔大使〕　その任命の最初の動機
America〔アメリカ〕　（参照で一ページがびっしり埋まっている）
Apprenticeship〔徒弟奉公〕　この奴隷的服従……の性質を説明している
Arabs〔アラビア人〕　戦争を続けるときのやり方にふれている
Army〔軍隊〕　僧侶が心服していないと、〔常備軍があっても〕君主の地位は危険

索引は小さな活字の印刷で六三ページにわたっており、ありとあらゆる事柄にふれてい

る。「富、その主要な喜びは人に見せびらかすことにある。貧困、時には国民を残忍な習慣に駆りたてる。胃袋、食物に対する欲望はその小さな容量に限定されている。肉屋、残酷でいやな仕事」といった具合である。九〇〇ページの本書を読み切ると、一七七〇年代のイギリスの、徒弟や職人や新興の資本家の、地主や僧侶や国王の、そしてまた工場や農場や外国貿易の生き生きとした状況がわかる。

本書は読むのに骨が折れる。それは百科全書的な精神の慎重さをもって綴られているが、規律正しい精神の厳密さをもって書かれてはいない。この当時は著者が間をとって、if や and や but などで自分の考えを限定することのなかった時代であり、スミスのような知的水準の人物なら、当代の膨大な知識をことごとく受け入れるということが実際にありえた時代である。したがって本書は、何事も避けず、何をも見くびらず、また何も恐れていない。何という小憎らしい本であろう。五〇ページにもわたって入念に論じて到達した結論を、簡潔な文章に要約することをたびたび拒んでいる。議論が詳細な記述や観察に満ちているため、底流をなしている鋼のような骨組みを見出すには、絶えず修飾部分を削りとらねばならない。

銀の問題になると、スミスはそれにかんする「余談」に七五ページも割いて遠回りをしている。宗教の話となると、彼は道徳社会学の話題へと脱線してしまう。しかしその重々しさにもかかわらず、本書は多くの洞察、観察、そしてこの偉大な講義に生命を吹きこむ精妙な言い回しをもって貫かれている。イギリスを「あきんどの国《ショップキーパー》」と最初に呼んだのもスミスは、学者が生まれつき天分や性向の点で街の荷かつぎ人足と違うところは、マスチフ犬〔大形の獰猛な犬で、番犬とする〕とグレイハウンド犬〔猟犬〕との違いの半分ほどにも及ばない」と書いたのもスミスである。

さらにまた、その当時東洋を荒らし回っていた東インド会社について、スミスは次のように書いた。「これはまったく奇妙な役所である。この機関の役人はみな一刻も早く……その国を逃れ出たいと願っており、いったんそこを立ち去り、自分の全財産を運び出してしまったなら、その国全土が地震に呑みこまれてしまおうと、その利害にはまったく無関心でいる」と。

『国富論』はどう見ても教科書ではない。アダム・スミスは彼の時代に向けて書いているのであって、教室のために書いているのではない。つまり、彼は一帝国を経営するうえで重要と思われる見解を詳述しているのであって、学界に配布するために抽象的な専門書を書いているわけではない。彼がやっつけた竜は(たとえば重商主義の場合、その息の根を止めるのに二〇〇ページ以上を要している)、その当時は少々弱ってはいたが、いまだにあえぎながらも生き残っていた。

最後に、本書は革命的な本である。確かにスミスは、食うに困らない上流階級を混乱に陥れ、一般の貧民を王位につけるような大変革を奨励したとはいえない。にもかかわらず、

『国富論』のもつ意義は革命的だった。スミスは一般に考えられているように、新興ブルジョアの擁護者ではない。後に見るように、スミスは彼らの仕事の賞賛者ではあったが、その動機には疑問を抱いていた。また彼は、広範な労働者大衆の必要《ニーズ》にも気を配っていた。だが、どの階級の利益を支持することも彼の目的ではなかった。彼は国全体の富を増進させることに関心を寄せていた。そしてアダム・スミスにとって、富は社会全体の人々が消費する財貨から成り立っていた。もちろん、それは、富が平等に分配されるということではない。自然的自由の社会（Society of Natural Liberty）には、富んだ者も貧しい者もいるのである。

にもかかわらず、これは富についての民主的な、したがって急進的な哲学である。金《きん》や財宝や王の秘蔵といった富の観念は、過去のものとなった。商人や自作農やギルドの特権もまたしかりである。いまやわれわれは、万人が消費する財やサービスの流れが経済生活の究極の目的をなす近代世界に生きているのである。

市場法則の定式化

それでは、本書のヴィジョンは何だろうか。主権にかんするホッブズの原理のように、それが簡潔に言い表せないことは、以下でご覧のとおりである。スミスのヴィジョンは、社会の組織のまったく新しい様式のための青写真のようなものであった。その様式こそが、政治経済学――今日では経済学と呼ばれる――であった。

この青写真の中心において、二つの大きな問題がスミスの注意を惹いた。まず第一に、彼は、社会を結合させるメカニズムを明らかにすることに興味をもっている。万人が慌ただしく私利を追い求めている社会が、まったくの遠心力だけで飛び散らないでいるようなことが、どのようにして可能なのか。集団の必要《ニーズ》に合致するように、各人の私的事業を導いていくものは何なのか。中央の計画機関があるわけでもなく、また昔ながらの伝統の確固とした影響力があるわけでもないのに、社会はどのようにしてその存続に必要な仕事を行なわせることができるのか。

こうした疑問がスミスを、市場法則の定式化に導いたのである。彼が求めたものは彼の言うところの「見えざる手」であり、これによって「人間の私的な利益と情熱」が「社会全体の利益にもっとも合致した」方向に導かれるのである。

だが市場法則は、スミスの研究のほんの一部分にすぎない。彼の関心を惹いたもう一つの疑問がある。社会はどこに向かっているのかということである。市場法則とは、旋回するコマがまっすぐに立っている状態を説明する法則のようなものである。だがこのコマがその旋回力によって、テーブルの上を動くかどうかという問題もある。

スミスや彼に追随した偉大な経済学者たちにとって、社会は一世代から次の世代へと変化することも変化させられることもなしに、不断に再生し続ける人間の静的な所産とは考えられていない。逆に社会は、それ自身の生活史をもつ有機体と見られている。実際、全編を通じて『国富論』は、「完全な自由の制度」(「自然的自由の制度」とも言われる)――スミスが商業資本主義に言及する仕方――がどのように機能しているかということだけでなく、それがどのように出現したかを解明した偉大な歴史の論述なのである。

だがわれわれは、スミスが市場法則を解明するところをたどってからでないと、このより大きく魅力ある問題に取りかかることはできない。なぜなら市場法則そのものが、社会の繁栄や衰退の原因となる、より大きな法則の不可欠な一部分をなしているからである。ぼんやりと暮らしている個人をも他のあらゆる人々と同列に置くメカニズムは、社会そのものを長期にわたって変化させるメカニズムにも影響を及ぼすであろう。

したがってわれわれは、市場メカニズムを考察することから始めよう。それは想像力をかきたてたり、興奮を呼び起こすような代物ではない。だが、無味乾燥であるにもかかわらず、身近にあるものであって、われわれはそれに敬意を払わざるをえない。市場法則はアダム・スミスの考えた社会を理解するうえで不可欠であるだけでなく、この同じ法則はカール・マルクスが見たまったく異なった社会、さらには今日われわれが生きているいっそう異なった社会の基底をなしている。意識すると否とにかかわらず、われわれはみな市場法則の支配下にあるので、この法則をかなり注意深く吟味すべきである。

アダム・スミスの市場法則は、基本的には単純なものである。その教えるところは、ある社会的枠組みの中でのある特定の行動は、きちんと定まった、前もって予測できる結果をもたらすということである。それはまた、個人の私利追求が、同じ動機をもつ諸個人が集まった環境の中で競争を生み出すことを明確に示している。そしてさらに、競争によって社会の欲する商品が、社会の望む量だけ、社会が支払う用意のある価格で供給されるようになることを明らかにする。では、競争がどのようにして生じるかを見ることにしよう。

私利の追求と競争

まず第一に競争が生じるのは、私利の追求がどのような仕事であれ社会が進んで代価を支払うものへと人々を動かす推進力として働くからである。スミスは言っている。「われわれが自分たちの食事をとるのは、肉屋や酒屋やパン屋の博愛心によるのではなくて、自身の利害にたいするかれらの関心による。われわれが呼びかけるのは、かれらの博愛的な感情にたいしてではなく、かれらの自愛心《セルフ・ラブ》にたいしてであり、われわれがかれらに語るのは、われわれ自身の必要についてではなく、かれらの利益についてである」(『国富論』大河内一男監訳)。

だが私利の追求は事態の半面にすぎない。それは人々を行動へと駆りたてる。だが、利に飢えた人々の図々しさが、社会に法外な身代金を要求するといったことを防ぐ何かがなければならない。私利だけで動かされる社会は、無慈悲な不当利得者の社会となるだろうから。これを規制するのが競争であり、つまり市場における利己的な行為者たちの闘争なのである。というのは、それぞれが社会的な結果をまったく考えずに自分自身のために最善をつくそうとすると、まったく同じことを追求する一群の人々と対抗することになるからである。結局、各人はただただ他人の貪欲につけこんで利を得ようと懸命なのである。私欲のままに我を忘れてしまうと、気がついたときには競争者たちが割り込んで彼の取引を奪い去っていたということになる。たとえば、彼が商品に高すぎる値段をつけたり、労働者に人並みの賃金を払うことを拒んだならば、商品には買い手がつかず、また働き手を得られないことがわかるだろう。このように、『道徳感情論』の場合とまったく同様に、人間の利己的動機は相互作用を通じて、まったく予想もしえない結果である社会的調和を生み出すべく変化するのである。

たとえば、高い値段という問題を考えてみよう。かりに一〇〇人の手袋製造業者がいるとする。それぞれが私利を追求することから価格を生産原価よりも高くし、そうすることによって追加の利潤を得ようとする。だが、そうすることはできない。もし彼が価格を上げれば、競争相手が入り込んで彼よりも安く売ることで、彼の手から市場を奪い取るだろう。しかし、全手袋製造業者が団結し、共同戦線を張る協定を結べば、その場合にのみ不当に高い価格をつけられるだろう。この場合でも、価格を少し下げれば市場を乗っ取ることができると考え、手袋製造業に進出することを決めた企業心に富む業者が他業種、たとえば、靴製造業に一人でもいれば、この馴れ合いの協定は打ち破られるだろう。

市場の法則は、生産物に競争価格をつけさせるだけではない。生産者たちが社会の必要とする商品の需要量に注意を払うよう仕向けたりもする。かりに消費者たちが、現在生産されているよりも多くの手袋が必要で、靴のほうは少なくてよいと決めたとしよう。それによって、人々は市場にある手袋の在庫品をわれ勝ちにと奪い合う一方、製靴業は不振に陥るだろう。その結果、手袋の価格は、消費者たちがすぐ手に入る量以上に買おうとすればするだけ上がり、逆に靴の価格は、人々が靴屋の前を素通りするようになるにつれて下がるだろう。手袋の価格が上がると、手袋産業の利潤は増え、靴の価格が下がると、製靴業の利潤はがた落ちになろう。ここで再び私利の追求が、バランスを是正するように働く。製靴工場は生産を縮小し、それに伴って、労働者は製靴業から放出され、好景気にわく手袋産業に移るだろう。その結果は明らかである。手袋の生産は上昇し、靴の生産は下降するだろう。

そしてこのことは、まさしく社会が最初に望んでいたことである。需要に応じるため手袋が多く市場に出回れば出回るほど、手袋の価格は値下がりして一線に並ぶだろう。また靴の生産が少なくなるにつれ、靴の余剰はほどなく姿を消し、価格も再び正常な水準まで上がるだろう。市場メカニズムを通して、社会はその生産要素の配分を社会の新しい欲望に合致するよう変えていく。かといって、だれかが指令を発したとか、計画当局が生産計画を立てたとかいうわけではない。私利の追求と競争との相互作用によって、こうした変化が起こったのである。

さらに、最後の仕上げがなされる。市場は人々の需要という最終的な調停者に従って商品の価格と数量の両方を調整するだけでなく、商品の生産に協力する人々の所得をも調整する。ある業種の利潤が度はずれに高ければ、他の業種の人々がその業種に殺到し、競争によってやがて余剰は減らされる。また、ある仕事の賃金が並はずれて高ければ、この恵まれた職業に人々が殺到し、やがてその賃金は技能や修業の程度が同じくらいの仕事と同程度になるだろう。反対に、ある事業分野の利潤や賃金が低すぎたとすれば、資本と労働の流出が起こり、供給と需要の調整が行なわれる。

これらのことはみな、いささか初歩的に思えるかもしれない。だがアダム・スミスが、彼の言う私利という推進力と、競争という調整力をもって何を行なったかを考えてみよう。第一に彼は、物価が商品の実際の生産原価を離れて勝手に変動しないようにされていることを説明した。第二に、いかにして社会がその必要とする商品を供給するよう生産者たちを導くことができるかを説明した。第三に、高い価格はその部門の生産を増加させるので、自然治癒的な病であることを指摘した。そして最後に、国の大きな生産部門のそれぞれにおいて、所得は基本的には同程度になることを説明した。一言にして言えば、市場メカニズムの中に、社会が秩序だった物資供給を行なうための自己調整的なシステムを見出したのである。

「自己調整的」という表現に注目してほしい。市場のもたらす見事な結果は、市場がそれ自身の守護者であるということである。生産や価格やある種の報酬が、社会が定めた水準から逸脱すると、いろいろな力が働いてそれらを元の囲いに連れ戻してくれる。このような結果が生じるのは、奇妙なパラドックスである。すなわち、市場は個人の経済的自由の極致であるとともに、もっとも厳しい監督者でもあるのだ。人は計画当局の統制を懇願したり、聖職者の特免を獲得したりはできるかもしれない。しかし市場メカニズムのどこからとも知れぬ圧力の前には、懇願も特免もない。経済的自由はかくて、当初の見かけよりもずっと人を惑わすものである。市場においては、だれもが自分の好きなように振舞ってもよい。だが、市場が認めないことを好んでやれば、個人的自由の代価は経済的破滅ということになる。

競争的市場メカニズム

だが、世の中は実際にこのように動いているのだろうか。アダム・スミスの時代には、世の中はほとんどそれに近い動きをした。もちろん、彼の時代にも、市場制度の自由な活動を抑制する働きをもった諸要因がすでにあった。製造業者が団結して価格を人為的に釣り上げることもあれば、競争の圧力が賃金を引き下げるように働く際には、それに抵抗した職人組合もあった。そして、もっと不穏な兆候がすでにあったことが読み取れる。ロム兄弟の工場は、見学者にとってたんに工学技術のすばらしさに驚嘆するといったこと以上のものだった。すなわち、大規模工業の到来、そして市場におけるきわめて強力な個人的行為者である雇用主の出現を予示するものだった。紡績工場の子供たちは、寝場所や食事を与えてくれ、そしてこき使う雇用主と同じ力をもつ市場構成要素だとは、とても考えられなかった。しかし、そうした青写真からの逸脱にもかかわらず、一八世紀のイギリスは、完全に合致すると言わないまでも、アダム・スミスが心に描いたモデルに近づいていった。事業は競争的だったし、一般の工場は小さかった。物価は需要の増減に従って上下したし、物価が変動すると生産や職種に変化が生じた。アダム・スミスが描いた世界は、原子論的競争の世界と呼ばれてきた。それは、生産メカニズムの行為主体はだれも、資本の側であれ労働の側であれ、競争の圧力に干渉したり、抵抗したりできるほど強力でない世界である。また、各行為主体は、社会のだれもが自由に参加できる広大な競争の場で、私利を求めて動き回ることを余儀なくされている世界だった。

では、今日はどうであろう。競争的な市場メカニズムは、いまなお作用しているのであろうか。

これは簡単に答えの出せる問題ではない。市場の性格は、一八世紀以来大いに変化してきた。われわれはもはや、だれも流れに逆らって泳ぐことはできない原子論的競争の世界には生きてはいない。今日の市場メカニズムは、その参加者の規模が大きいという特徴をもつ。巨大な会社や強力な労働組合が、個人の経営者や労働者と同じように行動していないことは明らかである。巨大な組織が競争の圧力に耐え、価格の信号を無視し、日々の売買の当座の圧力よりも、長い目で見て何が利益となるかを考えることができるのも、その大きさゆえにほかならない。

これらの要因はみな、市場の根本的な道しるべ的機能を弱めたことは明らかである。だが、今日の産業社会がまったく新たな特質をもっているにもかかわらず、私利と競争の偉大な力は、いかに弱められ制限されているにしても、市場制度に関係する者が完全には無視できない基本的な行動規則をいまなお提供している。われわれが生きているのは、アダム・スミスの原子論的競争の世界ではないが、注意して観察すれば、市場法則はいまでも認められる。

貧民の窮乏

だが市場法則は、社会にまとまりを与える行動様式を言い表しているにすぎない。何か別のものが社会を動かしているはずである。『国富論』の九〇年後にカール・マルクスは、資本主義がゆっくりと、不本意ながらも不可避的に破滅に向かうことを示す「運動法則」を見出すことになる。しかし『国富論』は、すでに独自の運動法則をもっていた。だが、マルクスの予測とはまったく異なり、アダム・スミスの描いた世界はゆっくりと、きわめて積極的に——以下に見るように、けっして全面的にというわけではなかったが——ヴァルハラ〔北欧神話のやすらぎの地〕に向かっていくものだった。

ヴァルハラこそ、たいていの観察者が予言した最後の目的地だった。ジョン・ビング卿は、一七九二年に北部地方を旅した際、馬車の窓から外を眺めた印象を次のように書いた。「いやはや、いまではこんなところに大きな火を吐く工場がある……谷全体が平穏をかき乱されている……リチャード・アークライト卿は自分の家や国に大きな富をもたらしたかもしれないが、一旅行者として私は、彼の企てを憎む。それはどんな田舎の谷間にも忍び込み、水路や自然の美を破壊してしまった」。また、「ああ、マンチェスターとは何と汚らしいところだろう」と、ジョン卿はそこに着くなり言った。

実際、その当時のイギリスは汚らしいところが多かった。土地・労働・資本を刺激した三世紀にわたる騒動は、さらにそれ以上の騒ぎを起こす準備にすぎなかったようである。なぜなら、解放されたばかりの生産主体が、新しくかつ見苦しい工場という形で結合され始めたからである。そして工場の出現とともに、新しい問題が出てきた。ジョン卿が旅行する二〇年前に、リチャード・アークライトはカツラ用に婦人の毛髪を売り歩いてささやかな元手をため、紡績機を発明した(というよりは、盗用した)。だが、機械を組み立ててから、彼はそれに人員を配置することが容易でないことがわかった。土地の労働者は、その工程の「規則正しい素早さ」についていけなかった。——賃労働はその時分でも一般に軽蔑されており、資本家のなかにはまったくの盲目的な憎悪から新築の工場を焼き払われる者もあったくらいである。アークライトはやむなく子供に目を向けた。「子供のささやかな指はよく動く」からだった。そのうえ、子供たちは農民や職人の独立した生活に親しんでいないため、ずっと容易に工場生活の規律に順応できた。これは、慈愛心に富む処置として喝采を博した。子供の雇用は、「稼ぎのない貧民」の生活状態を緩和するのに役立つのではないかと見られたのだ。

それというのも、工場に対する感嘆と恐怖の混じり合った感情以外に人々の心を惹きつける問題があったとすれば、それはこのどこにでも見られた稼ぎのない貧民の問題だったからである。一七二〇年にはイギリスに、一五〇万ものこうした人々がひしめき合っていた。当時の全人口がわずか一、二〇〇万ないしは一、三〇〇万であったことを思えば、これは驚くべき数字である。したがって、当時は彼らをどう処置するかという計画《スキーム》がいろいろとあった(その大部分は、望みのない計画だったが)。というのは、当時一般に行きわたっていた不満は、貧民の怠惰は根絶しがたいというものであり、しかもこの不満には、下層階級が上流階級の習慣をまねることへの驚愕が含まれていた。現に、労働者は紅茶を飲んでいたし、庶民は昔からのライ麦や大麦のパンよりも、小麦のパンを好んでいたようである。こんなことではどうなるのだろうと、時の思想家たちはいぶかった。貧民の窮乏は

（あの口の悪いマンデヴィルが一七二三年に「それを緩和するのは賢明だが、廃絶するのは愚行であろう」と述べたように）、国家の繁栄のために必要不可欠ではないのか、と。また、社会に不可欠な等級づけの消滅を認めるならば、社会はいったいどうなるのだろうか、と。

「下層階級」についての危惧される大問題に対する時代の一般的な態度が驚愕だったにせよ、それがアダム・スミスの哲学を表すものでなかったことは確かである。「あまりに多くの者が貧しくみじめな社会が、繁栄したり幸福であるはずはない」と、彼は書いた。しかも彼は、このような急進的な声明を出すほどの無鉄砲さを備えていただけでなく、社会は実際に絶えず進歩しており、否応なしにある明確な目標に向かっていることを証明しようとした。社会が動くのは、だれかがそのことを意図したからでもなければ、議会が法案を通過させたからでもないし、イギリスが戦争に勝ったからでもなかった。ものごとの底流に、社会全体に力を与える巨大なエンジンのような原動力が隠されているから、社会は動くのだ、と。

分業による生産性向上

というのも、イギリスの状況を眺めたとき、アダム・スミスはある顕著な事実に強い印象を受けたからである。それは労働の細分化と専門化から生じる生産性の著しい増大だった。『国富論』の冒頭でスミスは、ピン工場について次のように論じている。「ある者は針金を引き伸ばし、次の者はそれを真直ぐにし、三人目がこれを切り、四人目がそれをとがらせ、五人目は頭部をつけるためにその先端を磨く。頭部を作るのにも、二つか三つの別々の作業が必要で、それを取りつけるのも特別の仕事であるし、ピンを白く光らせるのも、また別の仕事である。ピンを紙に包むのさえ、それだけで一つの職業なのである。……私はこの種の小さい仕事場を見たことがあるが、そこではわずか一〇人が仕事に従事しているだけで、したがって、そのうちの幾人かは、二つか三つの別の作業をかねていた。かれらはたいへん貧しくて、必要な機械類も不十分にしか用意されていなかった。それでも精出して働けば、一日に約一二ポンドのピンを全員で作ることができた。一ポンドのピンといえば、中型のもので四千本以上になる。してみると、これらの一〇人は、一日に四万八千本以上のピンを自分たちで製造できたわけである。……だが、もしかれら全員がそれぞれ別々に働いたならば……かれらは一人あたり一日に二〇本のピンどころか、一本のピンさえも作ることはできなかったであろう……」(『国富論』前掲訳書)。

今日の生産方法が一八世紀のそれよりもどれだけ複雑をきわめているかは、ほとんど指摘する必要もないだろう。スミスは、彼がどう否認しようと、一〇人の小工場を見ただけでそれについて書きたくなるほど強い印象を受けたのである。一万人も使う工場だったならば、彼はどう思っただろうか。しかし、分業の大きな贈り物はその複雑さではない。むしろ分業は、たいていの骨折り事を簡素化してくれる。分業の利点は、スミスの言う「人民の最下層にまで行きわたる社会全般の豊かさ」を増すことができることにある。この一八世紀の社会全般の豊かさというのも、現代のわれわれからすれば、ぞっとする生活のように見える。しかし、事態を歴史的なパースペクティヴでとらえ、一八世紀のイギリスの労働者の運命を一、二世紀前の先輩のそれと比較するならば、生活はみすぼらしいものではあったにせよ、かなりの進歩があったことは明らかである。スミスはこの点を鮮やかに指摘している。

ここで、文明が進み繁栄している国の最も普通の手工業者、または農村の日雇労働者の衣食住がどのようにととのえられているかを観察してみよう。そうすれば、このような生活物資の調達のために、たとえわずかその一小部分にすぎなくても、自分たちの勤労の一部を用いた人たちの数がはかりしれないほど多い、ということがわかるであろう。たとえば、農村の日雇労働者が着ている毛織物の上衣は、見た目には粗末であっても、非常に多数の職人の結合労働の生産物なのである。この質素な生産物でさえ、それを完成するためには、牧羊者、羊毛の選別工、梳毛工または擦毛工、染色工、あら梳き工、紡績工、織布工、縮絨工《しゆくじゆうこう》、仕上工、その他多くの人たちがすべて、そのさまざまな技術を結合しなければならない。そればかりか……いったいどれほど多くの商人と運送人が……どれだけ多くの商業と航海業が、またどれほど多くの造船工、水夫、製帆工、ロープ製造人がその仕事に従事しなければならなかったことであろうか！……

同じように、われわれが牧羊者の衣服や家具のさまざまな部分のすべて、すなわち、かれがその皮膚にじかに着るあらい麻布のシャツ、かれの足につける靴、かれが横たわるベッド……かれが食物の調理に使う金網、それに使うために、地底から掘り出されて、おそらく長途の海路と陸路の輸送によってかれのもとにもたらされた石炭、そのほかいっさいの台所用具、いっさいの食卓用具、ナイフとフォーク、かれが食物を盛り分ける陶製または白鑞《はくろう》〔すずと鉛の合金〕製の皿、かれのパンやビールの調製にたずさわったさまざまな人手、熱と光をとりいれ、風と雨を防ぐガラス窓、加えて……このみごとですばらしい発明品を作りだすのに必要とされるいっさいの知識と技術……を調べてみるならば、つまり、以上のすべてのものをわれわれが調べてみるならば……文明国の最も下層の者にたいしてさえ、何千人という多数の助力と協同がなければ、手軽で単純な様式だとわれわれが誤って想像しているような普通の暮らしぶりすらととのえてやることができない、ということがわかるだろう。たしかに、身分や地位の高い人たちの法外な贅沢にくらべると、労働者たちの暮しぶりは、疑いもなく大いに単純で手軽に見えるにちがいないが、それでも、おそらく次のことは真実であろう。すなわち、ヨーロッパの君主の暮らしぶりが勤勉で倹約な農夫のそれをどれほど凌いでいようと、その程度は、この農夫の暮しぶりが、一万人もの裸の野蛮人の生命と自由の絶対的支配者であるアフリカの多数の王侯の暮しぶりを凌ぐほど大きいとはかぎらない、ということである。(『国富論』前掲訳書)

市場制度の発展促す蓄積

このすばらしい富や財産の増殖へと社会を駆りたてるものは、いったい何であろうか。一つにはそれは市場メカニズムそのものである。というのも市場は、人間の創造力を活用し、人間が発明し、革新し、拡張し、冒険することを助長するとともに、そのことを強制しさえするからである。だが、市場のたゆみない活動の背後には、もっと基本的な圧力が存在する。実際、スミスは生産性が連続的に上昇するよう市場制度を促す、二つの確固たる行動法則を認めている。

その第一は、蓄積の法則である。

スミスの生きていた時代は、新興の産業資本家が投資によって一財産を築くことができたし、実際にそうした時代だった。リチャード・アークライトは若い頃床屋に奉公したが、一七九二年に没した際には五〇万ポンドの遺産を残した。サミュエル・ウォーカーはロザラムの古い釘製造所でかじ屋として出発し、その敷地に二〇万ポンドの値打ちをもつ製鋼工場を残した。ジョサイア・ウェッジウッドは木の義足をつけて自分の陶器工場を歩き回り、どこであれ不注意な仕事ぶりを示す証拠を見つけると、「これはジョサイア・ウェッジウッドの意に満たない」と書きなぐっていたが、その彼も二四万ポンドの遺産と多くの地所を残した。産業革命の初期の段階は、だれであれ時流に乗るだけの機敏さ、抜け目なさ、そして勤勉さをもつ者には、まさに富の福袋を提供したのである。

そして大多数の新興資本家の目的は、一貫して財を蓄積することだった。一九世紀の初め、マンチェスターで日曜学校を創設する目的で二、五〇〇ポンドを集めることになった。この貴重な目的のために、この地方の唯一最大の雇用主である綿糸紡績業者が行なった寄付の総額は、九〇ポンドだった。新興の産業貴族にとっては、非生産的な慈善事業に寄付をするよりは、もっとよい用途があった。彼らは蓄積しなければならなかったのであり、アダム・スミスもまたそれに心から賛同していた。蓄積せざる者は災いなるかな。そして自分の資本を食いつぶす者について言えば――「宗教的動機から設立された財団の収入を瀆神《とくしん》的な目的に悪用する人と同じように、かれは、自分の祖先たちが節約して勤労の維持のためにいわば奉納したこのような基金から、怠惰な者の賃金を支払うのである」(『国富論』前掲訳書)。

しかし、アダム・スミスは蓄積のための蓄積に賛同したわけではない。結局のところ、彼は哲学者であって、富の虚飾に対しては哲学者らしい軽蔑を感じていた。むしろスミスは、資本蓄積が社会に莫大な利益をもたらすことを認めた。というのも、資本は機械設備に投入されたならば、まさに人間の生産力を増大させる、あのすばらしい分業をもたらしたからである。蓄積は、スミスの諸刃の剣のもう一方の刃となる。すなわち、貪欲は私的な強欲でありながら、一方では社会の繁栄に資するということである。スミスは、後に二〇世紀の経済学者が直面するような、個人の蓄積がより多くの雇用につながるのかという問題には心を悩ませていない。スミスにとって、世界は無限の進歩の余地があり、地理的な範囲だけが市場の大きさを制限していた。蓄積せよ、さらば世界は利益を得よう、とスミスは言う。そして確かに活気にあふれた当時の風潮の中には、蓄積できる状況にある者がそれに消極的だったという証拠は、まったくなかった。

しかし——ここに困った問題があるのだが——蓄積はやがて、それ以上の蓄積が不可能となる状態になるだろう。というのも、蓄積はより多くの機械が必要となることを意味し、より多くの機械はより多くの労働者の需要を意味したからである。そしてそれは次に、より高い賃金につながり、やがて利潤——蓄積の源泉——は食われてしまうだろう。このハードルはいかにして乗り越えられるのか。

市場制度は人口も調整

それは市場制度の第二の大法則、すなわち人口の法則によって乗り越えられる。

アダム・スミスにとって、労働者は他のいかなる商品とも同様、需要によって生み出されるものだった。もし賃金が高ければ労働者の数は増え、賃金が下がれば労働者の数も減る。スミスはそのことをそっけなく述べている。「……人間にたいする需要は、他のすべての商品にたいする需要と同じように、人間の生産を必然的に左右する」と。

これは、見かけほど素朴な考えではない。スミスの時代には、下層階級の幼児死亡率は驚くほど高かった。「スコットランドのハイランド地方では、一人の母親から二〇人もの子供が生まれても、そのうちの二人とは生きていないということも、珍しくはない」と、スミスは言っている。イギリスの多くの地方では、子供の半数は四歳までに死亡し、またほとんどあらゆる地域で、子供の半数は九歳か一〇歳までしか生きられなかった。栄養不良、劣悪な生活条件、寒さ、そして病気により貧困層のあいだに恐るべき数の死者が出た。したがって高賃金は、出生率にはわずかしか影響しなかったかもしれないが、労働年齢にまで達する子供の数には、かなりの影響力をもつものと予想された。

したがって、蓄積の第一の効果が労働者階級の賃金を上げることであるなら、これが次には労働者の数の増加をもたらすようになる。そして次には、市場メカニズムがその後を引き継ぐ。すなわち、市場での高価格が手袋の増産をもたらし、手袋の増加が今度は手袋の高価格を押し下げるのとちょうど同じように、高賃金は労働者の増加をもたらし、労働者の増加は逆に賃金水準を押し下げる圧力となる。人口は——賃金にかんするかぎり——

手袋生産と同様に、自然治癒的な病である。

そしてこのことは、蓄積が無事に続けられるだろうことを意味した。蓄積が引き起こし、しかもさらに蓄積することを無益なものにする恐れのある賃金の上昇は、人口の増加によって調整される。蓄積はみずから墓穴を掘り、きわどいところで救われるのである。高賃金の障害は、まさにその高賃金によって可能になった人口の増加によって取り除かれる。この悪化と治癒、刺激と反応の自動的な過程には、言い換えれば市場制度を破滅に導くように見える要因そのものが、同時に制度を一段と健全なものにするのに必要な条件をもこっそりともたらすといった過程には、何かしら魅力的なものがある。

成長の限界

そしていまや、スミスが社会のために無限に繰り返される巨大な連鎖を組み立てたことに注目しよう。一連の連結した数学の定理と同じほど系統的かつ必然的に、社会は上へ向かって行進を始める。出発点がどこであろうと、市場の探査装置は、まず初めにあらゆる異なった用途に用いられる労働と資本に対する収益を均等にし、需要のある商品が正しい量だけ生産されるよう取り計らい、さらに商品の価格が絶えず競争によって生産原価にまで引き下げられるよう保証する。それに加えて、社会は動態的《ダイナミック》なのである。出発点から富の蓄積が生じ、この蓄積は生産設備の増加とより高度な分業という結果を生む。ここまでは、万事がまことに結構である。しかし蓄積はまた、賃金を引き上げることになる。資本家が新しい工場に人員を配置するために労働者を得ようと競い合うからである。賃金が上がるにつれて、さらに蓄積することが無益なことに見えだす。こうして市場制度は、横ばい状態になる恐れが生じる。しかし一方では、労働者たちは高くなった賃金を使って子供たちを育てるので、死亡率は低くなるだろう。そうなると、労働者の供給は増加する。人口が膨張するにつれて、労働者間の競争が再び賃金を押し下げるだろう。こうして蓄積は続行され、また新たな社会の螺旋的上昇が開始される。

スミスが述べていることは景気循環ではない。それは長期の過程であり、長年にわたる進化なのである。しかもそれは、驚くほど確かなものである。市場メカニズムがいじくり回されることさえなければ、万事は前述の鎖の輪によって容赦なく決定されるのである。社会のいっさいを包み込んだ、巨大な往復機関が備わっているのだ。ただ人々の嗜好——生産者を導くもの——と国のその時点での物的資源だけが、この因果の鎖の外にある。

だが、予測されることは事態の限りない進歩ではないことに注目しよう。確かに、長期のいわゆる経済成長——スミスはこの言葉を用いてはいない——が生じるにしても、その進歩には限界がある。このことが労働者たちに、ただちに影響を及ぼすわけではない。人口の増加はゆくゆくは、生きていくのがやっとという生活水準のほうへ賃金を押し戻すであろうが、スミスの見解では、労働者階級は長年のうちにその分け前を増やしていくということだった。

だがスミスは、何よりもまず現実主義者だった。とどのつまり彼が地平線のはるかかなたに見たものは、人口の増大によって賃金が「自然の」水準にまで押し下げられるということだった。その時はいつ訪れるのか。明らかにそれは、社会が資源を使い果たし、極度の分業が導入されるときにやってくるのである。一言で言えば、経済が限界まで拡大し、それによって生じた経済的「空間」を最大限利用したときに、成長は終焉を迎えるのである。

しかしなぜ、この限界をさらに拡張することができないのか。その答えをスミスは、非常に重要な分業が、絶え間ない過程であるのではなく、一回限りの過程であることに見出した。先に指摘したように、彼は分業の組織的ならびに技術的な核心を、変化の自然発生的な過程ではなく、刺激を与えては消えていくといった、不連続な前進であることに見て取った。かくして最後には、社会の成長の勢いは止まる。社会が繁栄を期待できるのは、せいぜい二〇〇年間である、とスミスは述べている。その後は、労働者の賃金は生存ぎりぎりの水準に戻り、資本家の利潤は安定した市場において適度な水準に落ち着く。地主だけはやや高い所得を得ているであろうが、これは食糧の生産が、もはや増加してはいないものの相対的に多くなった人口が必要とする水準で維持されるからである。楽天的な大胆さのある反面、スミスのヴィジョンは控え目で、慎重さや冷静さを伴うもので、最後には、われわれを反省に導きさえもする。

新興資本家たちのスミス評価

その意味では、本書の評価がなかなか定まらなかったのは、不思議ではない。それが議会で引用されるまでには、ほぼ八年を要した。最初にそれを引用したのは、チャールズ・ジェームズ・フォックスという下院の最有力議員だった(後に彼が認めたことだが、実際には彼はそれを読んではいなかった)。一八〇〇年になって、ようやく本書は十分な評価を得るようになった。その頃までに、本書は英語版で九版を重ね、またヨーロッパ大陸やアメリカにまで広まった。その擁護者は、思いがけない方向から出てきた。それは新興の資本家階級だった。スミスがその「卑しい貪欲」を非難し、その成員について「人類の支配者でもなければ、また支配者たるべきでもない」と述べた階級だった。だが、こうした痛罵は、スミスが本書の中で主張した重要な論点が支持されたことから、すべて無視されたのである。その論点とは、市場を放任せよというものだった。

これによってスミスが言おうとしたことと、それについての彼の支持者たちの解釈とは別物である。すでに述べたように、スミスはある特定の階級の支持者ではなかった。彼は自分の体系にきわめて忠実だった。彼の全経済哲学は、市場にはこのシステムを最高の収益点に導く能力があるとの絶対的な信頼に由来していた。市場——このすばらしい社会的機構——は、放任しておいても社会の諸要求を処理し、進化の法則を広く行きわたらせ、社会を約束された報酬に向かって引き上げてくれることだろう。彼の立場は反労働者でも反資本家でもなかった。もし彼に何らかの偏りがあったとすれば、それは消費者の味方だったことだった。「消費こそが、あらゆる生産活動の唯一無二の目標であり、目的である」と彼は書いているし、さらに進んで生産者の利益を消費者大衆の利益の上に置くような制度をきびしく非難した。

しかしスミスが自由で束縛を受けない市場を礼讃した中に、新興の産業家たちは、当時の恥ずべき状態を改善しようとした最初の政府の試みを阻止するために彼らが必要とした理論的正当化を見出した。というのは、スミスの理論は明らかに自由放任主義に通じるからだ。アダム・スミスにとっては、最小の政府が最善なのである。というのも、政府は金づかいが荒く、無責任で、非生産的だからだった。しかしアダム・スミスは——彼の死後の礼讃者たちが解釈したように——必ずしも一般福祉の増進を目的とする政府活動に反対しているわけではない。たとえば、彼は大量生産が人間をだめにする効果をもつ——「おおかたの人間の理解力というものは、かれらが従っている日常の仕事によって必然的に形成される。その全生涯を単純な作業に費やす人は……神の創り給うた人間としてなり下れるかぎり愚かになり、無知になる」(『国富論』前掲訳書)——と警告し、「政府がなにか防止の労をとらぬかぎり」、男らしい労働者の美徳の衰退が生じるだろうと予言している。

実際スミスは、政府のすべての企てに反対したわけではけっしてなく、自然的自由の社会の中で政府がなすべき三つの事柄を、とくに強調した。第一は、驚くべきことでもないが、政府は当該の社会を他の諸社会の「暴力や侵略」から守るべきである、ということである。第二は、政府はすべての市民に「厳格な正義の行政」を提供すべきである、ということである。そして第三は、政府は「社会全体の利益にもっともかなうものではあるが、その利益が特定の個人や少数の個人の出費を償うものではないような、公共施設を建設したり、公共事業を継続する」義務をもつということである。

今日の言葉に置き換えればスミスは、私的セクターが引き受けない事業——スミスは道路と教育の二例を挙げている——に対する公共投資の有用性を明確に認識していた。言うまでもなくこれは、スミスの時代以降、かなりの広がりをもつことになる思想であるが——洪水調整〔ダム、水路などによって河川の流水量を調節すること〕、生態学的な環境の修復、学術研究などを思い浮べてもよい——この思想自体は、他の多くのものと同様に、スミスの基本的なヴィジョンのなかに暗黙に含まれているものであって、そこで明確に語られているわけではない。

スミスの体系にとっての障害

スミスが反対しているのは、政府が市場メカニズムによけいな干渉をすることである。

彼は輸入制限や輸出奨励金に反対であり、競争から産業を保護する政府の法律に反対であり、さらに政府が非生産的な目的に支出することに反対である。政府のこうした活動はみな、市場制度の本来の働きを圧迫するものであることに注意されたい。スミスは、後の世代をあれほど知的に苦しめることになる問題、すなわち政府が福祉立法をもって介入する場合、それは市場制度を弱めているのか、それとも強めているのかという問題には直面しなかった。貧民救済は別にして、スミスの時代には福祉立法といえるものは何一つなかった。政府は支配階級に臆面もなく味方をしたし、政府部内の争いも、もっとも得をすべきは地主階級かそれとも産業階級かをめぐってのものだった。労働者階級が経済の運営に発言権をもつべきかどうかといった問題は、お偉方にとってまったく思い浮かばぬことだった。

アダム・スミスの体系にとっての大敵は、本質的には政府ではない。どんな形のものであれ、独占が大敵なのである。「同業者仲間が集まれば、会話はきまって、社会公共にたいする陰謀、すなわち値段を釣り上げるためのある種の方策の話になるのがおちである」(『国富論』前掲訳書)と、スミスは述べている。そしてこうした行為の困った点は、そのこと自体が道徳的に非難されるべきであるというよりも——結局のところ、それは人間の利己心の不可避な結果にすぎない——むしろそれが、市場の流動的な活動を妨げるということである。もちろん、スミスは正しい。もし市場の活動が、考えられる最低の価格で最大数の商品を生産するものと期待されるならば、市場に干渉するものは何であれ必然的に社会の福祉を低下させる。スミスの時代のように、イギリスのどの地方でも帽子作りの親方は二人以上の徒弟をおくことができないとか、シェフィールドの刃物業の親方は一人しか徒弟をおくことができないとすれば、市場制度はとうていその最大の利益を生むことはできない。またスミスの時代のように、貧民が地方の教区に縛りつけられ、仕事の見つかりそうなところに仕事を求めに出かけることができないならば、市場は必要なところに労働を引き寄せることができない。さらに、スミスの時代のように大会社が外国貿易の独占権を与えられているならば、人々はより安い外国製品の恩恵に十分に浴することができない。

したがって、これらの障害物はみな取り除かなければならないとスミスは言う。市場は価格、賃金、利潤、そして生産が自然な水準に落ち着くよう、自由に委ねられるべきであり、市場に干渉するものは何であれ、国家の真の富を犠牲にしているだけなのである。しかし政府の行為はどれも――工場に水しっくいを塗ることを要求したり、子供を機械に縛りつけることを防ぐ法律のようなものでさえも――市場の自由な作用を妨げるものと解釈されたので、『国富論』は人道主義的立法に反対するためにふんだんに引用された。こうした奇妙な誤解によって、欲深な一八世紀の産業家たちは「一般に民衆を欺いたり、虐げることにさえ利害関係をもつ」との警告を発した男が、産業家たちの経済的な守護聖人とみなされるようになった。今日でも、彼の哲学の本意は不注意にも無視され、スミスは一般に保守的な経済学者と思われている。しかし実際には、彼はたいていの現代の自由主義経済学者たちよりも、実業家の動機に対して公然と敵意を抱いていた。

ある意味では、アダム・スミスのヴィジョンは、合理性と秩序が専断と混沌に対して必ず勝利を収めるという、一八世紀的な信念を証拠だてるものである。善いことをしようとするな、利己心の副産物として善が出てくるようにせよ、とスミスは言う。巨大な社会機構にあれほどの信頼をおき、利己的本能を社会的美徳として合理化するとは、いかにもこの哲学者らしい。スミスは彼の哲学的信念の帰結に変わらぬ信頼を寄せているが、そこには生ぬるいものは何もない。彼は、裁判官の給料は国家ではなく訴訟当事者が支払うべきだと主張する。そのようにしてこそ、裁判官はその利己心によって、持ちこまれた事件を迅速に処理するようになるだろう。スミスは株式会社と呼ばれる、新たに台頭してきた実業団体に将来性があるとは見ていない。このような非人格的な団体が、複雑で困難な事業を追求するのに必要な利己心を奮い起こしうるとは、いかにも考えにくいからである。奴隷制度の廃止といったようなもっとも偉大な人道主義的運動でさえも、彼一流の観点から擁護されている。奴隷制度は廃止するのが一番よい、そうすることが結局は安上がりになろうからと、スミスは言う。

この複雑で不合理な世の中は、ある種の合理的な図式に還元され、そこでは個々の人間が利潤を目ざし、損失を避けるという一つの極に巧みに引き寄せられていく。この大きなシステムが動くのは、人間がそう命ずるからではなく、利己心と競争が人間たちを適切に配列してくれるからである。人間ができることは、せいぜいこの自然な社会的作用を助け、この社会力学の自由な働きの前に立ちはだかる障害をすべて取り除き、この働きから逃れようとするみずからの誤った努力をやめるぐらいのことである。

しかし一八世紀的な特質、すなわち合理性、自然法、そして人間の行動と反応という機械的な連鎖に対する信仰が見られるにもかかわらず、アダム・スミスが描いた世界は温かい価値を欠いているわけではない。その体系から恩恵を受けるのは消費者であって、生産者ではないことを忘れてはならない。日常生活の哲学の中で初めて、消費者は王となるのである。

富と栄光の争奪の正当な根拠

この全体図の中で、今日まで残っているのは何か。

進化の大図式ではなかった。それは、後続のすぐれた経済学者たちの手で大幅に改められることになる。しかし、アダム・スミスの世界を、理解できないことまでも体系化しようとした素朴な試みとのみ考えてはならない。スミスは産業資本主義以前の経済学者だった。彼は五〇年後に、市場制度が巨大な企業によって脅かされ、あるいは彼の説く蓄積や人口の法則が社会学的進展によって覆されるのを目のあたりにしなかった。スミスが生き、執筆していた時代には、「景気循環」と呼びうる現象もいまだ認められてはいなかった。彼の描いた世界は実際に存在していたものであり、彼の体系化はその膨張的傾向についての鮮明な分析を提供している。

しかしスミスの概念には、何かが欠落していたに違いない。というのも、彼は社会の進化は目撃したが、革命——産業革命——は目のあたりにしなかったからである。スミスは醜悪な工場制度を、新たに試みられた実業団体の法人組織の形態を、あるいはまた防衛組織を作ろうとする職人たちの弱々しい試み、つまりは新しくかつ破壊的な力をもつ社会的勢力の最初の出現をも目にはしなかったのである。ある意味では、彼の体系は一八世紀のイギリスが永遠に変わらないことを前提としている。それは量的にのみ成長するのであって、人々は増え、商品も増え、富も増えるが、その質は変わらぬままなのである。彼の体系は静的な社会力学であって、成長はあるが、成熟はしないのである。

しかし、進化の体系は大幅に改められたにしても、市場についての大パノラマは偉大な業績として残っている。確かに、スミスは市場を「発見」したわけではない。利己心と競争の相互作用がいかにして社会の必要を満たすかについては、彼より以前に指摘する者もあった。しかしスミスは、そうした着想が要求する行動についての哲学を理解した最初の人であり、広範かつ体系的なやり方でその全図式を明確に示した最初の人だった。彼こそイギリス、さらには全西洋世界に、市場がいかにして社会を結合させるかを理解させた人であり、また彼が達した理解の上に社会的秩序の体系を打ち立てた最初の人だった。後の経済学者はスミスの市場の記述に尾ひれをつけたり、その後そこに生じた重要な欠陥を究明したりした。しかし、スミスが世界のこの局面に吹き込んだ豊かさや活気を凌駕する者はだれもいなかった。

スミスの百科全書的な視野や知識については、ただ賞賛あるのみである。これほど巨大な、網羅的な、確固とした、痛烈な、そして深遠な書物を書くことは、一八世紀という時代にのみ可能だった。実際、『国富論』と『道徳感情論』は、彼の数少ない他の論文とともに、スミスがたんなる経済学者以上の存在であったことを示している。彼は哲学者、心理学者、歴史学者、社会学者でもあり、人間の動機、歴史の「諸段階」、経済の機構など、(彼が呼ぶところの)偉大な創造主の計画を表す、ありとあらゆるものを含むヴィジョンを抱いていた。この観点からすれば、『国富論』は政治経済学の傑作以上のものである。それは人間の冒険そのものである巨大な観念の不可欠な要素となっている。

さらに『国富論』は、その鋭い観察力によって絶えずわれわれをはっとさせる。彼はヴェブレンに一五〇年も先んじて、次のように書いている。「たいていの金持ちにとっては、富の主な楽しみはその富を誇示することにあるわけで、そういう人たちの目からすると、自分たちのほかはだれも持つことのできないような富裕の決定的なしるしを持っているように見えるときほど存分に自分の富が楽しめることはないのである」(『国富論』前掲訳書)と。彼はまた時代に先んじた政治家でもあり、次のようにも書いている。「もし、大英帝国のどの領土にせよ、帝国全体を支えるために貢献させられないというのなら、いまこそ大ブリテンは、戦時にこれらの領土を防衛する経費、平時にその政治的、軍事的施設を維持する経費からみずからを解放し、未来への展望と構図とを、その国情の真にあるべき中庸に合致させるよう努めるべき秋なのである」(同前)と。

アダム・スミスほど完全に、自分の時代を取り込んだ経済学者は、二度と現われないかもしれない。確かにこれほど落ち着いた、これほど権威を重んずる、これほど憎悪とは無縁な鋭い批判力をもつ、そしてこれほど空想的ではなく楽観的な者はだれもいなかった。また確かに、彼は時代と信念を共有していた。実際には、彼はその信念の形成を手助けしたのだ。当時は人道主義と理性の時代だったが、同時にその双方が、きわめて残酷、かつきわめて暴力的な目的のために悪用される恐れがあった。スミスは決して排外主義者《ショービニスト》でも、弁明者でも、折衷者でもなかった。『道徳感情論』の中で彼は、「この世のすべての苦労と騒ぎは、なにを目的とするのか。貪欲と野心の、富、権力および卓越の追求の目標はなんであるのか」(水田洋訳)と問うた。『国富論』は、この答えを与えるものである。すべての卑しむべき富と栄光の争奪は、その究極の正当な根拠を一般人《コモンマン》の福祉にもつのである。生涯の終わりにあたり、スミスは名誉や尊敬を集め円熟の域に達した。エドマンド・バーク〔当時の著名な保守主義的政治家〕が彼に会うために、エディンバラまでやってきた。彼は母校のグラスゴー大学の名誉総長に選ばれた。彼の生存中に『国富論』はデンマーク語、フランス語、ドイツ語、イタリア語、スペイン語に翻訳された。オックスフォードだけが彼を無視し、とうとう彼に名誉学位を贈らなかった。あるとき、当時の首相小ピットが、アディントン、ウィルバーフォース、グレンヴィルらと会合した折、アダム・スミスも列席するよう招待された。この老哲学者が部屋に入っていくと、一同が起立した。「どうぞ皆さんおかけください」と、彼は言った。「いや、あなたがまずおかけになるまで私たちは立っています。私たちは皆先生の弟子なのですから」と、ピットは答えた。

一七九〇年にスミスは没した。享年六七歳だった。不思議にも彼の死はあまり注意を惹かなかった。人々はフランス革命と、それがイギリスにも波及するのではないかという心配で頭がいっぱいだったのかもしれない。彼はキャノンゲートの教会墓地に埋められたが、その控え目な墓碑には、『国富論』の著者、アダム・スミスここに眠る」とある。これ以上に永続性のある記念碑を思いつくことは困難であろう。

第四章　マルサスとリカードの陰鬱な予感

一八世紀イギリスの人口論争

いたるところに存在した貧困の問題のほかに、ある厄介な疑問が一八世紀のイギリスを終始悩ませ続けていた。それは、イギリス人がどれくらいいるかという疑問である。この問題で心配なことは、次のような状況であった。つまり、イギリスから見れば、ヨーロッパ大陸の不倶戴天の敵国の人口が洪水のように膨れ上がっていたのに、乏しい資源しかもたない自国の人口は明らかに下降線をたどっていたのである。

イギリスは、自国人が何人いるかを正確に確かめることなしに、事実についての空白状態の中で憂鬱症のように気をもむことをむしろ好んだ。第一回の実質的な国勢調査が行なわれたのは一八〇一年のことであり、しかもそれは「イギリスの自由の最後の残りを完全になくするもの」と報道されたりした。つまり、それ以前のイギリスの人的資源の状態にかんする知識は、素人統計家の労に依存していた。非国教派の牧師であるプライス博士、薬種屋でコーヒーと紅茶を商ったホートン、地図作りを職業とするグレゴリー・キングのような人々である。

キングは一六九六年に、炉税や洗礼登録簿の記録を利用して、イングランドとウェールズの人口を約五五〇〇万人と計算したが、それは驚くほど正確な見積りだったようである。しかしキングは、人口の現状だけに関心をもっていたわけではなかった。将来について次のように書いている。「おそらく、イングランドの人口が二倍になるのは約六〇〇年後、つまり西暦二三〇〇年までのことであり、……その次に二倍になるのは、おそらく一、二〇〇年から一、三〇〇年ほどかかる。つまり西暦三五〇〇年あるいは三六〇〇年までにはそうなるであろう。そのとき、王国の人口は二、二〇〇万人になるであろう……ただし」と地図制作者は用心深く付け加えた。「世界がそれほど長く続けばの話だが」。

人口が漸増するというキングの予測は、アダム・スミスの時代までには、別の見方に取って代わられた。一八世紀の炉税の記録をそれ以前のものと比べて、プライス博士は、王政復古以降のイングランドの人口は三〇％以上「減少した」ことを決定的に立証したのである。プライス博士の計算の有効性は明らかに疑わしかった。そして、他の研究者たちはプライス博士の調査結果に猛然と異論を唱えたが、それにもかかわらず、プライス博士が信じたことは、非常に不愉快な事実ではあったが、その時代の政治的に切迫した事情もあって、ほとんど事実として受け取られた。「人口の減衰は」と神学者の改革家であるウィリアム・ペーリーは嘆いた。「国家が被る最大の不運であり、それを改善することは、ほかのあらゆる政治的目的に優先して目指すべき目的である」。ペーリーだけがそう信じていたわけではなかった。時の宰相小ピットは、人口を増やすという特別の目的のために新救貧法を導入しさえした。この法律は、子供に対する手当を気前よく支給するものだった。それというのも、子供をもつことによって人は国を「豊かにする」ということは、ピットにとってきわめて明白なことだったからだ。たとえ彼らの子孫が結局は貧困者になることが分かったとしても、である。

人口についての疑問にかんして、現代のわれわれの目に印象的なのは、イギリスが実際に国家として先細りになっていく危険があったかどうかということではない。振り返ってみて興味深いことは、人口問題についてのどの見方も、自然法、理性、そして進歩に信頼をおく考え方と調和していることである。人口は減少していたのだろうか。そうだとすれば、人口を増やさなければならない。アダム・スミスが自由市場経済の指導原理として示した法則の情深い保護の下でならば、人口は「自然に」増えていくだろう。人口は増加していたのであろうか。そうだとすれば、結構なことである。なぜならば、人口増加は国民的富の源泉であることにすべての人が同意していたからだった。どのような切り口で切っても、その結果は、社会についての楽観的な予測につながる好ましいものだった。言葉を換えて言えば、将来についての信念を揺さぶると考えられていた人口についての疑問は、たいしたことではなかったのである。

たぶん、ウィリアム・ゴドウィンほど素朴かつ完全に、この楽観的な見通しを概説した人はいなかった。聖職者であり評論家でもあったゴドウィンは、みずからの周りの非情な世界を見て失望して逃避した。しかしゴドウィンが将来をのぞきこみ、そこで見たものは、善であった。一七九三年にゴドウィンは、『政治的正義』(*Political Justice*) を出版した。

それは、現状を激しく非難する書物だったが、遠い将来については次のような希望を与えていた。すなわち「戦争も犯罪も、そして正義の執行も存在しないだろう。いわば、政府が存在しないのである。そのうえ、病気も苦悩も憂鬱も、そして憤りも存在しないだろう」と。何とすばらしい光景であろうか。もちろん、それはきわめて現状破壊的でもあった。ゴドウィンのユートピアは、完全な平等と徹底的な無政府的共産主義を要求するものだったからである。結婚の財産契約さえも廃止すべきだという。しかし、この書物が高価なのを考慮した(三ギニーで売られていた)枢密院は、著者を告訴しないことに決めた。そして、ゴドウィン氏の大胆不敵な思想を論議することは、当時の上流社会のサロンでの流行になった。

「陰鬱な科学」の登場

このような論争が行なわれた家の一つがオルベリー・ハウスといい、ギルドフォードからさほど遠くはないこの家には、奇妙な老紳士が住んでいた。一八〇〇年に死去したこの老紳士に対して、『ジェントルマンズ・マガジン』誌は、「言葉の厳密な意味での奇人」と言い表した。この奇人こそ、デーヴィッド・ヒュームの友人であり、ルソーの熱烈な崇拝者だったダニエル・マルサスである。ダニエル・マルサスは、ルソーと一緒に地方へ植物採集に出かけたこともあり、このフランスの哲学者がかねてから処分したいと考えていたものの中から植物標本集と一揃いの本を受け取ってもいた。十分な暇があり、かつ研究心旺盛な当時の多くの紳士と同様、ダニエル・マルサスも、刺激に富んだ知的な会話を何よりも楽しんだ。そして、天賦の才能をもつ息子トーマス・ロバート・マルサス師を会話の相手とするのが常だった。

至極当然のことながら、ゴドウィンの楽園は話題になり、気だてのよい変わり者ならばきっとそうに違いないと思われるほどに、父親マルサスは至高の理性的理想郷に共鳴し傾倒した。しかし、息子マルサスは、父親ほど希望をもっていたわけではなかった。実際、議論が進展するにつれて、現実の人間社会と久遠の平和・豊饒さを約束するすばらしき想像上の国とのあいだにある越えがたい障壁に気づきはじめていた。そして、父親を納得させるために、ロバート・マルサスはみずからの異論を詳細に書き下ろした。息子の考えに感銘を受けたダニエル・マルサスは、その論文を出版し、広く一般に公表するようすすめた。

その結果、一七九八年に、五万語からなる匿名論文が発表された。それは「人口の原理――将来の社会の改善に対する影響」(『人口論』)と題され、これによって調和的世界という楽天的な希望は一撃のもとに粉砕されてしまった。息子マルサスは、わずか二、三ページで、のうのうとしていた当時の思想家の足下からカーペットを引き抜いてしまい、進歩の代わりに彼が示したものは、無味乾燥で、陰鬱な、冷え冷えとした見通しだった。

というのも、『人口論』が述べているのは、自然界の中で人口はあらゆる可能な生存手段を上回る傾向があるということだったからである。人口は、徐々に増えていくどころか、社会は、人間の生殖衝動が不可避的に人類をまさに生存の崖っ縁に追いやってしまうという絶望的な罠に捕らえられているというのだった。ユートピアに向かうどころか、人間の運命は、貪欲でかつ増殖する人口と、いかに入念に探したところで永遠に不足する自然の食糧庫の蓄えとのあいだでの、勝ち目のない闘争を行なうべく決定づけられているとされたのである。

マルサスを読んだ後、カーライルが経済学を「陰鬱な科学」と呼んだことも、また、哀れにもゴドウィンが、マルサスは進歩に好意的な多くの人々を反動主義者に変えてしまったと嘆いたことも、けっして不思議なことではない。

リカードの反スミス的予見

驚異的な知的一撃で、マルサスは、自己満足と心地よい進歩の展望に向けられていた時代の希望をぶち壊しにしてしまった。しかし同じ頃、それでもまだ十分ではないとばかりに、まったく異質な思想家が、一八世紀後半から一九世紀前半の心地よい想定にとどめの一撃を準備しつつあった。大成功を収めた証券業者だったデーヴィッド・リカードは、ほどなく次のような経済学の理論を説くことになった。すなわちそれは、マルサスの人間洪水ほどの派手さはないが、リカード特有の穏やかな方法で、アダム・スミスが示した改善の展望を破壊するようなものだったのである。

なぜならば、リカードが予見したものは、だれもが一緒に進歩のエスカレーターを昇っていくという社会理論の終焉だったからである。アダム・スミスとは違ってリカードは、エスカレーターは各階級に異なった影響を与えながら動くと見た。意気揚々と昇りつめていく者もあれば、数段運ばれた後で底辺まで蹴落とされる者もいる。しかもさらに悪いことに、エスカレーターを動かし続けている人たちは、エスカレーターとともに上昇している人ではなく、またそれに乗って最大の利益を得るのは、みずからの報酬を得るために何ひとつしない人々だったのである。この隠喩をさらに一歩進めるために、頂上まで昇っていく人々を注意深く観察してみれば、ここでもまだだれも幸福ではないことがわかるだろう。すなわち、階段の上の安全な場所を求めて熾烈な戦いが繰り返されるのだった。

アダム・スミスにとって社会は一つの大きな家族だったが、リカードにとって社会は内部分裂したキャンプだった。そして、リカードがそう見たのも無理はない。『国富論』以後四〇年、イギリスでは二つの敵対的陣営が対立していたからである。一方では新興の産業家たちが、工場経営に忙殺されつつ、議会に代表を送り込むことと社会的威信の獲得のために戦っていた。もう一方では大地主たちが、富裕で、権力をもち、閉鎖的な社会に立てこもった貴族階級として、新興成金たちの恥知らずな侵食を憤慨して眺めていた。

穀物法の制定

地主たちが立腹したのは、資本家たちが金儲けをしているからではなかった。食糧価格は高すぎると資本家たちが主張し続けているという事実が、実にいまいましいことだったのである。長いあいだ穀物輸出国であったイギリスは、アダム・スミス以降のほんのわずかのあいだに、外国から食糧を購入せざるをえなくなっていた。プライス博士は、イギリスの人口が急速に減少していくと見て不満を漏らしていたが、実際には人口増加が起こり、その結果、穀物の需要は供給を上回り、小麦一ブッシェル〔三六リットル〕の価格は四倍にはね上がっていた。そして価格の上昇につれて、農業利潤も上昇した。スコットランドのイーストロジアンの農場では、利潤と地代の合計は投下資本の平均五六％であり、三〇〇エイカーの広さをもつある農場——典型的な中規模農場——では、一七九〇年の利潤が八八ポンドだったものが、一八〇三年には一二一ポンド、そしてさらに一〇年後には一六〇ポンドになった。一般的に言って、農村での地代は二〇年から二五年前に比べて少なくとも二倍になっていた。

穀物価格が高騰するにつれて、進取の気象に富んだ商人たちは小麦や穀類を海外で買い、国内に輸入し始めた。地主がこれを狼狽しながら見ていたのも、きわめて当然のことだった。貴族にとって農場経営は、たんに生活の糧を得るための手段ではなく、一つのビジネス、それも大きなビジネスだった。たとえば、一七九九年にリンカーンシャーのリーブスビーの私有地では、ジョセフ・バンクス卿が防火壁と鋼鉄製ドアで仕切られた二部屋をみずからの事務所として必要としていたし、農場関係の全書類を分類するために一五六の引出しを使っていることを誇らしげに自慢していた。こうした地主はみずからの農場に住み、農場を愛していた。そして小作人と毎日顔を合わせたり、農作物の輪作や競合する肥料の効力を議論するためにいろいろな会合に参加したりしたけれども、みずからの所得が農産物の売り渡し価格に依存しているという事実を忘れることはなかった。

したがって、海外からの安価な穀物の流入が寛大な目で見られることはほとんどなかった。しかし、地主にとって幸いなことに、この困った事態と戦う手段は身近に用意されていた。議会で優位を占めていた地主は、厳しい保護制度をみずからの手であっさりと立法化してしまったのである。穀物法が通過した。この法律は、穀物輸入にスライド式の関税を課すもので、海外価格が下がれば、それだけ関税が高くなる仕組みになっていた。その結果、低価格の小麦をイギリス市場から永久に締め出す地盤ができあがった。

ところが一八一三年までに、状況は手に負えぬところまできてしまった。凶作とナポレオン戦争とが重なったことから、事実上の飢餓相場がもたらされた。小麦は一クォーター一一七シリング、ブッシェル当たり約一四シリングで売られた。つまり、一ブッシェルの小麦は労働者の一週間分の賃金のほぼ二倍に等しい価格で売られたのである（一九七〇年代までにアメリカの小麦がつけた最高価格だった一九二〇年のブッシェル当たり三ドル五〇セントと比較するとわかりやすい。そのときの週当たりの賃金は平均二六ドルだった)。

新穀物法と穀物法論争

明らかに穀物価格は法外だったし、それをどうするかが国家にとって非常に重大な問題となった。議会は状況を慎重に検討した。そして、あろうことか、海外穀物の関税をさらに引き上げるべきであるという結論に達した。短期的に価格を上げることが、長期的にはイギリスの小麦生産を刺激して増やすことになる、というのがその根拠だった。

これは産業家たちにとっては受け入れがたいものだった。土地所有者たちとは反対に、資本家たちは安い穀物を必要としていた。労働に対して支払うべき額が、ほとんど食糧価格によって決まっていたからである。産業家たちが安い食糧のために戦ったのは、人道主義的な動機からではなかった。ロンドンの大銀行家アレキサンダー・ベアリングは、議会で次のように断言している。「労働者はこの問題にかんして何の利害関係も持っていない。価格が一クォーター八四シリングだろうと一〇五シリングだろうと、彼らがひからびたパンを得ることに変わりはない」と。つまり、パンの価格がいくらであろうと、労働者は堅くなったパンを買うことができる賃金を得るだけでそれ以上のものは得られない、ということをベアリングは言ったのである。しかし賃金を支払い、利潤を追求する人々の立場からすれば、穀物——そして賃金——が安いか高いかは非常に大きな違いだった。

事業家たちは組織を結成し、議会にはかつてないほどの請願書が殺到した。この国の気質から見て、より高い関税を課す新穀物法を、何ら審議もせずに強引に通過させることは、明らかに得策とは言えなくなった。下院と上院で新しい委員会が任命され、この問題は一時棚上げにされた。幸運にもその翌年にはナポレオンが敗北し、穀物価格は標準的な水準に下がっていった。しかし、穀物法が最終的に姿を消し、安価な穀物が自由にイギリスに輸入されるようになるまでに三〇年経過しなければならなかったということは、土地所有者階級の政治権力を示す一つの指標である。

デーヴィッド・リカードはそのような危機のさなかの時期に書いたのであるから、アダム・スミスとは違った、そしてより悲観的な見方をしていたことも理解できないことではない。アダム・スミスは世界を熟視して、そこに偉大な調和を見出したが、リカードは無情の軋轢を見た。『国富論』の著者にとっては、すべての人が恵み深い神の摂理の恩恵に浴することができると信じるべき理由があった。だが、約半世紀後に著作を著した探究心の強い株式仲買人にとっては、社会は相容れないグループに分裂しているばかりか、闘争の当然の勝者であるべき勤勉な産業家が敗北する運命にあることは不可避なようにさえ見えた。なぜならば、穀物価格の支配が打破されないかぎり、社会の進歩から利益を得ることができるのは地主だけである、とリカードは信じていたからである。

「地主の利益は常に社会のあらゆる他の階級の利益に反している」とリカードは一八一五年に書いている。そしてその明白な一文によって、宣戦布告のない戦争は、成長しつつある市場システム内での決定的に重大な政治闘争として認識されるに至ったのである。そしてこの宣戦布告によって、この社会が結局はあらゆる可能性の中で最良の世界になっていくだろうという最後のはかない希望が消えた。いまや、社会はマルサス的な沼で溺死しないとしても、デーヴィッド・リカード的な危険なエスカレーターの上で潰滅させられるように思われた。

マルサスとリカード

われわれは、陰気な牧師と懐疑的な実業家のきわめて不穏な思想を、より厳密に調べてみる必要がある。まずは、二人の人となりから見てみることにしよう。素性や経歴において、トーマス・ロバート・マルサスとデーヴィッド・リカードほどかけ離れた二人の人間を想像することは困難である。われわれが知っているように、マルサスはイギリスの風変わりな上流中産階級の息子であり、リカードはオランダから移民したユダヤ人の証券取引銀行家の息子だった。マルサスは、哲学者特有の心をもった父親の指導のもとに、大学入学のための懇切な個人指導を受けた（家庭教師の一人は、フランス革命の闘士が攻め込んできてイングランドを征服するという願望を表明したために刑務所に放り込まれた）が、リカードは一四歳で父親の仕事を手伝わされた。マルサスは終生を学問研究に捧げ、また、東インド会社が若い管理職養成の目的でヘイリーベリーに創設したカレッジで教鞭をとった最初の専門経済学者だった。一方、リカードは二二歳にしてみずから商売を始めた。マルサスはついぞよい暮らしをしたことがなかったが、資本金八〇〇ポンドで商売を始めたリカードは、二六歳ころには経済的に独立し、一八一四年つまり四二歳で、五〇〇万ポンドとも一六〇〇万ポンドともいわれる資産を残して実業界から身を引いた。

しかも奇妙なことに、現実世界の実情に興味を持ったのは学究の徒マルサスで、理論家であったのは実業家リカードだった。この実業家は、目に見えない「諸法則」だけに関心を持っていたのに、教授のほうは、これらの法則が目の前の現実世界に当てはまるかどうかを心配した。そして決定的に矛盾するのは、富裕な地主を擁護したのはつつましい収入しか持たないマルサスであり、地主たちの利益に対抗して戦ったのは、金持ちで後にみずからも地主になったリカードだったことである。

ひどく罵られたマルサス

素性や教育や経歴で違っていたように、この二人はまったく違った受け入れられ方をしていた。伝記作家ジェームズ・ボナーによれば、気の毒にもマルサスは、「当時もっともひどく罵られた男だった。ナポレオン・ボナパルトでさえ、人類に対するマルサスほどの大きな敵ではなかった。天然痘、奴隷制そして幼児殺しを擁護した男、貧者用給食施設、早婚そして教区手当を公然と非難した男、『家族の害悪に対する説教をしておきながら後に厚かましくも結婚した男』だった」。ボナーは言う。「はじめからマルサスは容赦されなかった。三〇年の間、反駁が雨と注いだ」と。

世間に「道徳的抑制」を迫る男は、こうした悪態を浴びせられる運命にあった。しかもマルサスは（当時の基準でいえば）謹厳家ではなかったし、もちろん食人鬼でもなかった。マルサスが貧民救済の撤廃を力説し、労働者階級のための住宅計画にすら反対したことは事実である。けれどもこれはすべて、貧民階級の真の利益を心底願ってなされたことである。そしてそれは、貧しき者は路上で静かに死すべきだと無頓着にもほのめかす当時の社会理論家たちの見方と対照的だったかもしれない。

したがって、マルサスが占める位置は、超「論理」派ほどは冷酷でないというものだった。マルサスの理論によれば、世界の基本的問題は人口が多すぎるということにあったので、「早期の男女関係」を促進するようなものは何でも、人類の不幸の総和をさらに増大させるだけだった。「創造主が与えたもうた偉大な饗宴において、一揃いの食器類もあてがわれない」人も、慈善によって生きながらえることはできるかもしれない。しかし、そうなれば彼は家族を増やすだろうから、そのような慈善は偽装された残虐にすぎないのであった。

しかし、論理が常に人気を博するとはかぎらないし、社会の絶望的な終末を指摘した人はけっして世間一般の尊敬を獲得することはできないのである。これほどひどく罵られた学説はかつてない。「マルサス氏の著作の明白な目的は、人間社会の無視できない本質的な進歩をめざす人々の誤りがいかに有害かを証明することである」とゴドウィンは述べている。マルサスが道徳を重んじる人々の常識を越えていると見られていたのは、驚くにはあたらないことである。

社会的地位と尊敬を獲得したリカード

一方のリカードは、最初から運命の女神が微笑みかけているような男だった。ユダヤ人として生まれたリカードは、恋におちたクエーカー教徒の美しい娘と結婚するために家族と縁を切り、ユニテリアン派に改宗した。そして、寛容がけっして通則たりえなかった時代——父親はユダヤ人の活動領域として知られていた為替の一分野で商売をしていた——に、リカードは社会的地位と広範囲にわたる個人的な尊敬の両方を獲得した。後年、下院議員だったときに、下院の保革両サイドから演説するよう要求されたリカードは、次のように言った。「私は、みずからの声を聞くたびに襲われる恐怖に打ち勝つことができそうにありません」。その場に立ち会ったある人は、その声を「耳障りな金切り声」だったと言い、別の人は「とてつもなく高い声」だったけれども、「耳に心地よい、気持ちのよい声」だったと言っている。しかし演説が始まるや、下院は耳を傾けた。「あたかも他の惑星からやってきたかのようにして」、結末にはこだわらずに、基本的な社会構造に焦点を当て、真剣ですばらしい説明を行なったので、リカードは下院議員の教育者として知られるようになった。リカードの急進主義でさえ――彼は言論と集会の自由の熱烈な支持者であり、議会の腐敗とカソリック迫害に反対していた――、彼に対して抱かれた尊敬を傷つけることはなかった。

リカードの崇拝者たちが、読んだものをきちんと理解したかどうかは疑わしい。なぜならば、リカードほど理解しにくい経済学者はいないからである。しかし、本文は複雑で含蓄が深かったかもしれないが、リカードが言わんとしていることは簡明だった。すなわち、資本家と地主の利害はどうしようもないほど対立しており、地主にとっての利益は社会にとっては有害である、ということに尽きている。したがって、理解できようができまいが、産業家たちはリカードを自分たちの擁護者として祭り上げたのである。経済学が産業家たちのあいだで絶大なる人気を博したので、貴婦人たちは、自分の子供たちに経済学の原理を教えられるかどうかを女家庭教師に尋ねたほどだった。

論敵かつ無二の親友

経済学者リカードは神のごとくに歩んだのに（もっとも彼は非常に謙虚で遠慮深い男だったが）、マルサスは最低の地位にまで追いやられた。人口にかんするマルサスの論文は、人々に読まれてひそかに評価されたが、繰り返し論駁された。この反駁の激しさこそ、マルサス論文のもつ権威の穏やかならぬことを示す証拠である。また、リカードの思想は非常に熱心に議論されたのに対し、経済学へのマルサスの貢献は――人口にかんする論文は別にして――ほとんど一種のお情けの寛容で見られるか、無視された。なぜならば、マルサスは、この世の中は万事がうまくいっていないという感じをもっていたが、みずからの議論をはっきりとした論理的な仕方で表明することがまるでできなかったからである。マルサスは、不況――「一般的過剰供給」と彼は呼んだ――が社会を覆すことになるかもしれないという異端の考え方の持ち主だった。これはリカードが、馬鹿げた考えであると何の苦もなく証明した考え方だった。今日の読者にとってなんと腹立たしいことであろうか。直観力があり事実に興味をもっていたマルサスは、困難を予知する感覚を持っていたが、彼のとりとめのない説明では、世界を一つの雄大な抽象的メカニズムとした金融業者の鋭利な明敏さにとても勝ち目はなかった。

それゆえ、この二人はことごとに議論を戦わせた。マルサスが一八二〇年に『経済学原理』を出版したとき、リカードはマルサスの議論の瑕疵《かし》を指摘するために、わざわざ二二〇ページあまりのノートを書き留めたし、マルサスはリカードの視点に明らかに内在すると思われる誤謬を、故意に自分の書物の中で暴露している。

何よりも不思議なことは、こんな二人が無二の親友だったことである。初めての出会いは一八〇九年で、リカードが金地金《きんじがね》問題に関して『モーニング・クロニクル』紙に一連の見事な書簡を発表し、さらにボザンケとかいう人をこきおろした後のことだった。このボザンケ氏は、軽率にも大胆に反対意見を述べるような男だった。まず最初にジェームズ・ミル〔ジョン・スチュアート・ミルの父〕が、次にマルサスがこの書簡の主を探し当て、三人のあいだに生まれた友情は、生涯続いた。三人の間で、次から次へと書簡が交わされ、お互いに頻繁に訪問しあった。「彼らは一緒に真理を探究した」と当時の作家マリア・エッジワースは魅力的な日記に書きとどめている。「そして彼らが真理を見つけたときは、だれが最初にそれを見つけたかはお構いなしに、快哉を叫んだのである」。

ここで、マリア・エッジワースについて少し付け加えておきたい。彼女は、経済学者の娘で、経済の機能について意見を表明したおそらく初めての女性だった。はじめは子供向けの道徳物語という形をとったが、一八〇〇年に彼女は『キャッスル・ラクレント』と題する小説を発表した。それは、小作人のニーズに無頓着だったために財産を食いつぶしてしまった大地主の物語で、「ラクレント」〔法外な地代〕は、そのような行動に対する言葉として広く使われるようになった。なぜそのようなことが起きるのかに大いなる興味をもったので、マリアはリカードと定期的に文通するようになり、リカードがオリンポスの丘のうえから眺めて書いている地代の問題を実際に見るためにアイルランドに来るように誘った。しかし、リカードは彼女の招待を受けることはなかった。その結果、女性が大挙して重要な経済学者になるまでには一世紀ほど待たなくてはならなかったのである。

素顔のリカードとマルサス

すべてがまじめくさった議論ばかりというわけではなかった。彼らもまさしく人間だった。マルサスは、みずからの議論に忠実であったためか、それともほかの理由からかは定かでないが、晩年になってから結婚した。けれど彼は社交好きだった。マルサスの死後、ある知り合いの人が、イースト・インディア・カレッジでの彼の生活をしのんで、次のように語った。「青年たちの押し殺した冗談やうわっつらの尊敬、そして時折の反乱、若き淑女たちのアーチェリー、ペルシャ人教授の奇妙な丁寧さ、……さらには夏のたそがれ時のパーティのいささか旧式な礼儀。もはやすべてが終わってしまった」。

マルサスを非難するパンフレット書きたちは、マルサスと悪魔を比較したけれども、マルサスは背の高い美男子で、優しい心の持ち主だった。学生たちはマルサスのいないところでは、彼を「親父」と呼んだ。彼は、一つの奇妙な欠点を持っていた。曾祖父から口蓋裂の遺伝を受けており、彼の言葉は理解しにくかったのである。「l」〔エル〕の発音は最悪で、「Would not you like to have a look at the lakes Killarney?（キラニー湖を見に行きませんか？）」という言葉が、ある耳の不自由な著名な婦人にはトランペットのように聞こえたという興味深い噂話が残っている。この欠点と、彼の名前とは切っても切れない過剰人口を結びつけて、ある知人は次のように書いている。

思想家マルサスは、先週ここにいました。私は彼のために未婚の人を集めて内輪のパーティーを開きました。……彼はとても性格がよく、出生率に結びつくという兆候がなければ、あらゆる女性に対して礼儀正しい男でした。……マルサスは真の道徳思想家であり、もし私が賢明に考えて行動することができれば、私は不明瞭に話すことにまったく同意したことであろう。

リカードは、自宅で人をもてなすことが好きだった。彼の朝食は有名だったし、シャレード〔言葉のジェスチャー遊び〕をたいへん気に入っていたようだった。マリア・エッジワースは『人生と手紙』（*Life and Letter*）のなかで、その一ラウンドを次のように書いている。

「coxcomb」〔気取り屋〕——スミス氏、リカード氏、ファニー、ハリエット、——

そしてマリア、「得意になること」(crowing)、同じ、同じ、「髪をとかす」(combing hair)、リカード氏、一人で気取って歩く、「coxcomb」、まさに道化師。

リカードは実業家として非凡な才能に恵まれていた。リカードの弟は次のように書いている。「富を築く才能はたいして高く評価されていないが、おそらくR氏がビジネスにおいて示した並はずれた能力ほど明らかなものは他にはないだろう。複雑なビジネスについての完全な理解、数字で表したり計算したりする際の驚くべき速さ、別にこれといった苦労も見せずに莫大な取引をうまくやってのける能力、そして冷静さと判断力――これらのことが、同時代の株式取引所の仲間をはるかに引き離すことを可能にしたのである」。リカードの成功は、一般に人々は出来事の重要性を誇張するものであるという彼の観察に基づいている、とジョン・ボウリング卿は後年述べている。「したがって、リカードは株式取引において、もしわずかに値上がりする理由があれば買いに回った。なぜならば、気まぐれな値上がりは儲けを生むことを確信していたからである。そして株式が値下がりしているときには、懸念とパニックが状況次第で原因不明の下落を生み出すことを確信して、売りに回った」。

それは理論家肌の証券引受業者と実践家肌の聖職者という、まったくめちゃくちゃな組合わせだった。――理論家が金融の世界に精通している一方で、正確な情報を得意とする男が途方に暮れているという組合わせだから、とりわけ奇妙なのである。

ナポレオン戦争のあいだ、リカードは政府証券を財務省から買って一般の応募者に売り出すシンジケート団〔債権引受組合〕の引受人のひとりだった。リカードは時折、マルサスの願いを聞き入れて、ささやかな儲けを手にすることのできる証券を少しばかり掛売りした。ワーテルローの戦いの直前、マルサスはみずからが為替取引所におけるわずかばかりの「買い方」にいることに気づいたが、その緊張はマルサスの神経にはきつすぎた。マルサスはリカードに、「もしも貴下がご親切にもお約束くださった割当に対する少しばかりの利潤を実現させる早めの機会を捕らえることが……間違いでないか、またはご迷惑でないようでしたら」と書き送ってせきたてた。リカードはその通りにしたが、しかしリカード自身は、プロの相場師として強い忍耐力をもっていたので、最大の買い方になった。ウェリントンが勝利し、リカードは大儲けした。哀れにもマルサスは、まごつかずにはいられなかった。他方、リカードはさりげなくマルサス師に書き送っている。「これは、予期しない騰貴によって得られる最大の利益であります。公債ではずいぶん儲けました。……ところでわれわれの古くからの問題についてですが」と物価騰貴の理論的な意味にかんする議論に戻っている。

書簡や訪問による彼ら二人のはてしない討論は一八二三年まで続けられた。マルサス宛の最後の手紙で、リカードは次のように書いた。「さて、マルサス学兄、これで私の仕事は終わりました。他の論争家たちと同じように、われわれは多くの討論を重ねた後もそれぞれ自分の意見を保持し続けています。しかしこれらの討論は、われわれの友情にけっして影響を与えるものではありません。もし貴下が私の意見に同意してくださったとしても、貴下に対して現在以上の好意をもつことはないでしょう」。その年、リカードは突然の死を迎えた。五一歳だった。マルサスは一八三四年まで生きながらえたが、彼のリカードに対する気持ちは、「私は自分の家族以外のだれをもあれほど愛することはなかった」というものだった。

マルサスの人口法則

マルサスとリカードはほとんどあらゆる点で意見を異にしたが、マルサスが人口にかんして語らねばならなかったことについては意見を異にしなかった。なぜならば、一七九八年に出版した『人口論』の中で、マルサスはきっぱりとこの問題を解明したばかりか、イギリス社会という舞台に絶えず付きまとった恐ろしくも執拗な貧困に十分な光を当てたようだからである。他の人たちは、人口と貧困とは何らかの関係があるとおぼろげながら感じていた。出所はあやしいが、評判だったある物語がある。それはチリの海岸沖の島のことを書いたもので、フアン・フェルナンデスという人が、後日肉が欲しくなった場合に備えて二匹の山羊をその島に上陸させた。再度この島を訪れたフェルナンデスは、山羊が思いがけぬほど繁殖しているのを発見した。そこで今度はひとつがいの犬を上陸させたところ、これも繁殖して山羊を食い殺してしまった。「かくして新しい種類のバランスが回復された。二つの種のうちの弱いほうが最初に滅んだ。そしてもっとも活発で勢いの強いものが命をながらえた」と著者のジョゼフ・タウンゼンド師は書き、次のように付け加えた。「人類の数を規制するものは食物の量である」。

しかし、このパラダイムは、現存しているバランスを認めるものではあっても、この問題の中に暗に含まれている終局的全滅という結論を引き出すのには失敗している。それこそが、マルサスに残された課題だった。

マルサスはまず、「倍増」という考え方に含まれている純然たる数字的な可能性の魔力から説き始めている。再生産の驚くべき増殖力についてのマルサスの見解は、後世の学者によって完全に支持されている。ある生物学者は、ひとつがいの動物が一年に一〇組の子を産んでいくものとすれば、二〇年後には七〇〇、〇〇〇、〇〇〇、〇〇〇、〇〇〇、〇〇〇、〇〇〇匹の子孫を生み出すことになると計算している。またハブロック・エリスは、もし分裂を妨げられなければ、たった一個の微生物がわずか三〇日の間に太陽の一〇〇万倍にも達する大きな塊をつくり出すであろうと述べている。

けれどもこうした自然の増殖力の例は、われわれの目的にとっては意味のないものである。肝心の問題は、人間の通常の再生産力がどれくらいかということである。マルサスは、人間という動物は二五年間に人口を倍増させる傾向があるという仮説をたてた。これは、マルサスの時代にしてみれば比較的控え目な仮定だった。そこでは、一家族の平均が六人で、うち二人は結婚年齢に達する前に死亡するものとされた。アメリカに言及してマルサスは、そこでは人口は過去一世紀半の間に確かに二五年ごとに倍増し、自由で健康的な生活ができる未開拓の森林地帯の一部ではなんと一五年ごとに倍増したと指摘した。

しかしマルサスは、人間の増殖傾向——二五年で倍増するか五〇年で倍増するかを議論することは取るに足らない問題である——に対して、土地は人間とは違って増殖しないという冷厳な事実を対立させた。土地は苦労して増やすことはできるが、しかしその増え方は緩慢である。人口と違って土地は「繁殖」しない。したがって、人の数は幾何級数的に増えるのに対して、耕作可能な土地の量は算術級数的に増えるのみである。

そして当然のことながらその結果は、論理学の命題のように必然的である。すなわち、人口は、遅かれ早かれ、食物の量を凌駕する運命にある。『人口論』のなかでマルサスは、次のように書いている。「全世界の人口を、たとえば一〇億人とするならば、人類は一、二、四、八、一六、三二、六四、一二八、二五六、五一二、……という率で増え、生活の糧は一、二、三、四、五、六、七、八、九、一〇、……というふうに増えるはずである。

二二五年後に、人口と生活の糧の比率は五一二対一〇となり、三〇〇年後には四、〇九六対一三となり、二〇〇〇年後にはその差は計算できないほどになるであろう」。

こうした恐ろしい未来の展望は、いかなる人の希望をもたちどころにくじいてしまうものだった。「将来の展望は、沈んだ色調を帯びている」とマルサスは書いている。どうにも仕方がなくてマルサス師は、人口と食糧の間の手の施しようもなく融和することのない相違は、ただ一つの結果しかもたらしえないという結論を出さざるをえなかった。つまり、人類の大部分がたえず何らかの不幸に遭遇しなければならないということである。なぜならば、この巨大で際限なく拡大する可能性をもつギャップを何としてでも埋めなければならないからである。結局、人間は食物なしには存在しえないのである。したがって、未開人のあいだでの幼児殺しのような習慣があり、戦争があり、病気があり、そしてとりわけ貧困があるのである。

そして、こうしたことだけで十分でなければ、「飢餓が、自然の持つ最終的な、もっとも恐るべき手段のように思われる。人口の増加力は、生活の糧を提供する土地の能力よりあまりにも優っているために、……早死が何らかの形で人類に訪れるに違いない。人間の悪徳こそ、人口減少のための積極的かつ有能な執行者である。……だが、この人口減少の戦にしくじるようなことがあれば、疾病の流行、伝染病、悪疫、そしてペストが大挙して押し寄せ、何千、何万という人間を一掃してしまう。それでもまだ不完全であれば、不可避的な大飢饉が背後からそっとしのびより、そして猛烈な一撃で、世界の食糧水準と人口を同じにしてしまう」。

哀れにもゴドウィンが、マルサスは進歩の擁護者を反動主義者に変えてしまったと不平をこぼしたのも驚くにはあたらない。なぜならば、これはまさに絶望の理論だからである。みずからの重みでいつ溺死するかもしれないという不断の脅威から人類を救いうるものは、「道徳的抑制」というか弱い葦を除いては、それこそ「何一つとして」ないのである。そして、道徳的抑制は猛烈な性の欲望に対してどれほど頼りになるというのだろうか。

マルサス的予測と現代

マルサスは正しかったのだろうか。

つい一九七〇年代の初めには、少なくとも世界の低開発地域においては、世界の人口成長の一般的見通しは、マルサスの洞察を確認するかのように見えた。当時、人口学者たちは、もし人口成長の勢いが今後五〇年間抑制されないとすれば、世界の人口は二〇〇億人——一九七〇年の人口の「五倍」——にもなる可能性があると論じた。

今日、振子はもう一方の方向に多少振れているのである。事実、人口問題についての考え方は、二つの相反する見解のあいだを常に振れているのである。驚くべきことにマルサス自身も、『人口論』第一版のわずか五年後に出された第二版では、労働者階級が結婚年齢を遅らせることによって自発的な「抑制」を行なうようになるという信念に望みをかけて、より楽天的になっていたのである。

今日の慎重な楽観論の大部分は、科学技術の飛躍的な発展、とくにインドなどの国で農作物の収量を劇的に増加させた「緑の革命」などを根拠としたものである。インドは現在、適度の輸出国となりうるほどの食糧を生産している。したがって、毎年、農業経済学者は収穫があるまで固唾を飲んで見守っているけれども、マルサスの需要と供給の算術によってもたらされる恐ろしい世界的飢饉の見通しは、もはや現実性のある予測とはみなされないのである。一九八〇年代に、エチオピアやサハラ以南地域の、骨と皮ばかりになった人々の姿をテレビで見てひどいショックを覚えていたとしても、それはマルサスの予言が本当になったことを目撃しているのではなく、干魃や交通網の未整備というような地域的条件の結果なのである。

それにもかかわらず、マルサス的亡霊を無視するには、食糧生産の増加以上のことが必要である。たとえ世界的な規模の飢饉がもはや差し迫った危険に見えなくても、人口の圧力は計り知れない、と専門家は警告している。一九八一年に開かれた「人口問題に関するノーベル・シンポジウム」で、人口学者たちは、二、〇〇〇万人を越える人口をもつ一五ほどの大都市が低開発地域に出現していることの脅威について語りあった。「これらの人口過密地域は厄介な腫瘍のように広がって、確実にその世界に対する大きな政治的挑戦になっている」とある評者はコメントした。「これらの都市の大衆をいかにして無関心という堕落から遠ざけるか、またいかにして無政府と無秩序の誘惑を抑えればいいか」。

おそらく、より重要なことは、次の事実を忘れてはならないということである。つまり、指数的に進展していく人口成長は、農業生産性を高める「可能性」を本来もっていると主張したかぎりにおいて、マルサスは正しかったということである。したがって、供給側の要因ばかりでなく、需要側を抑制する必要性が残ることになる。必要なことは、食糧ばかりでなく子供の生産のコントロールなのである。

世界的規模の人口調整は可能だろうか。答えは、意外にもイエスであるように思われる。これは驚くべきことだ。なぜなら、長いあいだ人口学者たちは、人口の「病」にもっとも苦しめられている国々が、農民の無知、組織化された宗教的反対、そして政治的無関心という障害を乗り越えることができるとは考えてこなかったからである。現在は、より楽天的な見通しが一般的である。ここ数年、メキシコや中国のような風変わりな国々が、産児制限に対する無関心ないしはあからさまな敵意から、熱心な支持へと態度を変えている。人口学者たちが長いあいだ絶望していたインドでさえ、時には非情なまでの決意で、家族計画を導入すべく奮闘しているのである。

そして、その努力は成果を上げはじめている。一九七〇年から七五年にかけて、悲観的な雰囲気が支配的だったにもかかわらず、人口の成長率は「史上初めて」鈍化したのである。人口成長は、いまだいかなる意味においても止まってはおらず、国連の専門家たちは、現在約五〇億である人口は、横ばい状態になるまでに九〇億人から一〇〇億人に達するだろうと予測している。しかし少なくとも、そしてついに、成長率は鈍化しつつ「ある」ので、安定的状態は、わずか一〇年前には想像もできなかったほど早く到来するにちがいない。問題は、その勝利が同じように共有されそうにないことである。たとえばヨーロッパでは、移民を別にすれば、すでにZPG（人口ゼロ成長）に近づいている。現在、約二億七、五〇〇万人のアメリカの人口は、五〇年後には八〇万人の移民も含めて三億九、〇〇〇万人を越えるかもしれない。これは都市の人口の純増である。とはいえ、総資源に対して過度の緊張をもたらすものではないだろう。

しかし世界の最貧地域では、食糧は乏しく、予測はそう安心できるものではない。出生率こそ徐々に低下しているが、それは西欧よりも緩慢であり、しかも西欧よりも高い水準からの低下である。マルサス的亡霊は、長く消えることはないであろう。

当時の西欧世界の人口動態とマルサス法則

奇妙にもマルサス自身は、今日の世界で問題が深刻になっている地域に言及しようとはしなかった。マルサスが案じていたのはイギリスと西欧世界であり、東や南の大陸ではなかったのである。そして幸運にも、その世界ではマルサスはまったく間違っていた。一八六〇年にイギリスでは、全既婚男女の約六〇%は四人家族以上だったが、一九二五年までには、それが五組に一組の割合に変わっていた。反対に、一人ないし二人しか子供をもたない家族の数は、同じ時期に一〇%から過半数へと増加したのである。

何が西欧をマルサス的倍々予測から救ったのだろうか。産児制限は明らかに重要な役割を果たしていた。最初、それは新マルサス主義と呼ばれていたが、その命名はマルサスを辟易《へきえき》させるに違いない。なぜならば、マルサスは産児制限の実行を好ましくないとしたからである。実のところ、産児制限は歴史を通じて上流階級では行なわれているようであり、それが富める者がますます豊かになり、貧しき者が子供をつくる理由の一つになっている。イギリスや西欧が徐々に拡大していく豊かさを享受するにつれて、貧しい人々はよりよい食事をするようになり、よりよい服を着るようになっただけでなく、いかにしてより豊かな階層のように子供たちの数を制限するかを学んだのである。

西欧におけるマルサスの予測を反証するうえで同程度に重要なのは、巨大な都市化現象だった。農場では子供は資産となりうるが、都市では子供は債務である。こうした経済的な配慮が、産児制限に対する知識の増加と一緒になって、異常な人口爆発の防止を実践させているのである。

そして、イギリスについては最悪の予測が現実のものとはならず、マルサスの計算の恐るべき理論は、世界の中で富と進歩が遅れている地域に限定されたのである。もちろん、このような状況は、マルサスの時代にはぼんやりとすらわからなかった。一八〇一年には、軍事独裁の前兆ではないかという疑念や噂が広まっていたにもかかわらず、最初の人口調査がイギリスで行なわれた。文官であり統計学者であるジョン・リックマンは、イギリスの人口は三〇年間で二五％増加していると計算した。この数値は倍増からはほど遠かったが、もし疫病と貧困がなければ人口は雪崩を打って増えるに違いないことを、だれ一人として疑う者はいなかった。将来、出生率が低下するとはだれも考えてはいなかったし、むしろ、人間が執拗に大量の子供を産み、限りある食糧供給を奪い合うことからくるたちの悪い貧困に、イギリスが永久に直面し続けるかのように思われた。貧困はもはや、偶発的なものには見えず、神のなせるわざとも思えなかったし、人間の無関心の結果であるようにさえ見えなかった。それはあたかもある悪意に満ちた摂理が、人類を永遠の悲しみの底に沈めるよう運命づけているかのようだった。そして、自己改善に向けた人類の努力のすべてが、自然の辛辣さの前には道化芝居になってしまうかのようだった。

こうしたことはどれも、大いに希望を失わせた。「他のいかなる政治的目的にも優先して」、より大きな人口を主張したペーリーは、いまや、マルサスの旗印への改宗者となった。より多くの子供たちをつくることでみずからの国を豊かにしたいと望んでいたピットも、いまやこの聖職者の意見を尊重して、貧民をより篤く救済する法案を取り下げた。コールリッジは、陰鬱な展望を次のように要約した。「結局、この強国を見よ」と彼は書いている。「その支配者も賢者も、（ペーリーと）マルサスの意見に耳を傾けている。嘆かわしいことよ、嘆かわしいことよ」。

リカードの「悲劇の」体系の登場人物

マルサスの言うことぐらいではまだ憂鬱にならないという人は、リカードに目を向けてみればいい。

最初の一瞥では、少なくともマルサス主義者が現われるまでは、リカードの世界はとくに恐ろしいというものではなかった。一八一七年に出版された『経済学原理』で述べられているデーヴィッド・リカードの世界は、無味乾燥で控え目な、そして凝縮された世界である。そこには、アダム・スミスに見られるような生き生きとした生活の細部にわたる描写はない。あるのは、日常生活のうつろいゆく流れよりももっと永遠な何かに焦点を当てている知性によって説明される原理、つまり抽象的原理だけだった。それはユークリッド幾何学のように、基本的であり、飾りけがなく、簡素で、建築学的である。しかし、一組の純粋の幾何学的命題とは異なって、リカードの体系は人間的含蓄をもっている。それは「悲劇の」体系なのである。

その悲劇を理解するために、われわれはここでドラマの主要登場人物を紹介する必要がある。すでに述べたように、それは「人々」ではなく、プロトタイプ〔原型〕である。これらのプロトタイプは、言葉の日常的な意味では「生きて」はいない。彼らは、「行動の法則」に従うのである。アダム・スミスの世界に見られるようなざわめきは、ここにはない。その代わりにわれわれが見るのは、経済的な動機以外の現実はすべて取り除かれてしまっている人形芝居である。

われわれはだれに出会うのだろうか。まず、労働者である。経済的エネルギーの等質の単位であり、彼らの唯一の人間的な側面は、婉曲的に「家庭内社会の喜び」と呼ばれていることへの絶望的な耽溺である。その喜びに対して彼らは癒しがたい嗜好を持っているので、賃金が上がるたびに即座に人口増加が起こってしまう。アレキサンダー・ベアリングが説明したように、それなしには生きながらえることができないがゆえに、労働者たちは乾いた堅いパン切れを得るのである。しかし長い目で見ると、労働者たちはみずからの弱さゆえに、生存ぎりぎりの生活を送るように運命づけられている。マルサス同様リカードも、「自己抑制」だけが労働者たちにとっての解決となると見ていた。そしてリカードは、労働者たちの幸福を願っていたけれども、彼らの自制心に大きな信頼をおくことはなかった。

次に、資本家である。それは、アダム・スミスの言う馴れ合い商人ではない。彼らは、特徴のない画一的な連中で、唯一絶対的な目的は蓄積することである。すなわち、より多くの人々を雇用して利潤を蓄え、それを再投資することなのである。そして彼らは、変わることなき信頼性のもとにそれを行なうのである。しかし、資本家の運命はけっして気楽なものではない。なぜならば一つには、お互いに競争することによって資本家は、新しい製法を発明したり、非常に儲けの多い販路を見つけたりした幸運児に対して生ずるはずの大きな利潤を、即座になくしてしまうからである。そしてもう一つには、資本家の利潤の多くはみずから支払わなければならない賃金に依存し、後に見るように、このことが彼らを相当困難な状況に陥れるからである。

しかしここまでは、現実についての詳細な解説を除けば、アダム・スミスの世界とそれほどかけ離れたものではない。事情が一変するのは、リカードが地主のことを説く段になってからである。

というのは、リカードは地主を、社会構成の中の唯一の受益者とみなしていたからである。労働者は働き、それゆえに賃金を支払われる。資本家は事を取り仕切り、それゆえに利潤を得る。しかし地主は、土壌の力から利益を得る。そして彼の収入、すなわち地代は、競争からも人口の圧力からも制約を受けることはなかった。事実、地主は他のだれかを犠牲にして利得を得ているのだった。

「差額地代」の考え方

われわれは少しばかり立ち止まって、リカードがなぜこのような結論を出すに至ったかを理解する必要がある。というのも、社会に対するリカードの冷酷な見通しは、地主の地代についての彼の定義にかかっているからである。リカードにとって、利子は資本の価格であり、賃金は労働の価格だったが、地代は土地の使用に対して支払われるたんなる価格ではなかった。地代は、すべての土地が等しい生産性を持つことはないという明白な事実を原因とする、非常に特殊な収益だったのである。

ここに二人の隣合わせの地主がいると仮定しよう、とリカードは言う。一方の地主の畑は肥沃で、一〇〇人の労働者と一定量の農機具を使って一、五〇〇ブッシェルの穀物を生産することができる。もう一方の地主の畑は、さほど肥沃ではなく、同じ労働者と農機具を使っても一、〇〇〇ブッシェルしか生産できない。これはたんなる自然の事実にすぎないが、一つの経済的な帰結を有している。つまり、幸運な地主の所有地の穀物のほうが、ブッシェル当たりの費用が安いということである。明らかに、両地主とも同一の賃金と資本費用を支払わなければならないから、競争相手よりも五〇〇ブッシェル多い量を確保したほうが、費用の面で有利であろう。

リカードによれば、地代が発生するのは費用のこの「差額」からである。なぜならば、より生産性の低い農場の土地を耕すことを保証するほど需要が高いとすれば、より生産性の高い農場で穀物を生産することは非常に有利な事業に違いないからである。実際、二つの農場の差が大きければ大きいほど、差額地代は大きくなるだろう。たとえば、もし非常に条件の悪い土地で、一ブッシェル当たり二ドルのコストで穀物を生産すれば辛うじて利益が出るとすると、一ブッシェル当たりわずか五〇セントの費用で穀物を生産できる肥沃な土地を持った幸運な地主は、大きな地代を獲得するだろう。なぜならば、両農場とも市場で穀物を同じ価格、たとえば二ドル一〇セントで販売するので、よりよい土地の所有者は、それぞれの生産費用の差である一ドル五〇セントを手にすることができるからである。

資本家の悲劇

これらすべては、とくに害がないように見える。しかし、リカードが描いた世界にそれをはめこんでみれば、不吉な結末が非常に明らかになってくる。リカードにとって、経済の世界は常に拡大する傾向にあるものだった。資本家たちは蓄積をして、新しい店舗や工場を建てる。それゆえ、労働者に対する需要は増加する。これが賃金を押し上げるが、しかしそれは一時的なことだった。なぜならば、この救いがたい労働者階級は、賃金が上がるとすぐに家庭内社会の危険な喜びを利用するようになり、その結果として、より多くの労働者を市場にあふれさせてしまい、みずからの利益を台無しにしてしまうからだった。ここでリカードの世界は、アダム・スミスの希望に満ちた展望からはっきりと分かれる。人口の膨張につれて、「耕作の限界をより広げることが必要になってくるはずである」とリカードは述べている。人口が増えるとより多くの穀物を需要するようになり、より多くの穀物はより多くの農場を必要とするだろう。そしてきわめて当然のことながら、新しく種を蒔く農場は、すでに使っている農場ほどは生産性が高くない。なぜなら、自分で使える最良の土地があるのにこれまで使わなかったというのは、いかにも愚かな農場主だからである。

このようにして、増加する人口がさらに多くの土地を使用させるようになるため、穀物生産の費用は上昇することになる。そこでもちろん、穀物価格も上昇し、よい土地をもつ地主の地代も増加する。そして、地代同様、賃金も上昇する。なぜなら、穀物の生産がより高価になると、労働者たちは、乾いた堅いパンを買いみずからの生命を維持するために、より多くを支払われねばならないからである。

そして、ここで悲劇が生じる。資本家――社会の進歩にまず第一に責任を負う人――が、二重の苦境に立たされてしまっている。第一に、支払わねばならない賃金が上がっている。パンが高価になっているからである。第二に、地主の暮らし向きはよりよくなっている。よりいっそう悪い土地が利用されるようになるにつれて、よい土地の地代が上昇するからである。そして社会の果実のうちの地主の分け前が増えるにつれて、地主のための余地をつくるために押しのけられる唯一の階級が資本家階級である。

アダム・スミスの進歩の偉大なページェントとは、なんとかけ離れた結論だろうか。スミスの世界では、分業が進んで社会がより豊かになるにつれて、すべての人の暮らし向きが徐々によくなった。いまやわれわれは、この結論は、スミスが土地を進歩のボトルネックと見ることができなかったことによるものだと見ることができる。スミスの考えでは、肥沃な土地が不足することはなく、したがって人口とともに増える地代から生じる利ざやなど存在しないのである。

それに対してリカードの世界では、地主「だけ」が儲けるものとされている。労働者は、永遠に最低限の生活を運命づけられている。というのも、労働者は賃金が上がるたびに子供をたくさんつくってしまい、そのおかげで競争が起こり、みずからの儲けのほとんどを失ってしまうからである。働き、貯蓄し、投資する資本家も、みずからの骨折りが徒労であることを知る。賃金費用は次第に上がり、利潤は次第に少なくなるのである。地主といえば、地代を集めること以外は何もせずに、ふところ手をして地代が増えるのを待つだけだった。

リカードが穀物条例と戦い、イギリスに安価な穀物をもたらす自由貿易の利益を説いたのは、何ら不思議なことではない。地主たちが、安価な穀物を国内から締め出すために、あらゆる手段を尽くして三〇年のあいだ戦ったことも、何ら不思議なことではない。そして新興の産業家階級が、リカードの説明の中にみずからの必要にちょうど合致した理論を見つけたことも、きわめて自然なことである。産業家たちは低賃金に責任があったのだろうか。そうではない。なぜならば、労働者の数を増加させるようにしむけたのは、労働者みずからの無分別以外の何ものでもないからである。産業家たちは社会の進歩に責任があったのだろうか。その通りである。では、生産におけるさらなる冒険のために、精力を費やし、利潤を蓄積することが、産業家たちの利益になったのだろうか。骨折りの対価として得たものといえば、地代や貨幣賃金の上昇と、みずからの利潤の縮小を見守る心もとない満足だけだった。経済機構を動かしたのは産業家たちであり、あらゆる喜びと報酬を獲得したのは、後ろの座席にだらしなく寄りかかっている地主だった。実際、分別のある資本家なら、割に合うゲームなのかどうか自問しなければならなかったはずである。

「地代」についての評価

さて、リカードは地主に対して公平ではない、と言ったのは、マルサス師だった。マルサスがたんなる人口問題の専門家ではなかったことを思い起こしていただきたい。マルサスはまず第一に経済学者であり、実を言うと、リカード自身によって取り上げられ精緻化される以前に、「リカード的」地代論を提起したのだった。しかしマルサスは、その友人と同じ結論をみずからの理論から引き出しはしなかった。リカードの『経済学原理』の三年後に出版された自著『経済学原理』のなかで、マルサスは次のように述べている。「地代は過去の力と熟練のみならず、現在の勇気と知力に対する報酬である。土地は毎日、勤勉と才能の果実によって購入されている」。そしてマルサスは脚注でこう付け加えている。「事実、リカード氏自身が地主であり、私が言わんとしていることの格好の例である」と。

これはさほど説得力のある反証ではなかった。リカードは地主を、悪事を企む人物として描いているのではなかった。リカードは、地主たちが時にはみずからの農場の生産性を改善することをよく知っており、しかも、地主が事実上、資本家の機能を果たしているのだと指摘した。しかし、反駁しようのない論理でリカードは、こう説明した。つまり、たとえみずからの土地をないがしろにしていても、土地の「所有者」として地主は、穀物価格の上昇からの儲けを主張する、と。知らず知らずのうちに、経済成長の力が土地所有者階級に儲けがいくように働いているだけなのだった。

この論争のすべての組合わせを跡づける作業を、ここでやめるわけにはいかない。重要なことは、リカードが想像したような地代の不吉な「含意」は、けっして起こらなかったということである。なぜならば、産業家たちは最後には地主たちの力を撃ち破り、安価な食糧の輸入を勝ち取ったからである。リカードの時代には小麦畑が不気味に斜面をはいのぼっていた丘陵が、二、三十年もしないうちに牧草地に戻った。同じように重要なことは、その国の資源を危機に陥れるほどの急激な人口成長はけっして起こらなかったということである。というのも、リカードの理論によれば、地代は最良の土地と最悪の土地のあいだの不均等から発生するのであり、もし人口問題が制御されていれば、その差額は地代収益が社会的に危険な様相を帯びるほどにまでなることはないからである。しかしここで、もし今日のイギリスが、たとえば一億の人口をすべて自国生産の穀物で養わざるをえないような状況に置かれた場合を考えていただきたい。そして、かの穀物条例がいまだに廃止されていないと仮定しよう。リカードの描いた地主支配の社会が驚くべき現実性を持っていることに、疑いをはさむ余地があるだろうか。現代の西欧世界では、地代の問題はほとんど純理論的な論点になってしまっている。しかしそれは、リカードの分析に欠陥があったからではない。産業生活の速度がわれわれをマルサス的状態から救っているという、ただそのことゆえに、われわれはリカードのジレンマに陥ることから免れているだけなのである。産業主義は、出生に歯止めをかけていると同時に、われわれの自由になる土地からの食糧増産能力を非常に高めているのである。

「一般的過剰供給」についての考え方

一方、マルサスはさらに別の心配の理由を見つけていた。マルサスは、彼言うところの「一般的過剰供給」、すなわち買い手のない商品の洪水がありうることを気にかけていたのである。

そのような考え方は、われわれにはけっして無関係なものではないが、リカードにとっては信じがたいほど馬鹿げて見えた。イギリスはすでに景気の混乱を経験していたが、しかし、そのいずれもある特殊な原因をみつけることができるように思われた。銀行の破産であり、原因不明の投機の突発であり、戦争である。さらに重要なことは、リカードの数理的な知性にとっては、一般的「過剰供給」という概念は「論理的に不可能」であることが示されうるのであり、したがってそれはけっして起こりえないものだったのである。

リカードによる論理は、ジャン・バプティスト・セイという名の若いフランス人によって発見されていた。セイは、二つのごく単純な命題を持っていた。第一に、商品に対する「欲望」は無限であると信じていた。食糧に対する欲望は、アダム・スミスが述べたように、人間の胃の腑の容量によって制限されているかもしれないが、衣服や家具、奢侈品や装身具に対する人間の欲望は予想もできないほど大きいように見えた。しかし、需要が無限に大きいばかりでなく、購買「力」もまた保証されていた。なぜならば、生産されたすべての財は、何らかの費用がかかっており、そしてあらゆる費用はだれかしらの所得となるからである。つまり、その費用が賃金であれ地代であれ利潤であれ、その販売価格は「だれか」の所得となる。それなのに、どうして一般的過剰供給が起こりえようか。財に対する「需要」が存在し、財を買うための「所得」も同時に存在するのである。たまたま判断の誤りがあったときにのみ、市場はその商品を捌きるのに必要な買い手を見つけることができないだけなのである。

リカードはそれを明らかに根拠のあることだとして受け入れたけれども、マルサスは受け入れなかった。それはたやすく崩せるような議論ではなかった。というのも、それは「まさに」論理的に完璧だったからである。しかしマルサスは、商品と所得の交換過程の背後を見て、一風変わった考えに到達した。マルサスはこう言った。「貯蓄」という行動が財に対する需要を供給よりも少なくしてしまうことは、ありえないことなのだろうか。

現在の世界にとって、このほうが実り多い研究方向であるかのように見える。しかしリカードは、それは単純かつ明白に馬鹿げた考えであると述べている。「貯蓄は消費するためのものであり、より確実に言えば、彼がもっぱら消費と呼んでいたものだということを、マルサス氏はけっして思い起こさないようである」と、リカードは論破のための覚書に書いている。つまりリカードは、さらに多くの利潤を稼ぐことを目的として、より多くの労働と設備のために利潤を使うということ以外の理由で、人がみずからの利潤を苦労して貯蓄することは想像もできないと言っているのである。

これにはマルサスも困ってしまった。リカードと同様に、マルサスも、貯蓄は消費（もちろん産業目的の）を意味すると考えていた。しかし、みずからの議論には「何か」があるように思えた。それを指摘できさえすればよかったのだが、ついにできなかった。たとえば、マルサスは、蓄積はリカードが考えていたほど「完全」に本質的なものではないことを証明するために、次のように書いている。

多くの商人が大金持ちになっているが、その富を獲得する過程で、彼らが奢侈や享楽や気前のよさを目的とした支出を減らすのではなくて増やさなかった年は、おそらく一年もなかった。

これに対してリカードは、次のように激しく論駁した。

いかにも正しい。しかし、同じ利潤を得ていて、奢侈や享楽や気前のよさを目的とした支出を増やすことを避けた商人は、同僚の商人よりも早く豊かになっていたであろう。

哀れにもマルサスは、このやりとりでまったく相手を論破できなかった。マルサスの主張は混乱していたし、おそらく彼自身それに気づいていた。マルサスはあるとき次のように書いた。「私は、経済学者としてのリカード氏の才能に非常に高い信頼をおき、また真理に対する彼の完全無欠の誠実さと愛を全面的に確信しているので、彼の説明に納得していないにもかかわらず、時折、彼の力によってほとんど圧倒されていることを率直に認めている」。残念ながらマルサスは、将来の世代に対してみずからの説明を納得させること、あるいはみずからの説明を完全に理解させることができなかった。それは、かつて経済学者の主要な関心を集めた現象——好況と不況の問題——につまずいていたからである。ところがリカードは、まったく別の分配の問題にすっかり心を奪われていた。マルサスにとっては、「どれだけあるのか」ということが非常に重要な論点だった。リカードにとっては、「だれが何を得ているか」が議論を呼ぶ問題だった。二人がどこまでいっても一致点を見出さなかったのも不思議ではない。彼らは異なったことについて話し合っていたのである。

技術の影響

検討すべき最後の問題が残っている。マルサスおよびリカードとアダム・スミスを区別するヴィジョンと分析の変化を、いかにして説明できるかという問題である。それに対する解答は、認識の素材を思想構造に変化させるプロセスについてより多くのことを語ってくれる。なぜなら、まったく奇妙なことに、彼らの分析（予測と勧告）は基本的なレベルにおいては非常に異なっているにもかかわらず、マルサスとリカードのヴィジョンは、基本的にはスミスのそれとは相反して「いない」からである。

基本的なヴィジョンとは何か。それは、利潤動機によって動き、遍在する競争圧力によって秩序づけられ、政府に対しては活動領域を与えることにもその領域内にとどまることにも慎重であるような、大きな社会メカニズムとして「社会」を見る見方である。ではなぜ、彼らはかくも異なった結論に到達したのだろうか。いつもそうであるように、人間性が重要な役割を果たしていることは確かである。しかし、より本質的な何かに基づく別の解釈がある。それは、スミスが観察した社会の機能と、マルサスやリカードが観察した社会の機能が違うというところにある。その違いは、それぞれの利潤動機や市場の役割、あるいは政府の役割にあるのではない。それらについては三者とも同じであり、違いは技術の影響が変化したことから生じるものなのである。

スミスにとって、技術の影響は分業という形で説明されている。たとえば、ピンのような所与の生産物の生産に対して技術変化がなしうることにかんするスミスの熱烈な評価——ある種の社会的懸念と混同されている——が思い起こされる。しかし同時に、ひとたび分業が、所与の生産物を生産するうえでその奇跡を発揮すると、それは織物、製鉄という「新しい」生産物に拡大するが、次にどうなるかということについては、スミスの評価は何も示してはいないことも思い起こされる。「申し分のない豊かさ」を獲得した国が、その後、停滞あるいは没落さえすることになるのは、技術的理由によるものなのである。そのような限定的な見通しの消失と、半世紀後のマルサスとリカードによって知られる新しい産業技術の出現が同時に起こった。ジェニー紡績機、蒸気機関、反射炉による製鉄は、新しい経済成長の道を開くものとして即座に受けとめられたのである。それによって、限定的な拡大の可能性というスミス的な見方は終焉し、まさにその展望から生まれる新しい問題の兆候が同時に生じたのである。一つには、経済的拡張がもはや強制的な能力の妨げを受けることがなかったので、人口成長はいまや、より脅威的な側面としての様相を帯びたのである。同様にして、産業経済の成長がより拡張的になっていくという予測は、地主階級をより豊かにすることを意味するように思われた。したがって、マルサスおよびリカードの経済学が、技術的な地平の拡大ゆえに生じたヴィジョンの変化の解析的な帰結に由来しうるということは十分にありうることである。

マルサスとリカードの貢献

さて、この章でとりあげた、時にはいくつかのレベルで非常に似ているが、他のレベルではまったく異なっている二人の中心的人物の貢献を、どのようにまとめたらいいだろうか。

リカードが世界に対して与えた贈り物は明白である。本質があらわになり、だれでもが研究できるよう明らかにされた世界が出現し、そこでは、観察という作業が笑いものにされた。まさにその非現実性のなかに強さが横たわっているのである。なぜならば、極度に単純化された世界のあるがままの構造は、地代の法則を明らかにしたばかりか、外国貿易、貨幣、課税、そして経済政策にかんするきわめて重大な問題をも解明したからである。模型の世界を作ることによってリカードは、経済学に強力な抽象化の道具を提供した。その道具というのは、日常生活の攪乱を洞察し、そこに横たわっているメカニズムを理解しようとするならば、欠くことのできないものである。確かに、同時代の何人かの観察者が言ったように、抽象化の道具は必ずしも「合理的な」行動ばかりではなく、具合の悪い事実を無視するためにも同じように使われるものだった。それはリカード的悪弊として知られている問題である。にもかかわらず、経済学の主張が科学として考えられていることは、リカードの抽象化の贈り物である。たぶんわれわれが、どちらかというとムラのある記録を科学「として」いるのも、まさにこの簡略化への偏向ゆえであるに違いない。

マルサスは、抽象世界を築くという点でけっして成功しなかったので、永続的な学問的貢献はより小さいものだった。しかしマルサスは、ぞっとするような人口問題を指摘し、ただその理由だけで、彼の名はいまだに生き続けている。そして、説明することはできなかったにしても、マルサスは、彼の著書が公刊されてから一世紀後の経済学者たちの心を捕らえて離さなかった一般的不況の問題に気づいていたのである。

けれども、振り返ってみると、二人の主要な貢献は専門的な業績以外のところにありそうである。というのも、まったく意図せずに、マルサスとリカードは一つの驚くべきことを成し遂げたからである。彼ら二人は、その時代の視点を楽観論から悲観論へと変えてしまった。もはや人間の世界を、社会の自然の力が働いて必然的にすべての人によりよい生活をもたらす舞台として見ることができなくなってしまったのである。それどころか逆に、かつては調和と平和を世界にもたらすものとして目的論的に考えられていたように見える自然力が、いまや悪意と脅威に満ちたもののように見えている。人間は、飢えた人々の洪水にうめき苦しむことがないとしても、引き取り手のない商品の洪水に苦しむことになるだろうと思われた。そしていずれにしても、進歩のための長い闘争の結末は、陰鬱な状態になることだろう。すなわち、労働者はほとんど生存ぎりぎりの生活をし、資本家はみずからの努力をだまし取られ、地主はひとり満悦しているような状態である。

実際のところ、マルサスとリカード同様に、スミスのヴィジョンの中にも、われわれが資本主義経済と呼んでいる体系とは別の、もっと一般的な注目すべき要素がある。それは、労働者階級を基本的に従順なものと見るヴィジョンだった。そして、三人には、貧しい労働者たちが体制変革を始め、彼ら自身のための新しい体制を建設するために頭を使うなどという考えはかけらもなかった。しかし、それは次章のテーマであり、そこで新しいヴィジョンが世俗の思想の道案内をするのを見ることになるだろう。

第五章　ユートピア社会主義者たちの夢

一九世紀前半の不穏なイギリス社会

マルサスやリカードが世の中を悲観的に考えねばならなかったのは、理解しにくいことではない。一八二〇年代のイギリスは、暮らすには陰鬱なところだった。ヨーロッパ大陸での長年の争いにようやく勝利を収めたが、今度はもっと険悪な国内の争いで動きがとれなくなるように思われた。芽を出しはじめた工場制度が恐ろしいほどの社会的請求書を抱え込み、しかもその決済日を延ばし続けることができないことは、だれであれ慎重な見方をする人には明らかだった。

実際のところ、この工場労働の初期の時代に一般的だった労働条件についての詳細な記述は恐るべきもので、現代の読者をぞっとさせる。一八二八年、当時の急進的な雑誌『ライオン』は、ローダムのある工場に送り出された八〇人の貧しい子供たちの一人、ロバート・ブリンコーについての信じがたい物語を載せた。みな一〇歳程度の少年少女が、ほんのちょっとの失敗のためだけでなく、だらけた仕事ぶりに活を入れるためにも、昼夜を問わず鞭で打たれた。その後、ブリンコーはリットンの工場へ移されたが、そこと比べるとまだしもローダムの条件のほうが人間味があった。リットンで、子供たちはかいば桶の中の残飯を、豚と奪い合った。彼らは蹴とばされたり、殴られたり、性的な虐待を受けたりした。雇い主の一人、エリス・ニーダムとかいう男は、子供たちの耳を爪が肉に食い込むほどつねるといった、ぞっとするような習慣の持ち主だった。工場長はもっと悪辣だった。彼はブリンコーの両手首を機械に括りつけて膝を曲げさせ、両肩に重い荷を積み上げた。この子も一緒に働いた子供たちも、冬の寒さの中でもほとんど裸だったので、（まったく不必要な嗜虐的修飾のように思えるが）彼らの歯はすりへってしまった。

こうした恐るべき残虐さは、もちろん例外であって、日常化していたわけではない。確かに、改革者の熱意が話をちょっと潤色したきらいはある。だが、誇張を十分に割り引いても、この物語はきわめて冷酷な非人道的慣行が事の自然な状態として、そしてもっと重要なことに、だれも気にもとめないこととして受け入れられていた社会的風潮を、実によく描いていた。一日一六時間労働は珍しくなく、労働者は朝の六時に工場へ歩いて行き、夜の一〇時に足取り重く帰るのだった。また、きわめて侮辱的な待遇だったのは、工場主の多くは従業員が時計をもつことを許さず、唯一警告を与える工場の時計は、食事のためのわずかな時間には異様に速く進むのだった。産業家のなかでももっとも裕福で、先見の明のある人たちは、そうした行き過ぎを嘆いたかもしれないが、彼らの下にいる工場長や追い詰められた競争者たちは、そうした状況を無関心な目で眺めていたようだ。

こうした悲惨な労働条件だけが、社会的不安の唯一の原因ではなかった。いまや機械が大はやりとなり、不平を言わない鉄製の機械が労働者に取って代わった。一七七九年初め、八、〇〇〇人の労働者の集団が工場を襲撃し、焼き払った。彼らは、工場の冷酷無情な機械的な効率性に対して、無分別にも反抗したのだった。そして一八一一年までには、技術に対するその種の抗議がイギリス全土に広がった。壊された工場がそこかしこに点在し、それに続いて「ネッド・ラッド〔レスターシャーの労働者。機械打ち壊しの運動の指導者と目された〕が通った」という噂が広まった。ラッド王とかラッド将軍とかが一揆を指揮していると噂された。これはもちろん、事実ではなかった。ラッダイトと呼ばれた暴徒が跋扈《ばっこ》したのは、彼らが牢獄とみなした工場と、やはり彼らが軽蔑した賃労働に対する、純粋に自然発生的な嫌悪からだった。

しかし、この騒動はこの国に本物の不安を引き起こした。れっきとした人々の中でほとんど唯一、リカードだけが、機械は労働者の直接的な利益に必ずしも寄与しないだろうことを認めていた。こうした意見をもっていたことから、彼は一度だけ、いつもの鋭い洞察が狂ったとみなされた。たいていの観察者にとっては、この所感は思慮の浅いものに映った。すなわち、下層階級は手に負えなくなってきており、厳しく対処すべきであるというのが、彼らの意見であった。また、上流階級にとっては、この状況は、激しく恐ろしいハルマゲドンの到来を示すかのように思えた。詩人のサウジは、次のように書いた。「いまの時点では、あらゆる災厄の中でもっとも恐ろしいこと、つまり豊かな者に対する貧しい者の反乱からわれわれを守ってくれるのは軍隊しかない。そしていつまで軍隊を頼りにできるかは、とても自問する勇気のない問題だ」。さらにウォルター・スコットは「……この国はわれわれの足下から掘り崩されている」と慨嘆した。

注目浴びたニュー・ラナーク

だが、この暗く、乱れた時期のイギリスに一カ所だけ、嵐の中の灯台のように輝くところがあった。スコットランドの岩だらけの山中の、グラスゴーから馬で丸一日かかる、あまりにも開けていなかったため通行税を徴収する番人が金貨を受け取ることを拒否した（それまで見たことがなかったので）田舎の地に、ニュー・ラナークと呼ばれる小さな共同体の、陰気な七階建ての煉瓦造りの工場があった。グラスゴーからの山道を越えて、馬に乗ってそこを訪ねる人々の列は絶えることがなかった。一八一五年から一八二五年までの一〇年間に、二万もの人々がニュー・ラナークの訪問者名簿に署名した。この訪問客の群れの中には、後にロシア皇帝ニコライ一世となるニコライ大公、オーストリアのジョン王子とマキシミリアン王子のような高位の人たち、教区代表者、著述家、改革者、感傷的な貴婦人方、そして疑り深い実業家といったさまざまな分野の人が含まれていた。

彼らは、労働者の生活が不潔で堕落したものであるのは唯一不可避の社会的な決まりではないという、生きた証拠を見にやってきたのだった。ここニュー・ラナークでは、どの家にも部屋が二つある労働者用の住宅が整然と立ち並び、街路にはごみが雑然と散らかっているどころか、きちんと積み上げられて処理されるのを待っていた。さらに工場では、もっとずっと珍しい光景が訪問者の目をとらえた。従業員一人一人の頭上に、小さな立方体の木片がぶら下がっており、各面は黒・青・黄・白とペンキで色分けされていた。暗い色から明るい色へと、作業態度の等級づけがなされていたのだ。すなわち、白は優、黄色は良、青は可、そして黒は不可といった具合である。工場長はこの木片を見るだけで、労働者の仕事ぶりを判断できた。黄色と白が多かった。

もう一つ驚いたことに、工場には子供がいなかった。少なくとも、一〇ないし一一歳以下の子供はいなかった。また、労働者は一日に一〇時間四五分働くだけだった。さらに、彼らはけっして罰せられなかった。実際、罰せられた者はいなかったし、いつも飲んだくれていたり、同じような悪行のために追い出された何人かの救いがたい大人を除けば、規律は恐怖ではなく慈愛によって守られているようだった。工場長の部屋のドアは開けっ放しで、だれもが規則や規制に異議を申し立てることができた(事実、そうしていた)。また、だれもが自分の作業成績についての詳しい記録がつけられ、自分に割り当てられる木片の色を指定する役割をもつ帳簿を閲覧することができた。そして、評価が正当でないと感じたならば、訴え出ることができた。

とくに注目されたのは、小さな子供たちだった。街路を騒々しく走り回るどころか、大きな学校でよく学び、よく遊ぶ姿を訪問者たちは目にした。もっとも年少の子たちは、身の周りにある岩や木の名前を学んでいた。もう少し年上の子は、装飾のある横壁で文法を学んでいた。そこでは名詞将軍と形容詞大佐や副詞伍長との戦闘が繰り広げられていた。勉強は楽しそうで、ちっとも勉強らしくなかった。子供たちは定期的に集まり、若い女の先生の指導で歌ったり、ダンスをしたりした。この若い女の先生たちは、子供のどんな質問にも答えてやること、理由なく悪くなる子はいないこと、懲罰を与えてはならないこと、子供たちは訓戒よりも実例からのほうがずっと早く学ぶものであることを教育されていた。

これはすばらしい、また実に感動的な光景だったに違いない。そして、幸せそうな子供の姿に心優しいご婦人方ほどには感銘を受けそうもない、事業心の強い紳士たちには、ニュー・ラナークが利益を上げている、すばらしく利益を上げているという反駁できない事実があった。聖人であるだけでなく、すぐれて実践的なある人物によって、この施設は運営されていた。

ニュー・ラナークの主、ロバート・オウエン

ニュー・ラナークの責任者は実践的な聖人であるだけでなく、本当に存在するとは思えないような人物だった。われわれがユートピア社会主義者として回顧する一九世紀初めの多くの社会改革者と同様に、「ニュー・ラナークの心やさしいオウエン氏」ことロバート・オウエンは、実践と純真、偉業と失敗、常識と狂気が奇妙に入り交じった人物だった。この人物は大きな鋤《すき》をやめて小さな鋤を推奨し、ゼロから築き上げて大資本家となり、大

資本家から私有財産に対する激しい反対者になり、慈善には報いがあるとして慈善を勧め、さらには貨幣の廃止を主張したのだった。

一人の人間の生涯が、これほど変化に富みうるとは信じがたい。それは、まるでホレイショー・アルジャー〔アメリカの少年読物作家〕から借りてきた一章のように始まった。ロバート・オウエンは一七七一年、ウェールズの貧しい両親のもとに生まれ、九歳で学校をやめ、マクガフォグという変わった名前のリンネル生地商人のところへ徒弟奉公に入った。ずっとそこにいて、店の名がマクガフォグ＝オウエン商会と変わる目もなくはなかったが、実業界の英雄の流儀にならって、マンチェスターに行くことにした。そしてそこで、一八歳のときに、兄から借りた一〇〇ポンドを元手に小さな資本家として、織機の製造に着手した。だが、最大のチャンスはまだやってこなかった。大きな紡績工場の所有者だったドリンクウォーターという人が、ある朝、工場長がいなくなったことに気づき、地方紙に求人広告を出した。オウエンは紡績工場については何も知らなかったが、そのポストを得た。それは半世紀以上も後にオウエンが記したところによれば、勇気と幸運の効能について無数の著述家の試金石となるようなやり方によってであった。「私は帽子をかぶって、直接、ドリンクウォーター氏の事務所にでかけた。『いくつになるね』と聞かれたので、『この五月で二〇歳《はたち》になります』と答えた。『週に何回ぐらい酔っぱらうかね』。この予期しない質問に顔が真っ赤になり、『これまで一度も酔っぱらったことはありません』と言った。『給料はどれくらい欲しいかね』。『年に三〇〇ポンド』と答えると、ドリンクウォーター氏はちょっとびっくりしたように、『何だって、年に三〇〇ポンドだと。今朝から何人応募者が来たか知らないが、連中の要求を全部合わせても、君の要求額にはならんよ』と言った。そこで私は、『ほかの人の要求は関係ありません。それ以下では受けられません』と答えた」。

これはオウエン独特のはったりだったが、うまくいった。二〇歳にして彼は——この鼻筋の通った非常に面長な顔に、誠実さを示す大きな素敵な目をもつ魅力のある若者は——繊維業界で並はずれた成功を収めた存在となった。半年もたたないうちに、ドリンクウォーター氏は商売の利益の四分の一を彼に与えた。だが、これはまだ伝説的な生涯のほんの序幕にすぎなかった。数年して、オウエンはニュー・ラナークの寒村で工場群が売りに出されていることを耳にした。——たまたまその工場群の持ち主の娘と彼は恋愛中だったのである。工場群を手に入れることも、娘と一緒になることも、どちらも至難のわざに思えた。工場主のデイル氏は、オウエンの急進的な自由思想をけっして認めそうにない、熱心な長老派信徒だった。それに、工場を買い取る資金を見つけることも問題だった。だが、オウエンは少しもひるむことなく、前にドリンクウォーター氏のところへ突き進んだように、デイル氏のところに突き進んだ。こうして、不可能と思われたことがうまくいった。彼は資金を借り、工場群を買い取り、そのうえ娘から結婚の承諾ももらった。

事態はそこでとどまってもよかった。しかし一〇年のうちにオウエンは、ニュー・ラナークを共同体に変えた。五年のうちには、昔日のニュー・ラナークの面影はすっかり消えさっていた。さらに一〇年のうちには、それは世界的に有名になっていた。たいていの人にとっては、これは偉大な業績だったはずだ。ともかく、先見の明と慈愛によりヨーロッパ中で名声を得たうえに、ロバート・オウエンは少なくとも六万ポンドの財産を築いたのだった。

しかし事態はそれにはとどまらなかった。急速にのし上がったにもかかわらず、オウエンは自分をたんなる実践家というよりも思想家であると思っていた。彼にとってニュー・ラナークは、けっして博愛主義の無駄な練習場ではなかった。むしろそれは、人類全体の進歩のために彼が展開してきた理論を実験する機会だった。というのもオウエンは、人間は環境次第であり、環境が変われば、地球上に本当の天国を築くことができると確信していたからだ。ニュー・ラナークで彼は、自分の考えをいわば実験室で実験することができたのだった。この実験がすばらしい成功を収めたので、当然ながらこの考えを世界に広めるべきだと考えるようになった。

ほどなく機会が訪れた。ナポレオン戦争が収まり、続いて経済的困難が起こった。マルサスであれば「一般的過剰供給」と名づけたであろうような状態が続き、この国を破壊した。一八一六年から一八二〇年にかけて、例外は一年だけあったが、事業は非常に不振だった。困窮状態はいまにも爆発しそうだった。「パンと血」の暴動が勃発し、ある種のヒステリーがこの国を襲った。ヨーク公にケント公、それに一団の名士たちが、この困窮の原因を究明するための委員会を設け、まったく当然ながら博愛主義者のオウエン氏に意見を提出するよう求めた。

実験的「協同村」の建設

委員会が手にした意見はほとんど予期しないものだった。オウエン氏は労働時間の短縮と児童労働の廃止の擁護者として広く知られていたので、きっと工場改革を求める嘆願だろうと予想されていた。ところが名士たちは、徹底した社会再組織の青写真を読むはめになった。

オウエンが提案したことは、貧困問題の解決は貧しい人々を生産活動に従事させることにあるというものだった。この目的のために、八〇〇人から一、二〇〇人が独立単位として農場や工場で一緒に働く「協同村」を組織することを、彼は提案した。各家族は平行四辺形《パラレログラム》——この用語はすぐに人々の注目を集めた——にまとめられた家々に住み、独立の部屋をもつが、居間や読書室や台所は共同とされた。三歳以上の子供は、後の人生に備えて最善の人格形成となる教育を受けられるように、親と離れて生活する。学校の周りには、やや年長の子供たちが世話をする庭園があり、さらにその外側には畑が広がり、作物が――もちろん、大きな鋤ではなく、小さな鋤を使って――育てられる。住宅地域から遠く離れたところに工場地帯が置かれる。要するに、これは計画された庭園都市、キブツ、コミューンといったものだった。

名士の委員会は、大いに面食らった。束縛のない自由放任の時代に、計画された社会的共同体の採用を打ち出す用意はほとんどなかった。オウエン氏には謝意が表されたが、彼の考えは丁重に無視された。だが、オウエン氏の取り柄は一意専心にあった。彼はこの計画の妥当性を再検討すべきであると主張し、彼の見解を詳述したパンフレットをどっさり議会へ送った。またもや、彼の決意は勝利を収めた。一八一九年、(デーヴィッド・リカードを含む) 特別委員会が、一つの完全な実験的協同村の設立に要する九万六、〇〇〇ポンドの調達を目的に招集された。

リカードは懐疑的だったが、この計画を試すくらいならかまわないと思った。しかし国は懐疑的であるどころか、その考えが嫌悪感を催させるものであることを見て取った。ある論説委員は次のように書いた。「慈善家の紡績業者、ロバート・オウエン氏は……、すべての人間は、数千年間も大地に根を下ろしていなかった非常に多くの草木が植え替えを求めているようなものだと考えている。そこで彼は、新しいやり方でそれらを広場に植え替えてやろうと決意している」。

過激思想の持ち主ということで当時アメリカに追放されていたジャーナリストのウィリ

アム・コベットは、さらに軽蔑的に次のように書いた。「この紳士は、貧民の共同体を築くことに賛成している。……そこからは、すばらしい平和、幸福、そして国民的利益が生まれることになっている。だが、喧嘩による目のまわりの黒あざ、鼻血、そしてつかみ合いといったささいな問題をいかに解決するのかが、私にはよくわからない。いずれにせよ、オウエン氏の計画は完全に新しいという利点をもつ。貧民の共同体といったようなものは、いまだかつて誰も耳にしたことがないだろう。……ご機嫌よろしゅう、ラナークのオウエン氏よ」と。

オウエンは、なにも貧民の共同体を構想したのではなかった。まったく逆に、貧民に働く機会を与えれば、彼らは富の生産者になりうるし、彼らの嘆かわしい社会的習慣も、まともな環境の影響のもとでは道徳にかなったものに容易に変わりうると考えたのだ。こうして道徳的水準が高められるのは、貧民だけではなかった。「協同村」は労働者の生活の混乱よりもすぐれたものになることは明らかだったので、他の共同体も当然追随するだろう、と考えられた。

だが、この考えを支持したのは、オウエン一人だけだったことがはっきりしてきた。真剣に考える人たちは、オウエンの計画が既存の秩序を壊してしまう恐れがあると見た。また、過激な考え方をする人たちは、それを茶番としか見なかった。この実験村に必要な資金は集まらなかったが、もはやこの不屈の博愛主義者を引きとめるすべはなかった。それまでの彼は人間主義者《ヒューマニスト》だったが、いまや本物の人道主義者《ヒューマニタリアン》となった。彼は財産を築いたが、いまやそれを彼の理想の実現に注ぎ込んだ。ニュー・ラナークの権利を売り払い、一八二四年に未来の共同体の建設に着手した。その環境としてアメリカを選んだのは不思議ではない。というのも、ユートピアを築くのには、政治的自由を五〇年経験してきた人々の中でのほうがずっと適していたからだった。

彼は用地として、ラピスト派として知られるドイツ人の宗派から、インディアナ州ポージィ郡のウォバッシュ川河岸に三万エーカーの土地を購入した。一八二六年七月四日、彼は「精神的独立宣言」――私有財産、不合理な宗教、および結婚からの独立――をそれに献じ、そこが自立していけるように「ニュー・ハーモニー」という美しく希望にあふれた名前をそれにつけた。

組合運動に肩入れ

これは成功するはずがなかったし、実際に成功しなかった。オウエンはユートピアが突然に花開くことを心に描いていたので、古い社会の不十分な環境からユートピアを切り離す準備をしていなかった。何も計画化されていなかったので、八〇〇人の移住者が数週間のうちにあわてて殺到した。不正な行為を防ぐ基本的な措置すら講じられていなかった。オウエンは参加者の一人にまんまとだまされた。この男は、不正な手段で土地を手に入れ、そこにウイスキー工場を建て、オウエンの理想をいたく傷つけたのだった。また、オウエンがそこを離れたあと、ライバルの共同体が出現した。ウィリアム・マックリアという男が率いるマックリア団体とか、その他の反対者が率いる団体がそれである。利益追求の習慣の引力は、思想の絆にとって強すぎた。顧みれば、この共同体が一定の期間存続しえたことは、驚きというほかない。

一八二八年までには、この事業が失敗だったことがはっきりした。オウエンはこの土地を売り払い（この冒険的事業で全財産の五分の四を失った）、自分の計画について話をするためにジャクソン大統領を、次いでメキシコのサンタ・アナ大統領を訪問したが、この二人は儀礼的な関心以上のものは示さなかった。

オウエンはただちにイギリスに戻った。相変わらず情け深いオウエン氏（多少ひびが入ったが）だったが、彼の生涯は最後の予期せざる展開に向かおうとしていた。多くの世評は、彼の協同村を嘲笑ったが、彼の教えは労働者階級に深くしみ込んでいた。当時は最初の労働組合が結成された頃だったし、紡績工、陶工、大工などの指導者たちはオウエンを彼らの利益の代弁者——それどころか彼らの指導者とみなすようになった。オウエンの同志たちとは異なり、彼らはオウエンの教えを真摯に受け取った。協同村が名士の委員会で討議されているあいだに、彼のパンフレットに基づく本物の実際的な協同組合が、規模はずっと控え目だったが国中に生まれつつあった。生産者協同組合、消費者協同組合、そしてオウエン氏の考えに厳正に従って貨幣を廃止しようとして失敗した組合すらいくつかあった。

生産者の協同組合は例外なく失敗したし、貨幣のない交換は、文字通り一文なしの破産に終わった。しかし、協同組合運動の一つの面が根を張った。みずからを「ロッチデール開拓者」と呼んだ二八人の熱心な人々が、消費者協同組合運動を始めた。それはオウエンにとっては一時的な関心事にすぎなかったが、時とともにイギリスにおける労働党の一大勢力源へと育った。奇妙にも、彼の関心がもっとも薄かった運動が、彼が心血を注いだどの計画よりも生きながらえることになった。

オウエンは協同組合のために時間を割くことができなかったが、それにはそれなりの理由があった。アメリカからの帰途、彼は大規模な道徳運動を思いつき、例によってそれにすっかり夢中になった。かつての貧しい少年、かつての資本家、かつての社会建設家が、いまや身の周りに労働運動の指導者たちを引き寄せることになった。彼はこの計画に「生産的有用階級全国道徳大連盟」という、ひどく印象的な名称をつけた。この名称はただちに「全国労働組合大連合」と短縮されたが、それでもまだ舌を嚙みそうなので、「グランド・ナショナル」とされた。この旗印のもとに労働組合指導者たちが参集し、一八三三年にはイギリスの労働運動が正式に発足した。

それは全国規模の組合――現代の産業別労働組合の先駆だった。組合員の数は五〇万人で、当時としては度はずれに大きい数だった。そして、イギリス中の主要組合をほぼ網羅していた。だが、現代の組合と異なり、その目標は労働時間や賃金にも、あるいは経営者の特権といったことにさえ集中していなかった。「グランド・ナショナル」は社会改良だけでなく、大幅な社会変革の手段となるべきものだった。したがって、その綱領は賃金と労働条件の改善を要求するのみならず、協同村、貨幣の廃止、そしてオウエンの著作の中のいろいろなアイデアを混ぜ合わせたことを詳述するものであった。

オウエンは、彼の最後の理想のために全国を遊説してまわったが、結局、これは失敗した。アメリカが地域単位の楽園を受け入れる用意がなかったのと同様に、イギリスは全国規模の労働組合を受け入れる用意がなかった。地方の組合はその組合員を統制できなかったし、地方でのストライキは全国的な組織体を弱めた。オウエンと彼の副官たちとは仲違いした。副官たちはオウエンを無神論者と非難したし、オウエンは彼らを階級的憎悪を助長していると非難した。政府が介入し、暴力と復讐に燃えて、この成長する運動を粉砕するために全力を尽くした。雇用者階級は「グランド・ナショナル」が私有財産の弔鐘を打ち鳴らすのを聞き、反組合法に基づく告訴を要求した。まだ歴史の浅い運動であってみれば、こうした猛襲に耐えられるはずがなかった。二年たたずしてこの大組合は壊滅し、六四歳のオウエンは歴史的な役割を終えた。

彼はさらに二〇年間、労働界の長老として協同組合の理想、手鋤の勧め、貨幣への素朴な不信を説き続けた。一八三九年に、「無信仰を穏やかに抑止する協会」として知られる善良な人々の集団の抗議にもかかわらず、彼はヴィクトリア女王に拝謁した。だが、彼の寿命は終わりかけていた。晩年の彼は、唯心論、繰り返しだらけで際限のない小論、そしてすばらしい「自伝」の執筆に逃避した。一八五八年、相変わらず希望に満ちあふれながら、八七歳で世を去った。

何とロマンティックで奇想天外な経歴の持ち主か。顧みれば、われわれの興味を惹くのは彼の思想よりも経歴である。オウエンは真に独創的な思想家ではなかったし、柔軟な思想家でもなかった。「ロバート・オウエンは読み終えた本については、けっして評価を変えたりしない人物だった」と、当時のある著作家は辛辣に彼の特徴を述べている。また、彼の声がすると逃げ出した歴史家のマコーレーは、オウエンを「いつも穏やかで退屈な人」と評した。

どんなに想像力を広げてみても、オウエンは経済学者ではなかった。というより、経済学者以上だった。つまり、経済学者が扱わなければならない生《なま》のデータをつくり替えた、経済の革新者であった。すべてのユートピア社会主義者と同じく、オウエンは世の中を変えたいと思った。だが、他の人が筆致の強弱はあれ、ユートピアについて書いているときに、オウエンは先へ進み、社会の変革を試みた。

また考え直してみると、おそらく彼は、一つの大きな思想を後世に残した。それは、息子のロバート・デイル・オウエンの自叙伝の中の次のような挿話に、見事に示されている。「キャロリン、子供がむずかって泣き叫んだら、子供部屋の真ん中に放っぽっておき、泣き止むまで抱き上げないほうがいいよ」と彼の父（ロバート・オウエン）は言った。「だけどあなた、あの子はずっと泣き続けますよ」。「泣かせておけばいいじゃないか」。「そんなことしたら、肺がおかしくなって痙攣を起こしちゃうわ」。「そんなことないさ。とにかく、手のつけられない子に育ったら、もっと大変なことになっちゃうよ。人間は環境の生き物だからね」。

「人間は環境の生き物である」。そして、その環境をつくるのも人間自身である。世の中は必然的によくなったり、悪くなったりするのではなく、われわれがよくも悪くもしているのだ。そうした考えに基づき、オウエンは手鋤や貨幣や協同村についての夢物語よりもずっと強力な希望の哲学を後世に残した。

人生の冒険家、サン・シモン

ロバート・オウエンは、未熟な資本主義に対する一九世紀の抗議者グループの中で一番のロマンティストだが、けっして一番の変わり者ではない。まったくのひねくれ者という名誉は、アンリ・ドゥ・ルヴロイ・ドゥ・サン・シモン伯爵に授けられるべきである。また、明らかに風変わりな考えという点では、シャルル・フーリエに匹敵する者はいない。

サン・シモンは、その長く伸びた名前が示すように貴族だった。彼の一族は、シャルルマーニュ王〔カロリング朝のフランク王、西ローマ皇帝〕の子孫であると言い張った。一七六〇年に生まれた彼は、祖先が高貴の出であり、輝かしい家名を守ることが大事であると教えられて育った。若い頃には毎朝、「お目覚めください、伯爵様。今日はたくさんお仕事がありますよ」と叫ぶ召使に起こされた。

自分は歴史の中の選ばれた人物であるといった認識は、その人に変わったことを行なわせるものである。サン・シモンの場合は、とてつもないわがままを行なう口実となった。すでに子供の頃に、信条に忠実であることとまったくの頑固さとを混同していた。たとえば、通りかかった馬車が子供たちの遊びの邪魔をしたとき、彼は道路に大の字に身を投げ出し、断固として動こうとしなかった。若い伯爵を溝に放り込もうとする者など、いるわけがなかった。後にも彼は、これと同じような頑固さで、聖餐式に行くようにとの父親の言い付けを拒否した。だが、父親は息子の強情には慣れていたし、驚かされもしなかったのだろう。すぐさま息子を牢へぶち込んだ。

放縦ということでは、彼は、当時の政治グループの中でももっとも放縦だったルイ一六世の宮廷に興味をもってもよかったが、宮廷にはまったくふさわしくない民主主義を好んだことで、その放縦さは埋め合わされた。一七七八年にこの若い伯爵はアメリカに渡り、独立戦争で名を揚げた。彼は五回、戦闘に加わり、シンシナタス勲章を受けたが、何よりも自由と平等という新しい思想の熱烈な支持者となった。

しかし、これはまだ「偉大なこと」ではなかった。独立戦争は彼をルイジアナにとどめたが、彼はそこからメキシコに渡り、太守に運河をつくるよう説得した。これができれば、パナマ運河に先立つものとなったはずだし、彼の名を大いに高めただろう。だが、このアイデアは実現しなかった。というのも、それは九割がアイデアで、計画は一割にすぎなかったからである。結局、この若い革命家貴族はフランスに戻った。

彼はフランスでの革命に間に合った。そして、夢中になってそこに飛び込んだ。ペロンヌのファルヴィの町の人々は、彼に市長になるよう頼んだが、昔の貴族が選ばれることは悪例になるだろうと言って断った。ところが、人々は彼を国民議会に送り込んだ。彼は爵位の廃止を提案し、みずからも爵位を放棄してただの市民になった。彼の民主主義好みはポーズではなかった。サン・シモンは真に同胞のことを思いやった。革命前のことだが、ある日彼は最高にめかしこんでヴェルサイユへと急いでいたとき、農夫の荷車がぬかるみにはまり込んでいるのに出会った。サン・シモンは自分の馬車から降りて、着飾った肩を車輪に押し当てて荷車を押し出し、その農夫の話がとても面白かったので、自分の馬車を帰し、知り合ったばかりの友人と一緒にオルレアンへ行ってしまったのだった。

フランス革命は、彼の生きざまを波乱に富んだものにした。彼は抜け目なく教会領に投資し、ちょっとした財産をつくった一方、大掛かりな教育計画に夢中になり、外国人と頻繁に接触するようになったことが不信を招き、保護軟禁を受けることになった。彼は軟禁場所のホテルから逃げ出したが、ロマンティックかつ真に気高い態度で出頭した。ホテルの主《あるじ》が、彼の脱走に協力したとして不当に告発されたことを知ったからである。

今度は牢獄に送られた。だが、この独房で、ずっと待ち続けていたとも言える啓示を受けた。こうした啓示の常として、彼はそれを夢の中で受けた。サン・シモンはそれを次のように書いている。

「革命のもっとも苛烈だった頃、そして私がリュクサンブールで投獄されていた頃、毎夜、シャルルマーニュ王が夢に現われ、こう告げた。『天地開闢以来、第一級の英雄と哲学者をともに送り出す栄誉に浴してきた家門は現われていない。この栄誉はわが一族のために取っておかれたのだ。汝が哲学者として成功することは、余が武人として、また政治家として成功したことに匹敵しようぞ』」。

サン・シモンは、それ以上のものを求めなかった。牢から出されると、これまでに蓄えた資金を、知識の途方もない探求に注ぎ込んだ。知るべきことは何でも知ろうとしはじめた。科学者、経済学者、哲学者、政治家など、フランスのあらゆる知識人を彼の家に招待し、彼らの研究に資金を出し、この世の知の領域をすっかり取り込んでしまうかのように際限なく質問を浴びせた。それは異様な努力だった。あるとき、彼はまだ社会研究を行なうには家庭生活の直接経験に欠けているとの結論に達するや、三年契約の結婚をした。が、一年で十分だった。妻はしゃべりすぎ、客は食べすぎだった。そしてサン・シモンは、教育制度としての結婚には限界があると断じた。そこで彼は、ヨーロッパでもっとも才媛とされたスタール夫人に求婚した。彼女は、彼の計画を理解してくれるただ一人の女性だ、と彼は言い張った。二人は会ったが、期待は失望に変わった。彼は才気は十分だが、この世の大哲学者とはほど遠いと彼女は判断した。こんな風であったので、彼の熱も冷めてしまった。

百科全書的な知識の探求は刺激に富むものではあったが、財政面で破綻が生じた。彼は無謀なほどに浪費した。結婚も予想外に出費がかさんだ。最初はほどほどの境遇に落ち込んだと思っていたが、やがて素寒貧になった。事務職でも見つけなくてはならなくなり、かつての召使のところに賄いつきの下宿をさせてもらわなければならなくなった。この間、彼は執筆を続けた。小論、論評、提案、社会診断などを次々に書きまくった。書き上げたものを、哀れっぽいメモをつけて当時の主だったパトロンたちに送った。

謹啓
何卒、私をお助けください。私は飢えで死にそうです。……一五日ものあいだ、私はパンと水で命をつないできました……私は原稿の清書代を払うために、着ているもののほかは、みんな売り払ってしまいました。知識と公共の福祉に対する情熱をもち、全ヨーロッパ社会を覆っている恐るべき危機を終わらせる平和的手段をみつけたいとの願いのゆえに、私はこのような貧窮に陥っております。……

援助してくれる人はいなかった。一八二三年、一族からのわずかな年金で暮らしていた彼は、絶望のあまりピストル自殺をはかった。しかし、何ごとも望んだようにはいかなかった。片目を失っただけで、病と貧困の中で理想を求め、誇りを失わず、さらに二年生きのびた。死が迫ったとき、彼は数少ない門弟たちを呼び集め、こう言い残した。「偉大なことをなすには、熱意をもたなければならないことを忘れるな」。

サン・シモンが説いた福音

こうした芝居がかった最期を正当化するのに、彼は何を行なったのだろうか。ある異常なことを行なった。つまり、産業宗教を興したのである。彼はこれを、分厚すぎて読む人もない著書を通じて、あるいは講演や「偉大なこと」を通じて行なったわけではない。何とはなしに、この人物自身が宗派を生じさせ、一団の信奉者を集め、社会のあるべき新たなイメージを与えたのである。

この宗教は一風変わった、半ば神秘的で、秩序のない宗教だった。というのも、それは未完成で不均衡な思想の大建造物の上に築かれたものだったからだ。さらにそれは、宗教になるよう意図されたものではなかった。だが、彼の死後、フランスでは六つの分教会をもち、ドイツとイギリスでは支部をもつサン・シモン教会が現出した。これは、兄弟的結社のようなものだった。彼の門徒たちは青い衣服をまとい、お互いを「父や子」と位置づけた。そして創始者を象徴した立派なシンボルとして特別なチョッキを着たが、それはだれかに手伝ってもらわないと着ることも脱ぐこともできなかった。つまり、だれもが兄弟に頼らなければならないものであることを知らしめるものだった。しかし、間もなくこの教会はたんなる邪教《カルト》に堕してしまった。というのも、サン・シモン教会は独自の道徳律をつくり出し、それが不道徳なことをもっともらしく法典にしたりしたからだった。

サン・シモンが説いた福音に、現代の人にとって目新しいことはほとんどない。人間は社会の果実の分け前に与ろうとするなら「働かなくてはならない」ことを強調したのだが、この前提から引き出されたさまざまな結論と見比べると、先のロバート・オウエンの平行四辺形《パラレログラム》の社会のほうがずっと明快だった。

「フランスが突如として五〇人のすぐれた物理学者、五〇人のすぐれた化学者、五〇人のすぐれた心理学者、……数学者、……機械工を失うとしたら」として、サン・シモンは三、〇〇〇人の学者、芸術家、職人を数え上げた（サン・シモンはむだのない文章ということでは有名ではなかった）。さて、そうなったら何が起こるだろうか。結果は、フランスを魂の抜けた国にしてしまうような破局となろう。

しかし、それらの少数の人々を失う代わりに、フランスが一挙に社会の上層階級を奪われたとしたら、たとえば国王の兄弟、ベリー公、何人かの公爵夫人、官吏、大臣、裁判官、それに一万人の富裕な地主など、合わせて三万人が失われたとしたら、その結果はどうなることか。これらの人々はみな善良な人たちなのでまことに遺憾なことではあるのだが、その損失はまったく感傷的なもので、国家はほとんど痛手を受けないだろうとサン・シモンは言う。これらの美しい装飾的役割は、だれでも代役を果たせるからである。

ここで教訓が明らかになる。社会の最大の報酬を受けるに値するのは、あらゆる地位と階層のなかで労働者——産業労働者——であり、それにいちばん値しないのが、怠け者である。しかし、実際はどうか。奇妙なことに正義が行なわれていないため、事態はまったく逆になっている。つまり、もっとも値しない者が、もっとももたくさん得ている。

サン・シモンの提案は、社会のピラミッドを正しい姿にすることである。社会は現実には巨大な工場として組織されており、工場の原理をその論理的帰結に向けて貫かなければならない。政府は経済的でなければならず、政治的であってはならない。つまり、事態をこそ調整すべきで、人間を直接指揮してはならない。報酬は人々の社会的貢献に比例すべきである。すなわち、報酬は工場で活発に働く人たちに帰すべきで、怠惰な傍観者に与えられるべきではない。サン・シモンが説くことは革命ではないし、われわれが理解している社会主義でさえない。それは、産業の進展についての一種の賛歌であり、苦役の社会で怠け者が不釣合いな割合の富を取得していることへの抗議となっている。

それをどう実行するかについては、一言もふれていない。後のサン・シモン信奉者たちは、創始者よりも一歩前進し、私有財産の廃止を主張したが、この場合も、社会改革については曖昧な計画にとどまっていた。それは、労働についての宗教ではあったが、適切な教理を欠くものだった。社会の富の分配に大きな不公正があることを指摘したが、状況を是正したいと思っている人々に対して、残念ながらほとんど指針を提供していなかった。

シャルル・フーリエの奇抜

この計画の欠如こそが、サン・シモンとはまったく逆な一人の人物の成功を説明してくれるだろう。この元貴族が壮大な理想を求める情熱に鼓舞されたのに対して、シャルル・フーリエは三学〔中世の大学の文法・修辞・論理の三学問〕への情熱に鼓舞された。サン・シモンと同様、フーリエも世の中は絶望的に秩序を失っていると考えたが、彼が提起した治療策はごくごく細部に至るまで明快だった。

サン・シモンは人生の冒険者だったが、フーリエは空想の冒険者だった。彼の伝記は大部分が空白である。一七七二年にブザンソンの商人の息子に生まれ、商会の外交員として生涯を送ったが、成功しなかった。ある意味では彼は何もしなかった。結婚すらしなかった。彼が熱を入れたことは二つあった。花と猫にである。彼が人々の注目を惹くようになるのは、ずっと晩年になってからである。晩年の彼は、広告に書いた時間通りに小さな部屋に座り、世の中を改造する彼の計画に資金を出してくれる大資本家が訪ねてくれないかと待っていた。そもそも、この一介のセールスマンは書いていた。「この一、〇〇〇年間の政治的愚鈍を打ち破ったのは私だけだ。そして現在と将来の世代が、彼らの無限の幸福の源を探ろうとして行き着く先は、ひとり私のもとだけである」と。こうした責任を双肩に担っていたので、救済の使命を帯びた資本家がたくさんの金袋を携えて到着したら、すぐに会えるようにしていなければならなかった。だが、だれもやってはこなかった。

フーリエはよく言えば奇人だったし、正確に言えば頭がおかしかったのだろう。彼の世界は夢想的だった。地球は八万年の寿命を与えられており、四万年は上昇振動し、残りの四万年は下降振動すると彼は思い込んでいた。その中間に(計算してはいけない)、幸福の絶頂となる八、〇〇〇年がある。われわれは八段階の進歩の五段階目に生きていて、すでに混乱、未開、家父長制、そして野蛮の段階を通り抜けてきた。将来には保障制度があり(なかなかの洞察)、次いで調和の上り坂となる。しかし、完全な至福に到達すると、シーソーは逆になり、これまで進んできた段階を逆戻りして最初に帰ることになる。

しかし、調和の段階に深く入っていくと、実際いろいろなものが飛び出してくる。まず、冠座《かんむりざ》がしっとりとしたしずくを落としながら北極の周りをめぐり、海はレモン水となり、これまでのたった一つの衛星に代わって六つの新たな月が現われ、調和にずっと適応した新種の生物が現われる。たとえば、従順で非常に有用な獣であるアンチ〔反〕ライオン、船を引っ張らせることのできるアンチ鯨、アンチ熊、アンチ昆虫、アンチねずみ、などである。人々は一四四歳まで生きるようになり、そのうちの一二〇年は性愛の自由な追求で費やすようになる。

これに加えて、他の遊星の住人に直接会ったようなことを書いているため、フーリエの著作は狂気の空気を漂わせる。おそらく彼は、狂っていたのだろう。だが、この夢想的見方を地球上へと切り替えたとき、彼はそこに混乱と不幸を見た。また、社会を再組織化する方法もみつけた。

彼の処方箋は非常に精密だった。社会はファランクス――フランス語ではファランステール――〔生活共同体〕へと組織されていかなくてはならない。それは、一種の「グランド・ホテル」の様式をとるもので、オウエンの「協同村」とあまり違いはない。このホテルについては、入念に描かれていた。すなわち、大きな中心的な建物があり（そのなかにある部屋や、部屋の大きさはよく考えられている）、建物の周囲に畑や工場施設がある。各人はそれぞれの資力にもっとも適した部屋に住むことができる。つまり、部屋はファースト、セカンド、サードとクラス分けされており、望むだけのプライバシー（自室での食事を含めて）もあれば、交際を通じて文化の気運を広げることもできるようになっている。中央集権化によって、効率も高まる。年老いた独身男のフーリエは、集中調理が大成功を収める様子をよだれの出そうな絵に描いている。

もちろん、だれであれ毎日数時間は働かなくてはならない。だが、仕事を怠ける者はいない。それぞれが自分のいちばん好きな仕事をすることになっているからである。たとえば、汚い仕事をだれがするかという問題も、その仕事をしたい人がいるかと尋ねることによって解決される。当然ながら、そうしたことが好きなのは子供たちである。こうして、喜んで屠畜場に行ったり、道路修理をしたりして、面白く時を過ごす少年団ができる。また、汚い仕事を嫌がる少数の子供たちは別の少年団をつくり、花の世話を焼いたり、両親の悪い発音を正したりする。労働者のあいだでは、だれが最善の成績を上げたかを調べる友好的な競争が行なわれる。梨づくりやほうれん草づくりのコンテストが行なわれたり、あげくの果てには(ファランクス主義が全世界に行きわたり、必要なファランクスが二九八万五、九八四つくられると)オムレツの料理長やシャンペン醸造家の大会戦が起こる。

こうなると、何ごとも大きな利益を上げるようになり、利益は三〇%に達する。ただし、これは共同体の利益になる。つまり、一二分の五が労働に、一二分の四が資本に、そして一二分の三が「能力」に分配され、各人は労働者仲間であるとともに、部分的に所有者であるよう勧められる。

フーリエ的理想は奇妙奇天烈《きてれつ》で夢物語に見えるが、実践と常識の牙城であるアメリカにさえ、ある程度の根を下ろした。一時、アメリカには四〇以上のファランクスができた。

オウエン的な共同体とさまざまな宗教運動を同じ分類に入れるならば、一五人から九〇〇人の会員をもつ現実のユートピア団体が、少なくとも一七八はあった。

これらは、非常にバラエティに富んだものだった。あるものは敬虔であり、他のものは信心を欠くものだった。また、質実なものもあれば、放縦なものもあり、資本主義的なものもあれば、無政府主義的なものもあった。オハイオにはトランブル・ファランクスが、ロング・アイランドにはモダン・タイムスがあった。さらに、オネイダ、ブルック・ファーム、ニュー・イカリア、そしてかなり有名なファランクスとして、ニュージャージーにノース・アメリカン・ファランクスがあった。これは、一八四三年から一八五五年まで続き、一九三〇年代末までホテルと共同体とが半分半分という形で存続した。この思いもよらない人々のあいだから、批評家のアレクサンダー・ウルコットが生まれた。

夢のような共同体の中で、しっかりと根を下ろしたものはなかった。夢の世界は、現実の摩擦と戦うという苦難を伴う。そして、計画されたユートピア的社会改革の中で、ファランクスほど実践性を欠くものはなかった。しかも、これほど人の気をそそるものもない。ファランクスに住めるとしたら、嫌だという人はいないだろう。フーリエは、当時の悲惨で不幸な世の中をあからさまに指摘した。しかし、彼の処方箋は、彼が癒そうと願った致命的な病にとっては、天国的な要素をあまりにもたくさん含みすぎていた。

「ユートピアン」の特徴

これらのユートピアンたちは、滑稽に見えるだろうか。確かに、彼らはみな夢想家だった。だが、アナトール・フランスが述べたように、夢想家がいなければ、人類はいまもって洞窟に住んでいることだろう。多少、気のおかしいところのない人はいなかった。サン・シモンですら、もっとも利口な動物のビーバーが、いつの日か人間に取って代わるかもしれないと大まじめに考えた。だが、彼らが注目されるのは、風変わりであったからでも、金持ちだったからでも、また、人を魅惑する幻想の持ち主だったからでもない。われわれが彼らに注目するのは、彼らが勇敢だったからであり、その勇気を評価するには、当時の知的環境を判断し、理解しておかなくてはならない。

彼らが生きた世界は、苛酷で残酷なだけでなく、経済法則の装いの下にそうした残酷さを合理化した。フランスの財政家で政治家のネッケルは、世紀の変わり目に、「パンほど味はよくないけれど、中身は倍もあるような食べ物が発見されるならば、人々は食事を二日に一度に減らすだろう」と述べた。こうした意見は耳ざわりに聞こえるかもしれないが、ある種の論理的な響きをもった。残酷なのは世の中であって、そこに住む人たちではなかった。というのも、世界は経済法則によって動いており、経済法則は人間がもてあそぶことはできなかったし、そうすべきものでもなかった。経済法則はただそこにあるだけで、その働きによる不幸な結果としてどのような不正が持ち出されようと、それを罵ることは、潮の満ち引きを嘆くのと同じく馬鹿げたことだった。

法則はわずかしかなかったが、決定的だった。われわれはアダム・スミス、マルサス、そしてリカードが経済の分配法則を苦心して磨き上げたことを見てきた。それらの法則は、社会の生産物がいかに分配されるかだけでなく、いかに分配されるべきかを説明するように思われた。それらの法則は、利潤は競争によって平準化され、統制されるものであること、また、賃金は常に人口の圧力下に置かれ、社会が拡大するにつれて地主には多くの地代が生ずることを示した。まさにその通りだった。こうした結果は必ずしも好ましいとは思われなかっただろうが、社会の動態《ダイナミクス》の自然な結果であることは明らかだった。人間の悪意が盛り込まれているわけではなかったし、人為的操作が行なわれているわけでもなかった。経済法則は重力の法則のようなもので、どちらにしても挑戦するのは無意味なことに思われた。当時の経済学の入門書は、次のように述べた。「一〇〇年ほど前には、学者だけが経済法則を理解できた。今日では、それらは子供たちでも知っている。ただ一つ困ったことは、それらがあまりにも簡単すぎることである」と。

ユートピアンたちが、極端に向かったのも不思議はなかった。経済法則は不可侵に見えたのだ。にもかかわらず、経済法則が責めを負うべき社会の状態は耐えられないものであった。そこでユートピアンたちは勇気を奮い、社会全体を変革すべきであると主張した。

本章の冒頭で紹介したロバート・ブリンコーが鎖で機械に縛りつけられているのを見て、

これが資本主義だというのであれば、協同村とか道徳律とか楽しいリゾート環境であるファランクスなどを、とにかくつくろうということになる。ユートピアンは本章で紹介した以外にもたくさんいたが、彼らは頭ではなく心の改革者だった。

　われわれが彼らのことを、ユートピア社会主義者と呼んだ理由の一つはここにある。「ユートピア」とは、たんに理想主義的目標であるだけではなく、手段の鍵を握るものでもあった。共産主義者とは対照的に、ユートピア社会主義者は上層階級に対して、社会改革は最終的には彼ら自身の利益にもなることを納得してもらいたいと願った改革者だった。共産主義者は大衆に語りかけ、目標達成のためには、必要ならば暴力を勧めた。他方、社会主義者は自分たちと同類のインテリ層、小市民《プチ・ブル》層、自由思想をもつ中流市民、あるいは知的に解放された貴族に対して、自分たちの計画を支持するよう訴えた。ロバート・オウエンでさえ、仲間の工場所有者の目を開かせようと望んだ。

　だが、第二に注目を要するのは、彼らがユートピア社会主義者だったことである。これは彼らが経済の改革者であったことを意味する。ユートピアを築こうとした人はプラトンの昔からいたが、政治的不正と同時に経済的不正に立ち向かうようになったのは、フランス革命からだった。そして彼らが反旗をひるがえしたのは、「戦慄の間」を生み出した初期の資本主義だったので、自然と彼らは私有財産や個人の富をめぐる闘争には背を向けた。体制内での改革を考えた人は、ほとんどいなかった。当時は、骨抜きの工場法がようやくできた時代であり、そうした不承不承の改革がやっと勝ち取られても、概して履行されなかった時代だった。ユートピアンたちは改革以上のことを望んだ。互いの卑劣なだまし合いよりも、「汝の隣人を愛せよ」が優先されるような新しい社会を望んだ。財産を共有する状況、共同所有という暖かな状況においてこそ、人間の進歩の基準が見出されるはずだった。

ジョン・スチュアート・ミルの天才

彼らは、きわめて善意の人たちだった。また、その善意と真摯な理論にもかかわらず、ユートピアンたちは信望を得るためのお墨付きをもたなかった。彼らと心の中は同じでも、頭は両肩の上にしっかりとすわっているような人の認可が必要だった。そうした人が、もっとも現われそうもないところから登場した。その時代のもっとも偉大な経済学者とだれもが認めた人物ジョン・スチュアート・ミルが、最後には社会主義に転向したのだった。

本章に登場した人物はだれも、いくぶん信じがたいような性格の持ち主だが、おそらくJ・S・ミルはその中でもっとも非凡な人物と言えよう。彼の父親のジェームズ・ミルは歴史家、哲学者、社会評論家であり、リカードやジェレミー・ベンサムの親友で、一九世紀初期の中心的知識人の一人だった。ジェームズ・ミルは、ほとんどあらゆることについて、またとくに教育について明確な意見をもっていた。その息子のジョン・スチュアート・ミルは、その類まれな成果であった。

ジョン・スチュアート・ミルは一八〇六年に生まれた。早くも一八〇九年（一八一九年の間違いではない）にギリシア語を学びはじめた。七歳でプラトンの対話篇の大半を読んでしまった。翌年にはラテン語を始め、同時にヘロドトス〔ギリシアの歴史家〕、クセノフォン〔ギリシアの軍人・歴史家〕、ディオゲネス・ラエルティオス〔ギリシアの哲学史家〕、そしてルキアノス〔ギリシアの風刺作家〕の一部をこなした。八歳から一二歳のあいだに、ヴェルギリウス〔ローマの詩人〕、ホラティウス〔ローマの詩人〕、リヴィウス〔ローマの歴史家〕、サルスティウス〔ローマの政治家・歴史家〕、オヴィディウス〔ローマの詩人〕、テレンティウス〔ローマの喜劇作家〕、ルクレティウス〔ローマの詩人・哲学者〕、アリストテレス〔ギリシアの哲学者〕、ソフォクレス〔ギリシアの悲劇詩人〕、そしてアリストファネス〔アテネの詩人・悲劇作者〕を読み終えた。幾何学、代数学、そして微分学を修得し、ローマ史、古代世界史抄、オランダ史、そして数編の詩を書き上げた。「私はギリシア語では何も、散文さえ書かなかったが、ラテン語ではちょっぴり書いた」と、彼は有名な『自叙伝』に書いている。「これは、私がものを書くことに父が関心を示さなかったからではなく、……そうする時間が実はなかったからだった」と。

一二歳になると、ミルは論理学とホッブズの著作に取り組んだ。一三歳では、政治経済学の分野で読んでおくべきものすべてに目を通した。

これは普通ではない。われわれの基準から見ると恐るべき教育の仕方だった。「勉強の習慣が途切れ、怠け癖がつかないように」と、休みの日はなかったし、子供の頃の友達はなく、自分が受けている教育が普通のものとは著しく異なることに気づきさえしなかった。後にミルが偉大な作品を生み出したのは奇跡ではないが、人格が破壊されなかったことは奇跡である。それでも、彼は一種の神経衰弱にかかった。二〇代のとき、彼の地力を養ってきた繊細で無味乾燥な勉強と努力の知的世界が、突然に不毛で満足感のないものとなった。他の若者が、知的活動の中に美がありうることを見出さなくてはならないときに、哀れにもミルは、美の中に美が存在しうることを見つけなければならなかった。彼は憂鬱症にかかり、ゲーテ、ワーズワース、サン・シモンなど、彼の父が頭脳について語ったのと同じくらいに真剣に心について語った人たちのものを読んだ。そして彼は、ハリエット・テイラーに出会った。

運の悪いことに、テイラーには夫がいた。だが、この夫は無視された。ハリエット・テイラーとミルは恋に落ち、二〇年間も文通し、一緒に旅行し、一緒に住んだりもした。だが（二人の文通が信ずるに足るならば）二人は完全に精神的な交際を守った。テイラー氏が死に、障害がなくなってから、ようやく二人は結婚した。

それは、最高の組合わせだった。ハリエット・テイラー（そして後には、その娘のヘレン）は、おそまきに始まったミルの情緒的目覚めを完全なものにした。この二人の女性は、女性の権利や、さらに重要な人間の権利に対してミルの目を開かせた。ハリエットの死後、ミルは自分の生涯を振り返り、この二人が自分に与えた大きな影響を、こう述べた。「現在も将来も、私と私の行なってきた仕事について考える人はだれであれ、それが一人のではなく三人の知性と良心の産物であることをけっして忘れてはならない」。

経済法則の真の領域

すでに見たように、ミルは学ぶべき政治経済学を一三歳のときにすべて学んだ。しかし、全二巻の分厚く、きわめてすぐれた教科書『経済学原理』を彼が書いたのは、三〇年後のことだった。まさにこの目的のために、彼は三〇年間も知識を温存してきたかのようだった。

この書は、この分野の全体的なサーヴェイになっている。それは、地代、賃金、物価、租税を取り上げ、スミス、マルサス、リカードたちが最初に築いた道を辿っている。だが、実質的に定説であるとの刻印の押された理論を、たんに新たに焼き直したものではまったくない。独自の発見、ミルが不滅の重要性をもつと信じた発見へとつながっていく。多くのすぐれた洞察と同様に、この発見もきわめて簡単なものだった。それは、経済法則の真の領域は生産にあり、分配にはないという指摘だった。

ミルが言わんとしたことは、きわめて明らかだった。つまり、生産をめぐる経済法則は自然に関係する、ということである。労働をどの分野で使うことが生産的であるかについては、人為的に自由には決められないし、土地の生産力の逓減というような現象については、人間に自由な選択の余地はない。欠乏と自然が人の意のままにならないことが現実で、労働の成果をいかにして最大にするかを教える経済的な行動法則は、ガスの膨張や化学物質の相互作用についての法則と同じに、非人格的で絶対的なものである。

しかし——そしてこれが経済学以外の領域では、おそらくもっとも重要なことなのであろうが——経済法則は分配とはまったく無関係なのである。われわれはひとたび全力をあげて富を生産すれば、それを自由に処分できるのである。ミルは言う。「物がそこにあれば、人間は個人であれ、集団であれ、それを好きなように処理できる。どんな条件であれ、処理したいと思う人に委ねることができる。……ある人がだれの助けも借りず、個人的に骨折って生産したものでさえ、社会が認めなくては自分のものとして保有することはできない。社会はそれを彼から取り上げることができるだけでなく、その人の保有が妨害されないように社会が報酬を払ってだれかを雇わなければ、別の個人がそれを彼から取り上げることもできるし、実際に、そうしたことが起こるだろう。したがって、富の分配は社会の法と慣習に依存する。社会で優勢を占める人々の意見と心情とが、富の分配を決める規則をつくるのであり、そうした規則は時代により、また国により大いに異なる。それに、人類の選択の仕方によって、さらに大きな違いが生じるだろう……」と。

これは、リカードの客観的な研究結果を社会にぴったりと合わせようとしたリカードの後継者たちにとっては、厳しい一打となった。というのも、ミルが述べたことは、言われてみればまったく明白なことだったからである。社会の「自然な」働きが賃金を押し下げたり、利潤を均等化したり、あるいは地代を押し上げたりしても、気にすることはなかった。社会がその活動の「自然な」結果を好まないならば、それを変えさえすればよい。社会は税を課すことも、補助金を出すこともできるし、没収することも再分配することもできる。すべての富を国王に与えることも、巨大な慈善施設を運営することもできる。また、増産の報奨金に十分な気配りをすることも、みずからの責任でそうしたことを無視することもできる。だが、どんなことをするにせよ、「正しい」分配などなかった。少なくとも、経済学が明らかにしなければならないような「正しい」分配といったものはまったくなかった。社会がその果実を配分する仕方を正当化するために、「法則」に頼ることはできなかった。富を適当と思われるように分かち与える人々がいるだけなのだ。

現実には、ミルの発見は彼が信じたほどには不滅なものではなかった。というのも、保守的な経済学者たちが指摘したように、分配問題にかかわる場合には、生産プロセスにもかかわらざるをえないからだった。たとえば、利潤に一〇〇%の税を課すことは、結局、利潤の大きさと利潤を得た人とに、強烈な影響を与えるだろう。また、マルクスが別の視点から指摘したように、ミルが考えたほど明確に分配と生産とを区別することはできない。

なぜならば、社会は生産様式の不可欠な一部として報酬の支払方法を用意しているからである。たとえば封建社会には「賃金」はなく、資本主義社会には封建地代はないのである。

かくして、「右」の陣営からも「左」の陣営からも、社会が自由に分配を再編成するにはミルが考えた以上に大きな限界があるとの批判が現われた。とはいえ、ミルの洞察を過大に評価するのが誤りであるのと同じに、過小に評価するのも間違いであろう。限界の存在は、そこまでは操作の余地があること、そして資本主義は改革できないものではないことを意味しているからである。事実、ニューディールとかスカンディナヴィアの福祉資本主義は、道徳的価値を押しつけることによって社会の「自然の」働きを改善しようとするミルの社会観の直接的表現である。たとえ社会の変革には限界があるにせよ、それが大きな社会変革につながらないとだれが言えようか。

ミルの社会観

確かに、ミルの時代にあっては、彼の研究結果は新風を吹き込むものだった。独善や偽善がはびこっていた時代に、ミルの物言いは例外的に道徳的明晰さを備えていた。たとえば『経済学原理』において、生産と分配を大きく区分したあと、さまざまなユートピア改革者が提起した当時の「共産主義」の図式を検討している。もっとも、そこにはマルクスの共産主義は含まれていない。その存在をミルはまったく知らなかったからである。

ミルは、これらの「共産主義的」図式に提起されるさまざまな反論を検討し、そこにいくつかの長所を見出している。しかしその後で、次の注目すべきパラグラフで彼の意見を要約している。

もし……すべての可能性を伴う共産主義と、苦悩と不正を伴う現在の社会状況の間で選択が行なわれるならば、どうであろう。私有財産制が、その帰結として必然的に、労働の産物を現在見られるように労働に反比例する形で分配するならば、つまり、まったく働かない人たちに最大の分配がなされ、次にはほんのわずかしか働かない人々に……というように分配が行なわれるならば、仕事が厳しく不快なものになっていくにつれ報酬は低下し、もっとも疲労を伴う肉体労働では、生きていくに必要なものすら得られなくなってしまうだろう。こうした状態と共産主義とのいずれを選択するかとなれば、共産主義に伴う大なり小なりの諸問題は、取るに足りないものとなろう。

しかしミルは、これは選択といった問題ではないと付け加えた。私有財産の原理は、まだきちんと試されていない、と彼は信じていた。ヨーロッパの法律と制度は、いまだに封建制の過去を強く反映しており、自分が書いた諸原理の適用によって達成できるとミルが考えた改革の精神を反映してはいなかった。

結局、彼は次の二つの理由から、真の革命的変革を提唱するまでにいたらなかった。第一に、彼は日常生活の苛酷な競争の中に、人間のエネルギーの必要な捌《は》け口があると見たのだった。

彼は、こう書いている。「何とか生きていくために闘争していく状態が人間の正常な状態であり、現在の社会生活を形づくっている踏みつけ合い、潰し合い、押しのけ合いなどは、人類のもっとも望ましい定めであり、産業の一つの発展局面の好ましからざる兆候などではない、と考える人たちが主張する人生の理想には、正直言って私はまったく魅力を感じない」と。

だが、人々の貪欲さを嫌悪しても、彼はそうした欲が有用であることにも目を開いていた。「人間のエネルギーは、かつて戦争に用いられたように富の争奪に用いられるにせよ、すぐれた人が他の人を教育して、よいことを行なわせるようになるまでは使い続けるべきである。そのほうが、使わずに朽ち果ててしまうより明らかにずっとましである。人間は粗野であるあいだは粗野な刺激を求めるものだから、そうした刺激を与えるべきである」。第二の留保は、もっと説得的と言えよう。想像される共産主義社会についての賛否両論を秤《はかり》にかけ、ミルは次のような問題を指摘した。

個性にとっての避難所が残されているか、世論が非道な圧制につながらないか、すべての人が相互に絶対的に依存しあい、監視しあうことが、思想、感情、行動等の単調な均一化の押しつけにならないか、といったことが問題である。……奇抜さが非難の対象になるような社会は、健全な状態ではありえない。

これは、後に彼のいちばんの傑作ともいえる『自由論』を著すことになるミルの「政治的」発言である。だが、ここではわれわれの関心は経済学者としてのミルにある。彼の『経済学原理』は、社会改革の可能性以上のことを論じている。それはまた、彼の先輩のスミスやリカードのモデルが行なったのと同様に資本主義的制度の軌道を映し出す、大規模な社会モデルでもあった。しかし、ミルのモデルは、それ以前のものとは異なる目的をもっていた。すでに見たように、ミルは何よりも人間の社会的行動を変える可能性を信じた。したがって、リカードが提起した陰鬱な中心的機制、すなわち、労働者階級の実質的な生活向上の機会をすべて潰してしまう人口の作用を受け入れなかった。逆にミルは、労働者階級は教育を通じて、マルサス的危険を理解し、自発的に自分たちの人数を調整するようになると考えた。

「定常状態」の今日的意義

賃金に対する人口の圧力を取り除いたことによって、ミルのモデルはリカードやスミスのモデルとは別の方向に向かった。蓄積の過程が賃金を高める傾向をもつという点はこれまでと同じだが、子供の激増が利潤に対する賃金の圧力を弱めることにはならないという点が異なる。その結果、賃金は上昇し、資本蓄積は終わる。こうして、ミルのシステムは高い水準の定常状態に近づく。これは、スミスやリカードの場合には、執拗な人口圧力によって到達できないとされたものだった。

だが、そこから新たな旅立ちが始まる。定常状態を資本主義と経済進歩の最終点と見るのではなく、ミルはそれを恵み深い社会主義の第一段階と見た。ここでは、人間はそのエネルギーを経済成長ではなく、正義と自由といった重大な問題に向ける。この目前に迫った定常的社会の内部では、大きな変革が行なわれよう。遺産は税で取り上げられ、地主は不労所得を得られなくなろう。人々が雇い主に仕えるという事業組織に代わって、労働者の組合が登場しよう。労働者の組合は競争面で優位に立ち、勝利を獲得しよう。雇い主たちは施設を従業員に売り渡し、年金生活へと引退し、資本主義は徐々に姿を消していくことになろう。

こうしたことは、ユートピアンの幻想ではないだろうか。『経済学原理』の最後の版が出た後の一世紀にわたる大きな経済的拡大を振り返ってみると、イギリス（さらに転じて、世界の資本主義）が定常状態といった「狭い枠」の中にとどまるとミルが信じていたことに、われわれは微笑みを洩らすしかない。だが、次の時代に資本主義の拡大が直面するであろう問題を見越し、また、オランダやスカンディナヴィア三国などの資本主義国が、経済的枠組みの中に高いレベルの社会的な責任を導入しようとしてきたことを改めて考えてみると、ミルのヴィジョンをたんにヴィクトリア時代の希望的観測として簡単に片づけることはできない。彼の穏やかで筋の通った、雄弁な箇所においてさえ抑制気味の文章は、現代の人々の耳目を惹きつけるような口調のものではない。それだけに、ヴィクトリア時代の人物というだけで、ミルを片づけてしまいやすい。だが、ミルには折り返す道がある。つまり、玄関から送り出された後で、裏口へ戻る道がある。

一八四八年の偶然

それゆえに彼には、敬意を込めて別れを告げよう。ミルは一八七三年まで生きた。人々から大いに敬意を表され、ほとんど崇拝されていた。いくぶん社会主義的な傾きがあったが、マルサスやリカードの絶望的な陰気さを取り払い、希望的な見通しを示してくれたことから、大目に見られた。結局、彼が提唱したことはそれほど衝撃的なことではなく、地代への課税、相続税、そして労働者の協同組合結成などは、社会主義者ではない多くの人々に受け入れられた。彼は、労働組合の可能性についてはあまり楽観視していなかった。まともな意見が通っているならば、それについては万事よい方向に向かうと思っていた。これは徹底したイギリス的考え方だった。漸進主義的、楽観主義的、現実主義的で、急進主義的な色合いを避けたものだった。

『経済学原理』は大きな成功を収めた。彼の生存中に高価な二巻本が七版に達した。また、いかにもミルらしく、労働者階級にも手が届くように自費で廉価な一巻本を出した。この廉価版も、生前に五版を重ねた。彼は当時の「大経済学者」になり、リカードの正当な後継者と言われ、アダム・スミスと比べても遜色ないとされた。

また、経済学は別にしても、彼は非常に尊敬された。『自由論』のほかに、彼は『論理学』、『代議政体論』、『功利主義論』を著し、いずれもそれぞれの分野で古典となっている。また、彼は才気煥発というよりは、高徳の士であろうとした。哲学の分野での彼の強敵だったハーバート・スペンサーが金に詰まって、社会進化にかんする計画中の叢書の完成が危うくなったとき、資金援助を申し出たのはミルだった。「この申し出を個人的な好意によるものとは考えないでください。そう受け取られても、私はこの申し出をご承諾されることを望んでおりますが。この申し出は、貴台が労力と健康を傾けてこられた重要な公共目的に対する協力の申し出にすぎません」とミルはライバルに書き送った。

これほどミルらしい態度はなかった。ミルが気を配ったことは、二つしかなかった。一つは妻に対してで、妻への彼の献身ぶりを、友人たちは盲目的であると思った。もう一つは知識の追求だった。何ものも、それから彼を引き離すことはできなかった。彼が議員に選出されたとき、彼の唱えた人権擁護の主張は、時代の風潮をはるかに越えたものだった。

彼の主張は通らなかったが、彼は一向に気にかけなかった。彼は世の中を見たままに書き、話した。彼が気にした唯一の人は、だれもが認めたことだが、愛するハリエットだけだった。

彼女の死後は、娘のヘレンが同じように不可欠の存在になった。感謝の念を込めて、ミルは『自叙伝』の中でこう書いている。「私が受けたような損失の後で、人生という宝くじでもう一つの賞品を引き当てるといった幸運に恵まれた人などいなかっただろう」。彼は引退後の晩年を、ヘレンとともにアヴィニョンのハリエットの墓地の近くで、驚くほど賢明で、まったく偉大な人物として過ごした。

最後に一つの偶然を挙げておく。進歩について語り、平和裡に変化や改善が進む可能性を説いた彼の経済学の主著は、一八四八年に世に出た。それは時代を画する書物ではなかったが、時代を特徴づける書物だった。奇妙な運命のいたずらから、この同じ年にもう一冊の、はるかに薄い、パンフレットのような本が出版された。それは、『共産党宣言』と題されていた。この本はそのわずかなページの中で、激しい調子で、J・S・ミルが世に与えてきた平穏で楽天的な道筋を、すべて帳消しにしてしまう内容だった。

第六章　マルクスが描き出した冷酷な体制

吹き荒れた共産主義の怪物

『共産党宣言』は、不気味な言葉で始まっている。「一つの怪物がヨーロッパをうろついている。——共産主義の怪物が。古いヨーロッパのすべての権力は、この怪物の聖なる討伐のために同盟している。——法王と皇帝、メッテルニヒとギゾー、フランスの急進派とドイツの警察も」と。

確かに、この怪物は実在した。一八四八年は大陸の旧秩序にとっては恐怖の年だった。空には革命への情熱が漂い、地には地響きが鳴りわたった。一瞬、それもほんの一瞬ではあったが、古い秩序は崩れ去るかと思われた。フランスでは、堂々たる風采の中産階級の王ルイ・フィリップの足取り重い政権が危機と格闘し、あげくの果てに崩壊した。国王は王の座を投げ出し、身の安全を求めてサリーの別荘に逃れた。パリの労働者は抑制のきかぬ荒波のように立ち上がり、市役所の屋上に赤旗をなびかせた。ベルギーでは、恐れをなした君主がみずから辞任を申し出た。ベルリンではバリケードが築かれ、銃弾がうなりを上げて飛び交った。イタリアでは暴徒が暴動を起こし、プラハとウィーンで蜂起した大衆は、パリにならって市の統制権を掌握した。

『宣言』は、「共産主義者は、その主義主張を隠すことを恥とみなす」と叫んでいる。「われわれは公然と宣言する、われわれの目的はこれまでのすべての社会組織を暴力的に転覆することによってのみ達せられる、と。支配階級をして共産主義革命に戦慄せしめよ。プロレタリアには鉄鎖のほかに失うべき何ものもなく、そして彼らが勝ち取るのは全世界である」。

支配階級は恐れおののき、いたるところに共産主義の脅威を見てとった。そして実際、彼らの恐れは故なきものではなかった。フランスの鋳物工場では、労働者たちは大槌を打つのに合わせて急進的な歌をうたい、これらの工場を視察してまわったドイツのロマン派詩人ハインリッヒ・ハイネは、「こうした歌の底に流れる悪魔の調べがどのようなものであるのか、われわれのように穏やかな職にある者にはさっぱり見当もつかない」と述べた。だが、『宣言』の明快な言葉にもかかわらず、その悪魔のごとき調べは、共産主義革命を待ち望む声ではなかった。それは、挫折と絶望だけから生まれた叫びだった。というのも、イギリスの状態がまったくもって牧歌的であったのに比べ、ヨーロッパ全土は反動の手のうちにあったからである。フランス政府は、すでにジョン・スチュアート・ミルがその特徴をつかんでいたように、「まったく向上の精神を欠いており、もっぱら人間の浅ましくわがままな衝動によりつくり上げられて」いたのだが、こうした汚名を得る権利は、なにもフランス人だけが独占していたわけではない。ドイツにかんして言えば、一八四〇年代にその請求権をもっていたし、プロシアにはいまだ議会がなく、言論の自由や集会の権利がなく、出版の自由や陪審制度がなく、時代遅れの王権神授説から髪の毛ほどはずれた思想でも容赦しなかった。イタリアは時代錯誤的な諸勢力の割拠状態にあったし、ニコライ一世の統治下にあったロシアは（この皇帝は一度はロバート・オウエンのニュー・ラナークを訪れたことがあったのだが）、歴史家のトクヴィルが特徴づけて述べたように、「ヨーロッパ専制政治の基礎《コーナーストーン》」だった。

この絶望が、かりに水路づけられていたとしたなら、かの悪魔の調べは真実革命的なものに変わっていたのかもしれない。けれども現実の反乱は、なりゆきで生まれ、統制を受けず、無目的なものだった。それらは初めのうちは勝利を収めたが、その次に何をなすべきか迷う間に、旧秩序のほうはしっかりと元の場所へとおさまっていた。革命への情熱は冷め、冷めやらぬところでは情け容赦なく粉砕された。一万人の死傷者を残してパリの暴徒は国民軍に鎮圧され、ルイ・ナポレオンは国を引き継いでまもなく第二共和制を第三帝政に変えた。ベルギーの国民は、結局のところ国王が王位にとどまるよう要請するほうがよいと決心し、国王はこの貢ぎ物に応えて集会の権利を廃止してやった。ウィーンとハンガリーの群衆は彼らの城塞から砲撃を受け、ドイツでは、勇敢にも共和政治の問題について討論していた憲法制定会議が党派的な口論のうちに崩壊し、挙句の果ては見下げたことに、国をプロシアのフレデリック・ウィリアム四世に差し出した。だがもっと見苦しかったのは、平民の卑しい手で差し出された王冠など受け取る気はないと、君主が宣言したことだった。

革命は去った。それは激しく血なまぐさいものではあったが、決め手を欠いていた。ヨーロッパにはいくつかの新顔が現われたが、政治はほとんど変わらなかった。

けれども共産主義者同盟を結成したばかりの労働階級の指導者たちの小グループにとって、深い絶望に襲われる理由はなかった。確かに、彼らが高い期待を抱いていた革命は頓挫し、ヨーロッパ全土で封じこめられた急進的運動は、それまで以上に容赦なく弾圧された。だが、これらはみなある程度まで平静な気分で見守ることができた。なぜなら、彼らの歴史理解によるならば、一八四八年の反乱は、将来に予定されている巨大な作品のささやかな舞台稽古にすぎず、恐ろしい光景をもつ最終的な成功については、一片の疑いの陰りもありえなかったからである。

同盟は、ちょうどその目的を述べた声明文書を出版したところで、それは『共産党宣言』と名づけられた。ところが謳われたスローガンや痛烈な文言にもかかわらず、『宣言』は、たんに革命を求める感情に鞭をくれてやったり、あたりにこだまする叫び声に新たな反対の声を付け加えたりするためだけに書かれたわけではなかった。『宣言』には、別な意図があった。それは、共産主義革命は望ましいのみならず、不可避であると論証することすら可能だという歴史哲学である。同じく自分たちの望みに沿うように社会を再編しようとしたユートピア社会主義者たちとは異なって、共産主義者たちは人の同情に訴えたり、空中に楼閣を築こうとする人の幻覚につけこんだりすることはなかった。というよりも共産主義者たちは、みずからの運命を星の位置にまで押し上げ、その星が歴史の一二宮を冷酷にも横切っていくのを眺める機会を、人々に与えたのである。道徳的・感情的理由ゆえに、もしくは現存の秩序が論外のものだという理由で、どちらか一方が勝つべきだというような戦いは、もはや存在しなかった。その代わりにあったのが、どちらが勝つはずかという冷静な分析である。そこで勝者と目されたのがプロレタリアートであった。それゆえ指導者たちは、ただ待ちさえすればよかった。最後には、彼らは負けるはずがなかったからだ。

『宣言』は、将来のために書かれたプログラムだった。だが一点、著者たちを脅かしたであろうことがある。彼らは待つ気でいたのだが、よもや七〇年も待たねばならぬとは考えていなかった。彼らはもっとも反乱の孵化場となりそうな場所を探して、すでにヨーロッパを丹念に調べ上げていた。けれどもロシア方面には、一瞥をもくれていなかったのである。

周知のように『宣言』は、かの恐るべき天才カール・マルクスの頭脳の産物だった。より正確には、彼と、彼のすぐれた相棒であり、同憂の士であり、支持者であり、同僚でもあったフリードリッヒ・エンゲルスとの共同作業の産物だった。

彼らは興味深い、そしてもちろん非常に重要な人物だった。問題は、彼らが素早くただの人間ではなくなり、偶像になったという点である。少なくともソ連が崩壊するまで、マルクスはキリストやマホメットに匹敵する宗教的指導者とみなされたし、エンゲルスはさしずめ聖ペテロかヨハネに列せられていた。モスクワのマルクス＝エンゲルス研究所では学者たちが、彼らの著作をまったく偶像を崇拝するかのように耽読している。街という反宗教の博物館に出るや、学者たちはこうした偶像崇拝をせせら笑うというのに。しかし、マルクスとエンゲルスがスターリニストのロシアで聖列に加えられているあいだにも、一方で毛沢東主義の中国では、世界の他の地域同様に、彼らは悪魔の創造物とみなされていた。

彼らは、いずれの扱いも受けるいわれはない。というのも、彼らは聖者でも悪魔でもなかったからだ。彼らの著作もまた、聖典でも呪いの書でもない。それは、われわれのためにこれまで連綿と世界を明瞭に照らし出し、解釈してきた経済的見解の、偉大な系譜に属するものなのである。だが、書棚に並ぶ他の偉大な著作と同様、それは誤謬を免れてはいない。世界はこれまで、革命家マルクスに魅せられてきた。だが、かりにマルクスがいなかったとしても、ほかの社会主義者や新社会の予言者が登場したことであろう。マルクスとエンゲルスが世に与えた実質的かつ持続的な衝撃は、生前にはいずれもさしたる果実を結ばなかった彼らの革命活動によるものではない。資本主義が最終的に取り組まねばならないのは、政治経済学者マルクスのヴィジョンである。なぜなら、彼が歴史に最後に残した刻印は、資本主義の崩壊は不可避だという予言だったからである。この予言の上にこそ、共産主義はその弱点に気づくこともなく、楼閣を築いてきたのだ。

マルクスとエンゲルス

ここでこの二人の人物像を見てみよう。彼らの容貌は、際立った対照をなしていた。マルクスは、いかにも革命家らしく見えた。肌は浅黒く、眼は深くくぼみ輝いていたので、彼の子は父を「ムーア人」と呼んでいた。ずんぐりした力強そうな体格をしており、恐ろしげに髭をたくわえた顔は苦虫を嚙み潰したかのようだった。彼はきちんとした性格の人ではなかった。彼の家には埃っぽい紙屑の塊が無頓着に雑然と積み上げられ、その中をマルクスその人が、だらしない身なりで、目に沁みるような煙草の煙をまきあげながらうろついていた。一方、エンゲルスは、彼自身が蔑んだブルジョアの一員と言っても通用するかもしれない。背は高く美男、物腰は洗練されていて、フェンシングと猟犬を連れての乗馬を好み、かつてウエサー河を四度も泳ぎ切ったことのある男にふさわしい風貌をそなえていた。

彼らが違っていたのは、たんに外見だけではなかった。性格もまた、両極端だった。エンゲルスは朗らかで観察力に富み、機敏で素直な心を持っていた。一説によると、彼は二〇カ国語をあやつったとも言われている。彼はワインに一家言あるなど、人生の楽しみ方においてはブルジョア的な趣味をもっていたが、恋愛がきっかけでプロレタリアート好みに転向し、傑作なことに自由時間の大半をロマンティックにも、労働者階級出身の恋人メアリー・バーンズ（彼女の死後はその妹のリッジー）が実はスコットランドの詩人の末裔であったと証明するのに費やした（だが、これは成功しなかった）。

マルクスのほうは、ずっと重苦しい性格である。彼は頭抜けてドイツ的な学者で、鈍重にして小心、病的とさえいわれるほどこつこつと骨を折る完全主義者だった。エンゲルスはまたたくまに論文を書き上げるというのに、マルクスはいつも、一つ書くにも死ぬほど悩むのである。エンゲルスが音を上げたのは四〇〇〇もの動詞の根をもつアラビア語だけだったが、マルクスというと、二〇年も使っていながらひどいチュートン訛りの英語しか話せなかった。凄い「チョック」〔ショックをこう発音する〕だ、などと彼は書いているが、そう喋るところが目に見えるようだ。だがこうした重苦しさにもかかわらず、二人のうちではマルクスのほうが偉大な精神の持ち主である。エンゲルスが広がりと早さを用意し、マルクスはそれに深さを付け加えたのである。

彼らが二度目に出会ったのは一八四四年のパリだったが、この日をもって彼らの共同作業が始まった。エンゲルスはただマルクスを訪ねて来ただけだったが、互いに喋ることがあまりにも多かったため、会話は一〇日にわたった。それ以来、一冊の作品たりとも、ともに編集するか書き直すか、少なくとも討議をへずに生み出されたものはない。彼らのあいだで行き交った書簡は、数巻を満たしている。

パリの地での邂逅にいたるまでに二人が辿った道のりは、ひどくかけ離れたものだった。エンゲルスの父は、ラインラントで製造業を営む敬虔なカルヴィニストで、狭量な人だった。フリードリッヒがまだ若者だった頃、詩に対して理解しがたいほど傾倒したので、父は彼に貿易業の勉強をさせ、牧師とともに住まわせるためにブレーメンへ追いやった。父カスパー・エンゲルスによれば、宗教と金儲けは、ロマンティックな心を癒す妙薬だということだった。エンゲルスは忠実に、仕事にはげんだ。しかし彼の目にすることのすべては、権力への反発と、父の融通のきかない基準とは相容れない運まかせの楽天性に彩られていた。彼は仕事の道すがら波止場へ出かけてみたが、観察力鋭い彼の目は、「金をちりばめたマホガニー」の一等船室のみならず、人々がまるで「道路の舗装石のようにぎっしりと詰め込まれて」いた三等船室をも見て取っていたのである。彼は当時の過激な文献を読みはじめ、二二歳の頃には「共産主義」の理想に転じていた。当時、この共産主義という言葉には、社会の経済的な営為を組織するための手段としての私有財産なる観念を廃棄するという点を除けば、いまだ確たる定義がなされていなかった。

後に彼は、父親の営んでいた繊維業に従事するため、マンチェスターへやってきた。マンチェスターもまたエンゲルスには、ちょうどブレーメンで目にした船と同じく、見かけだおしだと思えた。商店の立ち並ぶ快い街路と、心地よい別荘が街をとりまく郊外とがあった。だがそこには、もうひとつのマンチェスターもまた存在した。それは本来のマンチェスターのかげに隠され、工場主たちが事務所へ通う際には見なくてもすむような場所に置かれていた。そこには、汚濁と絶望の淵に沈み、ジンと福音の伝道にすがり、希望なく残酷な人生に背を向けて、親子ともども麻薬にひたる呆然とした人々がたむろしていた。エンゲルスは故郷ラインラントの工場街でも同様の光景を見てはいたのだが、今回はマンチェスターを踏査して、あばら家や鼠の住処のごとき家の最後の一軒にいたるまで見極めた。こうして彼は、産業から生まれた貧民窟の世界にかんしてこれまでに下された中でもっとも恐ろしい判決を出版して、見たままを書き記した。これが『一八四四年における英国労働階級の状態』である。あるとき彼は友人の紳士に向かってかの地の悲惨さを語り、あんなに「ひどい街」はかつて見たことがない、と述べた。その友人は静かに聞き入った後に、こう言った。「だがしかし、そこで儲かる金ときたら大したものだよ。じゃ失敬」。

彼はこのとき、イギリスの偉大な経済学者たちは既成秩序の弁護人にすぎないことを示す論文を執筆していたが、この寄稿論文のひとつが、パリで急進的な哲学雑誌を編集していたマルクスという名の若者に格別の印象を与えた。

エンゲルスとは違って、マルクスは自由な、いくぶんは急進的とさえいえる家庭の出だった。彼は一八一八年、ドイツのトリールで裕福なユダヤ人家庭の第二子として生まれた。その家庭はしばらく後に、弁護士であったハインリッヒ・マルクスが仕事上の制約を緩和するために、キリスト教を採った。ハインリッヒ・マルクスは立派な人物で、実際優秀な法律家に贈られる名誉称号ユスティツラート〔法律顧問官〕に任ぜられたほどだった。だが、当時の彼は、共和制ドイツに祝杯を捧げる非合法の会食クラブに参加しており、若い息子をヴォルテール、ロック、ディドロを糧として育てた。

哲学志向期のマルクス

ハインリッヒ・マルクスは、息子が法律を学ぶことを望んだ。けれどもボン大学やベルリン大学では、若きマルクスは当時の大哲学論争の渦に巻き込まれていた。哲学者のヘーゲルが革命的な計画を提案し、保守的なドイツの諸大学は、それへの対処をめぐって大きく分裂していた。ヘーゲルによれば、変化が生のならいである。すべての観念や力は、必然的にその反対物を生み、その二つは合して「統一物」となるが、再びみずからの内に矛盾を生む、という。そして歴史は——とヘーゲルは言う——、こうした観念と力の葛藤と融和の変遷を表現したものにすぎない。変化——弁証法的変化——は、人間的問題に内在していた。ただし、例外がひとつある。ことがプロシアにかんするかぎり、この規則はもはやあてはまらないのだ。ヘーゲルは言う、プロシア政府はまるで「この世に現われた真の神」だ、と。

これは若い学生にとっては、強烈な刺激だった。マルクスは、無神論や共産主義の純粋理論といった大胆な問題をヘーゲル弁証法の用語によって議論する少壮ヘーゲル学派として知られていたインテリ・グループに加盟し、自分もまた哲学者になるのだと決意した。もしもかの神のごとき国家の行為〔のちに受けた弾圧のこと〕がなかったなら、マルクスは哲学者になっていたのかもしれない。マルクスお気に入りの教授ブルーノ・バウアーは、彼のために熱心にボン大学の教職をとりつけようとしたが、バウアー自身が憲政擁護と宗教批判の思想（両者は明らかに同じくらいの悪だった）ゆえに解雇されるはめになり、若きマルクス博士の大学での出世への道は閉ざされることになった。

そこで彼は、ジャーナリズムに身を転じた。しばしば寄稿していた小さな中産階級向けの進歩的新聞『ライン新聞』が、彼に編集を依頼してきた。彼は承諾し、ここでの職はちょうど五カ月間続いた。マルクスは急進的だったが、彼のラディカリズムは政治にというよりも哲学にかんするものだった。フリードリッヒ・エンゲルスが敬意に満ちた面持ちで訪ねてきたとき、マルクスはどちらかというと、共産主義思想に染まったこの生意気な青年には批判的であり、マルクス自身が共産主義者だとして非難されたときにも、彼の返事は「僕は共産主義を知らない。ただ、被抑圧者を擁護することを目的とする社会哲学は、軽々しくしりぞけてはならないと思う」という曖昧なものだった。しかし彼自身の否認にもかかわらず、彼の社説は当局の目にあまるものだった。彼は、森で枯木を集めるという大昔からの権利を農民が享受するのを妨げる法律を手ひどく告発する一文を草し、ために譴責を受けた。彼は住宅事情を嘆く社説を書き、ゆえに警告を受けた。さらにロシアの皇帝に対して不敬なことを述べるに至って、『ライン新聞』は弾圧された。

マルクスは別の急進的な雑誌を引き継ぐためにパリに赴いたが、これもまた『ライン新聞』とほぼ同様、短命に終わった。けれども彼の関心は、いまや政治と経済に向かっていた。プロシア政府のむきだしの利己主義、ドイツの労働階級の状態を緩和するいかなる方策に対しても容赦なき抵抗を示したドイツのブルジョアジー、ヨーロッパの裕福な支配階級を特徴づけるほとんど漫画的な反動的姿勢、これらすべてが彼の心中で合体して、新しい歴史哲学の一部が形をなしてきた。そしてエンゲルスが訪ねてきて、二人ががっちりと手を組んだとき、その哲学は形を整えはじめた。


この哲学は、しばしば弁証法的唯物論と呼ばれている。弁証法的というのは、それが本性的な変化というヘーゲルの観念を取り入れているからであり、唯物論というのは、その基盤が観念の世界にではなく、社会的・物質的環境に置かれているからである。

ずっと後になって、『反デューリング論』(これはオイゲン・デューリングという、あるドイツの教授を論駁することを目的としている)と題された著名な論考において、エンゲルスは書いている。「唯物史観の出発点にある原理は、まず生産と、生産に伴う産出物の交換がすべての社会秩序の基盤であること、そして歴史上現われたすべての社会において、産出物の分配と、分配に伴う階級や身分への社会の分化が、産出物の中身と生産方法そして交換方法によって決定されるということである。この概念によれば、あらゆる社会的な変化と政治的な革命の究極の原因は、人々の心の中や、永久の真理と正義へのいやます洞察の中にではなく、生産や交換の様式の変化の内に求められるべきものなのである。それはその時代の哲学の中にではなく、経済学の内に求められるべきものなのである」。

この推論は、強力なものである。マルクスは言う。すべての社会は経済的な基礎、すなわちわが身に衣食住を与えるためにその活動を組織せねばならない人間の厳しい現実の上に構築されている、と。この組織は社会から社会、時代から時代と大きく移り変わりうるものである。それは牧畜を営んだり、狩猟中心に編成されたり、手工業単位へと分類されたり、複雑な産業の全体を構成したりすることができる。だが人が基本的な経済問題を解決するためにどのような形をとるにせよ、社会は非経済的な活動と思考の「上部構造」を必要とするだろう。それは法律によって互いに結ばれ、政府によって監督され、宗教と哲学によって生気を吹き込まれねばならないだろう。

けれども、思想の上部構造は場当たり的に選べるものではない。それは、みずからが育まれた土壌を反映していなければならない。いかなる狩猟共同体も、産業社会の法的枠組みを発展させたり使いこなしたりできないだろうし、同様にいかなる産業共同体も、原始的村落の法や秩序、統治の概念を用いることはできないだろう。唯物論の教義は、観念の触媒機能と創造力を投げうつものではないことに注意しよう。唯物論が主張するのは、思想や観念は、その目的がたとえ環境を変化させることだとしても、なお環境の産物なのだということだけである。

唯物論のみであれば、観念を経済活動のたんなる受動的な付属物に還元してしまうことになる。だがそれは、断じてマルクスの意図したところではない。というのも、この新しい理論は、唯物論的であると同時に弁証法的でもあったからである。それは変化、それも不断かつ固有の変化を直視する。その果てしない流れの中では、ある時期に出てきた観念がもうひとつの観念を形づくるのを助ける。マルクスは一八五二年のルイ・ナポレオンのクーデターを評して書いている。「人は自分の歴史をつくるが、自分の好みのままにつくるわけではない。彼らはみずから選んだ環境のもとではなく、過去から直接に見出し、与えられ、受け継がれた環境のもとでそれをつくり出すのである」。

けれどもこの歴史理論の、弁証法的で内生的な動力を有する局面は、たんに観念と社会構造の相互作用だけに依存しているのではない。他にもはるかに強力な要因が作用していたのだ。経済的な世界そのものが変化していたのであり、観念構造をその上に打ち立てていた岩盤そのものが動いてもいたのである。

たとえば、中世には孤立していた個々の市場が、探検と政治的統合の刺激によって結びつきはじめ、こうして新たな商業世界が生まれた。かつての手動の機械は、発明の刺激のもと蒸気機関にとって代わられ、工場と呼ばれる社会組織の新形態が誕生した。いずれの場合も、経済生活を決定する枠組みそれ自体が形を変えたのであり、そうするうちに、それは以前埋め込まれていた共同体から新たな社会的適応を強いて引き出したのである。マルクスは書いている、「手動式機械は封建領主とともにある社会を与え、蒸気機関は産業資本家とともにある社会を与える」と。

そしてひとたびこうした変化が生じると、それに伴って一連の結果が現われた。工場と市場とは、その只中で生まれたとはいえ、封建的な生活様式とは両立しえないものだった。それらは足並み揃えて歩んでいける、新たな文化的・社会的関係を必要とした。あの生みの苦しみのさ中において、自己の新たな社会階級を創出することで手助けしたのである。市場は新たな商人階級を育て、工場は産業プロレタリアートを生んだ。

上部構造と下部構造の対立

だが、社会変化のプロセスは、旧制度に新発明がのしかかるという問題にすぎなかったのではない。それは新階級が旧階級にとって代わるという問題だった。なぜなら、とマルクスは言う。社会というものは階級構造のうちに、すなわち好むと好まざるとにかかわらず現存の生産形式に対してある共通の関係に置かれた人々の集合体のうちに、組織されるものだからである。そして経済変動は、これらのすべてを脅かすのだ。生産にかんする組織的・技術的な勢力が変化するにつれ——たとえば工場が手工業を崩壊させるにつれ——、生産にかんする社会関係もまた変化する。そのとき、上に立つ者は地面が足下から掘り崩されるのに気づくかもしれないし、下にいた者は引き上げられるかもしれない。われわれはリカード時代のイギリスにかんして、社会階級の相対的地位がまさにそうして転倒するのを見てきたが、当時資本家は産業革命の波に乗り、土地貴族《ランデット・ジェントリー》の由緒正しい特権をいまにも強奪せんばかりだった。

ここから衝突が広まっていった。地位が危険にさらされる階級は、地位が高められる階級と争う。封建領主は新興商人と戦い、ギルドの親方は新進の資本家と敵対する。けれども歴史は、人の好き嫌いには目もくれず進んでゆく。混乱と苦悩のうちに、富の分配の変化が進む。かくして歴史は、社会の富の割り振りを求める階級間の絶え間なき闘争の絵巻物《ページェント》となる。というのも、社会の技術が変化するかぎり、攻撃に対して既存の富の分配が免疫をもつことはありえないからである。

マルクスとエンゲルスの時代の社会にとって、この理論はどのような兆しとなったのだろうか。それは革命、それも不可避の革命を指し示していた。なぜなら、この分析によれば、資本主義もまた生産「力」と生産「関係」すなわち技術的・組織的基盤と、法と政治的権利とイデオロギーから成る建造物とを合わせもっているはずだからだ。そしてもし技術的な基盤が発展するなら、その上部構造はいやます緊張にさらされねばならないだろう。

これがまさに、マルクスとエンゲルスが一八四八年に見たことだったのだ。資本主義の経済的基盤（その錨は現実の中に下ろされている）は、工業的生産にあった。その上部構造は私有財産制であり、その下では社会的な産出物の一部は、巨大な技術設備を所有する者たちに与えられた。衝突は、この基礎と上部構造とが両立不可能だという事実の中に横たわっていた。

それはなぜか。その理由を言うと、工業的生産すなわち現実の商品生産の基盤は、もっとはるかに組織され、統合され、相互依存するような過程《プロセス》であって、他方の私有財産という上部構造は、社会システムの中でももっとも個人主義的なものだからである。こうして上部構造とその基盤とが激突することになった。工場は社会的計画を要求したが、私有財産はそれを嫌悪した。資本主義は複雑化しすぎたため管理を必要としたが、資本家のほうは自滅的な自由を主張した。

ここから、二重の結論が導かれる。第一は、資本主義は遅かれ早かれ自滅するだろうということである。無計画性を本質とする生産は、経済活動の組織化を不断に掘り崩していくだろう。そのシステムはあまりにも複雑すぎた。それは常に蝶番がはずれたり歩調を乱したりし、ある商品を過剰生産する一方で別な商品を過少生産している。

第二に、資本主義は知らず知らずのうちにみずからの跡継ぎを育むはずである。その大工場の中で、それは合理的に計画された生産という社会主義のための技術的な基礎を創出するのみならず、社会主義の担い手となるべく訓練され、躾けられた階級、すなわち怒れるプロレタリアートを産み落とすであろう。みずからの内なる動力によって資本主義はみずからの破滅を生み、その過程においてみずからの敵を生むのである。

未来にかんする予言のゆえにではなく、過去について示した新たな展望の全貌によって、この結論は歴史への深く重要な洞察となっていた。われわれは歴史についての「経済的解釈」に親しむようになり、闘争、たとえば一七世紀に発生しつつあった、商業階級と土地および血統に基づく貴族階級とのあいだの戦いという観点から過去を再評価することを、冷静な気持ちで受け入れることができたのである。だがマルクスとエンゲルスにとっては、これは歴史についての再解釈の練習などといったものではなかった。弁証法が未来へ誘い、『共産党宣言』によって暴かれたその未来は、資本主義が進み行く目的地として革命を指していた。『宣言』は陰気な言葉で「宣言」する。「大工業の発展は、ブルジョアジーが生産を行ない、生産物を取得するその基礎自体を、ブルジョアジーの足許から引き抜くことになる。ブルジョアジーが生産するのは、なかんずくみずからの墓掘り人である。その没落とプロレタリアートの勝利とは、ともに不可避なのだ」。

口うるさく冷酷な歴史解釈を行なった『宣言』が書かれたのは、パリではなかった。マルクスの経歴のうちこの町が占める部分は短かった。彼は皮肉な調子の急進的な雑誌を編集して再びプロシア政府の神経をさかなでし、この政府命令でフランスの首都から追い出されたのである。

ロンドンでの窮乏の日々

いまや彼は結婚していた。彼は一八四三年に、子供の頃隣りに住んでいたイェニー・フォン・ヴェストファーレンと結婚したのである。イェニーの父はプロシア貴族で枢密顧問官だったが、それにもかかわらずフォン・ヴェストファーレン男爵はヒューマニストであり、リベラルな思想の持ち主だった。彼は若いマルクスにホメロスやシェイクスピアについて語り、その地方の司教から異端の烙印をおされていたにもかかわらずサン・シモンの思想を語りさえした。イェニーはというと、町一番の美人だった。美しく、多くの求婚者に恵まれたのだから、隣りの陰鬱な若者よりももっと「ふさわしい」縁談に出会うこともあっただろう。ところが彼女は彼に恋をし、両家ともそれを認めて微笑んだ。マルクス家にとってはこうした結婚は小さからざる社会的勝利であっただろうし、男爵にとってもそれはおそらく、ヒューマニズムの絶妙な証拠だてになった。だがもし、娘に何が降りかかるのかを彼が予見できていたとするならば、それでも彼は承諾を与えただろうか。というのも、イェニーは監獄で下卑た売春婦とベッドをともにさせられたり、自分の子供のひとりを埋葬するにも隣人に棺桶代を乞わなければならぬはめに陥ったりしたからである。楽しみやトリールでの社会的名声とひきかえに、彼女は生涯をロンドンのスラム街の陰気な二間で、夫とともに敵意に満ちた世間の中傷にさらされながら過ごす運命にあった。けれども二人の仲は、互いに大いに献身し合うほどの結びつきだった。マルクスは不親切で嫉妬がましく、疑りぶかくて怒りっぽかった。だが彼は愉快な父親であり、愛情あふれる夫だった。妻が病に伏していた頃、マルクスはヴェストファーレン家に同居していたずっと無給のメイド、レンヒェンに心を傾けていたが、認知されざる子供が生まれることになるこの浮気さえも、二人の情熱的な関係を冷やすことはなかった。後に、それもかなり後年のことだが、イェニーが死の床にあり、そしてマルクスもまた病の床についていたときに、彼らの娘は次のようなうるわしい光景を目撃している。

お母さんは表の大部屋に、ムーアはその隣の小部屋に寝ていました。私はあの朝のことはけっして忘れないでしょう。彼は母の部屋まで行けるくらい気分がしっかりしていました。ふたりは一緒にいて、まるで若返ったかのようでした。少女と愛に満ちた若者が一緒に人生の出発点に立ったかのようで、病に悩む老人と死にゆく老女の永久に別れつつある姿とはとても見えなかったのです。

一八四九年、マルクス一家はロンドンに移った。その四年前、パリを追われた彼らはブリュッセルにたどり着き、一八四八年の革命が勃発するまでこの地にとどまった(『宣言』はここで執筆された)。次に、ベルギーの国王がゆらぐ王座にしっかりとしがみついた際、首都の急進的な指導者たちを検挙したため、マルクスは一時ドイツに赴いた。

それは同じパターンの繰り返しだった。マルクスはある新聞の編集を受け継いだが、政府がそれを閉鎖に追い込むのは時間の問題だった。彼は最後の版を赤刷りにし、避難場所をロンドンに求めた。

彼はいまや絶望的な金銭欠乏状態にあった。だがマンチェスターにいたエンゲルスは奇妙な二重生活を送っており(彼はマンチェスター証券取引所では人望を集めていた)、マルクス家に小切手や貸し金を休みなく提供した。もしマルクスが折り目正しく金勘定のできる人物だったなら、家族は体裁を保って生活できたかもしれない。けれどもマルクスは、けっして会計の帳尻を合わせるような人ではなかった。たとえば、子供たちが音楽のレッスンを受ける一方で、家族は暖房なしに過ごすということになった。破産との格闘が生活の常となり、金の心配はいつも目前の悩みの種だった。

家族はレンヒェンを含め、全員で五人いた。毎朝一〇時から夜七時まで大英博物館に詰めて行なっていた果てしなく続く仕事以外には、マルクスは職をもたなかった。彼は小銭を稼ごうと『ニューヨーク・トリビューン』に政治情勢にかんする記事を書いた。編集者のチャールズ・A・ダナはフーリエ主義者で、ヨーロッパの政治を多少批判することも大目に見てくれた。これでしばらくはしのげた。もっとも、マルクスの代わりに多数の記事を書いてやり、彼を苦境から救ったのはエンゲルスだったが。マルクスはこの間、手紙で次のように忠告している。「戦争の記事は、もう少し誇張しなけりゃだめだよ」。

この記事が中止になったとき、彼は鉄道に書記の仕事を求めたが、あまりの悪筆ゆえに断られてしまった。その後、彼の名義で残っていた物を質入れした。家にあった銀製品や貴重品はとっくに売却済みだったのだ。困窮のはなはだしい場合には、家を出ることもままならなかった。というのも、上着や靴さえ質に入っていたからである。切手を買う金にもこと欠いて、原稿を出版社に送れないこともあった。これらの困窮に加えて、彼は激しく痛むできものに悩まされていた。大英博物館で日がな一日みじめな気分で書きものをして家にたどり着いたある晩、彼は言った。「ブルジョアたちが生涯俺のできものを思い出すことになればいいのに」。彼はちょうど、労働日について述べている『資本論』のあの恐ろしい章を、書き上げたところだった。

頼みの綱は、エンゲルスだけだった。彼はひっきりなしに手紙を書き送り、そこで経済や政治、数学や軍事戦略などおよそこの世のありとあらゆる事柄にふれたが、なかでも自分の境遇は特別だった。その典型を抜き書きしてみると、

妻は病気です。幼いイェニーも病気です。レンヒェンも神経痛のようなものにかかっ

ています。支払う金がないので、医者を呼べません。この八日ないし一〇日ほど、私たちは皆パンとじゃがいもを食べて生きながらえてきました。けれども、いまではそれさえ手に入れられるかどうか怪しいのです……出かけて新聞を読む金もないので、ダナに送る原稿も書いていません……この地獄のような状態をどうやって切り抜ければよいのでしょう。結局、これ以上恥ずべきこともないのでしょうが、死を免れるためには仕方がなかったので、この八日から一〇日というもの、私は何シリングかの金をドイツ人らしき人たちにせびってきました。

晩年になって、少しは楽になった。旧友がマルクスにわずかばかりの遺産を残してくれたために幾分は暮らし向きが楽になり、健康のため少しは旅行することさえ可能になった。エンゲルスもまたようやく遺産相続人となり、商売をやめた。一八六九年をもって自分の事務所を訪れることはなくなり、こうして「杖をふりまわし歌をうたいつつ、顔をほころばせながら」はるばるマルクスの娘の許へやって来たのである。

一八八一年、イェニーは亡くなった。彼女は五人の子供のうち、一人息子を含む二人をすでに葬っており、年老い疲れ果てていた。マルクスは病状が思わしくなかったため、葬式には参列できなかった。エンゲルスは彼を見つめて言った。「ムーアも死んじまってる」。だが息絶えたわけではない。彼はこの後、さらに二年生きながらえ、娘のうち二人が選んだ結婚相手に反対したりした。そして労働階級運動のことで議論するのに耐えられなくなり、今日にいたるまで彼に忠実な人々を悩ませ続けた声明をみずから発表した。ある日彼は、「私はマルキストではない」と言ったのだ。こうして三月のある午後、静かにこの世を去ったのである。

国際労働運動とマルクス

かくも長き窮乏の日々に、彼がなしたことは何だったのだろうか。ひとつには、彼は国際的な労働階級運動を起こした。若き日のマルクスはこう書いている。「哲学者たちはこれまで、さまざまなやりかたで世界を解釈してきただけだ。だが重要なのは、世界を変えることだ」。マルクスとエンゲルスはその歴史解釈において、プロレタリアートに爵位を授けた。いまやプロレタリアートが歴史に対して力を最大限に発揮しうるよう、彼らはその舵をとり指導してやらねばならなかった。

これは、冠をもって称えられるほどの成功は収められなかった。『宣言』の出版と同時に共産主義者同盟が結成されたが、紙上の組織の域を出るものではなかった。『宣言』の綱領は、当時はまだ大衆のあいだに根を下ろしておらず、一八四八年の革命が下火になるとともに、同盟もまた死に絶えてしまった。

これに続いて一八六四年、はるかに野心に燃えた組織の国際《インターナショナル》労働者同盟が誕生した。この国際労働者同盟は七〇〇万の会員を誇り、大陸を席捲したストライキの波を巻き起こすほどの現実性をもち、恐ろしげな評判をひとりでに勝ち得ていった。ところがこれもまた、短い歴史しかもちえぬ運命にあった。国際労働者同盟は、筋金入りで訓練の行き届いた共産主義者の軍隊から成っていたのではなく、オウエン主義者、プルードン主義者、フーリエ主義者、微温的な社会主義者、熱狂的な国粋主義者、革命理論であればいずれもひが目でしか見ない労働組合員など、雑多な人々の寄り合い所帯だった。五年のあいだ、マルクスは目をみはるわざをもって彼らをつなぎとめていたが、ついにインターナショナルは分裂してしまった。一部の者たちは、シベリア送りと国外追放という本物の革命家らしい経歴をもった大物バクーニンに従い(彼の雄弁は胸に迫るもので、かりに彼が喉笛をかき切ってくれと頼んだなら、聞き手はその通りにしかねないほどだった、といわれる)、他の者は注意を国内問題に戻した。国際労働者同盟の最後の集会は一八七四年、ニューヨークで開かれたが、これは哀れにも失敗に終わった。

だが、第一インターナショナルが結成されたことよりもはるかに重要だったのは、マルクスが労働階級運動に注ぎ込んだ独特の色合いだった。彼はもっとも喧嘩早く、不寛容な男であり、彼の推論の筋道についてこない者が正しかろうなどとは、はなから信じなかった。彼の言葉は、経済学者としては正確で、哲学者・歴史家としては流暢であり、革命家としては口汚かった。論敵に向かって「田舎者」、「ごろつき野郎」はては「南京虫」呼ばわりした。活動を始めて間もなく、ブリュッセルにいた頃、ヴァイトリングという名のドイツ人の仕立て屋が訪ねてきたことがあった。ヴァイトリングは労働運動によって育った、信頼するに足る人物である。その両足にはプロシアの監獄での鉄鎖の傷が残り、長いあいだドイツの労働者のために無私にして勇敢な努力を捧げてきた経歴をもっていた。彼はマルクスと、正義や同胞愛、連帯といった事柄について語るためにやってきた。ところが、彼にまともにあびせられたのは、社会主義の「科学的原理」についての情け容赦ない反問だった。かわいそうにヴァイトリングは取り乱して、満足に答えられなかった。主査として腰掛けていたマルクスは、怒って部屋中を大股で歩き始め、叫んだ。「無知が人のためになったためしはない」。こうして、接見は終わった。

他にも一人、破門すべき人物としてヴィリッヒがいた。かつてはドイツ革命で戦ったことがある元プロシア軍大尉であるが、後にアメリカの南北戦争では北軍側将軍の傑物となった。だが彼は、「現実の状況」ではなく「純粋な意志」こそが革命の起動力たりうるのだという「非マルクス主義」的な観念にとらわれていた。この考えは、後にレーニンが証明することになったもので、結局はいわれるほど荒唐無稽ではなかったのだが、彼もまた運動から脱落させられていった。

プルードンとの確執

こうしてこの脱落者名簿は、際限なく拡張することができた。だが、なかでもマルクスとプルードンの間の確執ほど、この運動が将来において「逸脱者《デヴィエイショニスト》」や「反革命論《カウンターレボルーショナ》者《リー》」といった理由で内輪の魔女狩りをするまでに至ることを挑発的に予言する事件は、おそらくあるまい。プルードンはフランスの樽づくりの息子で、『財産とは何か』と題された書物によってフランス知識人の心を揺さぶった、才気あふれる独学の社会主義者である。「財産とは盗みである」とプルードンは答え、すべての私有財産に対してではなかったが、莫大な私有財産に対しては、その絶命を言い渡した。マルクスと彼は、会い、語り、そして連絡しあった。マルクスは彼に、自分やエンゲルスと力を合わせるように要請した。プルードンの返事は深く感動的で、しかも先見の明あるものだったから、少々長くなってもここに引用する価値がある。

もし貴兄が望むなら、社会の法則を、そしてこれらの法則が生じるゆえんとそれらを首尾よく見出すための手続きとを、一緒に探ってみましょう。けれども、ア・プリオリなドグマをすべて粉砕した後には、後生ですから、今度は自分たちが人々に別な教義を叩き込んでしまうことは、夢にも見ないでおきましょう。……あらゆる意見を明るみに引きずり出そうという貴兄の考えには、私は心から拍手を送ります。立派で生真面目な論争をしましょう。博識と卓見を備えた寛容さを世に例示してやりましょう。けれども、とにかくわれわれは運動の先頭に立っているのだから、われわれ自身が新たな不寛容を生み出さぬよう、心がけましょう。また、たとえ論理の宗教、理性の宗教であっても、われわれが新興宗教の使徒を気取るのはやめましょう。ともに集い、あらゆる異議を奨励しましょう。あらゆる排他性とすべての神秘主義を駆逐しましょう。疑問が尽きたとは思わぬようにしましょう。議論がひとしきり出回った場合にも、もし必要なら、やり直しましょう——雄弁と皮肉を含めて。これらの条件をお認めいただけるなら、喜んで貴会に加えていただきましょう。けれども認めてくださらなければ、答えはノーです。

この手紙に対するマルクスの回答は、次のようなものだった。プルードンは『貧困の哲学』という本を書いていたが、これに対して今度はマルクスが『哲学の貧困』と題する本を書いて応酬したのである。こうしてプルードンの書物は、粉砕されてしまった。不寛容のこうした様式は、消え去ることがなかった。第一インターナショナルに続いて、穏健で善意につつまれた第二インターナショナルが結成された。そこにはバーナード・ショー、ラムゼイ・マクドナルド、ピルスドスキー（レーニンやムッソリーニももとより！）といったそうそうたる社会主義者たちが含まれていた。これに悪名高い第三インターナショナルが続いたが、これはモスクワの庇護のもとに組織された。だがしかし、これらの大運動の影響力も、かの狭隘さや、共産主義がそのただ一人の偉大なる創始者から受け継いだ、異論に激してその受け入れを断固として拒む性格などが存続したことに比べれば、おそらくは小さなものにとどまっている。

もしマルクスが長年にわたる国外追放生活中に、革命的労働運動以外には何ものも生み出さなかったとしたならば、彼は今日の世界に、こんなにも重要な人物としてその茫洋とした姿を見せることはなかっただろう。マルクスは十指にあまる革命家の中の一人にすぎず、それもけっして最高に成功を収めた人物とは言えない。彼は少なめに数えてもあれだけ多い社会主義の予言者の一人にすぎず、しかも実際のところ、来たるべき社会がどのようなものでありうるのかについて、ほとんど何も書いていないに等しいのである。彼の究極の貢献は、それとは別のところにあるのだ。それは彼の弁証法的唯物史観であり、もっと重要な、資本主義経済の展望についての悲観的な分析なのである。

「資本主義の歴史は、資本主義社会の発展法則と、資本主義システムの全体を崩壊に導くその矛盾とにかんするマルクスの理論を完全に確証した」と、一九二九年に採択された共産主義インターナショナルの綱領、すなわち『共産党宣言』の現代版は謳っている。ここに言う法則とはいったい何だろうか。そしてマルクスが見透かしたというこのシステムに対する彼の予測とは、どのようなものであったのだろうか。

『資本論』の意図

その答えは、かの膨大な著作『資本論』の中にある。マルクスの自分で苦しくなるほどの小心さからすれば、この作品がとにもかくにも完結したということは、驚くべきことであった。ただし、それはある意味ではけっして完成していないのであるが。この作品の完結には、一八年を要している。一八五一年には、それは「五週間で」仕上がるということだったし、一八五九年には、「六週間で」でき上がるはずだった。一八六五年に「書き上げ」たが、まったくもって判読困難な原稿の巨大な束は、編集して『資本論』第一巻とするのにさらに二年を要した。一八八三年にマルクスが死んだときには、三巻が残されていた。エンゲルスは第二巻を一八八五年に、第三巻を一八九四年に出版した。最終(第四)巻が世に出たのは、一九一〇年のことだった。

二、五〇〇ページが、読み通す努力を厭わぬ豪胆な人を待ち受けている。何というページの数々であることか。ある部分はごくちっぽけな技術的問題を扱い、数学的な精緻を極めているが、別な部分には情熱と憤怒が渦巻いているのである。この人は、すべての経済学者の著作を読破した経済学者であり、情熱的な几帳面さを持ったドイツ的衒学者であり、資本は「労働の生き血をすすり取る吸血鬼」をかかえているのだと書くことができたり、資本は「頭から足先まで、ひとつひとつの毛穴から血と汗をしたたらせながら」この世に産み落とされたのだと告げたりする、情緒的な批評家でもある。

だが、結論を急いで、これは悪質な金満家の罪を痛罵する気短な教科書にすぎないなどとの見方に飛躍してはならない。この本は、理論上の敵に著者がつきあわされたことを心ならずも白状してしまった記述で貫かれている。しかしこの本の大きな特徴は、まことに不思議なことではあるが、それがあらゆる道徳的な配慮からかけ離れているという点なのである。この本の記述は怒りに満ちているが、その分析は冷酷な論理に貫かれている。というのも、マルクスが目標として設定したのは、資本主義システムに固有の傾向と、そこに内在する運動法則を発見することだったからであり、そしてそうする際に彼は、資本主義システムの明白な欠陥についてただ詳述するだけという、簡単ではあるが信頼感に欠ける手法を用いることを慎んだのである。その代わりに、彼は想像しうるかぎりでもっとも厳密にして純粋な資本主義像を構成し、その上でこの磨きのかかった抽象的システムの中に、すなわち実生活上のすべての明白な欠陥を除去した想像上の資本主義の内に、彼の獲物を求めたのである。なぜならば、もしもすべてのありうべき資本主義の中で最善のものでさえ、不幸に向かって突き進んでいるにすぎないということが証明できれば、現実の資本主義は同じ経路を、もっと速く突っ走っているだけだと説明することがたやすくなるからである。

そこで彼は舞台を組み立てた。かくして、われわれは完全な資本主義の世界に入ってゆく。そこには独占も組合も、いかなる者に対する特権も存在していない。それは、すべての商品がまさしく適正な価格で売られているような世界である。そしてこの適正価格とは、その価値——ごまかされやすい言葉だが——のことなのである。なぜなら、マルクスが(本質的な点でリカードに従って)言ったことだが、商品の価値とは、商品がそれ自身の内に秘めている労働量のことだからである。もし、帽子を作るのに靴を作る二倍の労働量が必要とされるとすれば、帽子は靴の二倍の価格で売れるだろう。もちろん、ここでいう労働は、直接の手仕事だけを指すわけではない。それは多くの商品にまたがってかかる総労働であるかもしれないし、すでに機械を製作するのに用いられ、現在はその機械が製品へと徐々に転形してゆくような労働であるのかもしれない。だが、形はどうあれ、あらゆるものは最終的には労働に還元されるのであり、そしてこうした完全なシステムの中では、すべての商品は直接にであれ間接にであれ、それが含む労働量によって価値づけがなされるのである。

この世界においては、資本主義のドラマには二人の主役が登場する。それは労働者と資本家である。地主は、今では社会の微力な地位に格下げされてしまった。彼らは、われわれが以前に同様の「経済表」の中で出会った主役たちとまったく同じというわけではない。ここでの労働者はもはや、再生産への衝動の虜《とりこ》ではない。彼は、自分の支配している一商品、すなわち労働を処分するために市場に参入する自由な取引主体であり、しかももし賃金が上昇したとしても、それを家族人員を自滅的に増やすために浪費するほど馬鹿ではないであろう。

資本家は、闘技場で彼と対面する。富に対する彼の貪欲と渇望は、一八六〇年のイギリスを一瞥するためいったん抽象世界を離れる数章のうちに、辛辣な表現で描かれている。しかし、彼はたんに強欲であるという動機から金銭に飢えているのではない。彼は一人のオーナー企業家なのであり、同業の仲間たちと果てしなくしのぎを削っているのである。つまり彼は、蓄積へ向けて奮戦しなければならないのである。なぜなら、彼の活躍するような競争的環境では、蓄積しなかった分は他人に蓄積されてしまうからだ。

剰余価値の発生源

舞台は整い、登場人物たちが所定の位置につく。ここで、第一の難問が生じる。マルクスは問う。こうした状況の中で、利潤はいかにして存在しうるのだろうか。もしすべてのものがちょうどその価値通りに売られるのなら、だれが不労収益を得ることになるのだろう。だれも自分の価格をあえて競争価格以上に引き上げようとはしないし、たとえある売り手が買い手に首尾よくいっぱい食わせることができたとしても、その買い手の当該経済の中での支出が、その分減少するだけであろう。ある人の収益は、とりもなおさず別の人の損失となるであろう。もしすべてのものが正当な価値に従って交換されるのなら、システム全体での利潤はいかにして成り立つのだろうか。

これは逆説《パラドックス》であるかに見える。もし競争が強いる平準化の影響に服従しなくてすむような独占の存在を仮定したり、資本家が労働に対してその価値以下しか支払わないかもしれないことを認めたりするならば、利潤について説明するのはたやすいことだ。だがマルクスはそうしない。自分の墓穴を掘るのは、理想状態にある資本主義であるはずだからだった。

彼はこのディレンマに対する回答を、他のすべての商品とは異なる一商品に求める。その商品とは、労働力のことである。というのも労働者は、資本家と同様、その生産物をちょうど価値通りに販売するからである。そしてその価値は販売される他のすべての物の価値と同様、そこに込められた労働量であり、この場合、それは労働力を「つくり出す」のに必要とされる労働量のことである。言い換えれば、ある労働者にとっての販売可能なエネルギーとは、その労働者が活動を持続するのに社会的に必要とされる労働量に相当するものなのである。スミスとリカードはこれに全面的に同意しただろう。ある労働者の価値とは、彼が生存するのに必要な金銭のことなのである。それが彼の生存維持賃金である。

ここまでは、これでよい。だがここに、利潤の鍵が現われる。仕事をすることを契約した労働者は、受け取るのが当然であるような賃金を要求しうるだけである。われわれがすでに見たように、その賃金が依存するのは、人一人の生命を維持するに足る労働時間量なのである。かりに一人の労働者を維持するために社会的労働が一日六時間必要だとするならば、労働の価格が時給一ドルの場合には、彼の「価値」は一日当たり六ドルであって、これを越えるものではない。

けれども仕事を得た労働者が一日に六時間しか働かないような契約をすることはない。それはちょうど自分を維持するのに十分な長さであろう。にもかかわらず彼は八時間まる、ないしはマルクスの頃でいうなら一〇時間もしくは一一時間、働くことに同意する。それゆえ彼は一〇ないし一一時間フルに働いたのに相当する価値を生み出し、そして六時間分だけの支払いを受けるであろう。彼の賃金は彼の真実の「価値」である生存をまかなうだろうが、その代わりに彼は、労働日をフルに働くことで生み出した価値を資本家に委ねるであろう。そしてこれが、システムに利潤が入り込むやり口なのである。

マルクスはこの不払い労働分を「剰余価値」と呼んだ。この言葉には、道徳的な憤りはこめられていない。労働者は、ただ彼の労働力の価値にかんしてのみ受け取る権利をもつのである。彼はそれを全額受け取る。だが一方、資本家は労働者の労働日全体分の価値を受け取っておきながら、それより少ない分しか支払わないのである。こうして、資本家が生産物を販売する際には、その販売は商品の真実の価値において売ることができるのに、なお利潤が実現するのだ。なぜなら、彼の生産物の中には、彼が支払いを要求された労働時間以上の労働時間が体化されているからである。

このような事態は、いかにして起こるのだろうか。それは、資本家があるもの、すなわち生産手段そのものに近づく権利を独占していることから起こるのである。私有財産にかんする法的協定のもとでは、資本家はそれなしにはだれも働けなくなるような機械や設備を所有するかぎり、仕事を持つことになる。資本家が望むような時間だけ働こうとしない者は、仕事を得られない。システムに属する他のすべての人々と同様に、労働者は彼自身の商品としての価値以上のものを請求する権利も権力も持っていない。このシステムは完全に「公平」であるが、それでもなおすべての労働者がだまし取られているのである。というのも、彼ら自身の生命維持に必要であるよりも長時間働くことを、彼らは余儀なくされているからである。

利潤率の低下

これは、奇妙に聞こえるだろうか。マルクスが書いているのは、労働時間が長かった、それも時には耐えられないほど長かった頃のことであり、賃金が概して、露命をつなぐになんとか足りる程度のものであった時代のことであるのを忘れてはならない。剰余価値の観念は、搾取を行なう工場が、例外を除けばほとんど過去のものとなりおおせてしまっている世界では理解しにくいかもしれないが、マルクスの執筆当時においては、たんなる理論的構築物ではなかったのである。一例を挙げれば十分だろう。マンチェスターのある工場では、一八六二年のある一月半における週平均の労働時間は、八四時間だった。その前の一八ヵ月については、七八・五時間だった。

だが、これはみな、いまだドラマの舞台装置でしかない。そこには主役がおり、彼らには動機があり、われわれには「剰余価値」を発見する筋書きのための手掛かりがある。そしてここで、芝居の幕開きとなるわけだ。

資本家はみな、利潤を得る。けれども彼らはみな、競争をしてもいる。かくして彼らは競争相手を犠牲にしつつ蓄積にはげみ、生産規模の拡大を図るのである。だがその拡大は、たやすいことではない。それにはより多くの労働者が必要となるし、彼らを確保するために資本家は、労働勢力と互いに競り合わなければならない。そこで賃金は上昇傾向をたどる。逆に、剰余価値のほうは下降傾向をもつ。まるでマルクスの資本家たちも、やがてアダム・スミスやデーヴィッド・リカードの資本家が直面したようなディレンマ、すなわち彼らの利潤が賃金の上昇に食われてしまうという状況に行き当たるかのように見える。

スミスとリカードはディレンマの解消を、賃金が上昇するたびに〔子供をつくり〕人員を増やそうとする労働力の傾向に求めた。けれどもマルクスはミル同様、この可能性を排除した。マルクスはそれについては論じていない。彼はただマルサスの学説に「人類に対する侮辱」という烙印を押しただけである。つまり、未来においては支配階級となるプロレタリアートが、その賃金上昇分を、結局はたんなる気まぐれな肉体的欲望のおもむくままに浪費してしまうほど狭い視野をもつはずがない、というのである。だが彼は、資本家もまるで同じやり方で救済する。つまり、資本家たちは賃金の騰貴に対処するために、労働節約的な機械を工場に導入するだろう、とマルクスは言う。その結果、労働力の一部は路頭に放り出され、産業予備軍として、スミスやリカードの人口増加と同じ機能を果たすことになるだろう。競争は、賃金を以前の「価値」水準、すなわち最低の生命維持水準にまで押し下げるだろう。

　ここで、決定的な逆転が起こる。機械の導入を通じて失業をつくりだし、それによって賃金の上昇を防いだのだから、一見資本家がこの存亡の危機を救ったかに見える。だがそれは、さほど強固な措置ではない。ディレンマの一方の角《つの》から逃れようとしてとった当の経過によって、彼はみずからを別の角にかけてしまうのである。

　なぜなら、彼は人間を機械によって代替するが、同時に利潤を生む生産手段を利潤を生まない生産手段に代替してもいるのだ。理想的な資本家の世界を描いたマルクスのモデルでは、何ぴとも小狡い駆け引きだけでは利潤をつくりだすことができないということを思い起こそう。資本家にとって機械がどれほどの価値をもつものであるにせよ、彼が機械に対して価値相当を支払ったことは確かである。もしもある機械が全耐久年限のうちに一万ドル相当の価値を創出するならば、資本家はおそらく最初の時点で一万ドルを丸ごと支払わされたであろう。彼が利潤を現実化しうる源泉は、彼の生きた労働だけであり、それは賃金の支払われない剰余労働時間のことなのである。こうして、彼が労働者の員数を減らすとき、彼は黄金の卵を生むガチョウを絞め殺してもいるのである。だが、かわいそうなことにこの男は、そうしなければならないのだ。彼の行為には、なんら悪魔的な部分はない。彼はただ自分の蓄積したいという衝動に従い、競争相手に遅れまいと努力しているだけなのである。賃金が上昇するにつれて、彼はコストを削減して利潤を守るために、労働節約的な機械を導入しなければならない。もし彼がそうしないならば、代わりに彼の隣人がそうするだろう。けれども彼は機械をもって労働に替えなければならないのだから、彼はまた利潤を掻き集める基盤を狭めねばならぬことになる。ギリシアの物語（オイディプスの神話）に、人はいやおうなしに運命に従い、まったく知らず知らずのうちにみずからの破滅を招くのに協力するというのがあるが、これはその一例であろう。

というのも、賽は投げられたからだ。利潤が縮小するにつれ、すべての資本家は新たに労働節約型・コスト削減型の機械を工場に入れるよう、以前に倍する努力を払うだろう。だがだ利潤を得ることが望めるのは、その行列に一歩先んじることによってのみである。だがだれもがまったく同じことをしているのだから、生きた労働《リビング・レイバー》（それゆえ剰余価値）の全生産高に対する比率はそれ以上の割合で縮小する。利潤率は、下落の一途をたどる。そしてその先に、運命は横たわっているのだ。

利潤は、生産がこれ以上は利潤を生むことがなくなる地点まで、切り下げられる。機械が人間に置き換えられ、雇用人数が生産と歩調を合わせられなくなるまで、消費は減退する。破産が続出する。市場では競って商品価格のダンピングが行なわれ、その過程で小さな企業から倒産してゆく。資本家の危機は、目前に迫っている。

危機は、ゲームの終わりを意味するのではない。まったく逆である。労働者は仕事から締め出されるため、価値以下の賃金に甘んじることを余儀なくされる。機械はダンピングされるので、強い資本家たちは、機械を真実価値よりも安く手に入れることが可能になる。その後、剰余価値が再び現われる。前進が再開される。こうして、危機が生じるたびにシステム能力の拡大が蘇生させられる。危機、もしくは現代的用語では景気の沈滞《スランプ》もしくは後退《リセッション》は、このようにシステムが運行する際にたどる道なのであり、その衰退の道ではない。

だがこの運行のありさまがきわめて特別なものだということは、確かである。システムは蘇生するたびに、同様の結果を招き寄せる。すなわち、労働者獲得のための競争、賃金の騰貴、労働代替的な機械、剰余価値をもたらす基盤の減少、よりいっそう気違いじみた競争、そして新たな危機――それも以前に増して悪化した危機――が発生する。というのも、危機の底に沈むたびごとに、大企業は小企業を吸収し、そして巨大企業も結局は倒れることになれば、小企業が潰れたときとは比べものにならぬほど、その破滅ははるかにひどいものになる。

そしてついに、ドラマの終幕が訪れる。その光景を描いたマルクスの筆致は、流暢な罵りの言葉に満ちている。

こういう転化過程のあらゆる利益を横領し独占する大資本家の数が絶えず減少してゆくとともに、貧困・抑圧・隷従・堕落・搾取は増大してゆくのだが、労働者階級の反抗も増大してゆくのであり、この階級はその人数をたえず増やしつつ資本主義的生産過程そのものの仕組みによって訓練され、結合され、組織されてゆくのである。……生産手段の集中も労働の社会化も、それらの資本主義的外被とは調和できなくなる点に達する。外被は爆破される。資本主義的私有の最期を告げる鐘が鳴る。収奪者が収奪される。

社会主義への道筋

こうしてこのドラマは、マルクスが弁証法のなかで思い描いた筋に沿って終わりを告げる。このシステム――純粋なシステム――は、それ自身のエネルギーの源泉、すなわち剰余価値を最後の一滴まで搾りつくすよう作用するに伴って、崩壊していく。この崩壊は、この経済の本質的に無計画な性格から絶えず生じる不安定によって早められる。その終わりを遠ざけるように振舞う力が働いてもいるが、断末魔の苦悶は避けられない。

先達の見解との違いの、なんと明確であることか。アダム・スミスにとって資本家のエスカレーターは、少なくとも目が届きうるところまでは昇り続けていた。リカードにとっては、不十分な耕地にしがみつく人口の圧力はこの上昇運動を立往生させ、進歩に行き詰まりを起こさせ、運のよい地主に予期せぬ幸運をもたらす。ミルにとってこの見通しは、「経済法則」が命ずるかに見えるものにかかわりなく、社会はその生産物を意のままに分配しうる、と彼自身が発見したことによって、いっそう確実なものとなった。

けれどもマルクスにとっては、そうした救済の可能性すらが認めがたいものだった。というのも、史的唯物論の見解が述べるところによれば、国家とは経済を支配する者たちの政治的な支配機関にすぎなかったからである。国家がレフェリーのようなもの、すなわち衝突し合う構成員たちの主張の釣り合いを図る第三勢力として活動するだろうと考えるのは、まったくの希望的考察にすぎないと思えたのであろう。いや、自己破壊的であるのみならず破壊のさなかに跡継ぎを生み出すようなシステムの、内在的な論理ないしは弁証法的な発展から逃れるすべは、ありえないのだ。それがどのような跡継ぎであるかについては、マルクスはほとんど何も述べていない。もちろん、それは「無階級」社会であろう。「無階級」という言葉でマルクスが表現しようとしているのは、いったん社会が商品生産のための手段をすべて掌握したなら、財産に基づいて社会の経済的な区分をしようとする際の基盤は取り除かれるだろう、ということである。社会がどうやって工場を「所有」するのか、「社会」とは何を意味するのか、管理者と被管理者のあいだ、政治的中枢部と社会下層部のあいだに激しい確執があるだろうか、またありうるだろうか。まさにこうした事柄については、マルクスはひとつも論じていない。「社会主義」という過渡期には、「プロレタリア独裁」が行なわれ、その後に「純粋」共産主義となるであろう、というだけである。

記憶しておかねばならないのは、マルクスは現実の社会主義の建設者ではなかった、ということである。この気の遠くなるような仕事は、レーニンに残されるだろう。『資本論』は、資本主義のドゥームズディ・ブック〔ウィリアム一世の命で一〇八六年頃編集された、二巻から成るイングランド全土の国勢調査で、主として課税を目的として土地と財産を調査した〕であり、マルクスの著作のどこを探しても、未来がどのようなものであるのかを見るために最後の審判の日の彼方を展望するようなくだりはほとんどない。

マルクスの貢献

彼の啓示的な議論について、われわれはどう考えればよいのだろうか。

全部を一度に始末できる簡単な方法がある。このシステムは価値——労働価値——の上に構築されており、その滅亡への鍵は剰余価値と呼ばれる特殊な現象のうちにあるのだということを思い出そう。ところが現実の世界は「価値」から成り立っているのではなく、価格という現実の手ざわりあるものからでき上がっている。マルクスは、ドルやセントの世界が彼の作り上げた抽象世界を、何らかの方法で写し出しているということを示さねばならない。だが価値の世界から価格の世界へ移行するに当たって、彼はもっとも錯綜した数学に足を踏み入れる。そして事実、彼は誤りを犯している。

それは修正不能の誤りではない。いっそう込み入った数学を用いることによって、マルクスの方程式を「正す」ことができる。けれども、この誤りを指摘した批評家たちは、この図式を正すことにはほとんど興味を示さなかったし、マルクスは「間違っていた」という彼らの判断は、決定的なものとみなされた。方程式の正しいことがようやく確認されたときには、だれもたいして注目しなかった。なぜなら、その数学的な純粋性にもかかわらず、マルクスのモデルには問題が山積していたからである。われわれは剰余価値の概念を、独占の世界や科学技術の環境においても、本当に用いることができるのだろうか。マルクスは本当に、「労働」を価値の尺度として用いることの困難を始末したのだろうか。

こういった疑問はマルクス派学者の世界を震撼させ続け、ほとんどの非マルクス派経済学者に、その全図式を厄介で硬直的なものとして放り出す気にさせてきた。だがそうしてしまえば、マルクスの分析のうち二つの非凡な特質を見逃すことになる。

第一に、それは経済学にもうひとつのモデルが追加されたという以上のものである。マルクスは、社会研究にとっての新たな仕事を考案した。すなわち、経済学そのものの批判である。『資本論』の大半は、みずから手を染めた研究が本当に挑戦しているのは何なのかについて、先行する経済学者たちは理解しそこなっているのだということを示すのに割かれている。たとえば、スミスとリカードを悩ませた価値の問題を取り上げてみよう。二人はともに、別々の商品に体化された労働時間量をいかにして価格が反映するのか、もしくはしそこなうのかを、成功の過程は異なるが、示そうとしてきた。けれども、これは本当に面倒な問題ではない、とマルクスは指摘している。面倒なのは、男女の現実の労働が異なっているのに、どうすれば「労働」は公分母になりうるのかという疑問である。リカードは、鮭と鹿の交換比率、すなわち価格を設定する際に、鮭をつかまえたり鹿を殺したりするのにかかった労働時間を論じている。だが、釣りざおで殺される鹿や、森の中で猟師につかまる鮭はいない。とするならば、交換比率を定めるための公分母として「労働」を用いるのは、いかにすれば可能となるのだろう。

マルクスが言うところによると、その答えは資本主義社会が特殊な種類の労働をつくり出す点にある。それは抽象的労働、すなわち前資本主義世界の特定の個人的属性からひきはがされた労働や、ちょうど小麦や石炭のように売買しうる労働である。こうして、「労働価値説」の洞察の本質は、スミスやリカードが考えたように価格を決定することではなく、労働力がひとつの商品になるような種類の社会システムを識別することなのである。その社会が資本主義なのであり、そこでは（囲い込み運動のような）歴史の勢いが、労働力——ただ労働するだけの能力——を商品として売るしか選択の余地のない無産労働階級を生み出したのである。

こうしてマルクスは一種の「社会分析」を考案し、経済学そのものにまったく新しい光を当てた。さらにはこうした顕著な貢献を乗り越えて、マルクスの資本主義モデルはそのぎこちなさにもかかわらず生命を吹きこまれ、非凡な方法で展開してゆくように見えたのである。登場人物たちの舞台でのありさまや、彼らの動機や環境など基本的な仮定が与えられて、それがもたらす状況は変化したが、その変化は予見可能だった。

こうした変化がどのようなものであるかについては、すでに見てきた。それはすなわち、どのように利潤が下がり、どのように資本家たちが新機械を買い、どのように個々の景気の最高潮が消沈し、どのように小企業は景気悪化のたびに大企業に吸収されるのか、ということである。マルクスはこれらの傾向を、資本主義システムの「運動法則」、すなわち資本主義が将来にわたって歩んでいく道と呼んだ。そして、これらの予言のうち、かくも多くが的中したということは、驚くべき事実である。

マルクスの先見性

というのも、利潤は資本主義経済においては確かに下落する傾向をもつからである。この洞察はマルクスの独創ではないし、彼が述べた理由だけで利潤が下がるわけでもない。けれどもアダム・スミスやリカード、ミルが指摘したように、そして実業家ならだれしも認めるように、競争と賃金高騰の圧力は実際に利潤を削減するのである。難攻不落の独占は別として（またそういったものはほとんどないのだが）、利潤は資本主義の品質保証であり、同時にアキレス腱でもある。というのも、いかなる事業であれ費用をはるかに上回る価格を永久に維持することは不可能だからである。利潤が永続するには、方法はひとつしかない。事業、もしくは経済全体が発展しなくてはならない、ということである。

だが、成長を必要とするということは、マルクス・モデルの第二の予言、すなわち新技術の絶え間ない追求を意味している。産業資本主義が産業革命から始まったというのは、偶然ではない。なぜなら、マルクスが明らかにしたように、技術進歩は資本主義にとってたんなる付属物ではなく、死活にかかわる要素だからである。事業が生き延びようとするならば、革新し、発明し、実験を行なわねばならない。過去の業績に甘んじて休んでいる事業は、こうした企業の世界では長続きしない。最近、ある化学系の大企業が発表したところによると、収入の七五％は、一〇年前には知られていなかった製品から出ているということだが、これは典型を逸脱してはいない。これはきわめて発明意欲にあふれた企業ではあるが、企業の発明能力と利潤獲得力とのあいだのそうした関係は一般に成立する。

このモデルはさらにもう三つ、すでに現実化している資本主義の傾向を示した。われわれは過去一〇〇年間を越える事業危機の存在や、巨大企業の出現にかんして、文献で説明する必要はほとんどない。だが、われわれはマルクスの予言の大胆さについては述べておこう。マルクスの時代には危機に陥る傾向、つまり景気循環というものが資本主義にとって固有の特徴だとは、他のどの経済学者も認めていなかった。結局は将来に起きた事柄が、好況と崩壊の循環についての彼の予測の正しさを確証することになった。『資本論』が著されたとき、事業の世界においては、大企業の存在は普通というよりは例外的で、小企業が依然として支配的だった。一八六七年に、巨大企業がやがて実業界《ビジネス・シーン》を牛耳るようになるだろうと主張することは、今日で言えば、五〇年後のアメリカは小規模会社が巨大会社に置き換わっているだろうと声明するのと同じくらい驚くべき予言だった。

最後に、マルクスが信じたこととして挙げられるのは、小さな独立職人や自営労働者は大量生産の圧力に耐えきれなくなり、労働人口のより大きな部分がその労働力を市場で売らなくてはならない、すなわち「プロレタリアート」になるだろう、ということだった。それは正しかっただろうか。なるほど、一九世紀の初めには、全アメリカ人の約四分の三が会社や小商店を自営していた。今日では労働者人口の約一〇%が自営であるにすぎない。われわれは事務員やバス運転手、銀行の出納係をプロレタリアートと考えないかもしれないが、マルクスの用語では、彼らはみな、生産手段をみずから所有している農夫や靴直しとは異なり、その労働力を資本家に提供せざるをえない労働者なのである。

あらゆる点から見て、このモデルは非凡な予言能力を発揮した。だが、注意したいのは、これらの変化はすべて巨大かつ不吉なものであったが、マルクスの目がとらえた世界を単純に検討しただけでは出てきそうもないものだったということだ。というのは、彼のヴィジョンを単独で代表するような人物など存在しないからである。先見性ある労働の指導者はいないし、将来に起きるはずの革命の英雄もいない。もちろん中心的なプレイヤーは存在する。なかでもみずからをうち負かすことになる資本家や、究極の勝利者である労働者はそうだ。けれども彼らはともに、ドラマにおいてはチェスの駒のようなものであり、片や最終的にはうち負かされ、片や勝利することになる。マルクスのシナリオにおける代表的な「肖像」というのは、人間ではなく過程である。彼のヴィジョンの目玉とは、弁証法の力なのである。

もちろんそれは、正確ではなかった。マルクスは、利潤は現にそうであるように景気循環の中で下落するのみならず、長期不変の低落傾向を示すだろうと考えていた。だが、これが起こったとは見うけられない。あらゆる欠陥にもかかわらず、そしてのちに見るように完全無欠というにはほど遠いのだが、資本主義がどのように作動しているかにかんするマルクスのモデルは、著しく予言的だった。

けれども、ここまでにマルクスが予言してきたことは、結局どれもみな相当に無害なものだった。このモデルには、最後の予言が残されている。なぜなら、読者は覚えているだろうが、マルクスの「純粋資本主義」は、最終的に崩壊するからである。

資本主義崩壊のヴィジョン

この予言もまた軽々しく掃き捨てるわけにはいかないということを、初めに言っておこう。ロシアや東ヨーロッパでは、資本主義はとって代わられた。ドイツとイタリアでは、それは漂流してファシズムとなった。そして戦争や野蛮な政治権力、火急の運命と、革命家たちのまなじりを決した努力などがすべてこれに寄与したのだが、これらの変化が、おおよそはまさにマルクスの予見した理由によってもたらされたということは、厳然たる事実である。そして、資本主義は崩壊したのだ。

だが、それはなぜか。一部には、マルクスが述べたように、資本主義が不安定性を助長したからである。悪化の一途をたどる一連の事業の危機が、戦争の疲弊を交えて、システムに属する下層・中流階級の信頼を瓦解させたのだ。だが、これはまだ完全な答えではない。ヨーロッパの資本主義は経済的というよりも社会的理由によって失敗したのであり、これもまたマルクスが予言ずみのことだった。

というのもマルクスは、このシステムの経済的障害は克服不可能なものではないということを認めていたからである。独占禁止法や景気変動抑止政策などはマルクスの時代にはまだ知られてはいなかったが、こうした活動は考え及ばぬものではなかった。衰亡にかんするマルクス主義者の予言は、政府がシステムの誤りを正すことは政治的には不可能なのだ、という資本主義観に基づいていた。それはイデオロギー的にも、そして情緒的にさえ不可能だった。資本主義の失敗に対する治療策としては、政府が一階級だけの利益を超越することが要求されるのである。そしてそれには、人間は直接の経済的利己主義の足枷から自由になりうるということが仮定される。マルクスの分析は、これに疑義を呈している。ヨーロッパの資本主義を、少なくとも第二次世界大戦が終了するまでのあいだに弱体化させたのは、まさにこうした社会的柔軟性の欠如と、近視眼的な利益への隷従である。マルクスの著作に親しんだことのある者にとっては空恐ろしいことではあるが、振り返ってみれば、マルクスが破滅に導くだろうと主張したその道を、かくも多くの国民が妥協を許さぬ決意で足早にたどってきたのである。それはあたかも、各国政府は、彼らがそうするだろうとマルクスが言った通りを頑《かたく》なになぞることで、無意識のうちにマルクスの予言の正しさを証明したかのごとくであった。帝政ロシアですべての民主主義的な労働組合主義が無慈悲にも踏みにじられたとき、イギリスとドイツで独占とカルテルが公式に奨励されたとき、マルクス主義者の弁証法は不吉にも真実を予告していたのだと思われた。一九世紀後半と二〇世紀の前半を通じて、貧富の差がはなはだしかったことを思いやるとき、そして富者が貧者に対してまったく無関心だという証拠を見るとき、マルクスが彼の歴史ドラマで鋳固めた心理的なステレオタイプがあまりにも真に迫って生をうけていることに、人は不気味な気分を抱いたものだった。

だがこの間、アメリカでは事態は異なっていた。この国にもまた、反動主義者や革命家がいたのである。アメリカの経済史には、いやというほどの搾取と醜悪が盛り込まれている。だがこの地の資本主義は、貴族的な血統や古びた階級的心性の死の手に触られたことのない土地で発展してきた。ある程度までこれはアメリカに、ヨーロッパ以上に厳しい社会的風土をもたらした。なぜなら、アメリカでは個人がずっと昔から、巨大な産業主義の環境によって絶望的なほど圧倒されてきたというのに、われわれは「無骨な個人主義」の信条にしがみついており、一方ヨーロッパでは伝統的なノブリス・オブリージュ〔高い身分は義務を伴う〕が、公然たる階級区分に伴っているからである。けれどもアメリカの環境からは、公私双方の権力を扱う上でのある種のプラグマティズムが生まれ、他の多くの国々で政治機構がつまずき倒れてきた障害物を安全に通過させてきた、民主主義という理念に対して、一般的な同意が生じていた。

マルクス・ヴィジョンの限界

変化を処理するこうした能力のうちに、マルクス主義の分析に対する返答が潜んでいるのである。実際、とくにこの数十年の資本主義の歴史を検討すればするほど、われわれはマルクスの思想の洞察力に対して敬意を払い、同時にその限界を認識するようになっている。というのも、マルクスが資本主義のうちに見出した諸問題は、経済的不安定傾向と富・権力の集中傾向を筆頭にして、依然としてその多くがわれわれを悩ましているからだ。

けれどもわれわれは、国が異なればこれらの問題に対する解答も大きく異なっているのを知っている。アメリカにおけるよりもはるかに高い失業率をもつにもかかわらず、ヨーロッパの多くの国々は、無料の（カレッジも含む）大学教育や健康保険と年金の給付、そしてわれわれのそれを圧倒する規模の失業者への援助を提供している。結果として、アメリカにおける貧困層の人口に占める比率は、彼らの三〜四倍となっている。

マルクスの強力なヴィジョンやそれがもたらす分析を評価する際のポイントは、社会的・政治的な文化の役割に彼が配慮しそこねたということである。それは彼が、ほとんど言及しなかった要素である。資本にどのような特権をもたせるかとか、市場にどの程度の中心性を与えるか、そして資本主義制度を採用する（それはすなわちこれらの決定的な信念を組み込むということだが）すべての国において私的部門・公的部門それぞれにどのような役割を割り当てるかについては、多様な見方や価値観が存在している。マルクスを継承するヴィジョンが追求しなければならないのは、制度や行動、態度にかんするこうした多様性なのである。だが、滅亡の不可避性を過度に強調した点を除けば、マルクス主義の分析をあなどることはできない。それは依然として、これまでに資本主義システムが受けた検討のうちでもっとも重大であり、もっとも徹底している。またそれは、道徳の観点から利潤動機という邪悪にかんして、頭を振り舌を鳴らしつつほどこされた検討ではない——そんなものはマルクス主義革命家の特性ではあっても、マルクス主義経済学者の性格ではない。その激しい情熱にもかかわらず、それは冷静な評価であり、この理由ゆえにこの陰鬱な発見は、いまだ的を射ているのである。

最後に、マルクスはたんなる偉大な経済学者ではなかったことを思い出さねばならない。エンゲルスはマルクスの墓を訪れて演説している。「ちょうどダーウィンが有機的自然のうちに進化の法則を発見したのと同様に、マルクスは人類の歴史のうちに進化の法則を発見したのだ」と。これは確かに過大な主張ではある。しかし歴史の経過を各社会階級が最高位を競う競技場とみなすマルクスの見解の、傑出した重要性を強調したという意味で、エンゲルスが誤っているのではない。マルクスはわれわれに、歴史をただ眺めるのではなく見通すことを教えてくれたが、それはちょうどフロイトが人格の表面を通してそこに秘められた心理過程を見ることを教えてくれ、そしてプラトンが検討されざる観念の障壁を越えて哲学の隠された問いに触れることを教えてくれたのと同様であった。

それこそが、フロイトやプラトンの名と同様にマルクスの名が今日的《コンテンポラリー》であり続けていることの理由である。これまで受けてきた根拠のない崇拝にもかかわらず、マルクスは確かに無謬ではない。というよりも彼は、彼の発見した社会思想の大陸に消しきれぬ足跡をしるした大探検家、すなわち避けて通れぬ人物なのだと考えるべきだろう。マルクスの発見に賛成すると否とにかかわらず、その大陸をもっと先まで探検したいと望む者はみな、人類のために最初にそれを主張した人物に敬意を払わねばならない。

第七章　ヴィクトリア期の世界と経済学の異端

マルクスの予言と資本主義の現実

カール・マルクスは一八四八年の『共産党宣言』で、資本主義に対して最後の審判の宣告を下した。資本主義は、不治の病におかされたものと診断されたのである。そこには予定表は示されていなかったものの、資本主義の近親者――すなわち共産主義者――が、権力継承の前兆である最後のあえぎにひたすら耳を傾ける、最後の死にものぐるいの戦いが十分に近づいていることが想定されていた。一八六七年に『資本論』が世に現われる以前にすでに、臨終の看取りが始まっていた。投機熱の発作が起こったり、産業不況に見舞われたりするごとに、戦いの成功を期する人々が臨終のベッド近くによってきて、「最後の革命」の時がいまや間近に迫ったと語り合うのだった。

しかし、資本主義は死ななかった。確かに、マルクス主義の運動法則の多くは、世の中の動きによって証明された。すなわち、大企業はますます大きくなり、頻発する不況と失業が社会を悩ませていた。しかし、最後の審判が下されるであろうことが確認されていた一方で、非常に重要かつ不吉な言葉で表わされたマルクス主義的兆候が現われなかったのは、注目に値することだった。つまり、プロレタリアートの「窮乏の増大」は起こらなかったのである。

現に、マルクスがこの言葉で何を言おうとしたのかについて、マルクス主義者のあいだで長年の論争が行なわれてきた。マルクスがたんに、より多くの労働者階級がプロレタリアート――すなわち賃金労働者――になっていくという意味での「窮乏」を経験すると言っているのであれば、すでに見たようにマルクスは正しかった。しかし、もし物質的な困窮がますますひどくなると見ていたのであれば、マルクスは間違っていたことになる。

実際、一八八六年の不況を調査するために召集された王立委員会は、労働者階級の状態に対して特別の満足を表明したが、これは上流階級の弁明者たちの庇護者ぶった偽善的な決まり文句などではなかった。労働者の状態はよくなっていた。目に見えてかなりよくなっていたのである。一八八〇年代の状況を振り返って、ロバート・ギッフェン卿は次のように書いている。「われわれが考えなくてはならないのは、五〇年前には、現在の半分ないしそれを多少上回る程度の賃金の労働者が、時折、完全な飢餓を意味するパン価格の変動と戦わなくてはならなかったことである。事実、周期的な飢餓は、五〇年前の国中の労働者大衆の状態だった」。もっとも、ギッフェンがこう書いたときまでには、物価は上昇していたけれども、賃金のほうはもっと早く上昇していた。イギリスの労働者は「初めて」、体と心を養うに足るだけのものを獲得していたのである。過去に対しては悲しむべき注釈が、しかし将来については希望に満ちた占いがなされた。

そして、賃金が上昇したばかりか、剰余価値の源泉そのものも減少していった。労働時間がはるかに短縮されたのである。たとえば、ジャロウ造船所とニューキャッスル化学工場では、週当たりの労働は六一時間から五四時間に短縮され、労働条件の悪い織物製造工場においてさえ、労働時間はわずか五七時間に引き下げられた。実際、工場主たちは、賃金コストが二〇%以上も上昇したと不平をこぼした。しかし、進歩は高価についたけれども無形の利益をもたらしもした。状況がよくなるにつれて、一八四八年のあの不平〔共産党宣言〕が静まったからである。「まともに雇用されているかぎり、彼らは政治について語ることはない」。スタッフォードシャーのある産業家は、みずからの工場で働く労働者の態度についてそう語った。

マルクスとエンゲルスでさえ、この趨勢を認識せざるをえなかった。エンゲルスはマルクスへの手紙で次のように書いている。「イギリスのプロレタリアートは実際、ますますブルジョアジーになりつつあるので、あらゆる国民の中でもっともブルジョア的なこの国民の究極の目的は、いわゆるブルジョアジーのほかにブルジョア貴族とブルジョア・プロレタリアートをも持とうとすることらしい」。

マルクスが迫りくる最後の審判を期待したのは、明らかに時期尚早だった。もちろん、マルクスの忠実な支持者たちにとって、予期に反した事態の変化も、次のような認識を慰めとして受け流すことができた。つまり、「不可避的」なことは依然として不可避的であり、一世代か二世代の出来事は、歴史の壮大な歩みの中では取るに足らないという認識である。しかし非マルクス主義の観察者にとっては、ヴィクトリア期の好景気は別の意味をもった。世界はより希望と期待に満ちあふれているように見え、カール・マルクスのような異端者の予言は、不満をもった急進主義者の戯言にすぎないように見えた。そのため、マルクスが用意した知的爆弾は、ほとんど音を立てることもなく破裂してしまった。悪口雑言の嵐の代わりにマルクスが出会ったのは、無関心というずっと破滅的な恥辱だった。

それというのも、経済学は、社会が進んでいく道筋全体を照らすかのごとき世界観の拡散——それは、あるときは哲学者の手によって、またあるときは金融業者の手によって、さらにあるときは革命家の手によってなされたのだが——をやめていたからである。その代わり経済学は、教授連の特殊専門分野になり、彼らの研究は、初期の経済学者たちのように広域を照らすかがり火というよりは、むしろ極微を照らす光を発するものだった。

人間を「快楽機械」としたエッジワース

これには一つの理由があった。すでに見たように、ヴィクトリア期のイギリスは、一九世紀後半の発展と楽観主義の着実な貿易風をつかまえていたからである。進歩は広く行きわたり、そしてそれはあまりにも自然だったので、航海の性質について煩わしい質問をする理由はないように見えた。それゆえ、ヴィクトリア期の好景気は一連の解説者たちを生み出したが、彼らは、制度の機能をきわめて詳細に考察はするものの、その基本的な長所に疑義を表明したり、来るべき運命について厄介な予測をするような人々ではなかった。

新しくできた「教授」という職業が、経済学の考え方の主要な生命を乗っ取ってしまったのである。その貢献は時には重要だったが、きわめて重要というわけではなかった。というのも、アルフレッド・マーシャル、スタンリー・ジェヴォンズ、ジョン・ベイツ・クラーク、そして彼らを取り巻く急増した教授陣たちの心の中では、経済の世界にはもはや狼はおらず、したがって経済理論がはっきりさせるべき死活にかかわる行動はなかったからである。その世界には、想像上の、従順な羊たちが多数住んでいたのだった。マルクスが他界するちょうど二年前の一八八一年に上梓された『数理心理学』と題された小冊子ほど、その羊たちを明確に描写したものはなかった。それはもっとも偉大な大学人によって書かれたのではなくて、彼らの中でもおそらくもっとも啓示的な、フランシス・シドロ・エッジワースという名の風変わりな内気な教授——かつてリカードと一緒にジェスチャー・ゲームのシャレードをしたことのあるマリア・エッジワースの甥——によって書かれたのである。

エッジワースが才気あふれる学者だったことは疑問の余地がない。オックスフォード大学の最終試験で、特別難解な質問を出されたエッジワースは、「手短に答えるべきでしょうか、それとも詳細に答えるべきでしょうか」と試験官に質問したあと、えんえんと三〇分にわたって述べたて、応答は脇道にそれてギリシアにまで及んだが、その間、試験官たちはぽかんと口を開けて見とれているばかりだった。

しかしながらエッジワースは、経済学が世界を正当化したり、説明したり、非難したり、また、将来に対して明るい、あるいは暗い、新たな展望を開くものだったから経済学に魅せられたのではなかった。この奇妙な男は、経済学が「数量」を扱い、そして数量を扱うものはなんでも「数学」に変換できるがゆえに、経済学に魅せられたのである。その変換の過程で、初期の経済学者たちのあの緊張を伴った世界を放棄することが必要とされたが、しかしその代わりに、その損失を補って十分なほどの鮮やかな正確さとみごとな厳密さをもった世界を生み出したのである。

現実を映し出すそのような数学的鏡をつくり上げるためには、明らかに世界は単純化されなければならなかった。エッジワースの単純化は次のような仮定だった。すなわち、「すべての人間は快楽機械である」というものである。ジェレミー・ベンサムがすでに一九世紀初めに、「幸福を価値基準にした計算」という紛らわしい名前でこの概念を生み出していた。それは人類に対する一つの哲学的見解で、多数の生きた損益計算者が、それぞれみずからの心理計算機の快楽を最大化するように、生活をせわしげに調整するというものだった。この一般的哲学に、いまやエッジワースは、一種のありうべきもっとも楽天的な世界をつくり出すために、数学的正確さを付け加えたのである。

そのような社会観を取り入れ採用すべきすべての人の中で、エッジワースはもっともそれらしくない人のように見えた。彼自身は、粗悪につくられた快楽機械だったことは容易に想像される。彼は、神経症的に内気で、人々と交わるという楽しみから身を避けて、みずからの内面にひっそりとこもりがちだった。物質的には恵まれず、多くの人にとって財産から生まれるものである快楽をほとんど受けることはなかった。部屋には家具一つなく、書斎は公共図書館であり、そして物的資産の中には、陶磁器類も文房具も、切手すらも含まれてはいなかった。たぶんエッジワースの最大の快楽の源泉は、みごとな想像上の経済桃源郷をつくり上げることにあったのである。

しかし、動機がどうであれ、エッジワースの快楽機械仮説はすばらしい知的成果を生み出した。なぜならば、もし経済学が、快楽の社会的ストックの分け前を競う人間の快楽メカニズムの研究であると定義されるならば、微分法的反駁不可能性で、経済学は次のように示すことができるからである。すなわち、完全競争の世界では、それぞれの快楽機械は社会が付与しうる最大量の快楽を得るであろうということである。

換言すれば、もしこれがありうべき最高の世界そのものではないとすれば、そうした世界になりうるということである。不幸にして、世界は完全競争ゲームとして組織されてはいない。人は、みずからの利益を頑強に追い求めることの有益な帰結を愚かにも無視して助け合うという、悲しむべき習性を持っている。たとえば労働組合は、それぞれ自分のためにという原理と正反対のものである。そして、富と地位の不平等という否定しえない事実が、ゲームの出発点を絶対中立からいささか外れたものにしていた。

しかし心配無用、とエッジワースは言う。自然の摂理がそれをもうまく処理してくれる。労働組合は短期的には団結を通じて利益を得るかもしれないが、長期的には損をすることが明らかになる。労働組合という存在は、物事の理想的な仕組みの中の一過性の欠陥にすぎないのである。そして、もし高貴な生まれの者や富豪が、最初は経済ゲームの結果に偏った影響を与えるように見えても、それもまた、数理心理学によって調和される。なぜならば、すべての個人は快楽機械であるけれども、ある人は他の人よりも「よりよい」快楽機械だからである。たとえば、男性は心理的な銀行勘定を増やすことにかんして女性よりも優れた資質を備えているし、「理解力と能力のある貴族」の繊細な感性は、労働者階級の無骨な快楽機械に比べると、よき生活の快楽に対してずっと敏感である。それゆえに、人間数学の微積分は、依然として都合よく機能しうるのであり、人が現実の世界で出会う性別や身分差を、積極的に正当化するものだったのである。

しかし数理心理学は、保守主義の教義を合理化するにとどまらなかった。エッジワースは実際、人間行動に対するみずからの代数学的洞察が、血の通った現実の世界に有益な成果を生み出すであろうことを信じていた。彼の分析には次のような数式が含まれていた。

$$\frac{d_2y}{dx^2}=\left(\frac{d\pi}{dx}\right)^2\left(\frac{d_2\pi}{dy_2}\right)-2\frac{d\pi}{dx}\cdot\frac{d\pi}{dy}\left(\frac{d_2\pi}{dxdy}\right)+\cdots$$

「考察はあまりにも抽象的で、大量の現実的政治の中に突き進むのはもちろん馬鹿げているかもしれない。しかし、すべての行動が生まれる源である情操のせせらぎや動機の神秘の泉に遡ったときには、考察はおそらく的はずれではないだろう」とエッジワースは書いている。

「情操のせせらぎ」とは！ アダム・スミスの言う押しの強い商人、貪欲な職人、そして増大する労働者階級が、それと同じ数だけのカテゴリーの繊細な快楽追求者に転換したことを、スミスならばどのように考えただろうか。事実、エッジワースの同時代人でJ・S・ミルの弟子であるヘンリー・シジウィックは、怒りを込めて次のように述べた。すなわち、人が食事をとるのは、そこから得られる満足の合計がかなり大きなものになるからではなくて、空腹だからである、と。しかし、異議を唱えてもむだである。数理心理学の理論体系は実に整然としており、人を楽しませるものであり、厄介な人間の非妥協的態度が排除され、そして幸いにも、人間の抗争や社会的矛盾の考察によって汚されていないので、その成功は目に見えていた。

数理経済学派の台頭

政治経済学から人間性を奪うそのような試みは、エッジワースだけのものではなかった。マルクスが生きているあいだですら、完全な数理経済学派が育ってきていたのである。ドイツでは、フォン・チューネンという経済学者が次のような一つの公式を携えて登場し、それはまさに適正な労賃を導き出すと主張した。

$\sqrt{a \cdot p}$

フォン・チューネンはその公式をたいそう気に入っていて、みずからの墓石にそれを彫り込んだが、労働者たちがそれをどう思ったか知る由もない。フランスでは、レオン・ワルラスという名の著名な経済学者が、市場での需給を完全に一致させる正確な価格を、数学を使うことによって論理的に推論できることを証明した。もちろんこれを行なうためには、市場にあるすべての経済財についての方程式を立てなければならないし、方程式の数が数十万にも、数百万にも達する問題を解く能力がなければならなかった。しかし、そうした困難を心配するには及ばない。これは理論的に解くことができる問題だった。マンチェスター大学では、W・スタンリー・ジェヴォンズという教授が政治経済学の学術論文を書いたが、その中では生存競争が「快楽と苦痛の微積分」に還元されていた。「私の経済理論は、……まさに純粋数学的である」とジェヴォンズは書いている。そして、緻密な正確さをもった彼の理論体系に還元できない経済生活の局面はすべて焦点からはずしてしまった。より注目すべきは、ジェヴォンズが（生前に果たすことはできなかったけれども）『経済学原理』という書物を書く計画を立てていたことである。政治経済学（political economy）が経済学（economics）と呼ばれ、その解説が教科書になったことは重要である。

それはかなり馬鹿げたことではあったけれども、まったく愚にもつかないというわけでもなかった。結局、経済学は人々の集合体の行動を扱うものであり、そして人間集団は、原子の集合体と同様、統計的法則性と確率法則に従うものとされたのである。このようにして、教授陣が「均衡」という考え方の探求に注目していくにしたがって、経済学は社会的世界（social universe）のある傾向を解説するようになったのである。ちなみに、均衡というのは、すべての個人がみずからの効用の最大化を求めてランダムに衝突する結果として市場が向かう状態のことである。レオン・ワルラスの方程式は、現在でも、静止した状態の社会システムの特性を叙述するために使用されている。

問題は、「静止状態」のシステムが社会的世界の現実——基本的現実——を実際に叙述するかどうかということである。スミスからミル、そしてもちろんマルクスまでの初期の経済学者たちは、社会というのは「膨張的」性格を持つという抜き去りがたいイメージをもっていた。確かに社会の膨張は、障害に遭遇し、活力を失い、経済的下降へと展開していくかもしれないが、それでも経済世界の中心的な力は成長の政治的・心理的な趨勢から乖離することはなかったのである。

体制のきわめて興味深く、かつ、きわめて意味深い局面としての均衡へと、新たな関心の集中が生じたが、そこに欠如していたのがこの基本的概念だった。資本主義は突如として、もはや一定の緊張のもとでの歴史社会的体制とは見られなくなり、静態的で歴史性を欠いた組織形態と見られるようになった。従来の研究者たちを魅惑した体制の推進力はいまや看過され、無視され、忘れ去られてしまった。資本主義経済のあらゆる局面は新しいパースペクティヴで彩られていたが、その歴史的使命はなくなっていた。

「異端の世界」の思想家たち

そこで、この活気を失って均一化した世界の対照物として、異端の経済学が栄えたのである。奇人と異端者の異様な世界はいつの世にも存在していたが、彼らの学説は、敬意を表されるまでには至っていなかった。そのような人物の一人に、バーナード・マンデヴィルがいた。感情を抑制できなかった彼は、美徳は悪徳であり悪徳は美徳であるという機知に富んだ論証を行ない、一八世紀に衝撃を与えた。マンデヴィルはたんに、罪深き金持ちの浪費的支出は貧しき者に職を与えるが、有徳の倹約家のけちけちした実直さは貧しき者に職を与えない、と指摘したにすぎない。マンデヴィルが言うには、したがって個人的な不道徳は結果として公共の福祉に寄与し、一方、個人的な正直さは社会的な重荷になるかもしれない。マンデヴィルの『蜂の寓話』の高尚な教訓は、一八世紀が飲み込むには、あまりにも凝りすぎていた。マンデヴィルの書物は、一七二三年にミドルセックス州の大陪審においで公共有害物との宣告を受け、彼自身もアダム・スミスや他の人々から酷評されたのである。

ところが、初期の変人や大ほら吹きたちが、スミスやリカードのような頑強な思想家の見解によってほとんど追放されてしまったので、いまや異端の世界は、別の理由で新規補充を求めたのである。経済学の公式の世界にはもはや、人間行動のすべての領域を公の討論の場にもち出そうとする人々のいる余地はなかった。そして、ヴィクトリア期の伝統に適った堅苦しい世界においては、道徳的疑義の余地を残したり、急進的改革の必要性を示すように見える社会診断を行なう人に対して、まったく寛容でなかった。

かくして、異端の世界は新しい活力源を獲得したのである。マルクスは、彼の学説が不愉快なものであったがゆえに異端の世界の仲間入りをした。マルサスも、彼の「一般的過剰」という発想が算術的に辻褄が合わなかったのと、貯蓄の利点に対する彼の疑念が節倹に対するヴィクトリア期の賞賛と完全に矛盾していたがゆえに、異端の世界に入った。ユートピア社会主義者たちは、彼らの議論が途方もなくナンセンスで、どう見ても「経済学」ではないがゆえに異端の世界に加わった。そして最後に、大学人たちが教室で構築し、教室の外にも存在すると愚かにも信じているエレガントな世界と、自分の学説とを調和させることができなかった人たちが皆、異端の世界に含められたのである。

不条理を指摘する天才バスティア

この異端の世界というところは、表側の平穏無事な王国よりもはるかに興味深い場所だった。すばらしい個性があふれ、思想の奇妙かつ華やかな混乱が芽生えていた。たとえば、経済思想の歩みの中ではほとんど忘れ去られている人物がいる。フレデリック・バスティアという風変わりなフランス人で、彼は一八〇一年から一八五〇年という短い生涯を生き、六年というさらに短い文筆生活のあいだに、あらゆる武器の中でもっとも破壊的なもの、すなわち嘲笑を経済学に対して浴びせかけたのである。この世界の混乱と喧噪を見よ、とバスティアは言う。それは、二つの国を結ぶために山にトンネルを掘るような莫大な努力をする。それからどうするのか。なんと、財の交換を容易にするために非常な労力を費やしておきながら、山の両側に税関の番人を立て、商品がトンネルを通過して移動するのを可能なかぎり困難にするのである。

バスティアは、不条理を指摘する天賦の才能を持っていた。彼の小冊子『経済詭弁術』は、経済学がかつて到達したうちでもっともユーモアに近いものである。たとえば、フランス議会でパリ－マドリッド鉄道が討議されていた折、M・シミオという人が次のように論じた。ボルドーに中断箇所を設けるべきである。なぜならば、鉄道の中断はボルドー駅のポーター、案内係、ホテル業者、遊覧船の船頭などの富に大いに寄与し、ボルドーを豊かにすることによってフランスを豊かにするからである。バスティアは、ここぞとばかりにその考えに食らいついた。すばらしい、とバスティアは言う。しかし、それをボルドーだけにするのはやめよう。「もしボルドーが中断によって利益を得る権利を持つならば、……アングレーム、ポアティエ、トゥール、オルレアン……も、一般の利益のためだとして中断を要求するに違いない……このようにして、われわれは連続的に中断した鉄道をつくり上げることになるだろう。そしてそれはおそらく、『鉄道ならざる鉄道』と呼ばれるだろう」。

バスティアは、経済学の世界では才人だったが、私生活は悲惨だった。バイヨンヌで生まれたバスティアは、幼くして孤児になり、さらに悪いことに結核にかかった。彼は大学で学び、そして実業界に身を投じたが、商業実務の才は持ち合わせていなかった。農業に転じたが、そこでも同じようにうまくいかなかった。トルストイの善意の伯爵よろしく、一家の農地の経営に干渉すればするほど、悪くなってしまうのだった。英雄的行為を夢見たが、彼の軍事的冒険はドン・キホーテ的にねじ曲がっていた。一八三〇年にブルボン王家がフランスから追放されたとき、バスティアは六〇〇人の青年を集めて、犠牲もかえりみずに王朝擁護派の要塞を襲撃させた。しかし、哀れなるかなバスティア、要塞はおとなしく降伏し、代わりに全員を饗宴に招いたのである。

バスティアは、失意の運命を背負っている人物のようだった。しかし、不本意にも無為の生活を強いられたことが、彼の関心を経済学に向かわせ、そしてバスティアは時事問題について、読みかつ議論しはじめたのである。近所の田舎紳士が、考えを論文に書くよう彼にすすめた。そこでバスティアは自由貿易にかんする論文をまとめ、あるパリの雑誌に投稿した。彼の意見は独創的で、文体はすばらしく鋭かった。論文は印刷され、そして一夜にして、この温厚な田舎学者は有名になった。

バスティアはパリにやってきた。「彼は、パリの帽子屋や仕立屋の助けを頼む時間がなく、髪をのばし、小さな帽子、だぶだぶのフロックコート、さらには先祖伝来の傘を持っていたので、人は彼を、初めて都会見物にやってきた無邪気な田舎者と見まちがえそうだった」とM・ドゥ・モリーナリは書いている。

しかし、この田舎学者は鋭利な文才を持っていた。彼は毎日パリの新聞を読んだが、そこにはフランスの代議士や大臣たちが利己主義と盲目的な自己利益のための政策を論じ、擁護する記事が載っていた。そこで彼は、パリを笑いで揺さぶる答弁を執筆した。たとえば、下院が一八四〇年代に、フランスの産業を利するためにすべての外国商品に高関税を課す法律を制定したとき、バスティアは次のような経済風刺の傑作を作り上げた。

【ロウソク、小ロウソク、ランプ、燭台、街灯、ロウソクの芯切り、消灯器の製造業者ならびにオイル、獣脂、樹脂、アルコール、その他灯り全般に関連するすべての生産者の請願書】

下院議員各位

拝啓

……われわれは、外国の競争者との耐えがたい競争に苦しんでいます。この競争者は灯りの生産においてはわれわれよりもはるかに優れた条件下にあるようで、信じられないほどの低価格で、灯りをわが「国内市場」に「氾濫させる」ことは必定であります。……このライバルというのは……ほかでもない、太陽です。

われわれがお願い申し上げたいことは、どうか、すべての窓、天窓、屋根窓、家の内外の鎧戸、カーテン、ブラインド、円窓、一言でいえばすべての開口部、穴、隙間、裂け目を閉ざし塞ぐことを命ずる法律を通過させてくださいということであります。

……もし、あらゆる自然光の入口を可能なかぎり閉ざし、人工的な灯りに対する需要をつくり出してくださるならば、われわれフランスの製造業者でそれによって利益を受けない者がありましょうか?

……もしより多くの獣脂が消費されるのであれば、それだけ多くの牛や羊がいなければなりません……もしより多くの油が消費されるのであれば、ケシやオリーブの栽培を増やさなければならないでしょう……わが荒野は樹脂質の樹木に覆われるでありましょう。

どうかご選択ください。ただし論理的にお願いします。なぜならば、皆様がなされたように、鉄、穀物、外国の織物の価格がゼロに近くなるのに「比例して」それらを排除するのであれば、太陽の光の価格は日中はすでに「ゼロ」でありますから、太陽の光を認めるということはなんと矛盾したことか、と申さねばならないからであります。

これほど芝居がかった――風変わりかもしれないが――自由貿易擁護が書かれたことはかつてなかった。しかしバスティアが抗議したのは保護関税だけではなかった。あらゆる形の経済的二重思考を嘲笑ったのである。一八四八年に社会主義者たちが、実行可能性よりも熱情を重視して社会救済思想を提出しはじめたとき、バスティアはアンシャン・レジーム〔旧体制〕に対して使用したのと同じ武器を社会主義者たちに向けたのである。「あらゆる人が国家の金で生きていきたいと望んでいる」、「彼らは、国家がすべての人の金で生きるものであることを忘れている」とバスティアは書いた。

バスティアが提起した問題

しかし、バスティアがとくに批判の矢を向けたのは、すなわちもっとも嫌悪した「詭弁」は、「国民の善」のための保護関税という偽りの覆いをかぶって私的な貪欲を合理化することだった。自由主義経済学の装いをまとって貿易障壁を議論するもっともらしい考え方を破壊することを、彼は大いに好んだ。フランスの内閣が、フランスの労働者「保護」のために輸入織物の関税引き上げを提案したとき、バスティアは胸のすくようなパラドックスをもって応えた。

「この趣意で法律を通過させてください」とバスティアは商務大臣に書き送った。「今後はだれも、なまくらな手斧で作られ形を整えられた梁や垂木だけしか使ってはならないとしましょう……そうすると、現在は一〇〇回斧を振えばよいものが、三〇〇回振うことになるでしょう。現在は一時間ですむ仕事が、三時間必要となるでしょう。これは、きわめて強力な労働奨励になるでしょう。……現在、みずからの身にまとう織物が欲しい者はだれもがあなたがたのきびしい要求に従わねばならないのと同じように、今後は屋根を覆いたいと要求する者はだれもが、われわれのきびしい要求に従わねばならないでしょう」。

透徹した嘲りであったせいか、バスティアの批判は実際にはほとんど成功を収めなかった。彼は、自由貿易運動の指導者たちと会うためにイングランドにわたり、パリに自由貿易協会を組織するために帰国した。この協会はわずか一八カ月続いただけだった。バスティアは組織づくりは少しも上手ではなかったのである。

しかし、一八四八年が訪れるや、バスティアはフランス下院議員に選出された。このころには、危険はもう一方の極にあるように彼には思われた。人々は、体制の不完全さに対してより多くの注意を払うようになり、その代わりとして社会主義を盲目的に選択するようになっていたのである。バスティアは『経済的調和』と題する書物を書きはじめ、その中で次のようなことを示そうとした。すなわち、だれの目にも明らかな世界の無秩序は、表面だけの無秩序であり、その下では、何千というさまざまな利己主義の代理人の衝動が、市場の中で、より高次元の社会的善に変質している、ということである。しかしバスティアの健康はひどく悪化していた。辛うじて息ができる程度で、病魔に冒された顔は土気色をしていた。バスティアはピサに転地して、そこで新聞にみずからの死亡記事とそれに続く平凡な追悼文が出たのを読んだ。それは、「偉大な経済学者」、「傑出した著述家」の死を悼むものだった。彼は友人に宛てて、次のように書き送った。「ありがたいことに、私はまだ死んではいません。ほんとうのところ私は、私を愛してくれた人に、痛烈な悔やみではなく、心優しい情愛のこもった、どちらかといえば物思いに沈んだ私自身の思い出を残していくことを確信できれば、苦しむことなくほとんど喜びにあふれて最期の息を引き取ることでしょう」。バスティアは、著書を書き上げようと死の直前まで格闘したが、もはや遅きに失してしまった。一八五〇年に、彼はいまわの際に何かを呟いて、この世を去った。臨終に立ち会った司祭には、それが「真理、真理、……」と聞こえた。

バスティアは、経済学上のそうそうたる一群の中では、ごく小さな存在でしかなかった。非常に保守的だったが、保守主義者のあいだでも大きな影響をもたなかった。彼の役目は、尊大ぶった同時代人をチクリと刺すことであるように見えたが、しかし冷やかしと機知の下には、次のようなより厄介な問題が横たわっていた。このシステムは常に道理にかなっているのか。公共の福祉と個人の福祉が衝突するというパラドックスがあるのではないか。われわれは、個人的利益に基づく自動調整メカニズムが、それ自体がつくり上げた自動的というには程遠い政治構造によっていつも悪用されているときに、それを信用することができるのだろうか。

表側の理想郷はけっしてこうした問題に直面することはなかった。経済学の公式の世界では、この道化師の提起したパラドックスをほとんど気にもとめなかった。それどころか、快楽追求の世界の数量的精密さの発達に向けて、のんびりと帆を張っていたのである。バスティアが提起した問題は、未解決のまま残されていた。確かに数理心理学は、「鉄道ならざる鉄道」や「なまくらな手斧のジレンマ」を断ち切る道具になりえなかった。エッジワースとともに経済学を「科学」にしようとした偉大な提案者であるスタンリー・ジェヴォンズは、「政治にかんしては、五里霧中の状態であることを告白する」と認めたが、不幸にして、それは彼だけではなかったのである。

異端の世界の新参者ヘンリー・ジョージ

それゆえに、経済学の異端の世界は繁栄し続けた。一八七九年には、アメリカから新会員を迎えた。髭面の、温厚で、猛烈な自信家である彼は、次のように言った。「現在教えられている政治経済学……は見込みはなく、絶望的である。これは、政治経済学が腐敗し、動きがとれなくなっているからである。真理は狂わされ、調和は無視されている。発する言葉は猿ぐつわをかまされて詰まり、邪悪に対する異議申し立ては不正の是認に変えられている」。それだけではなかった。というのも、この異端者は、貧困の謎に対する答えが明らかにみずからの目の前に展開されているにもかかわらず、経済学はそれを見出しえなかった、と主張したばかりか、彼の治療法によって、まったく新しい世界の扉が開かれようとしているとも主張したのである。「言葉は思想の役には立たない。詩人が歌い、位を極めた予言者が隠喩で語ったのは黄金時代のことである。……キリスト教の最盛期、碧玉の壁と真珠の門を備えた神の都のことである」。

この新参者の名は、ヘンリー・ジョージ。彼が異端の世界にいたのは不思議ではない。なぜなら彼の初期の経歴は、世俗を離れて真実の教義を護持している人々にとって、真面目な思考のための準備としては異様に見えたに違いないからである。ヘンリー・ジョージはその生涯のあいだに、あらゆる職業についた。冒険家、金鉱の探鉱者、工場労働者、水夫、植字工、ジャーナリスト、政府の役人、講師という具合である。彼はカレッジにすら行かなかった。一三歳のとき、オーストラリアとカルカッタへ行く五八六トンのヒンドゥ号に少年水夫として乗り込むために、学校を退学した。同級生たちがラテン語を学んでいるときに、ヘンリー・ジョージは、ペット猿を買ったり、人が帆柱から落ちるのを目撃したりしていたのである。そして放浪癖のある、痩せこけた、気性の激しい、独立心の強い少年になった。東洋から帰ると彼は、フィラデルフィアの郷里にある印刷工場に勤め、その後一九歳のときに再び船に乗った。今度は、黄金を夢見てカリフォルニアに向かった。出発前にヘンリー・ジョージは、骨相学判定表に自分自身の評価を書き入れた。

色欲……大
愛児心……普通
粘り強さ……大
住居へのこだわり……大
専念度……小

そのほか、栄養は「十分」、貪欲さは「小」、自尊心は「大」、陽気さは「小」だった。

これは、いくつかの点では悪い評価ではなかったが、慎重さが「大」と評価されているのは奇妙である。なぜならば、一八五八年にサンフランシスコに到着したとき、ヘンリー・ジョージは、一年契約をしていたにもかかわらず、上陸して金《きん》を求めてヴィクトリアへと向かったからである。彼は金を見つけはしたが、しかしそれは黄銅鉱だった。そこで彼は、海の生活こそが自分のものだと決心した。ところがその通りにはならないで――彼の骨相学上の「専念度」が小さかったので――サンフランシスコのある作業場で植字工となり、その後精米工場の検量人、さらに彼自身の言葉によれば「渡り職人」になった。そして、もう一度金の採掘場へ行ったが、同じく報われず、貧困の果てにサンフランシスコに舞い戻った。

新聞記者、そして経済への興味

ヘンリー・ジョージはアニー・フォックスに出会い、彼女と駈け落ちした。彼女は一七歳の無邪気な娘で、彼は興行師ビル・コディ〔バッファロー・ビル〕ばりの口髭とがった顎鬚のハンサムな若者だった。疑うことを知らないうら若きフォックス嬢は、秘密の結婚逃避行に大きな荷物を携えてきた。若き冒険家は、それは宝石類に違いないと考えた。しかしそれは、たんなる『家庭詩集』などの本の類だった。

その後、もっとも悲惨な貧困の何年かが続いた。ヘンリー・ジョージは臨時雇いの印刷工だったが、仕事は滅多になく、あっても賃金はよくなかった。アニーに二人目の子供ができたときに、ヘンリー・ジョージは次のように書いている。「私は道を歩きながら、他人にやれる金《かね》を持っていそうな男に出会ったら、その男から金をせしめてやろうと心に決めていた。私は一人の男を呼びとめ——見知らぬ人だった——五ドル欲しいと告げた。男は何に使うのかと尋ねた。妻がお産の床にあるが、何も食べさせるものがない、と私は答えた。男は金をくれた。もし金をくれなければ、私は絶望して彼を殺してしまったと思う」。

さて、二六歳のときにヘンリー・ジョージは文筆活動を始めた。彼はやっとのことで、サンフランシスコ『タイムズ』の植字工の仕事につき、小さな記事を二階にいる編集者ノア・ブルックスに送った。ブルックスは、小僧めがどこかで写してきたのだろうと思ったが、その後何日間か、似たような記事がどの他紙にも載らなかったので、印刷に回した。そして、ジョージを探しに階下に降りた。ブルックスは彼を見つけた。ほっそりした若者で、どちらかというと背が低く、活字ケースの高さに届くようにと台の上に立っていた。ジョージは記者になった。

数年して彼は、『タイムズ』をやめ、社会運動新聞であるサンフランシスコ『ポスト』に加わった。ヘンリー・ジョージは、日常的な関心事ではない問題について書きはじめた。中国人苦力《クーリー》や彼らの雇用契約のこと、鉄道の土地横領のこと、地域企業連合の陰謀などである。フランスにいたJ・S・ミルに移民問題についての長文の手紙を書き、長い肯定的な返答を光栄にも受け取った。そして、新たに見つけた政治的興味の合間には、まさに正統的なジャーナリストらしい冒険を行なうこともあった。船長と仲間が乗組員を迫害し、ついには二人の乗組員が甲板から身を投げて死んだことをひた隠したサンライズ号という船が入港したときに、ヘンリー・ジョージと『ポスト』紙はこの事件をすっぱ抜いて、高級船員たちを法のもとに処断せしめたのである。

この新聞社は売却され、ヘンリー・ジョージはうまく政治的閑職を手に入れた――ガスメーター検査官である。それは、ヘンリー・ジョージが安逸な生活を欲したということではない。むしろ彼は、大経済学者たちの著作を読みはじめていたし、主たる興味の対象がいまや明白に形づくられていた――すでに彼は一種の地方の権威だった。研究し、ものを書き、そして労働者階級にかの偉大なるミルの思想を講義する時間を必要としていたのである。

カリフォルニア大学が政治経済学の講座を開設したとき、ヘンリー・ジョージは教授ポストの有力候補だと広く一般的に考えられていた。そして、適任であることを示すために、教授陣と学生を前にして講義をしなければならなかったのだが、ヘンリー・ジョージは無謀にも次のような感想を表明してしまった。「政治経済学という名前は、労働者階級がみずからの賃金を増加させようと努力するたびごとに、これに対抗するものとして引き合いに出されてきたのである」。さらに次のように続けて、ショックを倍にした。「政治経済学を学ぶためには、特別の知識も、大量の蔵書も、豪華な研究室も必要とはしない。諸君がともかく自分で考えれば、教科書も、さらには教師さえ必要としないのである」。

貧困の原因と、進歩を止める基本的要因

それがヘンリー・ジョージの、最初で最後の大学での経歴だった。そのポストには、よりふさわしい候補者が見つかり、ヘンリー・ジョージは、パンフレット書きと研究に戻った。そして突然、「昼間、街中で、ある思想というか、幻想というか、使命というか――好きなように名前をつけてくれてかまわないが、それが私を襲った。――それは、『進歩と貧困』を書くよう私を駆り立て、私を支えてくれた。さもなければおそらく私は、書くことができなかったであろう。そして最後の一ページを書き終えたとき、真夜中に、ただ一人で、膝を抱きかかえて子供のように涙を流した」。

予期されたごとく、それは心の底から書かれた書物であり、抗議と希望が混じった叫びだった。そして、これまた予期されたごとく、ありあまるほどの情熱はあるが、専門的用意周到さはほとんどない、という欠点を持っていた。しかし、当時の退屈なテキストとなんと好対照であろうか――経済学の守護者たちが、次のような文体で言い表された議論を真面目に考えることができなかったのも驚くにはあたらない。

さて、……ある冷静な実業家がいるとしよう。理論など持たぬが、金儲けの方法は知っている。彼にこう言ってみる。「ここに一つの小さな村がある。一〇年後にその村は大都会になるだろう——一〇年のあいだに、鉄道が駅馬車にとって代わり、電灯がロウソクにとって代わるだろう。街は労働の能率を桁外れに増加させる機械と改良にあふれるだろう。一〇年間に、利子はいくらか高くなるだろうか」

彼は「ノー！」と答えるだろう。

「一般的な労働の賃金はいくらか上がるだろうか……」

彼はこう答えるだろう、「いや、一般的な労働の賃金は少しも上がらないだろう……」

「それでは、何が上がるのだろうか」

「地代、つまり土地の価値さ。土地を一区画買って持っていたらいい」

そのような状況で、もし諸君が彼の忠告に従うならば、もうそれ以上なにもする必要はない。座ってパイプでもふかしていればよい。ナポリの「乞食」(lazzaroni) やメキシコの「ハンセン病患者」(leperos) のようにごろごろしていればよい。気球に乗って空高く上がろうが、地下の穴にもぐろうが構わない。仕事をいっさいせず、社会に微塵の富も加えることなく、一〇年で金持ちになれるだろう。新しい街で諸君は豪華な邸宅を持ち、しかし公共の建物のあいだには私設救貧院ができているだろう。

この、感情的に告発された議論のすべてを完全な形で綴る必要はない。肝心な点は、この一節の中に見出される。人々の所得が——それも往々にして途方もない所得が——社会に対して行なったサービスからではなくて、ただたんに有利な場所に土地を持つという幸運に恵まれたという事実だけから得られたという光景に対して、ヘンリー・ジョージは憤激しているのである。

もちろんリカードは、ずっと以前にこれをすべて見通していた。しかし、せいぜいのところリカードは、成長過程の社会が持っている土地所有者を富ませるという傾向は、資本家の不幸にはね返るだろう、と主張するにとどまった。ヘンリー・ジョージにとって、それはたんに入口にすぎなかった。地代の不公正は、資本家から正当な利潤を奪うのみならず、労働者の肩にも重荷を課すのである。さらに有害なことに、彼はそれが時折、社会を根底から揺るがす、みずから言うところの産業の「周期的発作」の原因であることに気づいたのである。

その論証はさほど明確に叙述されているわけではなく、主として次のような事実に基づいていた。つまり、地代は一種の社会的強奪だと最初から想定されていたので、当然それは、労働者と産業家を犠牲にしての地主への生産物の不公正な分配を意味しているということである。そして周期的発作にかんしてヘンリー・ジョージは、地代は必然的に土地の価値の激しい投機を生み（実際それは西海岸で起こった）、そしてまた必然的に、その他の価格体系を同様に暴落させるという崩壊に導くに違いないと確信していたのである。

土地への単一課税

貧困の真の原因と、進歩を止める基本的要因を発見したので、ヘンリー・ジョージにとって治療法を提案することは簡単だった——重い単一課税である。それは、土地に対する税であるべきであり、地代をすべて吸収すべき税である。こうして、社会の体内からガンが取り除かれることによって、理想の王国を到来させることができる。単一課税は他のあらゆる種類の税の必要性を除去するばかりか、地代の廃止によって、「賃金を上げ、資本収益を増加させ、生活保護者を根絶し、貧困をなくし、望む人すべてに有利な雇用を与え、人間の能力に自由な活動の余地を提供し、政府を浄化し、そして文明をより崇高な高みへと運ぶ」であろう。それは究極の万能薬——それ以外の言葉はない——となるであろう。

これは、われわれが評価しようとしても、とらえどころのない命題である。もちろん、それは単純素朴であり、地代と罪悪を同一視するようなことは、まさにヘンリー・ジョージのような救世主的な人のみが思い浮かべたことである。同様に、産業の不振の責任を土地投機に負わせるということは、拡大しつつある経済の一つの小さな側面を、まったく現実離れして誇張することである。土地投機は厄介なものになりうる。しかし、土地の価値が上昇しなかった国においても、ひどい不況が起こっていたのである。

したがって、われわれはここに長居する必要はない。しかし、論題の中心部にさしかかったなら立ち止まらなければならない。なぜならば、ヘンリー・ジョージの機械的な分析は表面的で不完全なものではあるが、社会に対する根本的な批判は道徳的なものであって、機械論的なものではなかったからである。ヘンリー・ジョージは次のように問いかける。なぜ、地代は存在しなければならないのか。地代と交換に社会に対して何らのサービスも提供されないかもしれないのに、たんに所有しているという事実だけで、人はどうして利益を受けるのか。産業家の利潤は洞察力と工夫の才能に対する褒賞だとして、産業家への報酬を正当化できるかもしれない。しかし、ある男の祖父が牧場を持っていて、二世代後の社会がそこは超高層ビルを建てるのに適しているとみなしたとき、どこにその男の洞察力があるのだろうか。

この疑問は挑発的であるが、地代制度を即座に非難することは容易なことではない。なぜならば、地主だけが社会進歩の受動的な受益者だというわけではないからである。拡大を続けている会社の株主、技術進歩によって生産性が高められている労働者、国家の繁栄に伴って実質所得が上昇している消費者、これらもみな社会的な進歩の受益者たちである。立地のよい土地をもつ地主に自然に生ずる不労利得を、それとは違った形でわれわれすべてが受けている。土地の地代だけが問題なのではなく、すべての不労所得が問題なのだ。これはたしかに重大な問題であり、おまけに土地所有権だけを問題にしていては、適切にアプローチすることができないのである。

それに、地代問題はヘンリー・ジョージが見たほど深刻なものではない。少額だが確実な地代が、農民、住宅所有者、質素な市民に流れている。そして地代所得が独占的である地域——大都会の不動産売買——においてさえ、変動的かつ流動的な市場が機能している。地代は古い封建的な様式で固定されているのではなく、土地が売買され、評価・再評価されるにしたがって、絶えず人手から人手へと渡っていくのである。アメリカにおける地代所得が、一九二九年には国民所得の六％だったものが、今日では二％以下に縮小していることを指摘すれば十分である。

ベストセラーになった『進歩と貧困』

しかしながら、論旨が論理的に一貫しているかいないか、あるいはその道徳的非難が完全に正当化されるかされないか、といったことは問題ではなかった。その著書は、恐ろしいほどの反応を呼び起こしたのである。『進歩と貧困』はベストセラーになり、ヘンリー・ジョージは一夜にして全国的に有名になった。「『進歩と貧困』は今半世紀最高の著作だと考える」と、サンフランシスコ『アルゴノート』の書評者は言い、ニューヨーク『トリビューン』は、「アダム・スミスの『国富論』の出版以来、これに比肩するものはない」と書いた。「これまでに出版された中でもっとも有害な政治経済学の書物だ」とした『エグザミナー』や『クロニクル』のような刊行物でさえ、かえってその評判を高めることに役立っただけだった。

ヘンリー・ジョージはイギリスに行った。そして講演旅行後、世界的名士になって帰ってきた。さらに、ニューヨーク市長選の候補者に選ばれ、三つどもえの選挙戦でセオドア・ルーズヴェルトを撃ち破ったが、ぎりぎりのところでタマニー派〔民主党の政治団体〕の立候補者に破れてしまった。

単一課税はいまや彼にとっての宗教だった。ヘンリー・ジョージは土地・労働クラブを組織して、アメリカやイギリスの熱狂的な聴衆を前に講演した。一人の友人が彼にこう尋ねた。「これは戦争なのかい。人々が臆病風に吹かれている状況に対処することなく、所有者から土地を、戦争なしに取り上げられるのかい」。ヘンリー・ジョージは「マスケット銃を撃つ必要があるとは思わないよ」と答えた。「しかし必要とあらば、そのときは戦争だ。これほど神聖な大義はこれまでなかった。これ以上の神聖な大義はなかったのだ!」。

友人のジェームズ・ラッセル・テイラーは次のように論評している。「もっとも優しくて親切な男がいた。彼は、怒って発砲された銃には怯むが、信条が受け入れられないならば全面戦争をも辞さなかった。一人を多数派に変えるものは、……勇気である」。

言うまでもないことだが、お上品な意見ばかりの世界にとっては、この教義全体は呪われた存在だった。市長選でヘンリー・ジョージを支持したあるカソリックの僧侶は、一時的に破門された。ローマ法王みずから土地問題に対する回勅を発表し、ヘンリー・ジョージは精巧に印刷・製本した回答書を法王に送ったが、無視された。「私は、あれほど不名誉がしみこんだ案件を議論して読者を侮辱するようなことはしないだろう」と、アメリカの指導的な専門エコノミストであるフランシス・A・ウォーカー救世軍大将は書いた。官吏は彼の著書を、衝撃とおもしろ半分の軽蔑をもって眺めていたけれども、ヘンリー・ジョージはまさに読者の急所をついたのである。『進歩と貧困』は、それまでアメリカで発行されたどの経済学のテキストよりも多くの部数を売った。イギリスでは、彼の名前は日常的な用語になった。それだけではない。ヘンリー・ジョージの考え方の趣旨は、水増しされたかたちではあるが、ウッドロー・ウィルソン、ジョン・デューイ、ルイス・ブランダイスのような人々に部分的に引き継がれた。実際、ヘンリー・ジョージの熱心な信奉者がいまなお活躍している。

一八九七年、歳をとり、健康は優れなかったものの、不屈の魂は衰えていなかったヘンリー・ジョージは、二回目の市長選に立候補した。選挙戦の緊張が、衰えた心臓には荷が重すぎることは十分承知のうえでのことである。彼は、「襲撃者」、「他人の権利の攻撃者」、「無政府主義と破壊の使徒」と呼ばれ、そして選挙の前日に死んでしまった。葬儀には数千人が参列した。ヘンリー・ジョージは信心深い男だった。彼の魂が迷わずに昇天したことを祈ろう。彼の名声にかんして言えば、それは経済学の異端界に直行し、今日でもそこに生きている。おおよそは救世主として、幾分か変人として、そしてわれわれの経済制度の道徳をかき乱す質問者として。

帝国主義思想の高まり

しかし、経済学の異端の世界では何かほかのことが進行していた。地代に対するヘンリー・ジョージの猛烈な非難や、単一課税の基礎の上に神の都を建設するという彼の忘我的な夢想よりも、もっと重要な何かである。清新で生気に満ちた精神が、イギリスやヨーロッパ大陸、そしてアメリカをも襲いつつあった。「アングロ-サクソン民族は、世界の歴史と文明の中で支配的な勢力になるように確実に運命づけられている」という類のスローガンが急激に増加したことに現われている精神である。その精神はイギリスに限られるものではなかった。イギリス海峡の向こう側では、ヴィクトル・ユーゴが「フランスは人類に必要とされている」と断言し、ロシアでは絶対主義のスポークスマンであるコンスタンティン・ポベドノスチェフが、ロシアは西洋的退廃の汚れを受けなかったので東洋の覇権を握る資格を与えられている、と宣言した。ドイツでは皇帝が、古き神がいかに彼らに味方したかを釈明しており、新世界ではセオドア・ルーズヴェルトが、同じような哲学のアメリカのスポークスマンになりつつあった。

帝国主義の時代が始まっており、地図の制作者は暗黒大陸の所有権を表示する色を塗りかえるのに忙しかった。一八七〇年から一八九八年のあいだに、イギリスは四〇〇万平方マイルと八、八〇〇万人をみずからの帝国に加えた。フランスはほぼ同程度の領土を獲得し、四、〇〇〇万の人口が加わった。ドイツは一〇〇万平方マイルと一、六〇〇万人の植民地を勝ち取り、ベルギーは九〇万平方マイルと三、〇〇〇万人を取り、ポルトガルでさえこの競争に参加して、八〇万平方マイルの新しい土地と九〇〇万人の住民を得た。

事実、三世代のあいだに地球の表面は変わった。しかしそれ以上に、その変化の過程を見る西洋の態度に、等しく著しい変化が見られたのである。アダム・スミスの時代には、このスコットランドの哲学者が、国王の役割を演じようとする商人の企てを軽蔑の目で眺め、アメリカ植民地の独立を勧めたことが思い出されるであろう。植民地に対するアダム・スミスの軽蔑は、広く共有されていた。たとえば、ジョン・スチュアート・ミルの父親であるジェームズ・ミルは、植民地を「上流階級のための巨大な国外的救済システム」と呼び、一八五二年にはディズレーリでさえ、「これら哀れな植民地は、われわれの首に懸けられた重荷だ」と信じていたことが記録に残されている。

しかしいまや事情はすっかり変わってしまった。イギリスは、しばしば言われるように、あまり気が乗らないままに領土を手に入れていた。しかし、帝国主義の速度が加速されるにつれて、一致団結の気分に変わっていった。ローズベリー卿が大英帝国を称して「世界が知りえたもっとも偉大な不朽の永久機関」と呼んだのは、当時の気運を要約している。イギリスの領土の壮観を誇らしげに見せびらかしているヴィクトリア女王の祝祭行列を見ながら、マーク・トウェインは、「なるほどイギリス人は、聖書の中で言われている通りだ――柔和なる者は幸いなれ、この地を受け継ぐ者なればなり」と言った。

ほとんどの人々によって、帝国のための競争は是認されていた。イギリスでは、キプリングが桂冠詩人であり、一般の人々の気持ちは次のような流行歌そのものだった。

戦は御免だ、だけどべらぼうめ、やるとなったら、
船もあるし、人もあり、金だってあるぜ！

もう一つの、やや異なった是認が、チャールズ・クロスウェイト卿の次のような言葉に賛成する人々からあった。すなわちイギリスとシャム〔現在のタイ〕のあいだの現実的な問題は、「だれが彼らと貿易をするのか、そしてわれわれの新しい商品の市場と現在の余剰物資を使用する市場を見つけるために、いかに彼らを最大限利用するかなのだ、諸君」。

そしてまた、帝国を建設する過程は帝国建設者たちに繁栄をもたらした。不況対策委員

会をあれほど喜ばせた労働階級の生活便益の増進の少なからぬ部分は、海外の重労働の結果だった。植民地はいまやプロレタリアート中のプロレタリアートだったのである。帝国主義が評判のよい政策だったことは不思議ではない。

この間ずっと、経済学の公式筋は一方の側に立って、平静に帝国主義的成長の進行を眺め、新しい領土が貿易の推移に与えるであろう影響に注意を限定していた。またしても、この歴史の新しい現象に注意を集中したのは、異端の世界の批判者たちだった。なぜならば、支配のための世界的競争に注目しながら、彼らは政治のたんなる刺激的な衝突や権力の座にある個人の不可解な移り気とはまったく異なった何かを見ていたからである。彼らは、資本主義の趨勢についてまったく新しい方向を見ていた。つまり、資本主義そのものの基本的な性格が変化する兆候として帝国主義を見ていたのである。さらに重要なことに、資本主義がいまだ顕在化させていないもっとも危険な傾向が、新たなる拡張の間断なきプロセスの中にあることを、彼らは予知していた——戦争を導く傾向である。

ホブソンの反帝国主義的予見

ここに最初に飛び出してきたのは、物腰の柔らかな異端者で、みずからの言によれば、「イングランド中部地方の中程度の都市の中流階級の中間層」の出身だった。このジョン・A・ホブソンは虚弱で小柄な男で、みずからの健康に非常に気を配り、言語障害をもっていたために講演することについては臆病だった。一八五八年に生まれ、学者として身を立てるためにオックスフォードで勉強をした。そして、彼の経歴と人柄についてわれわれの知るかぎりでは（多くのことはわからない。というのも、この恥ずかしがり屋で引っ込み思案の男は「紳士録」（*Who's Who*）に名前が出ることを体よく避けていたからだ）、ホブソンはイギリスのパブリック・スクールで隠遁的生活を送る無名人で終わる運命にあったのである。

二つの要因がそれをじゃました。まず、ホブソンはラスキンの著作を読んだのだが、イギリスの批評家であり随筆家であるラスキンは、貨幣的価値を重視するブルジョアのヴィクトリア的規範を嘲って、「富とは生命なり」と吹聴した人である。ホブソンはラスキンから、非人格的な科学ではなく人間性を追究する学問としての経済学の考え方を学んだ。そして、正統的教義を洗練することをやめて、ある世界の美徳を説くことに転じた。その世界とは、賃金や利潤といった下品な世界ではなく、協同的労働組合が人間の人格に対して高い価値を与えるような世界である。自分の考えは「ユークリッドの命題のごとく確かなものである」とホブソンは主張した。

空想的社会改良家としてならば、ホブソンは尊敬されたかもしれない。イギリス人は一風変わった人を好むものだからである。彼が経済学の世界からのけ者にされたのは、異端者として、伝統的美徳を踏みにじる者としてであった。ホブソンは偶然、A・F・ムメリーという一人の人間と友達になった。ムメリーは独自の考えを持つ思想家で、実業家としても成功し、勇敢な登山家でもあった（彼は、一八九五年にナンガ・パルバット山で死ぬことになる）。「私と彼の交際は、言うまでもないことだが、この物理的な地平にあるのではなかった。否、彼は精神面の登山家でもあった……」とホブソンは書いている。ムメリーは、すでに一八世紀の初めに実業界を悩ませていた商業上の定期的な不振の原因について推測しており、その不振の発端にかんする一つの考えを持っていた。それは、ホブソンによれば、教授陣から「合理性において、地球が平らであることを証明しようとすることに等しい」とみなされていたものである。なぜならば、ムメリーはマルサスに戻って、不況の原因は超過「貯蓄」という事実にあると考えたからである。すなわち経済のシステムが慢性的に、すべての生産物を買えるだけの購買力をつけることができないことにあると考えたのである。

ホブソンは初めのうちこそ論争したが、やがてムメリーが正しいと確信するようになった。二人は『産業生理学』を著し、貯蓄が繁栄を徐々にむしばむに違いないという彼らの異端的な意見を解説した。これは、公式の世界にとっては手に余りすぎて理解できないものだった。アダム・スミス以来のすべての偉大な経済学者たちは、貯蓄は蓄積された金貨を一面から見たものにすぎないという事実を強調してきたのではなかったのか。貯蓄という行為はすべて、より多くの人々を仕事につかせるために使われる資本に自動的に加わるとされたのではなかったか。貯蓄は失業を生むに違いないなどということは、まったくのたわごとであるばかりか、社会的安定を支える一方の足、すなわち節倹に対して明らかに有害だった。経済学の世界は衝撃を受けた。ロンドン大学公開講座は、ホブソン氏が出席しなくてもなんとかやっていけることがわかったし、慈善団体組織協会は講演依頼を撤回した。この学者は異端者とされ、その異端者はいまや否応なしに追放者となったのである。

ホブソンがアフリカで見たもの

これらすべてのことは、帝国主義の問題からかなりかけ離れたことのように見える。しかし、アイデアは迂遠な形で芽生えるものである。尊敬すべき世界から排除されたことがホブソンを社会批判の道へと導き、この批評家はみずからの関心を当時の最大の政治問題に向けることになった。アフリカである。

アフリカ問題の背景は複雑で感情的なものだった。一八三六年にオランダの移住者たちは、トランスヴァール地方にみずからの独立国を建設した。そこは、「黒人を鞭打ち」「聖書を読む」農民たちの、結束の固い社会だった。彼らが選んだ土地は、広々としていて日当たりがよく爽快なところだったが、見かけ以上に大きな富を秘めていた。一八六九年にダイヤモンドが発見され、一八八五年には金が発見されたのである。数年のうちに、平穏な開拓地は、山師が集まる熱狂的興奮状態の社会へと姿を変えた。セシル・ローズはこのような舞台に、鉄道と産業計画を携えて登場した。狂乱に乗じてローズは、トランスヴァール侵攻を許可し、イギリス・オランダ両国の長年の緊張関係が爆発した。ボーア戦争の勃発である。

ホブソンはすでにアフリカに渡っていて、この、みずから言うところの「神の創造物の中でもっとも小心な男」は、ケープタウンとヨハネスブルクへ旅行し、クルーガー〔トランスヴァール大統領〕とスマッツ〔南アの軍人、後に首相〕と会見し、トランスヴァール侵攻の前夜にローズその人と食事を共にした。ローズは、複雑でややこしい性格の持ち主だった。セシル・ローズのアフリカ冒険の二年前に、あるジャーナリストがローズの次のような言葉を引用していた。

「私は昨日、ロンドンのイースト・エンドで失業者の集会に出席した。そこで、ひどく興奮した演説を聞いたが、それはただ「パンを」、「パンを」、「パンを」という嘆願であり、私は帰宅の道すがら、その光景についてじっくり考えた。……私が抱いている考えというのは、社会問題を解決することである。たとえば、連合王国（United Kingdom）の四、〇〇〇万人の住民を血なまぐさい内戦から救うために、われわれ植民地政治家は、余剰人口を移住させるための、そして彼らが工場や鉱山で生産した商品に対する新しい市場を提供するための、新しい植民地を獲得しなければならない。

帝国というのは、すでに私が述べたように、生活の糧の問題なのである。」

ホブソンに対してローズがこれと同じ意見を表明したかどうか知る由もない。たぶん彼はそうしたであろう。だが、それはどうでもよいことだった。なぜならば、ホブソンがアフリカで見たものは、自分とムメリーが有罪宣告された経済学の異説、すなわち過剰貯蓄の理論と思いがけぬほど符合していたからである。

ホブソンは、対外強硬主義とアフリカにおける戦争について執筆するために、イギリスに戻った。そして一九〇二年に、異端的な見解とアフリカ観察報告とが奇妙に融合した著書を世に問うたのである。

その本は、『帝国主義論』と題された、痛烈な書物だった。なぜならば、そこには利潤制度に対してこれまでに加えられた中で、もっとも重要で手厳しい批判があったからである。マルクスが主張した最悪のことは、資本主義システムはみずからを破壊するだろうというものだったが、ホブソンがそれとなく示したことは、資本主義システムが世界を破壊するに違いないということだった。ホブソンは帝国主義の過程を、資本主義がみずから課したジレンマから逃れるための、冷酷かつ不断の趨勢と見たのである。それは、外国を商業的に征服することを必然的に伴い、それゆえに絶えざる戦争の危険を不可避的に伴う趨勢だった。資本主義に対するこれ以上に深淵な道徳的告発は、いまだかつて提出されたことがなかった。

富の不均等分配の経済的帰結

ホブソンの告発の中身はどういうことだったのだろうか。

それは、非人格性と冷酷な発展という点では、ほとんどマルクス主義者の議論だった（もっとも、ホブソンはマルクス主義者や彼らの目的にはまったく共感を抱いていなかった）。資本主義は、解決不能な内的困難に直面し、そして純然たる征服欲からではなく、みずからの経済的生存を確かなものとするために、帝国主義に変えられてしまう、とホブソンは主張するのである。

資本主義の内的困難とは、過去においては驚くほど注意を払われなかったこの制度の一つの側面、すなわち富の資本主義的不均等分配だった。利潤制度の仕組みが、結果としてしばしば富の偏った分配を生み出すという事実は、長いあいだ道徳的関心事だったが、しかしその「経済的」帰結はホブソンの指摘を待たねばならなかったのである。

ホブソンが予見した帰結はまったく驚くべきものだった。所得の不平等は、もっとも予想外のジレンマ、すなわち金持ちも貧乏人も十分な財を消費できないという逆説的な状況を導いたのである。貧乏人は所得が少なすぎるがゆえに十分には消費できず、金持ちは所得が多すぎるがゆえに十分には消費できなかった。つまり、ホブソンによれば、市場での需給を一致させるためには、経済は生産するものをすべて消費しなければならず、それぞれの商品には買い手がいなくてはならなかった。それでは、もし貧乏人が辛うじて生きていくための必需品しか買うことができなければ、残りのものを買うべき人はだれか。明らかに、それは金持ちである。ところが金持ちは、金は持っているが「それほど」多くの消費をする物理的能力を欠いている。所得一〇〇万ドルの人は、所得がわずか一、〇〇〇ドルの人が費やす一、〇〇〇倍の価値の財を消費しなければならないことになるからである。

そしてそれゆえ、富の不公平な分配の帰結として、金持ちは貯蓄を「強いられ」た。彼らは、ほとんどの人がそう望んだからというだけではなく、とにかくどうすることもできなかったから、つまりただたんに消費できないほど所得が大きかったから、貯蓄したのである。

厄介な事態を引き起こすのは、この貯蓄だった。購買力が不十分であるがゆえに経済が悲惨な結果に苦しむことがないようにしようとするならば、社会の富裕層の自動的な貯蓄が利用されるようにしなければならなかった。しかし問題は、「いかにして」貯蓄を働かせるかである。古典的な解答は、貯蓄をより多くの工場や生産に投資し、そうすることによって生産と生産性をより高い水準に引き上げるというものだった。アダム・スミスもリカードもミルも、偉大な経済学者はみな、その問題に対するこの解答に同意した。しかしホブソンは、その方法に難点を見出した。なぜならば、もし一般大衆の所得があまりにも少ないがゆえに、市場に投じられた商品をすべて買うことが「すでに」困難であるならば、どうして思慮分別のある資本家が、飽和状態にある市場にさらに商品を投じるような設備投資をするだろうか、とホブソンは尋ねたからである。たとえば、すでに市場が、すぐに吸収できる以上の靴であふれているときに、貯蓄をもうひとつの靴工場に投資することによって何が得られるだろうか。何がなされねばならないのだろうか。

ホブソンの答えは、おそろしく整然としている。つまり、金持ちの自動的貯蓄は、国内生産を増大させるという厄介な問題を引き起こすことなく、それを活用するような方面の投資に向けることができた。海外への投資だった。

これが帝国主義発生の由来である。ホブソンは次のように書いている。帝国主義とは、「国内では使い切れない商品や資本を取り除くべく海外市場や海外投資を求めることによって、余剰な富のフローのためのルートを拡大しようとする、産業の偉大な管理者たちの努力なのである」。

その結果は悲惨である。なぜならば、この過剰な富を海外に送り出すのは、ただ一つの国ではないからである。すべての国が運命を共にしている。その結果として、各国が、占有しうるもっとも豊饒でもっとも有利な市場を自国の投資家のために囲い込もうとすることによって、世界分割競争が起こる。このようにしてアフリカは、イギリス、ドイツ、イタリアそしてベルギーの資本家たちのあいだで分割されるべき巨大な市場（そして安価な原料の供給源）となり、アジアは、日本、ロシア、オランダのあいだで切り分けられるべき豪勢なパイになる。インドはイギリス産業の投げ売りの場となり、中国は日本にとってのインドとなる。

帝国主義はこのようにして、戦争への道を切り拓く。それは、がむしゃらな冒険や高度に悲劇的な演出によるものではなく、資本主義国が自国の未利用の富の販路を求めて競争する強欲なプロセスを通じてなのである。流血の惨事を引き起こすこれほど下劣な原因は、まったく想像できないだろう。

言うまでもなく、暴力と闘争についてのそのような理論は、経済学者の公式的世界においてはほとんど評価されなかった。ホブソンは「経済学を他のものとごたまぜに」しているると言われた。それらの「他のもの」は、快楽の追求をめぐってつくり上げられている世界を連想させるものではなかった。そのため、公式的世界は帝国主義の理論を、節倹を社会的な善行と見るような良識的な学説を侮辱する経済理論をもつ人物にありがちな、悪い作法の陳列棚とみなしたのである。

ホブソンの帝国主義論とマルクス主義的装い

その学説は、知的に綿密な検討を、たとえ批判的にではあれ行なうことができたはずの人々から徹底的に忌避されたが、正統ではない世界の別派からは誠意をもって迎えられた。

マルクス主義者たちからである。この思想はつまるところ、ホブソンの完全な独創ではなかった。その変種が、ドイツの経済学者ロートベルトゥスやドイツの情熱的な革命家ローザ・ルクセンブルクによって作り上げられていた。しかし、ホブソンの論じ方はより広範で、より深かった。そして、他ならぬマルクス主義の指導的理論家——ウラジミール・イリッチ・ウリャノフという名の亡命者で、レーニンとしてよく知られている——によって、マルクス主義学説の公式的な装いを加えられたのである。

この洗礼を受けて、その理論はいくぶん変わった。ホブソンは、資本主義諸国が何十年ものあいだ植民地に対してほぼ無頓着であった後に、なぜこれほど貪欲に植民地を求めたのかという問題に頭を悩ませていた。ホブソンの帝国主義理論はドグマではなかった。ましてや、戦争の絶対的不可避を、鋼鉄のごとく堅く予言するものではなかった。事実彼は、帝国主義のライバル同士が、世界のある種の最終的利権設定の取り決めを行なって、共存共栄の根本原理のもとに平和裡に並存するという希望を表明したのである。

しかし、マルクス主義の装いをつけて、その理論はより威嚇的かつ無情な色彩を帯びた。帝国主義は、マルクス主義経済のアーチの冠石として位置づけられたばかりか、ホブソンの枠組みを越えて拡大されて、後期資本主義の完全な社会的局面と解釈されるに至ったのである。なんと驚くべき概念が浮かび上がってきたことか。

資本主義的発展の最高段階としての帝国主義は、世界経済の生産力を巨大に増加させ、みずからのイメージで全世界を具体化し、あらゆる植民地、あらゆる民族、あらゆる国民を金融資本主義的搾取の圏域に引きずりこむ。同時に、資本の独占的形態は寄生的堕落と腐敗の要素をますます発達させる……帝国主義は、巨大な超過利潤から得た莫大な富を積み上げる。それは植民地の無数の労働者や農民から搾取したものである。この過程で、帝国主義は、腐敗し寄生的に堕落した金利生活者階級と、債権の利札を切るだけで生活する完全な寄生者層の典型をつくり出す。帝国主義の時代は、社会主義の物質的必要条件（生産手段の集中、大規模な労働の社会化、労働者組織の強化）を創造するプロセスを完了し、同時に「大国」間の矛盾を先鋭化させ、単一世界経済の崩壊を導く戦争を誘発する。このように帝国主義は、崩壊しつつある資本主義、死につつある資本主義である。それは全般的な資本主義的発展の最終段階であり、社会主義世界革命の始まりである。

これを書いたのはブハーリンで、時期は第三インターナショナル、一九二八年のことだった。書き手、時期、日付にもかかわらず、われわれが耳にするのはレーニンの声である。そしてさらに混乱するのは、対内的な腐敗と対外的略奪というまさに荒廃しつつある資本主義に対するレーニンの着想が、ソ連邦が消滅するまで、われわれが住む世界のソ連の公式的な解釈になっていることである。

植民地主義と経済的利害

帝国主義の事実について疑う余地はない。一九世紀後半から二〇世紀前半の歴史に明るい人ならだれでも、略奪、領土拡大、そして苛酷な植民地主義の境界線を引き間違うことはない。見てすぐにそれとわかるような糸が、国際的な嫉妬、摩擦、戦争のはてしない出来事を貫いているのである。たとえ、第一次世界大戦を「純粋な」帝国主義戦争と見ることがもはや流行《はや》らないとしても、帝国主義的に地の利を得ようと策したことが大戦を生み出したことは確かなのである。

しかし、征服と植民地は古代エジプトの昔からある。そして現代社会では、ハンガリー、チェコスロバキア、アフガニスタンへのソ連の侵攻が明らかにしたように、資本主義がその口実を提供していようがいまいが、征服と植民は続くだろう。帝国主義の「経済」理論がわれわれに突きつけている問題は、過去五〇年間の征服が、それ以前の征服あるいは今後起こるかもしれない征服とは異なる動機づけによるものなのかどうかということである。王朝国家がもつ権力への渇望を理解するのは簡単なことである。帝国主義は、市場経済というより非人為的な力が、同じような結果へとつながるものなのかどうか考察することを、われわれに求めているのである。

植民地制度の擁護者たちは、そのようなことはありえないと主張した。一八六八年にビスマルク自身がこう書いている。「母国のために要求されるあらゆる利益は、ほとんどが幻想である。イギリスは植民地政策を放棄しつつある。あまりにも高価であることを悟ったのだ」。そしてこの制度の他の擁護者たちは、ビスマルクの意見をこだまのように繰返し、次のように指摘した。植民地は「引き合わなかった」。植民地建設は喜んでなされたのではなくて、世界における文明化の使命の力によって諸大国に課されたものだった。植民地は母国よりも多くを得た、などなど。

しかし彼らは、肝心な点を見落としていただけだった。確かに、植民地のうちのいくつかは引き合わなかった——一八六五年に、ある下院委員会は、まったく儲からない投機事業だという理由で、アフリカの西海岸を除くすべてのイギリス植民地の放棄を勧告した。しかし、「すべての」植民地が利益を生むということはなかったけれども、法外な利益をもたらす植民地も「いくつか」あった。たとえばセイロンの茶農園では、よい年には投下資本の五〇%の配当が得られたのである。そして、「すべての」産業が海外市場から利益を得たわけではないが、「いくつかの」重要産業は植民地なしにはほとんど存在しえなかったであろう。その代表例が、イギリス綿工業のインド市場への依存である。そして、イギリス全体としては、海外投資は貯蓄の有利な捌《は》け口を確実に提供した。一八七〇年から一九一四年までの間に、イギリスの貯蓄の二分の一が海外に投資され、海外投資の配当と利子は、イギリスの国民所得の一〇％を供給したのである。

たしかに、純経済的なものとうまく混じり合ったほかの動機もあり、帝国主義の経済的補償効果は、J・A・ホブソンが描写したほど単純そのものではなかった。しかし全般的に見て、ヨーロッパ勢力のアフリカ・アジア進出に対する解釈で、経済的利益の香りを少しも含まないものは、ほとんどみつけることができなかった。たとえばオランダの場合でも、ジャワとスマトラの巨大な農園が、オランダ資本にとって非常に重要な、収益の多い投資の場を提供した。マラヤの場合は、非常に貴重でかつ安い原料が、国際的独占という儲けの多い方法でイギリス国民に提供された。中東の場合は、石油があり、スエズ運河の航行の戦略的支配があった。「わが国の産業に不足しているもの……、ますます不足するものは、市場である」とフランスのある大臣が一八八五年に述べている。そして一九二六年には、時のドイツ中央銀行総裁のシャハト博士が、次のように表明している。「原料獲得の戦いは、世界政治においてもっとも重要な役割を演じている。戦前よりもずっと大きな役割である。ドイツの唯一の解決策は植民地の獲得である」。国によって動機は異なるかもしれないが、経済的利益という共通項はすべての国に見られたのである。

帝国主義の現代的諸相

このことは、帝国主義が資本主義のまさに密接不離の部分であることを意味しているのだろうか。答えはそれほど単純ではない。たしかに資本主義は、そのもっとも初期の時代から膨張的なシステムであり、そのシステムの推進力は、より大きな資本蓄積の努力だった。したがって初期の時代から、資本主義的企業は、市場と安価な原料の両方について外国の地を期待していた。そして同様に重要なことは、資本主義国の政府は通常、これらの海外投機事業を行なっている自国の私企業を支持し、防衛してきたということである。

帝国主義的シナリオのここまでは、疑問の余地がないように見える。しかしわれわれは、この資本主義的拡張のプロセスを、ホブソンやレーニンとはなにがしか違ったふうに見るようになってきている。その推進力は、海外投資を求める国内の未消化貯蓄の山の中に宿っているようには思えないのである。それよりむしろ、潜在的な推進メカニズムは、資本主義的経済組織の様式を他の様式に置き換え、それを非資本主義的状況の中で定着させる並はずれた能力にあるように見える。システムの拡張を「抑えきれなく」する資本主義的生産方法の技術志向性、効率、ダイナミズムにかんして何かがある。

たとえば今日では、帝国主義のプロセスを「資本の国際化」の一部として見る傾向がある。資本主義が完全に形成される以前に始まったが、そのコースをまだすっかり走ってはいないプロセスである。しかしここで、時代によって国際化の区別をつけるという重要な作業がなされねばならない。第一次世界大戦を引き起こしたような帝国主義は、資本主義的生産様式のアフリカ、アジア、ラテン・アメリカへのたんなる移植ではなかった。公然たる政治的干渉、猛烈な搾取、軍事力、そしてより貧しい国の利益に対する全般的無視がこれに付け加わった。たとえば、一九世紀後半あるいは二〇世紀前半のインドにおけるイギリスの投資にかんして印象的なことは、その大部分がイギリスの必要《ニーズ》に基づいており、支配されていたのであって、インドの要求によっていたのではなかったということである。ベルギーのコンゴあるいはオランダの東インド諸島の場合には、「大部分」という言葉を「完全に」と読み換えることができる。

外面的に現われてくるものは変わったけれども、この旧式の帝国主義のある部分は残っている。第二次世界大戦は、古くから経済的覇権を握る国が影響力を行使していた植民地主義の関係に、全面的な終結をもたらした。戦前には怠惰な植民地があるだけだったところに、戦後は独立国が出現した。そして、これらの国の多くは貧しく脆弱だった（いまだに貧しく脆弱である）けれども、その国家としての地位が、今世紀前半には常識的であったようなヨーロッパ諸国の傲慢な統治を不可能にしたのである。

アメリカの場合には、多少事情は異なっている。戦後何度も、低開発国に対して――なかでもキューバ、ベトナム、ニカラグア、そしてイラクに対して――軍事力が用いられ、そのためアメリカは、世界の大帝国主義勢力というありがたくない肩書を受け継いできた。しかし、アメリカの帝国主義的冒険を鼓舞している動機は、一九世紀に中南米の小国に海兵隊を派遣したり、中国に砲艦を派遣するのとは違っている。これまで守ってきたのは、アメリカの財産ではなく、アメリカのイデオロギーなのである。むしろソ連崩壊までは、フランス革命の時代のイギリスのように、アメリカ政府は巨大な革命勢力によって脅威を受けていると感じたのである。その脅威とは、世界的な共産主義勢力であり、その補充要員は第三世界の脆弱で不安定な国々であるように見えた。その結果としてアメリカは、第三世界のほとんどすべての社会主義的傾向に対して、あたかもそれが外国支配の共産主義体制に入る糸口であるかのごとく対応し、そして、それらの国々の反動政府を、ともに共産主義と戦う味方として支援してきている。

この防衛心理的な、攻撃優先の政策がどのように終わるかは、後になってみなくてはわからない。アメリカは、低開発世界に現われる社会主義政権に、経済的あるいは軍事的な力を加えることによって、資本主義にとっての世界の安全を維持できるかもしれない。あるいはそのような政策は、みずからの挫折と混乱のうちに終わるかもしれない。しかし結果はどうあれ、帝国主義のこの側面は、一九世紀の帝国主義的進撃の紛れもない動機である経営事業体への直接的援護というよりは、偉大なる王国を外部の影響から防衛するという問題——古代中国やローマの昔からの問題——とより多く関連していたのである。それは、外国支配の間接的な経済的形態というよりは、外国支配の直接的な政治的形態である。

一方、帝国主義が様相を変えていくもう一つの、まさしく経済的な状況がある。本国から海外へ資本を移動させる重要な媒体としての多国籍企業の華々しい出現である。多国籍企業は、コカ・コーラやIBM、マイクロソフト、ロイヤル・ダッチ・シェルのような巨大企業で、その製造事業や加工事業を多くの国に立地させている。多国籍企業は、中東やアフリカで原油を掘削し、ヨーロッパやアメリカで精製し、そしてそれを日本で販売する。あるいは、オーストラリアで鉱石を採収し、日本で加工処理し、完成品をアメリカに向けて輸送するかもしれない。

多国籍企業は、資本の全面的な国際化に二つの変化をもたらしている。第一に、多国籍企業は資本の地理的な流れを変えている。古典的な帝国主義の時代には、すでに見たように、資本主義的拡張の目的は主に、原料あるいは織物のような基礎的商品の市場に接近することであった。多国籍企業はこれらの基礎的商品から、コンピュータや医薬品のような、自らが世界のリーダーであるハイテク財へと方向転換している。その結果として、資本の海外配分は驚異的に変化した。一八九七年には、アメリカの海外資本の約半分は、農園、鉄道、あるいは鉱業に投資されていたが、今日では、アメリカの海外投資のほんのわずかな部分がそれらの分野に向けられているにすぎない。その代わりとして、アメリカの海外資本の大部分は製造業に移行している。そして国際投資の四分の三は、ヨーロッパ、カナダならびに他の先進資本主義国に投下されている。同様に、フランス、日本、ドイツの国際投資のほとんどが、世界の古い植民地地域よりも先進世界（アメリカを含む）での立地を求めている。

多国籍企業の出現の第二の経済的帰結は、ハイテクノロジーを安価な未熟練労働と結びつける注目すべき能力である。コンピュータ部品やテレビ部品のような、現代の経済生活の基礎にあるきわめて複雑な機械は、香港や韓国やタイで、農村から出てきたばかりの男女が操作する科学的な機械で生産できる。帝国主義の見方からすれば、この結末は面倒なことである。生産過程全体を、つい昨日まで農業経済だった地域に移植する能力は、資本主義の社会体制を輸出するうえで、前例のないほどの成功を収めている。冒頭の章で見た大きな経済的革命のあいだに生産要素が前資本主義的社会から現われたように、われわれの時代には新しい経済的革命が、世界経済の中でかつては受身的で積極的な影響力をもたなかった地域に市場経済を生み出している。そのかぎりにおいて、現代の帝国主義は海外の資本主義を活性化する大きな力になってきている。

同時に、新しい帝国主義は、発展した本国におけるシステムの競争力を大きく強化した。これは、右で議論した各市場の相互浸透の結果のみならず、低開発地域における多国籍企業の生産前哨基地から本国に向けて、低コストの商品をいっせいに送り出すことができるからである。他のどの国よりもアメリカがよく知っているように、香港製や台湾製のテレビ、あるいは韓国製の自動車やメキシコで組み立てられた自動車は、カリフォルニアや中西部で製造された製品より容易に安く売ることができるのである。

この国際化と競争の激化の帰結を予言したり、アジアの「虎」と呼ばれる国々のほとんどすべてにおいて金融・政治危機が表面化したこと（それは意外なことではない）の帰結は何かを予言することは、時期尚早である。疑いの余地がないように見えるのは、われわれがグローバル・エコノミーの方向に向かって動いているということである。そこでは、世界を股にかけた新しい企業が、旧来の国境や国家の特権と窮屈そうに共存している。もともとが資本にかかる圧力を軽減することに関連していた移動が、結果としてよりいっそう状況を悪くしているというのは、帝国主義問題の考察の皮肉な結末である。

正統派経済学の確立者、アルフレッド・マーシャル

ジョン・ホブソンは一九四〇年に世を去った。ロンドン『タイムズ』に掲載されたホブソンにふさわしい用意周到な死亡記事は、彼の先見の明のある考えと一般的な認識の欠如の両方について正しく言及していた。

というのも、ホブソンは評価されなかったからである。ヴィクトリア期の世界のもっとも名高い経済学者は、ホブソンとは似ても似つかぬ経済学者だった。アルフレッド・マーシャルである。ホブソンが直観的で、過激で、そしていわば我流だったのに対して、マーシャルは中道で、「公式的」と考えられていた。しかし、異端の世界の暗い地域をめぐるこの旅を、ヴィクトリア期の日の光の下に再び立ち帰って終えるのは適切なことである。日の当たる場所で仕事をした経済学者は、より大胆な人の目には明らかだった不穏な光景を見ることはなかったかもしれない。しかし、彼らは異端者たちがなしえなかった一つのことを行なった。それは、彼らの世界に、そしてわれわれの世界にも、「経済学」を教えたことである。

アルフレッド・マーシャルの肖像画を見れば、そこには教師の定型が見られる。白い口髭、まばらな白髪、優しい輝きに満ちた目――すぐれた教授らしい顔つきである。一九二四年にマーシャルが死んだとき、イギリスの大経済学者たちは故人を追悼して敬意を表したが、その一人であるC・R・フェイ教授は、このヴィクトリア期の教授「その人」についての不滅の肖像画を次のように描いた。

ピグーは私に、特別研究論文のテーマについてマーシャルのところへ行って相談したほうがよいと言う。そこである日の夕方近く、ベイリャル・クロフトへ行った。彼は小さな路地から走って出てきて、「入りたまえ、入りたまえ」と言った。私は彼とともに二階に上がった。「何にするか考えがあるのかね」と彼は尋ねた。「ありません」と私は答えた。「では、聞きたまえ」と小さな黒い手帳を取り出して彼は言った。前もって私に、君の好きなテーマにきたら手を上げるようにと言って、テーマのリストを読みはじめた。私は恐縮して、最初のテーマで済ませようとしたが、マーシャルは気に止めず読み続けた。二ページ目の半分くらいのところで、「最近のドイツの金融危機」が出てきた。ある夏にグライフスヴァルトに行ったことがあったので、私は黙諾の合図をした。「これはまったく君向きではない」と彼は言った。さらに五分ほど静かにしていて、「アルゼンチン」という単語が耳に入ったので声を発して彼を中断させた。理由はたんに、二人の叔父が仕事でアルゼンチンにいたからにすぎない。「君自身そこに行ったことがあるのかね」と彼は尋ねた。「いいえ」と私が答えると、彼は読み上げ続けた。しばらくして、彼は読み上げるのをやめて言った。「気にいったテーマが見つかったかね」。「わかりません」と私は言った。「だれだってそうだ」彼は言った。「しかし、それが私のやり方なのだ。さて、何をやりたいのかね」。私はびくびくしながら「ドイツとイギリスの労働の比較」と言った。そこで（すでに真っ暗になっていたので）、彼は電気の押しボタンのついた小さなランタンを取り出して、書架を探し回りはじめ、英語とドイツ語の本を取り出してきた――フォン・ノスティッツ、クールマンなど、全部で約三〇冊あった。「では、君を残していくから調べてみたまえ。終わったら合図をしなさい、サラがお茶を持って行くから」と彼は言った。

すべては、ホブソンを当惑させたアフリカの紛争や、ヘンリー・ジョージの思想を育んだ状況をつくり上げた荒れ狂うアメリカの投機とは、まったくかけ離れていた。マーシャルは、同時代のエッジワースと同様、大学が生み出した抜群の人物だった。アメリカに旅し、アメリカを横断してサンフランシスコまで行ったにもかかわらず、彼の生活やものの見方――必然的に彼の経済学――は、ケンブリッジ仕込みの穏やかさと優雅さの香りがしていた。

しかし、正確には彼は何を教えたのだろうか。マーシャルの基本的な関心を要約する単語は、経済の新しいヴィクトリア期のヴィジョンとしてすでに明らかにした用語――「均衡」という用語である。経済的詭弁の非合理性に惹き付けられたバスティア、経済的是認に覆い隠された人生の不正を見たヘンリー・ジョージ、そして資本主義的経済の非人間的なプロセスに隠された破壊的な傾向を探ったホブソンとは対照的に、マーシャルはまず第一に経済世界の自動調整的、自己矯正的性質に興味を持ったのである。彼のもっとも輝ける生徒であるJ・M・ケインズが後に書いたように、マーシャルは「一つの完全なコペルニクス的体系」をつくり上げ、「そこでは、経済的宇宙のあらゆる要素が、相互均衡と相互作用によってそれぞれの場にとどめられているのであった」。

もちろん、その多くは以前から教えられていた。アダム・スミス、リカード、ミルはみな、非常に複雑で効率的なフィードバック機構としての市場システムを説明していた。しかし、全体的なヴィジョンと細部の精密な仕上げとのあいだには、多くの探求されていない領域と曖昧な説明があった。マーシャルが受け継いだ市場均衡の理論は、近くで見るよりも距離をおいて見るほうが立派に見えた。価格はある財の生産費を本当に反映するものなのか、それともその財から生じる満足の最終的な度合を反映するものなのか、といった基本的事柄についてさえ厄介な部分があった。別の言葉で言えば、ダイヤモンドが高価なのはみつけるのが困難だからなのか、それとも人々がそれを身につけるのを喜ぶからなのか、ということである。おそらくそのような疑問は、経済学者以外の人たちの胸を高鳴らせることはないに違いない。そして、それらが曖昧なままであるかぎり、経済学が取りかかろうとする多くの問題についてはっきり考えることは難しかった。

マーシャルが専念したのは、経済理論のこれらの曖昧な疑問に対してだった。有名な『経済学原理』の中で、彼は数学的な精密な知力を、悠長で、漫然としていて、ありふれた例であふれた、そしてすばらしく明快なスタイルと結合させた。ビジネスマンでも「この」種の経済学を理解することができた。なぜならば、難しい論理的な証明はすべて、親切にも脚注に回されているからだった（その結果、ケインズは無礼にも、経済学者ならだれでも脚注を読んで本文を忘れたほうが、本文を読んで脚注を忘れるよりもいいと言った）。とにかく、この本はすばらしい成功を収めた。初版は一八九〇年に出版され、現在でも経済学志望の学生の必読書になっている。

マーシャルの貢献

それでは、経済学の概念上の錯綜に対するマーシャルの大きな貢献とは何なのであろうか。主要な貢献は——マーシャル自身、再三再四そこに戻ってきた——、均衡過程の精緻化における典型的な要素としての「時間」の重要性を強調したことである。なぜならば均衡は、マーシャルが指摘したように、経済の調整過程が短期的な期間に起こるか長期的な期間に起こるかによって、基本的な意味を変化させるからである。短期的には、買い手と売り手は値段の交渉をするために市場で出会うが、基本的な交渉プロセスは、財のある一定の量——ダイヤモンドならダイヤモンド商人が鞄に入れて持ってきた量——をめぐって行なわれる。しかし長期にわたっては、ダイヤモンドの量は一定ではない。もし需要が保証されていれば新しい鉱山が拓かれるし、供給が多すぎれば古い鉱山は放棄される。それゆえ、ごく短期においては、市場価格に直接的な影響を及ぼすのはダイヤモンドの心理的効用——すなわち、ダイヤモンドの需要——であるが、長期的には、繰り返し発生する供給の流れが消費者の欲求を調整するので、生産費が再び優位を主張する。もちろん、費用も効用も、価格の決定からまったく絶縁することはできない。マーシャル自身の言葉で言えば、需要と供給は「ハサミの両刃」のようなもので、需要と供給のどちらが単独で価格を規定するのかと尋ねるのは、ハサミの上の刃がものを切るのかそれとも下の刃が切るのか尋ねるのと同じくらい空しいことである。両方の刃が切るのであるが、いわば一方が積極的な刃で、他方が消極的な刃である——所与の市場で短時間のタイムスパンで切断が行なわれる場合には「効用—需要」側の刃が働き、産出規模と生産パターンが変化することを仮定した長期にわたって切断が延ばされる場合には、「費用—供給」側の刃が働くのである。

マーシャルが分析的な知性をもって触れたすべてのものと同様、これも啓発的な洞察だった。そして、理論的な輝き以上のものが『原理』から放たれていた。もしもマーシャルを、経済学の「公式」世界のもっともすばらしい英知とするならば、彼は同時にもっとも心の温かい英知でもあった。貧しい労働者への心からの関心、ロンドンのスラムを見てまわった折に書き留めた、「身もすくむほどの困窮」への心からの関心、社会改良の道具としての経済学に対する心からの関心——これらすべてのことが、彼の著書の中に、解きほぐすことができないくらいに織り込まれていた。また、注目すべきことに、未来に対する評価も同様であった。なぜなら、「それは〈想像力〉が容易につくりあげることができる制度のもとで」、「収税吏を助け……貧困という最悪の害悪を地上から取り除く」ために、金持ちの姿勢を「騎士道」に向けることができるという希望と対になっているはずの「すばらしい生活像」に圧倒されてしまうことに警告を発するものだったからである。

私たちは、このようなヴィクトリア期的感情を冷笑するが、しかしそれは経済学そのものに大きく刻印されているマーシャルのヴィジョンの解釈を構成するものではない。そこで、『原理』の初めの部分に戻ると、そこでは二つの文章が目にとまる。第一は、典型的かつ魅惑的なマーシャル的章句で、個人は購入から得られる快楽と、支出が強いるであろう快楽のロスを比較考量しているという記述である。

一本の葉巻に一シリング支払うべきか迷っている金持ちは、別の快楽と比較考量しているのだが、その快楽は一カ月間暮らせる金額である一シリングをタバコに支出するかどうか迷っている貧乏人の快楽よりも小さいものである。年収一〇〇ポンドの事務員は、年収三〇〇ポンドの事務員よりも、ひどい雨のなかでも歩いて仕事に通うだろう。

第二の章句は、少し後に出てくるもので、そこでマーシャルは経済学の目的について議論している。彼は次のように言う。

人間の政治的生活、社会的生活、そして個人的生活の経済学的意味と解釈の研究、しかし、より特殊的には人間の社会的生活……それは現実の人間が無視することができない数多くの政治的課題を遠ざけてしまう……そして、それゆえに……「政治経済学」(Political Economy)という狭義のことばよりも「経済学」(Economics)という広義の言葉で説明するほうがよい。

以上二つの、一見無害に見える章句では、二つのことに注目すべきである。第一は、タクシーにお金を使おうかどうしようか決める事務員として見事に示されているような、まさしく新たな人間である。それは経済におけるマーシャル的ヴィジョンの典型であり、劇的さには欠けるが、ホッブズの時代の大君主と同じくらいふさわしい人物である。新しい人物とは「個人」であり、彼の計算は、市場システムの働きを象徴しているばかりか、実際、経済そのものが究極的に寄りかかる強固な基礎なのである。マルクスの階級闘争に言及するまでもなく、君主制あるいはスミス的社会の社会ダイナミックスの研究としての経済学のヴィジョンはなくなってしまった。そしてその代わりに、個人の集合的生活、いわば、彼自身および彼女自身のすべてを解説するものとしての経済学となった。

これと密接に結びついているのが、もうひとつの変化で、二つ目の引用に内在しているものである。それは、初期のヴィジョンではあたりまえのごとくに中心的部分だったテーマ――すなわち、経済学の政治的内容というテーマの消失である。マーシャルによれば、経済学の目的は、いかにして均衡価格に到達するのかというような問題を説明することにあり、社会を階層分化させる構造をつくり出す権力と服従の関係が、彼あるいは彼女の「効用」を求める個人の集合体のように見える社会秩序のなかになぜ生ずるのか、という根元的な疑問を説明することではなかったのである。

「政治」経済学からのこの奇妙な方向転換はなぜ行なわれたのか。二つの可能性が考えられる。まず第一は、一八四八年の出来事が起こり、そしてたぶん社会主義的考え方が次第に一般的になってきたことによって、権力と服従を、ほとんど考察することなく、あからさまに容認することについて、そのような社会関係があたりまえだったスミスやリカードの時代よりも、より議論できるようになったことである。第二の可能性は、まったく逆に、一九世紀を通じて民主主義的な考え方が次第に受け入れられるようになったために、マーシャルのヴィジョンが、それ以前の時代よりも、もっともらしく見えるようになったということである。

それは、提起することはできるが、解決できない疑問である。確信をもって言えることは、「経済学」が「政治経済学」に取って代わったということである。そして、経済学の新しい章の始まりである。この考察が現在に近くなるほど、このすべてのことがますます重要になる。しかし、最後にもうひとこと言っておかなければならないことがある。それは、経済分析に対する彼のもっとも重要な贈り物であるマーシャル的分析のまさに基本にかんすること、すなわち時間要素である。なぜならば、マーシャルにとっての時間は、抽象的時間だったからである。それは、数学的曲線が展開し、理論的実験が行なわれたり、やり直されたりする時間であるが、実際にはけっして何も「起こる」ことのない時間である。すなわちそれは、歴史的時間の不可逆的な流れではなく、そして、とりわけ、マーシャル自身が生きていた「その」歴史的時間ではなかったのである。彼が生きているときに何を見たか、しばし考えていただきたい。ロシアにおける暴力的反資本主義革命、全世界を覆った戦争、最初の反植民地騒動。その少し先に何が起こったか考えていただきたい。ヨーロッパのほとんどの地域における資本主義の没落、政府概念の世界的規模での変化、世界を震撼させたアメリカでの恐慌。経済学はこれらすべての抗しがたい変化に対して関連性をもっていたにもかかわらず、アルフレッド・マーシャルばかりでなく、公式世界の彼の同僚はなおさらのこと、ほとんど理解力をもっていなかった。「自然は飛躍せず」(*Natura non facit saltum*)——これが『経済学原理』の、一八九〇年の初版時にあったと同様の、一九二〇年の最終版の金言だった。歴史は突然の飛躍をするかもしれないという事実、経済学の世界は歴史の世界と分かちがたく結びついているかもしれないという事実、教科書の長期と短期は社会的時計の冷酷な時の刻みのそれとはまったく違った「時間」概念を含意しているという事実——これらはみな、マーシャルが経済学的考察の中心においた均衡概念とはまったくかけ離れていた。彼は、みずからが述べた何ごとに対しても、責められるべきではない。なぜならば、マーシャルは穏やかな信条と深く自覚した確信をもった人だったからである。問題は、彼の言ったことがどれも十分に成功しなかったことである。

そしてこれさえも、一つのことがなければ後知恵で許されていたかもしれない。マーシャルと彼の仲間たちが、その繊細な均衡メカニズムに磨きをかけている一方で、数人の非正統的な反対者たちは、現実の世界を特徴づけて適切な経済学的考察のテーマを形成するのは、均衡ではなくて変化——暴力的変化——であると主張していた。戦争や革命や恐慌や社会的緊張が、彼らにとっての経済学的吟味の基本的対象であり——均衡や安定的な教科書社会の見事な調整プロセスではなかった。しかし、ヴィクトリア期の公式世界に対して、異端者や素人たちがそう指摘したとき、彼らの妨害は恨まれ、警告はまったく無視され、処方箋は軽蔑されたのである。

公式世界の自己満足は、たんに時代の痛ましい事態を実感させるということにとどまらず、第一級の知的悲劇でもあった。なぜならば、もし大学人たちが異端の世界に注意を払っていたら、アルフレッド・マーシャルがホブソンの不穏なヴィジョンをもっていたら、あるいはエッジワースがヘンリー・ジョージの社会悪のセンスをもっていたら、二〇世紀の大惨事が、急激な社会変化に対してまったく準備ができていなかった世界を襲うことはなかったかもしれないからである。振り返ってみると、それは、いかに異端であろうとも、その思想を無視してすませることはできない——とりわけ、誤用されている言葉のもっともよい意味においてその人の関心が保守的である人々にとってはできない——ということをわれわれに教えているのである。

第八章　ソースタイン・ヴェブレンの描く野蛮な世界

「新世界」アメリカのビジネス戦争

アダム・スミスの『国富論』が一七七六年に上梓されてから、一二五年の月日がたった。この間に偉大な経済学者たちは、人の世の豪勢な面やみすぼらしい面、単純素朴な面や時には災いにつながる錯綜した面、テクノロジーの分野での人間の壮大な業績やしばしば見られる人間軽視の側面など、世の中のことはみな研究し尽くしてしまったかのようだった。このように、この世の多様性についてはさまざまな異なった解釈がなされているにもかかわらず、そこには一つの共通した要素が見られた。つまり、その世界は「ヨーロッパの世界」だったのである。その社会的状況がどれだけ変化したところで、それは依然として「旧世界」だったし、それゆえに些細な形式ばったことが強調された。

したがって、床屋の徒弟だったディック・アークライトがジェニー紡績機で財を築き、リチャード卿と名を変えたことは、意味ないことではなかった。イギリスの伝統たる紳士らしさにもとづく統治に対する脅威は、良家の血統と習慣を重んじる階層のなかに多数の成り上がり者を引き入れることによって、うまく解消されたのだった。確かに、成り上がり者たちは、一連の中産階級的な態度や反貴族的な特徴まで持ち込んだ。と同時に、もっと高い社会階級が存在し、そこには資力だけでは到達できないという内々の情報はわきまえていた。もっとも、礼儀作法の違いによる数多くの喜劇が証明したように、巨万の富を持ち、金で家紋を手に入れたいわゆる「ビール貴族」と、落ちぶれてはいても先祖代々の貴族とは同じではなかった。ヨーロッパの蓄財家は、うまくやればクロイソス王のような大金持ちにはなれただろうが、金持ちという評判は、それが社会的にはハシゴを一段登っただけのことで、いちばん上に登ったわけではないことが人々に知られるようになり、いささか薄められた。

こうした状況は、アメリカではまったく異なっていた。この国は、家名や出自による序列に根っから反対だった人たちによって築き上げられただけでなく、個人の独立と個人の功績を重んじる精神が国民のなかに深く染み込んでいた。アメリカでは、自分の行なったことがありのままに評価され、成功するのに家系学者のお墨付きなど必要としなかった。したがって、アメリカはニューイングランドの薄暗い〔労働者を低賃金で長い時間働かせる〕苦汗工場と、イギリスの陰鬱な工場とではあまり大きな相違はなかったものの、工場主の一挙一動に目を向ければ、かなりの違いが見られた。それというのも、ヨーロッパの資本家は相変わらず封建的な過去の影にとらわれていたのに対して、アメリカの金儲け屋たちはさえぎるものなき陽の光を浴び、権勢欲や心ゆくまでの富を享受することを妨げるものはなかったからである。一九世紀後半の沸き立つ時代にあって、アメリカではお金が社会に認められるための踏み石であり、相応の富というパスポートを取得すれば、アメリカの大金持ちは上流階級に入るためのそれ以上のビザを必要としなかった。

そうであっただけに、この新世界での金儲けゲームは、外国の競争的小競り合いに比べ、ずっと荒っぽく、また紳士的な要素が少なかった。賭け金はずっと高く、成功のチャンスもずっと大きかった。それだけに、スポーツマンシップには多少欠けていた。たとえば一八六〇年代に、回漕業と商業に途方もない才を発揮したコーネリウス・ヴァンダービルトは、別にめずらしいことではなかったのだが商売仲間たちが彼の利益を脅かしていることを知ると、次のような手紙を書き送ったものである。

拝啓
貴台は私を破滅させようと図った。私は貴台を訴えはしない。法律は時間がかかりすぎる。私が貴台を破滅させることにする。
敬具
コーネリウス・ヴァンダービルト

そして、彼はそのとおりにしたのだった。「法律などどうだっていいんだ。俺の思いどおりにするのさ」とこの船長は豪語した。しばらく後に、J・ピアポント・モーガンも、ちょっぴり言葉はていねいになったが、ほとんど同じようなことを述べている。彼の仲間だったゲイリー判事が、ごくめずらしいことなのだが、ある法的手続きをするようもちかけたところ、モーガンは吐き捨てるようにこう言ったのである。「私がしてはいけないことを弁護士に教えてもらおうなんて思ってはいないよ。私が弁護士を雇っているのは、私私のやりたいことをどうやって行なうかを教えてもらうためなんだ」。

アメリカ人が同時代のヨーロッパ人よりまさっていたのは、法律手続きを無視した点だけではなかった。アメリカ人は人と闘うとき、紳士が用いた細身の剣ではなく、無頼漢が指にはめる鉄片を使った。そうした例の一つは、アルバニ・サスキハナ鉄道の支配権をめぐっての争いである。この路線の重要な連絡網が、ジム・フィスクと貴族モーガンとのあいだで分断されてしまったのだった。モーガンは路線の一端を手中にし、他方の終着駅をフィスクが押さえた。この争いは、路線の両端にそれぞれ機関車を据え、巨大なおもちゃのように二台の機関車を走らせて衝突させることで、解決が図られた。そしてこの場合も、負けたほうはすっぱり手を引いたわけではなく、最善の撤退手段として線路を引きはがしたり、陸橋を壊したりしたのだった。

産業上の優位をめぐってのこの乱闘において、命乞いをする者はいなかったし、命乞いなど認められなかった。スタンダード石油のグループは、頑固な競争相手を取り除くためにダイナマイトまで使ったし、暴力的手段ではない誘拐が、非道徳的というより巧妙なこととして注目された。一八八一年、激しい吹雪がニューヨークの電話線を吹きちぎったとき、金融市場の冷酷な支配者ジェイ・グールドは、自分の命令をブローカーに伝えるのに使い走りに頼らなくてはならなかった。商売仇たちは、チャンス到来とばかりに行動を開始した。彼らはこの使いの少年を誘拐し、顔のよく似た替え玉にすり替えた。数週間にわたって、グールドはどういうわけか自分の手の内が事前に敵方に洩れてしまうことに当惑した。

言うまでもなく、互いに相手をやっつけようとした掠奪者たちが、大衆を慇懃に扱うことなど期待できなかった。投資者をだまし、甘い汁を吸い上げることはあたりまえとみなされ、株式市場は大衆が金を賭け、金融界の大物たちが賭博の進行役にいかさまをさせる、金持ち向けの一種の私設カジノとみなされた。そうした仕組みのもとでの賭けの結果がどうなるかは、大衆が自分で判断すればいいこととされた。こうした態度は、その同じ大物たちが、大衆をそそのかして株に手を出させるためにあらゆる権力手段を行使しなかったのであれば、実に見上げたものだった。

ここで触れておくべきは、大衆が本気になって株に手を出したということである。グールドやロックフェラーが鉄道株あるいは銅会社の株、あるいはまた鉄鋼株を買っているとの情報が広まると、大衆はそれに便乗しようと殺到した。大儲けには裏があるといったことでは、大衆のひたむきな思い込みをどうすることもできなかったし、そうした思い込みが強かったからこそ、金融のまやかし操作が可能だった。その好例の一つが、ヘンリー・ロジャースとウィリアム・ロックフェラーが、自分の資金をまったく使わずにアナコンダ製銅会社を買収したことである。これは、次のようにして行なわれた。

(1) ロジャースとロックフェラーは、アナコンダ社買収費として三、九〇〇万ドルの小切手をマーカス・デイリーに渡したが、デイリーはその資金をナショナル・シティ銀行に預金した。一定期間預けたままにしておくことが条件だった。

(2) 彼らは次に、自分の社の社員を表向きだけの重役にした、合同製銅という架空の会社をつくり、この合同製銅にアナコンダ社を買収させた。しかも、それは現金ではなく、この目的のために便宜的に印刷した合同製銅株七、五〇〇万ドルで支払われた。

(3) 次に、ロジャースとロックフェラーはマーカス・デイリーに渡した小切手の分として、ナショナル・シティ銀行から三、九〇〇万ドルを借入れ、その抵当として七、五〇〇万ドル分の合同製銅株を用いた。

(4) そして、味方のブローカーを通じて煽っておいてから、合同製銅株を市場で七、五〇〇万ドルで売りさばいた。

(5) この売上代金で、ナショナル・シティ銀行からの借入三、九〇〇万ドルを返済し、三、六〇〇万ドルを自分たちの利益としてポケットに入れた。

もちろん、こうした何が何でも利益を得ようとする行為には、とてつもない不正が絡んでいた。シカゴ＝セントポール＝カンザス鉄道のA・B・スティックニィ総裁は、どこであれ仲間の鉄道会社の総裁を、紳士としてなら信用するが、鉄道会社の総裁として見た場合には、一瞬たりとも彼らから目を離さないだろう、と述べた。彼がこうした皮肉を言うにはそれなりの理由があった。互いに他社よりも安い料金にして相手を出し抜こうとする自殺的ゲームの継続から鉄道会社を救済する、共通運賃協定を結ぶために招集された総裁会議において、途中の休憩時間にある総裁が会場から抜け出し、自社がいちばんの値下げ会社になれるよう自分の事務所に協定運賃を電報で知らせた。たまたまこの電報は傍受され、会議が再開されたとき、「盗人にも仁義あり」といったことわざが当てにならない証拠として提出されたのだった。

実情とかけ離れていた経済学

この時代を回顧するとき、われわれはいつも恥ずかしい思いをする。確かにこの時代は、ばかげた見栄で飾り立てられていた（あるパーティーでは、富を吸い込む興奮を味わうために、タバコを一〇〇ドル紙幣で巻いてふかした）。こうした蛮猛心は、まさに中世的だった。だが、時代の精神というものをはき違えてはならない。金持ちたちは大衆に威張り散らしはしたが、同じように彼らは互いに情け容赦なく踏みにじり合った。また、彼らの大胆かつ放埒な振舞いは、計算ずくの卑劣さとかキリスト教の理念を意識的に侮蔑したものというよりは、良心とか高尚な習慣といったことからの制約をもたない奔放な活力によるものだった。モーガンはかつて、「私は大衆の世話になったことはない」と述べたが、この彼の言葉は、世間の冷たさを言っているのではなく、文字どおり彼の生活信条だった。この成金どもの時代には、ビジネスとは粗暴な仕事であり、道徳的な態度は敗北につながりやすかった。

それでは、経済学者たちはこうした状況から何を考え出したのだろうか。

さほどたくさんの考えは生まれなかった。アメリカの専門学者たちはヨーロッパの先達たちの考えを引き継ぎ、その鋳型にアメリカ社会をむりやり押し込めようとした。だが、その鋳型はアメリカに合うように造られたものではなかった。金銭をめぐっての信じられないような殺人ゲームが「勤倹と蓄積」のプロセスとして、あからさまな詐欺が「企業」として、そしてこの時代のきらびやかな浪費がたんなる「消費」として述べられた。とにかく、世の中は虚実の見分けがつかないほどに、きれいに洗い清められて描かれていた。たとえば、ジョン・ベイツ・クラークの『富の分配』のようなすぐれた教科書を読んでみても、アメリカが、大金持ちが好き勝手をしている国だとはわからないだろう。また、F・H・タウシックの『経済学』を丹念に読んでも、株式市場が操作されているという記述には出くわさないだろう。さらに、『アトランティック・マンスリー』に載ったローリン教授の論文を読めば、財をなすには「犠牲、努力、そして熟練技能」が必要であること、また、だれもが「他人を排除して自分の努力の産物を享受する」権利――そこにはダイヤモンドはもとより、立法機関をも買収する権利がおそらく含まれていた――を持っていることを教えられるだろう。

一言で言えば、表向きの経済学は言いわけをするだけで、知覚力を欠いていた。アメリカ社会の本質である過剰や贅沢から目を逸らし、無味乾燥な決まりきった文句を連ねていた。誠実さや勇気、あるいは知的能力は持ち合わせていたが、マルサスがかつて「状況や関心に対する鈍感な偏見」と呼んだ弱点を抱えていた。アメリカの経済学者は、こうした熱狂的な時代に囚われすぎていたので、経済学から距離を置き、遠くから冷静かつ明晰にこの学問を見直すことができなかった。

必要だったのは、実情に接していないことから生じる一段と明晰な展望をもって状況を考察できた、ド・トクヴィルやブライスのような異国人の目だった。そうした目を備えていたのが、生まれはアメリカだが気性はどこの市民でもないソースタイン・ブンデ・ヴェブレンであった。

奇行のかたまり

ソースタイン・ヴェブレンは、実に変わった人物だった。見かけはいかにも田舎者然としたノルウェーの農民であった。写真で見ると、髪の毛は縮れがなくすらっとし、地の精を思わせるような頭の真ん中で分けられ、やや凹んだ額に逆V字型に垂れ下がっている。抜け目なさそうで好奇心をたたえた目は、大きな鼻の後ろから凝視している。もじゃもじゃの口髭が口を隠し、短いぎざぎざの顎鬚が顎を包み込んでいる。プレスしてない厚手のスーツを着こみ、チョッキには大きな安全ピンがついている。時計をつり下げるためだ。写真では見えないが、さらに二本の安全ピンが靴下を吊るためにズボンにとめられている。この写真からは、痩せて筋ばった身体つきと、軽快な足取りで猟犬のように音をたてずに歩く様子がうかがえるだけである。

この風変わりな外見の内側には、もっと異様な人格が隠されていた。あの鋭い眼差しを見ると、同じように鋭い詮索心の持ち主のように見えるが、あの垢ぬけない外見を見れば、詮索心の鈍さを予想させるだろう。だが、外見からは、ヴェブレンの生涯の基底にあったもの、つまり社会からの孤立を示す様子は見て取れない。

孤立は病気の兆候である場合が多く、われわれの判断基準からすれば、ヴェブレンはノイローゼ患者だったといえる。それというのも、彼はほとんど神秘的ともいえる孤独な雰囲気を備えていたからだ。生涯を通じて、まるで別世界からやってきた人のように暮らした。同時代の人々にはごく自然に見えた人間の行ないが、彼にとっては人類学者の目に映る未開社会の儀式のような、魅力的かつ異国風で奇妙な行為に映った。他の経済学者——そこにはアダム・スミスもカール・マルクスも含まれる——は、自分たちの社会にとどまっていただけでなく、そこの出身者だった。つまり、自分の周りの世界を大いに賞賛したり、目に映ったことに大いに失望や怒りを感じたのだった。だが、ヴェブレンは違った。彼が住んだ騒々しい、人を押しまくるような群れなす社会で、ヴェブレンは人々から離れていた。世の動きに巻き込まれず、距離を置き、超然として私欲にこだわらない異邦人だった。

彼は異邦人なので非国教徒ではあったが、急進論者ではなかった。ヴェブレンにとって世の中は居心地が悪く、近よりがたい存在だった。しかし、宣教師が土着化するのを拒みながら、恐ろしいほどの孤独という犠牲を払い、みずからの清廉さを保って未開地に順応していくのと同じように、ヴェブレンも世間に順応した。多くの人が彼を賞賛し、大いに好意さえもったが、親しい友人は一人もいなかった。ファースト・ネームで呼べる人はいなかったし、心から愛せた女性もいなかった。

こうしたことから当然予想されるだろうが、彼は奇行のかたまりだった。電話を引くことを拒否し、本は送られてきたときの包装箱に入れて壁ぎわに積み重ねたままにし、毎日のベッドの支度をむだなことと思っていた。朝にはカバーを後ろへはねのけ、夜にはそれをまた引き伸ばした。不精のため、皿は食後も積み重ねたままにし、食器棚が空になると、積み重ねた汚れ皿の上に水道のホースをもってきて、一挙に洗い流した。また、口数が少なく、彼を訪ねてきた人がみな、何とか彼が発言するのを聞きたいと待っているときでも、何時間も黙って座っているのだった。世の中のしきたりを軽蔑し、学生には勉強の出来具合に関係なく同じ点を与えたが、ある学生が奨学生の資格を得るために高い点が必要だったときに、ヴェブレンは快くCの評価をAに変更してやった。学校側が出席をとるようにとの指令を出すと、大学の経営管理に対し密かに不満を抱くいたずらっ子であった彼は、欠席した学生のカードを机の脇に置くようにして、いかにも慎重に出席をとるのだが、出欠をとり終えてしまうと、ちょっと手元が狂ったかのように両方のカードをごちゃ混ぜにしてしまうのだった。

妙にサディスト的なところもあり、通りがかりの農夫から麻袋を借りて、その中に雀蜂の巣を入れて返すといった意味のない悪ふざけも行なった。めったにでたらめは言わなかったが、あるとき少女から彼の頭文字のT・Bは何を意味するのかと聞かれたのに対して、ぬいぐるみの熊（Teddy Bear）だと教えた。そのため、彼女は彼をそう呼んだが、ほかの人はだれもそうは呼べなかった。また、どういうわけか彼は、自分の立場を明言するのを拒んだ。たとえばある人から、ヴェブレンの編集した雑誌に載ったある社会主義者の論文について意見を求められたとき、彼は「雑誌の一ページの平均語数は四〇〇語ですが、この先生のは三七五語でした」と答えた。そして、おそらくいちばん奇妙なのは、この冷笑的で人に好かれないような人物が、女性にもてるという不思議な性格をもっていたことである。いつも一人や二人の女性と親密につき合っていたし、それも必ずしも彼のほうから積極的に出たわけではなかった。「女性が言い寄ってきたらどうする?」と人に尋ねたりもした。

人を当惑させる複雑な性格の中に閉じこもり、その捌《は》け口は一つしかなかった。それが剃刀の刃のような鋭い言葉でものを書くことであり、彼の文体はみずからによく似て、非常に込み入った、秘教的学識と用語をふんだんに盛り込んだものであった。世の中をありのままにあばき出しながら、一滴の血も漏らさないといった外科医のようなスタイルで、しかも彼の刃はよく研ぎ澄まされていた。彼は慈善について書き、それを「実用主義的ロマンスの試み」と呼び、宗教については「売ることのできる不可量物の n 次元での作りごと」と性格づけた。主な教会組織を「チェーン・ストア」と書き、個々の教会を「小売店舗」と書いた――凄味のある象徴的な言い回しではないか。

さらに、ステッキのことを「それを持つ人の手が有用な仕事ではないことに使われているという宣伝道具」と描写し、それが武器になることにもふれた。すなわち、「このような、そのものずばりの原始的な攻撃手段を携えることは、ほどほどの狂暴性を天賦されている人にとって大きな慰めとなっている」と。狂暴性を「天賦されている」とは、何と不作法な、しかし妙に納得のいくもの言いではないか。

だが、これは経済学とどんな関係があるのだろうか。この語の従来の意味とは、何の関係もない。ヴェブレンにとっての経済学は、世の中の動きを微分計算によって正当化したヴィクトリア期の上品ぶった人々の、礼儀正しく几帳面なゲームとはまったく関係なく、どうして事態がうまく収拾していくのかを説明しようとした初期の経済学者の苦心に似た点はほとんどなかった。ヴェブレンは何か別のこと、そもそも現状がそうなっているのはどうしてかを知ろうとした。したがって彼は、経済活動ではなく経済活動を行なう人々についての探究から取りかかった。構想を考えるのではなく、「企業制度《ビジネス・システム》」と呼ばれる特殊な競技場をつくり出した習慣・習俗全体から着手した。一言で言えば、彼は経済人の性質、経済的慣行・しきたりを徹底的に掘り下げた。

このほとんど人類学的な接近方法では、紳士たちがステッキを携えたり、教会へ行ったりすることに注目することが、地主たちが世間で地代と呼んでいるものを受け取っていることに注目するのと同じくらい、彼にとって重要になった。彼は、自分が生存する社会の本質を看破しようとした。そして、ごまかしや因習の迷路を限なく探究するなかで、衣装、風習、ことば、あるいは上品な慣習などにヒントや証拠となるものが見られれば、何であれ取り込もうとした。精神分析学者と同じように、何か重要だが埋もれている実体に光を当てるきっかけになると思ったことには、ほんの些細なことでも注意を集中した。また、同じく精神分析学者のように、普通とは異なり常識にも反するような意味づけを求めた。

後でふれるが、社会についての彼の考察は容赦ないものである。しかし、その痛烈さは見下そうとする気持ちから生じているのではなく、われわれがまったく無分別に信じ込んでいることを、特異な冷静さをもって評価しているのである。ヴェブレンにとってはすべてが目新しく、彼の注意を引かないようなありふれたものは何一つなく、したがってあらゆることに批判の目が向いたかのようだった。結局、異常なほど浮世離れした人だったからこそ、ステッキを見て、それが余暇をもっていることをそれとなく宣伝する用具であり、はたまた野蛮な武器でもあると見てとれるのだろう。

大学は出たけれど……

彼は常に、こうした世間離れした態度をとり続けたようである。ヴェブレンは一八五七年にノルウェーから移民してきた農家に生まれた。六人の子供のうちの四男だった。父親のトーマス・ヴェブレンは、あまり人づきあいをしない、超然とした態度の、ものごとをゆっくりと考える独立心の強い人だった。ヴェブレンは後に父親のことを、いままでに出会ったなかでもっとも立派な人だった、と書いている。母親のカーリは、心の温かい機敏で情熱的な人だった。ソースタインにアイスランドの伝説やノルウェーの英雄伝を教えたのはこの母親で、彼は生涯、これらの話に深い興味を抱いた。しかし、彼は幼少の頃から変わった子だった。怠惰で、家の仕事をせずに屋根裏部屋で読書に耽ったり、辛辣なあだ名を考え出すことに夢中になったり、なかなかにませた利発な子供だった。弟の一人は、こう述べている。「ごく小さい頃の記憶によると、兄は何でも知っていると思った。私は何でも兄に聞くことができたし、兄は何についてもこと細かに教えてくれた。その後、兄の話はつくり話が非常に多かったことに気づいたが、嘘の話でもすばらしいものだった」。

彼の異常な性格を形成したのが何であるにしても、それに加えて、彼自身とものごとを表面的に受け取る世間とのあいだに楔《くさび》を打ち込んだ躾というものがあった。彼は、質素で物に乏しい開拓者の子供として少年時代を送った。衣服は自家製で、毛織り物はなく、オーバーは子牛の皮で作られたものだった。コーヒーや砂糖はもちろん、肌着などもぜいたく品だった。だが、もっと重要なことは、外国人——異国人——として少年時代を送ったことである。アメリカのノルウェー人たちは、固く団結した孤立的な社会を形成し、そこではノルウェー語が共通語であり、真の祖国はノルウェーだった。ヴェブレンは外国語として英語を学ばなくてはならず、英語を完全に使えるようになったのは、大学へ入ってからだった。また、ヴェブレンが大学へ行くのだと実感したのは、畑から呼び戻され、まとめられた荷物が馬車に積まれて彼を待っているのを見たときだった。こうしたことは、家父長的な自己閉鎖社会に典型的なことである。

そのとき、彼は一七歳だった。彼の家が選んだ大学はカールトン大学で、そこはヴェブレン家が農耕を営んでいたミネソタ郡区の近くにあり、東海岸の文化・文明の小さな進出拠点になっていた。ルター派の牧師にしようという目的で家から送り出されたのであり、彼はカールトンが完全な宗教学校であることを知った。しかし、すでに積極的な偶像破壊者であったこの人物を手なずけたり、敬虔な雰囲気に溶け込ませたりする望みはなかった。毎週行なわれる演説会では、ヴェブレンは慣例となっている異教徒改宗の必要を説く演説を行なわず、「人肉嗜食の嘆願」とか「大酒飲みのための弁明」といった演説を行ない、教授陣を騒然とさせた。そうした堕落例を擁護するのか、と難詰されると、ヴェブレンは平然と、科学的な観察を行なっただけですと答えた。教授たちは彼の才能を認めてはいたが、ちょっと恐れをなしてもいた。彼の先生だったジョン・ベイツ・クラーク（この国のすぐれた経済学者の一人になった）は、ヴェブレンに好意をもったが、この学校には「不適格」だと思った。

この変わり種で有能な不適格者は、もっともありそうにない機会をカールトンで見出した。ヴェブレンと、大学総長の姪であるエレン・ロルフとのあいだにロマンスが花開いたのだ。彼女自身が言うところでは、彼女は知的で聡明な人柄で、二人の仲は自然の引力に引かれるように進行した。ヴェブレンはエレンにスペンサーを読んで聞かせ、彼女を不可知論者に転向させた。彼はまた、彼女はヴァイキング最初の英雄ガンジ・ロルフの後裔だと思い込んだ。

彼らは一八八八年に結婚したが、二人の間柄は波乱に富んだものとなった。与える愛をほとんど持ち合わせていなかったこの孤独な男も、女の人に世話を焼いてもらうことを必要としたようである。そしてほとんどいつも（ある美女は彼のことを「チンパンジー」と言ったが）、彼はそうした世話に事欠かなかった。だが、特定の女性がとくに大切であるというわけではなかったようだった。エレンに対してもとても忠実とは言えなかった。彼女は、時には彼の不謹慎な行動のために、時には彼女を邪険に扱ったため、そして時には彼の不可解な、殻に閉じこもった気持ちを読み取ろうとする努力に挫折して、何度も彼の許を去ろうとした。だが、何年ものあいだ、いつもヴェブレンのほうから和解を求めたものだった。突然、手に黒のストッキングをぶら下げて森の中の彼女の家を訪れ、「この衣類は奥様のものでしょうか」と尋ねたりするのだった。

ヴェブレンはカールトンを去るに際して、学問の道に進むことを決心した。だが、ここから彼の学業生活を特徴づける長い、はてしのない失望の積み重ねが始まった。確かに彼は、自分の利益を積極的に勝ち取ろうとはしなかったが、ある種の不運がつきまとっていたようだった。たとえば、かつての学生に、ニューヨークの民間福祉機関に職を得られないか調べてくれと頼んだところ、その学生は快く応じてくれたものの、結局、自分でその職に就いてしまった。だが、これはずっと後の話で、ヴェブレンはまず、ウィスコンシン州の小さなモノーナ大学に職を得た。そして、一年後にこの大学が永久に閉校となると、哲学研究の奨学金を当て込んでジョンズ・ホプキンス大学に入った。華やかなほどの推薦状があったにもかかわらず、奨学金はもらえなかった。ヴェブレンはイエール大学に移り、一八八四年に優秀な成績で博士号を取って卒業した。だが、前途には何の展望もなかった。

バルティモアでかかったマラリアを病み、特別な食事をする必要から家に戻った。しかし彼は、おとなしくしている病人ではなかった。家族がいちばん必要としているときに、馬や馬車を乗り回して家人を困らせ、また家の者に対してみんな肺病持ちだと言ったり、もっと不正直にならなければ成功しないだろうよ、と言ったりした。そして寝転んでは、のらりくらりと過ごした。弟はこう書いている。「家への忠誠と連帯とを信条としていた血統・家系に生まれついたことは、彼にとってまったく幸運だった。──ソースタインはきわめて品行方正な社会の中で、ただ一人ののらくら者だった。彼は、本を読んではぶらぶら過ごし、次の日はぶらぶらしては本を読んだ」。

政治学、経済学、社会学、ルター派の賛美歌集、人類学の論文など、彼がいろいろなものを読んだのは確かだった。だが、彼の不精さが、ますます社会からの彼の孤立を深め、その度合をいっそう深めて、彼を内向させていった。時折、片手間の仕事をしたり、実りのない発明に時を費やしたり、その頃のけばけばしい行事についてひねくれた意見を述べたり、植物の採集をしたり、父親と話したり、二つ三つ記事を書いたり、仕事を探したりした。職はまったくなかった。神学の単位をもっていなかったので、宗教大学には受け入れてもらえなかった。それに、上品さや他人に推挙してもらえるような態度を欠いていた。エレンと結婚したとき、彼女の一家は非常にがっかりしたものだが、それは一部には、彼に生計の手段を得るといった魂胆があったからだった。つまり、彼女の叔父が社長をしている「アチソン・トペカ・サンタフェ鉄道」の経済調査担当としての地位が得られることを願っていたのだ。

しかし、気まぐれな悪運が邪魔をした。その鉄道会社は財政困難に陥り、銀行団に引き取られたので、彼の就職もお流れになってしまった。アイオワ大学に就職の道が開けた。博士号があり、推薦状もあり、妻の縁故もあったので、就職は確実と思われた。が、実現しなかった。ひよわに見えたことと彼の不可知論とが、彼にきわめて不利に働いたのだ。セント・オラーフにあった別の就職口も、土壇場で断られた。運命の神々が示し合わせて彼に敵対し、彼を孤立したままにしておこうとするかのようだった。

孤立は七年続いた。この七年間、ヴェブレンは実際には読書以外、何もすることがなかった。とうとう家族会議が開かれた。いまや彼は三四歳になっていたが、これまで一度もまともな職に就いたことがなかった。もう一度、大学院で勉強して、学問の世界に入るよう試みるべきであるということに決まった。

三五歳でシカゴ大学に就職

彼はコーネル大学を選び、一八九一年、ローレンス・ローリン教授の部屋に入っていき、「私はソースタイン・ヴェブレンです」と告げた。保守派経済学の中心人物だったローリンは、きっと面食らったに違いない。何しろ、そう自己紹介をした男が、尾っぽを後ろにたらしたアライグマの帽子をかぶり、コールテンのズボンという恰好だったのだ。だが、彼には何かしらこの年配者の気を惹くところがあった。教授は総長のところへ行き、ヴェブレンが特別研究員として特別な奨学金をもらえるようにしてくれた。翌年、シカゴ大学が開校し、ローリンを経済学部長として引き抜いたが、彼は年俸五二〇ドルでヴェブレンを連れていった。ここで付け加えておいたほうがいいと思うが、ローリンが世を去ったとき、経済学に対する彼の主なる貢献は、シカゴ大学のためにヴェブレンを確保したことであるとされた。

シカゴ大学は、ヴェブレンが三五歳になって初めて職に就いたところだっただけでなく、彼が詳しく分析したいと思った社会を格別に反映していた機関でもあった。ロックフェラーがこの大学の創設者で、学生たちのあいだでは次のような囃子歌が歌われた。

ジョン・D・ロックフェラーは
すばらしい人さ
余分な小銭をみんな、
シカゴ大へくれるんだもの

この大学は、予想されていたほどには、一貫した保守主義的な方針に縛られていなかった。むしろ、実業界に生じていた企業帝国建設の化身が教育界に現われたものだった。総長のウィリアム・レイニー・ハーパーは弱冠三六歳の野心的な男で、ウォルター・ハインズ・ペイジが賞賛したように、産業の総帥というタイプだった。彼は企業家型の大学総長で、目の前に給料をちらつかせることによって、他大学の最優秀な人物を引き抜くことをためらわなかった。シカゴ大学の父親であるスタンダード石油と同じように、シカゴ大学も圧倒的な資金力によって、アメリカの知的資本の大きな部分を買い占めることに成功したのだった。

後にヴェブレンは、こうしたことすべてを辛辣に書くことになるが、この大学は同時に、知識人にふさわしい環境をも彼に提供してくれた。そこには、これまでにない正確さで光の速度を測定することになるアルバート・マイケルソンとか、生理学者のジャック・ローブ、社会学のロイド・モーガンがいた。巨大な図書館があり、経済学の新雑誌も発行されることになっていた。

ヴェブレンは注目されはじめた。彼の博識は評判を呼んだ。「あそこに二六カ国語を話すヴェブレン博士が歩いてるぞ」と言う学生もいた。後に著名な学者となったジェームズ・ヘイデン・タフツは、学生が上級学位をとるための口頭試問の会場でたまたまヴェブレンに出会ったが、そのときのことをこう述べている。「私が教室に入っていったときには、すでに試験が始まっており、私の知らないだれかが質問をしていた。彼のしゃべり方は、私がこれまで聞いたことのないほどゆっくりしたものだった。――質問の最初のほうを、質問が終わるまで憶えていられなかった。しかし、しばらくして、ここにいるのが、事の本質に触れようとする決意のほかには自分の見解をはっきり示すことなく基本的問題に迫っていくという、鋭い考え方をする人物であることがわかりはじめた」。

しかし、彼の孤独な性格を推し測ることは困難だった。彼が何を考えているのか、だれにもわからなかった。彼が本当に社会主義者なのかどうかを彼の妻に尋ねても、彼女は私にもわからないとしか言いようがなかった。彼はいつも心に鎧をまとっていた。つまり、世の中からその感情的内容をはぎ取り、彼の心の中に何とか入り込もうとしたがる人々を寄せ付けない、丁重で控えめな客観性をまとっていたのである。あるとき、「先生は何かをまじめに考えることがあるのですか」と学生が尋ねると、「あるさ、だけどこれは内緒だよ」と、こっそり言うのだった。

彼の人生の後半でのことだが、彼の人となりを説明するのに役立つ話を挙げておこう。彼はいつも、夜更けまで本を読んでげっそりとやつれた顔をして教室に入ってくると、分厚いドイツ語の本を机の上にどさっと置き、彼の唯一の虚栄である高価な紙巻タバコをふかす趣味のために黄色くなった震えるような指先で、ページを繰るのだった。

彼の学生だったハワード・ウールストン師は、その様子を次のように描写している。「低くきしるような口調で、彼は初期ゲルマン人の村落経済についての独演会を始めた。

やがて、新興貴族が使い出し、僧職者から是認されるようになった不正な法的擬制に話が及んだ。皮肉な笑みが彼の口許をゆがめ、目には憂色が浮かんだ。彼は痛烈な皮肉を交えて、貴族の望むことは神の意志であるというねじ曲がった仮説を槍玉に上げた。現代の諸制度の中にも、同じような含みをもったものがあることを示した。小さな声で笑うと、また歴史に戻り、解説を続けた」。

しかし、彼の考え方は全員に歓迎されたわけではなかった。学生の数は少なければ少ないほどよいというのが、彼の率直な気持ちだったし、討論を活発化しようなどという気はまったくなかった。それどころか、学生を追い払うことを楽しんでいた。あるとき彼は敬虔な女子学生に、あなたにとってあなたの教会の価値はビール樽で何本くらいかと聞いたり、彼の講義を熱心にノートにとっていた学生が、ある箇所をもう一度繰り返してくださいと頼むと、ヴェブレンは繰り返すほどの価値はないと答えたりした。彼はもぐもぐと喋り、とりとめなく話し、脱線してばかりいた。彼の授業はどんどん人数が減っていき、ある授業では一人の学生しか残らなかった。後に移った別の大学では、教室の入り口の掲示に「ソースタイン・ヴェブレン　月水金の一〇～一一時」と書かれていたのが、少しずつ書き換えられて、「月曜の一〇時～一〇時五分」となっていた。

とはいえ、どろんとした単調な声に熱心に耳を傾けた少数の学生にとっては、この特異な講義から得られるものは大きかった。ある学生が友人を聴講に連れてきたが、その友人は後で次のように語った。「何とも背筋がもぞもぞするようだった。まるで死人がゆっくりしゃべっている感じなんだ。あの垂れ落ちた瞼の奥に眼の光があってもなくても、ほとんど変わりなかっただろうと思う。でも、彼の講義を毎日聞いていると、この一風変わった話ぶりが、ものごとのうわっつらにはこだわらない、超然とした、そしていささか冷笑的な知性を伝えるのにぴったり合っていることがわかった。彼の超然とした、囚われのない知性は魅力的だったが、人格的には大いに問題があったように思われた。彼の学者らしい思考は驚嘆すべきもので、かつ楽しくもあった。彼はたいていの人を閉口させるほど細かいことまで記憶しており、それ自体が一つの目的になっていたけれども、……格調ある壮大な構想図を見失ってはいなかった。声は静かでも、ある見解を浮き立たせるために、ときには流行《はやり》の俗語や俗謡をきわめて効果的に用いたり、次には中世のラテン語の賛美歌を次々に引用したりもした」。

彼の家庭経済は、彼が解明しようとした政治経済と同じように混乱していた。彼は妻のエレンとシカゴに住んでいたが、ハーパー総長の機嫌を損ねるような浮いた噂が絶えなかった。ある女性と外国へ駆け落ちしかかったとき、もはや大学にとどまることは困難になった。彼は別の勤め口を探しはじめた。

彼はシカゴで一四年過ごし、一九〇三年には一、〇〇〇ドルという高給を得ていた。しかし、長い年月を無為に過ごしたわけではなく、彼の飽くなき探究心と貪欲なまでの向学心は、ようやくに実を結びはじめた。一連の輝かしい論文と二冊の注目すべき著書によって、彼の名声は国中に広まったが、それは何よりも風変わりだったからだろう。

一夜にしてベストセラーの『有閑階級の理論』

最初の著書は、ヴェブレンが四二歳のときに書かれた。当時、彼はまだ地位の低い講師だったが、この年、彼はハーパー総長に慣例である数百ドルの昇給を頼みにいった。ハーパーが、大学の名を大いに広めるようなことを君はしてないと言うと、ヴェブレンはそんなことをする気はまったくないと答えた。おそらくローリンのとりなしがなかったら、ヴェブレンは辞任していただろう。そうなったら、ハーパー総長はきわめてすぐれた宣伝媒体を失っていたはずである。というのも、ヴェブレンは『有閑階級の理論』を上梓するところだったからである。この著書が好評を博するはずだと彼が期待していたことを示す証拠はない。彼はこれを何人かの学生に読んで聞かせ、君たちは音節が多いと感じるだろうとそっけなく述べていたし、出版社が引き受けるまでに何回か書き直さなくてはならなかった。だが、予想に反して、この本は大きな話題となった。批評家のウィリアム・ディーン・ハウエルズは、二編の長い書評を書いた。一夜にして本書は、当時の知識人の必読書となった。ある高名な社会学者がヴェブレンに語ったように、「それは東部の太平楽な人々を騒然とさせた」のだった。

それまで、これほど辛辣に書かれたあからさまな分析書はなかっただけに、大きな注目を集めたのも不思議ではなかった。人々は好き勝手にページを開き、その悪ふざけっぽい洞察やとげとげしい物言いにしのび笑いをもらし、また当たり前と思われていたり、慣習や不注意な取り扱いによってすり減ってしまっていることと、滑稽、無慈悲、野蛮な要素とが密接に並置されている、いかにも風刺のきいた社会観にくすくす笑うのだった。その内容は刺激的、グロテスク、ショッキング、そして滑稽だったし、使われている言葉は精妙をきわめていた。ちょっと一例を引いてみよう。

……フランスのある王様は……、儀式を順守する道徳的精神力が強すぎたために一命を失ったそうである。玉座を動かすことを勤めとしていた家臣が居合わせなかったので、王様は何も不平を言わずに火の前に座っておられたが、その尊いお身体は元に戻らないほど火傷《やけど》してしまわれた。しかし、そのおかげでキリスト教の信者としての最高の威厳を卑しい腐敗からお守りになった。

おおかたの人にとって本書は、貴族階級の行動についての右のような風刺であり、金持ちの愚かな行ないやうぬぼれへの象徴的な攻撃にほかならないと映った。たしかに、表面的にはそう見えた。ヴェブレンはその多彩な文章の中で、有閑階級は誇示的な消費――露骨であれ微妙であれ——を通じてみずからの優越性を宣伝し、またみずからの認証印である有閑であることを人々の目の前にぶら下げることによっていっそう楽しめるという命題に尾ひれをつけた。千もの例を挙げ、「より高価なもの」は必ず「よりよいもの」を意味すると思っている態度を厳しく吟味した。たとえば、こうである。

われわれはみな、家庭での私生活においてさえ、毎日の食事を手作りの銀の食器や、高価なテーブル掛けの上の手書きの陶器（美術的な価値は疑わしい場合が多い）で食べると、精神が昂揚するように感じる。こうした面で価値あると考え慣れている生活水準からいささかでも後退することは、われわれの人間的な尊厳の悲しむべき冒瀆であると感じられる。

本書の大部分は、われわれの日常生活についてのこうした詳細な経済的精神病理学にかかわるものだった。つまり、財産にかんする諸基準が完璧に、まるで最近発掘された考古学的発見であるかのような古風な見解を加味して綴られた。本書もこのあたりまでは、だれでも面白く読めた。広告が盛んで、隣の人に負けないように見栄を張る国では、紛れもない自分の肖像画に落胆して首を振りながらも、うまく描けていると誉めざるをえなかった。

しかし、われわれの見せびらかしたがりの癖は、いかに面白く書かれていようと、あるいはいかにポイントをついていようと、この本では例示的な材料にすぎなかった。それというのも、書名から明らかなように、本書は有閑階級にかんする「理論」の研究だった。それとヴェブレンはその道の途中で立ち止まり、すばらしい地方的風景に注釈を加えたのだが、彼の関心はこの旅の終着地にあった。それはつまり、経済人とはいかなる性質をもつのか、有閑階級が生まれるような社会を経済人が築くなどということがどうして起こるのか、有閑ということ自体の経済的意味は何か、といった関心だった。

こうした問題は、古典派の経済学者ならば常識で答えられただろう。彼らは、個々人は合理的に自分自身の利益を高めようとするものである、という観点から世間を眺めた。時には、労働階級の人口増加は手の施しようがないというマルサスの場合のように、理性を欠いた人間性が優勢となることもあったが、概して人類は理性ある生物の集まりとされた。競争的闘争の中で、ある者は上層にのし上がり、ある者は下層にとどまった。そして、運がよかったとか、成功しうるほどに十分賢かった人々は、ごく当然のことながら最小限の労働ですますために自分たちの財産を利用した。この説明は非常に簡単であり、まったく筋の通ったものだった。

しかし、人類についてのこうした見解は、ヴェブレンにとってはほとんど意味をなさなかった。彼には、社会を束ねる力が合理的に計算された「私利」追求の相互作用であるとは、どうしても思えなかった。また、閑暇が本質的に労働より好ましいものだというのも、まったく納得できなかった。たくさんの本を読んだことから、彼はアメリカのインディアンや日本のアイヌ、インドのニルギリ山地の高地人やオーストラリアのブッシュマン（内陸の先住民）など、ほとんど注目されたことのない民族の生活様式にも通じていた。そしてこれらの民族は、その簡素な経済の中に有閑階級をまったくもっていないようだった。もっとずっと印象的なのは、生存の代価が労働であるこうした社会では、どんな仕事であれ骨の折れる仕事をすることで身分が低下するような気になることなく、みんなが働いた。こうした経済の積極的な駆動力となっているのは損得についての考慮ではなく、製作者としての天性の誇りや、将来の世代をおもんぱかる親心だった。人々は日々の割り当てられた仕事の成果を競い合い、労働しない状態――閑暇――は許されはしても、敬意を表されることはまずなかった。

しかし、別の種類の社会にもヴェブレンの目は注がれた。ポリネシアン、古代アイスランド人、そして日本の封建時代の将軍統治下は、別種の産業化以前の社会だった。つまり、彼らは明確な有閑階級をもっていたのだ。注目されるべきは、これらの階級は怠け者ではなかったことである。逆に、彼らは社会の中でももっとも多忙だった。ただし、彼らの「仕事」はもっぱら掠奪だった。暴力や狡猾さによって富を奪い取り、額に汗したり腕を磨いたりすることで富を現実に生産することに参加したわけではなかった。

有閑階級は見返りに何らの生産的サービスを行なうことなく物を所有したのだが、社会の十分な承認のもとにそうしたのだった。これらの社会は、非生産的な階級を養えるほどに豊かだっただけでなく、侵略好きで掠奪してくる者を誉め称えた。有閑階級にのし上がった人たちは浪費者とか掠奪者とみなされるどころか、強者であり有能な者として尊敬された。

その結果、仕事に対する態度に根本的な変化が生じた。有閑階級の活動──暴力による富の獲得──は、名誉のある高貴なこととみなされるようになった。そして対照的に、たんなる労働は軽蔑をもって見られるようになった。古典派の経済学者たちは、仕事を退屈で煩わしいものと思うのは人間に固有の本性であると考えた。これに対してヴェブレンは、掠奪心が大きな評価を受けるようになったことによって、かつては名誉ある生活様式であったものが格下げされたのだと考えた。暴力や蛮勇を賞賛し、高く評価する社会では、人間が骨折って働くことは祝福されない。

近代人は野蛮な先祖の投影

だが、こうしたことはアメリカやヨーロッパとどんな関係があったのだろうか。実は、非常に多くのかかわりがあった。というのも、ヴェブレンの目に映った近代人は、野蛮だった先祖の投影にすぎなかった。あの経済学者のエッジワースがこんな考えを耳にしたら、おぞましさに身震いしたことだろう。というのも、この考え方は、彼の言う快楽機械を、戦士、酋長、まじない医者、勇士、そして身分が低く恐れ畏まっている一般人に置き換えることを意味したからである。ヴェブレンは後年の論文で、「未開生活の規律は人類の生活史の文化的局面のなかでもっとも長く続いており、おそらくもっとも厳格なものであっただろう。したがって遺伝を通じて、人間はいまもなお野蛮な性格をもっており、それはこれからも無限に続くに違いない」と書いている。

このようにヴェブレンは近代生活のなかに過去の遺産を見たのだった。有閑階級はその仕事が変わり、その生活方法は洗練されたものになったが、その目的は変わらなかった——働かずに物を掠奪することだった。もちろん、もはや戦利品として女を求めることはしなかったし、かつてのように野蛮ではなくなった。だが、カネを求め、カネを貯め込んだことと、それを見せびらかすこと、あるいはそれとなく誇示することが、かつて戦利品の頭の皮を小屋の前にぶら下げたことの現代版となった。有閑階級は依然として昔の掠奪パターンを続けているだけでなく、個人の力量を賞賛するという昔ながらの考え方によって支持を受けた。一般の人々にとって、有閑階級は相変わらず好戦的で恐い存在だった。したがって、下層の一般人はひたすら上層の人をまねようとした。資本家はもとより、労働者も中流市民も、だれもが誇示的な金銭の支出によって——それどころか誇示的な浪費によって——みずからの掠奪的剛勇ぶりを示そうとした。ヴェブレンは、こう説明する。

「社会の目によく映るために、ある水準の、いささか基準の不明確な慣習的資産水準に達することが必要である。ずっと昔の掠奪時代に、野蛮人が肉体的耐久力、狡猾さ、武芸について、その部族のもつ水準に到達することが必要であったのとまったく同じなのである」。同じように近代社会においても、皆が卓抜な荒々しさを仲間の目に示そうと張り合っただけでなく、その過程の一部として、労働のような非掠奪的な生活手段には人間の品位を傷つけるものが付帯していることを「本能的」に感じていた。

これは、こじつけめいているだろうか。われわれは自分たちを野蛮人と考えることには慣れていないし、そんな比較はとんでもないという態度をとるか、嘲るかする。だが、そのまったくの異様さにもかかわらず、ヴェブレンの観察には核心的な真理が含まれている。上品な事務職とは対照的に、肉体労働については社会的軽蔑観がある。富の蓄積が――少なくとも成功した重役の場合には――、分別ある欲求や必要を大きく上回っているのは確かである。経済行動の動機は、行動を理に適ったことであり良識に基づくものと見た一九世紀的な飾り立てに依拠してよりも、心の奥深くに潜む不合理性に基づいたものと見るほうが、ずっとよく理解できるというヴェブレンの重要な洞察をうまく役立てるために、彼の人類学的な説明（そのいくつかは、「野蛮な生活」の「規律」とみなされているもののように、未開社会にかんする現代の研究に照らすと弱点をもつ）を受け入れる必要はない。心理的なものにせよ人類学的なものにせよ、いったいそうした不合理性とは何かということに、ここでかかずらわなくてもよい。われわれの行動を根源にまでたどっていくと、快い筋道の通った説明のはるか深奥の基層に自己を見出すものである、と言えば十分である。たとえば、アメリカ中西部の小都市についての古典的研究〔『ミドル・タウン』一九二九〕の中でロバート・リンドと妻のヘレンは、「大恐慌」の期間に、労働者階級のうちのもっとも貧しい人たちを除けば、だれもが「必要な」ぜいたく品を切り詰める前に、食料と衣料を削減したものであることを見出した。他方、現代の中流・上流階級の行動においては、誇示のための誇示の基準がどの雑誌の広告ページにもありあまるほど示されている。競争的な張り合いの病源菌に冒されていない者などいない。したがって、言葉の上だけであれば、ヴェブレンの掠奪的野蛮人という考え方は、われわれの行動・態度を理解するのに役立つ。

そしてさらに、もう一つの結論を導くことができる。人間を文明化の度合の低い野蛮人とみなす考えは、有閑階級の存在と、見せびらかしを支出の典型的な様式として認めることとを説明するだけのものではない。それは、社会的統合そのものの性質を解く糸口となる。というのも、初期の経済学者は、社会諸階級の利害が大きく異なるにもかかわらず社会を結合させているものが何かを、十分に説明できなかった。たとえば、マルクスの見解が正しく、プロレタリアが断固として真っ向から資本家に反対するのであれば、ただちに革命が勃発するのを何が妨げたのであろうか。ヴェブレンは一つの解答を提供している。

下層階級は、上層階級と一触即発の状態にあるのではなく、双方は共通した態度という、漠然とはしているが強固な絆でつながり合っている。労働者は経営者を追い払おうとするのではなく、経営者と張り合おうとするのである。労働者自身、自分たちの仕事が雇い主たちの仕事ほどには尊ばれていないことを黙認している。労働者たちの目標は、上層階級を取り除くことではなく、その階級へよじ登ることである。有閑階級の理論には、社会的安定の理論の核心が含まれている。

実業家は企業制度の破壊者

一八九九年に『有閑階級の理論』が出版されてから、ヴェブレンは経済学者としてよりも風刺家として有名になった。急進主義者や知識人は彼を賞賛したが、彼はそうした賛美を忌み嫌った。仲間の経済学者たちは、彼が社会主義者ではないかと疑い、また彼の言うことをまじめに取り上げるべきかどうか迷った。彼らが当惑したのももっともだった。それというのも、ヴェブレンはあるくだりではマルクスを誉め、次のくだりでは批判したりしたからだ。そして、きわめてまじめな社会批判が、病的なユーモアとかまったくの率直な感情と受け取られたり、ある種の知的冗談とみなされることが多かった。

だが、そうしたあいだにヴェブレンは別の著書——彼自身の定義では企業制度——に取りかかっていた。そして、知り合いのグレゴリー夫人にこう書き送った。「本書は前よりもずっとすぐれていると言ってくれる人もいるかと思えば、友人たちはこれを読んで、論点がずれていると言っています。書名は『営利企業の理論』です。私は、事実を冷静に見つめられるので、自由奔放にこの問題の理論化を行なえます」。

この新著は、一九〇四年に出た。事実に即しているかどうかはともかく、最初の著書よりもずっと才気がきらめき、ずっと好奇心をそそるものだった。というのは、本書の視点は常識に真っ向から盾つくように見えたからだった。アダム・スミスの時代から経済学者はだれもが、資本家を経済局面の推進人物と考えた。よかれ悪しかれ、資本家は経済的進歩の中心的原動力と一般に考えられた。だが、ヴェブレンにおいて、これらすべてがひっくり返された。実業家は相変わらず中心人物とされたものの、もはや駆動力ではなく、この制度の破壊者 (saboteur) として描かれたのだった。

言うまでもなく、人々を当惑させた見解を生み出すことができたのは、社会にかんする異常な展望があったからだった。ヴェブレンは、リカードやマルクス、あるいはヴィクトリア期の学者のように、人間の利害の不一致から議論を始めなかった。彼はもう一段下の、技術という非人間的な段階から説きはじめた。彼を魅了したのは機械だった。社会は機械に支配され、その規格化に巻き込まれ、その規則的な作業サイクルに従わされ、その要求する正確さと精密さに適応させられている、とヴェブレンは考えた。さらに彼は、経済過程自体が基本的に機械的性格をもっていると見た。経済とは生産を意味し、生産とは社会を、財をつくり出す機械のようにかみ合わせることを意味した。こうした社会的な機械は、各部分のもっとも効率のよい協力を確保するのに必要な調節を行なう技術者《テクニシアン》と技師《エンジニア》という監視人を必要とした。だが、全体的に見て、社会は巨大ではあるがまったく味気ない仕組み、高度に専門化し、高度に調整された人間時計という描き方が、もっともわかりやすいだろう。

しかし、実業家はこの図式のどこに当てはまるのだろうか。というのも、実業家は金儲けに関心があるのに対して、機械や技師長には財をつくること以外に目的がなかったからである。機械がうまく機能し、円滑にかみ合って動くならば、儲けることだけが目的の人の場所はどこにあるのだろうか。

そうした場所などないほうが理想的だろう。機械は価値や利潤に関心を示しはせず、財をつくり出すだけである。したがって、実業家は技師に転向しないならば、なすべき役割がないことになる。だが、有閑階級の一員として、彼は技術工学には関心がない。彼の望みは富の蓄積である。そして機械のほうは、それができるようにはお膳立てされていなかった。かくして実業家は、社会的機械の枠内で仕事をすることによってではなく、それに反対することによって自己の目的を達成した。彼の役割は財の生産を助けることではなく、生産物の規則的な流れを妨げることによって財の価値を変動させ、その混乱を利用して儲けを上げることだった。さらに、世の中の現実の生産装置が機械的な正確さを持っていることの上に、実業家は信用、ローン、見せかけの資本化といった上部構造を築いた。社会の下部では機械的な日常作業が繰り返され、上部では金融構造が支配し、ごまかしを行なった。そして金融界が揺れ動くのに伴って、絶えず利潤機会が現われたり、消滅したり、また現われたりした。しかし、この利潤追求の代価は高くついた。すなわち、みずからに糧食をあてがっていこうという社会の努力を絶えず混乱させ、台無しにし、意図的に誤らせようとさえした。

これは一見、ぎょっとするような話である。実業家が生産の利益に反した行動をとるといったことは、異端の説よりも悪いように思える。そんな話は馬鹿げている。

「泥棒貴族」の世界

しかし、この理論を、異常に偏屈で辛辣な人物がつくり上げたものとして簡単に片づけてしまう前に、ヴェブレンが彼の主題とした状況をもう一度見ることにしよう。その状況とは、マシュー・ジョゼフソンが適切にも「泥棒貴族の時代」と名づけたような状況にアメリカの産業があった時代だ。実業界の大物たちが野蛮人の首長のように権力を行使した傲慢さ、名状しがたい、罪を感じない権力については、すでに例を挙げた。また、掠奪的な目標を達成するために、徹底してとんでもないことを行なったこともわれわれは知っている。これらはみな、ヴェブレンが利用する恰好の題材ではあるが、彼が言わんとするサボタージュを十分に正当化するものではない。したがって、われわれは泥棒貴族のもう一つの欠点、つまり彼らは「財を生産することには無関心だった」ことに注目しなくてはならない。

これは、一八六八年のある出来事を例に説明できる。当時、ジェイ・グールドは「エリー鉄道」の支配権をめぐってヴァンダービルトと争っていた。これは産業史の中で大きな脚注として扱われる程度のことだが、ともかくグールドと彼の部下はハドソン川をボートで渡って逃げざるをえなくなり、ニュージャージーのあるホテルにバリケードをつくって立てこもった。だが、ここであえてこの件にふれるのは、この戦いが原始的だったことを言うためではなく、彼らが鉄道のことなどまったく眼中になかったことを言いたいからである。というのも、グールドはヴァンダービルトと戦っている一方で、現場の責任者から次のような手紙を受け取っていた。

レールがかつてないほど破損し、薄っぺらにすり減ってしまい、ジャージー市とサラマンカないしはバッファロー間では、貴兄の線路はせいぜい一マイルしか使えません。その区間は通常の乗客ないし通常の速度で列車を走らせても大丈夫です。しかし、線路の多くの箇所は、安全に通過するにはどの列車も速度を時速一〇ないし一五マイルに落とさなくてはなりません。

事故が重なったとき、この鉄道会社のある副社長は、「人々は自分の面倒をみることができるが、私は鉄道の面倒をみるだけで手いっぱいなんだよ」と言ったが、ここで彼が言いたかったのは、傾きかけた財務の支柱に突っかえ棒をすることに懸命なんだ、ということだった。

グールドも例外ではなかった。アメリカの金融黄金時代のヒーローの中で、株式、社債そして信用などの仕組みの基本になっている確固たる現実に大いに関心を抱いた者はごくわずかだった。後に、ヘンリー・フォードが生産志向の強い産業の総帥たちの時代を登場させるが、ハリマン家、モーガン家、フリック家、そしてロックフェラー家などは、財を生産するという単調なビジネスよりも、膨大な無形の資産を操作することのほうにずっと興味をもった。

たとえばヘンリー・ヴィラードは、一八八三年には実業界の英雄として広く知られていたが、その年に彼は、彼の大規模な大陸横断鉄道である「ノーザン・パシフィック鉄道」に接続するゴールド・スパイクに鍬入れを行なった。シッティング・ブル酋長（その目的のために、特別に監獄から出された）は、彼の率いるスー族の狩猟地を鉄道に正式に譲りわたした。経済学者たちは、ヴィラードの財務上の些細な失敗など、彼の天才的な組織力に比べれば何ということもないと明言した。彼を礼賛する人たちも、競争関係にあった鉄道会社のジェームズ・ヒルが書いた手紙を知っていたならば、別の考え方をしたことだろう。ヒルはもっと冷静な目でヴィラード帝国を調査し、次のように述べたのだった。「……この鉄道は立地条件がすぐれている。ある場所は豊かだし、貨物量も多い。だが、相当に水増しした資本化を行なっている。路線や勾配の選択はまったくひどいものだ。実際には、やり直すべきものだ」。

最後にもう一つの例を挙げる。それは一九〇一年の「USスチール」の設立にかんするものである。ヴェブレンの目から見ると、この合同した鉄鋼会社は、工場、熔鉱炉、鉄道、そして鉱山を翼下に置き、より効率的な調整を行なうために共通管理体制のもとで鉄鋼を生産する巨大な社会的機械だった。しかし、これは「USスチール」を設立した人たちの目にはさして重要な見方とは映らなかった。最終的には巨大な怪物となったこの会社の実質資産は六億八、二〇〇万ドルだったが、これに対して三億三〇〇万ドルの社債、五億一、〇〇〇万ドルの優先株、そして五億八〇〇万ドルの普通株が発売された。言い換えると、これは会社正味の二倍にもふくれた金融会社であり、会社資本の裏付けになるものは「ノレン」という無形資産だけだった。だが、この無形資産を作り出す過程で、J・P・モーガン社は一、二五〇万ドルの手数料を稼ぎ、優先権のある発起人の出資利益は五、〇〇〇万ドルになった。起業コストは合計で一億五、〇〇〇万ドルだった。

こうしたことも、この新しい独占会社がヴェブレンの思っていたような目的、つまり鉄鋼を供給するための途方もなく効率的な機械のために用いられたのであれば、許されていたかもしれない。だが、そうではなかった。一三年間にわたって、鋼鉄のレールは一トンが二八ドルの相場がつけられたのに対して、コストはその半分以下だった。すなわち、技術的な統合で得た利益は、架空の金融構造を維持するという堕落した目的に用いられていたのだった。

機械と技術者に着目

当時の状況に照らして見ると、ヴェブレンの理論は不自然とは思われない。それは究極的なまやかしとみなされた行為を、ほとんど野蛮人の儀式になぞらえたような形で記述したので、辛辣な印象を与えたのだった。しかし、彼の基本的なテーマは、大実業家の役割は実際に生産の機械装置を動かす人たちの役割とはおよそかけ離れたものだったという事実によって、あまりにもよく証拠づけられていた。金融のごまかしという不遜なゲームが、財の流れを促進するとともに、大きく攪乱したのだった。

まったく奇妙なことに、この『営利企業の理論』は『有閑階級の理論』ほど大きな賞賛を受けなかった。前著とは異なり、専門家の読者以外の知識人たちを心酔させるまでには至らなかった。前著よりも難しかったし、より専門的だった。さらに、しようと思えば「専門的」な経済学を著せることを学界人に示そうとしたのか、若干の数式も含まれていた。しかし、超然とした冷静な文章は、ある種の見過ごしえない敵意だった。ヴェブレンにとって実業家は、いかに彼らが、また彼らの擁護者が、その行動を需要と供給とか限界効用といった精巧な合理性で飾り立てようと、基本的には掠奪者だった。後に「産業の総帥」にかんする論文の中でヴェブレンは、彼が見たままの実業家を描いている。そこでは企業家の役割を述べる場合に常に使われた「油断なき待機」という言葉の内容を、次のように説明している。

「油断なき待機」という言葉は、分別盛りの年齢に達し、すべてを知る慈悲深い神のありがたい思し召しである運命を全うするために、ハエやクモが行き来する通り道のどこかに、自分の指定席を見つけたガマ蛙の心構えを示すために用いられるようになろう。だが、言い方を少し変えれば、健全な事業原則に基づく産業の総帥のあの分別ある指令を描写するのにも適したものだった。そうした状況に置かれたガマ蛙の顔には大きな満足感が広がっているが、その整った巨体は原理原則のどっしりした安定性を保証している。

しかし、『営利企業の理論』はそうしたレトリックを避けた。というのも、ヴェブレンは社会変革の理論を提起するという真剣な目的を心に抱いていたからである。より具体的には、それは実業家とそうした人を支えている制度の究極的な衰退にかんする理論だった。ヴェブレンは、企業指導者たちの時代は余命いくばくもなく、彼らが支配力をもっているにもかかわらず、彼らに対抗する強力な敵が登場していると思った。この敵はプロレタリアではなく（『有閑階級の理論』は下層の人々が上層の指導者たちを尊敬していることを示した）、もっとずっと執念深い機械という敵だった。

ヴェブレンは、自然現象に人間性を認める「神人同形論的な思考習慣」を機械が追い出すと考えた。機械は事実に即した、正確かつ測定可能な、迷信や精霊信仰《アニミズム》を含まない考え方を人間に押しつけた。したがって、機械による生産に接触した人々は、有閑階級を取り巻く「自然法」と社会的分化という仮定をますます鵜呑みにしにくくなった。それに、社会は金持ちと貧乏人ではなく、技術者と実業家、機械工と将軍、科学者と儀式尊重主義者というように分かれた。

後の一連の著書、とくに『技術者と価格体制』および『不在所有制と営利企業』において、ヴェブレンは「革命」について詳細に述べた。最後には技術者の一団が、企業制度の混乱を引き取るために社会の中から補強されるようになろう、というのだった。すでに彼らは生産の実質的な支配力を手中にしているが、まだ企業制度と本当の産業制度とが相容れないものであることに気づいていなかった。だがいつの日か、彼らは仲間どうしで相談し、「不在所有制の副官たち」を追い出し、巨大な、きちんと整備された生産機械の原理に従って経済を運営するようになろう。そうならなかったときには、ビジネスは掠奪的性格を強め、結局はむき出しの暴力、あからさまな特権、そして恣意的な支配が幅を利かす制度へと変質し、実業家は昔の将軍の再登場にとって代わられるようになろう。われわれはそうした制度をファシズムと呼ぶようになろう。

しかし、こうしたことを執筆していた一九二一年のヴェブレンにとって、革命はずっと先のことだった。『技術者と価格体制』の最後には、「ガーディアン紙や、不在所有者の一兵卒を構成する多数の裕福な市民の感情をかなり攪乱するような状況は、いまのところまったく現われていない」と書かれている。この「いまのところ」というのは、いかにもヴェブレンらしい。意図的に没個人的な文体をとっているにもかかわらず、彼の著作には敵意が満ち満ちている。しかも、それは個人的な敵意ではなく、また個人的に辱めを受けた人の怨恨でもない。すべてははかないものであり、儀式やまやかしはいずれ別の何かにとって代わられるだろうと思っている独特な人物の、面白がって皮肉を交えた超然たる態度なのである。

彼が述べたことの評価は後回しにして、ちょっと変わった比較をしてみよう。ヴェブレンの一般的なアプローチは、きわめて非ヴェブレン的な人物——あの異様な、半ば気の狂っているようなユートピア社会主義者であるサン・シモンを連想させる。サン・シモンも生産者を大いに賞賛し、飾りもの的な役人を嘲笑した。あるときサン・シモンが「王の弟殿下」を嘲ったことが人々の感情に衝撃を与えたに違いないことを思い起こせば、ヴェブレンが大物実業家を嘲笑したことについてのわれわれの判断もおだやかなものとなるだろう。

孤独な知的放浪

一九〇六年は、ヴェブレンがシカゴにいた最後の年だった。彼は海外で有名になりつつあった。ノルウェー国王来臨の宴会に出席し、普段になく感激してそのときのメニューを母親に送った。母親もまた、息子が国王に拝謁したことに深く感動した。だが、国内では事態は好ましくなかった。彼の女漁りは度が過ぎていたし、著書を出し、新たに助教授の地位を得たにもかかわらず、彼の行状はハーパー総長が提唱したように大学の名を広めるものではなかった。

彼は新たな職を探した。しかし、彼の名声はよい評判というよりも悪名に近かったので、別の仕事口をみつけるのは非常に困難だった。ようやくスタンフォード大学へ移れたが、ものすごい博識、非社交性、漁色癖といった評判のほうが先行していた。これらはみな、十二分に証明された。何ごとに対しても自分の立場を明らかにすることを頑なに拒否する態度に我慢できた少数の人には感銘を与え、「何でも知っていそうにはとても見えない人物」として知られるようになった。だが、彼の家の状況は変わりなかった。あるとき、彼の友人はさぐりを入れるために、彼の家に同居している若いレディのことを彼の姪と呼んだのに、ヴェブレンは「あれは私の姪じゃないよ」と言うので、事はあっさり露顕した。

彼の妻は、一九一一年に彼と離婚した。彼はどうしようもない亭主だったに違いない（彼はよく、彼に好意を寄せる女性からの手紙をポケットに入れたままにしていたので、彼女はきっとそれをみつけたことだろう）。にもかかわらず、気の毒にも彼女はこの結婚がやがては正常に戻ると考えていた。だが、一時的にはともかく、そうはならなかった。エレンは子供ができたと思ったことがあったが、ヴェブレンは大慌てで彼女を実家へ帰した。彼は、自分は父親になるにはまったく不適だと考え、家庭では男は重要ではないという人類学的な議論によって、自分の危惧にもっともらしい理由づけをした。結局、離婚は避けられなくなった。エレンは自分を憐れむ長文の手紙の末尾に、「ヴェブレン氏は、月に二五ドルを私に支払ってくれると彼のほうから約束したが、おそらく実行しないでしょう」と書いている。そのとおりになった。

離婚した年に、彼は再び転職した。今度はミズリー大学だった。ヴェブレンは友人のダヴェンポートの家に住みこんだ。この人はよく知られた経済学者で、地下室で執筆するという孤独で風変わりな男だった。この期間のヴェブレンは、多くの執筆活動を行なった。彼はシカゴ時代を回顧し、アメリカの大学についてこれまでに書かれたことのないきわめて痛烈な批評として、強い影響力をもった広報活動と、フットボールの場へと学問の場が堕落したことを、『アメリカの高等教育』という本にまとめあげた。執筆の途中でヴェブレンは半ば真剣に、この本の副題は「完全な堕落の研究」となるだろうと言っていた。もっと重要なことは、彼がいまにも戦争の起こりそうなヨーロッパへ目を向けたことだった。そして、好戦的な王朝国家のドイツをサナダムシになぞらえ、辛辣な言葉でドイツを論じた。「……サナダムシと宿主との関係は言葉で美化できるようなものではなく、また世のならいに従って大事に体内に保持しておくんだというような納得のいく形で明示できる生やさしいものではない」。帝国ドイツにかんするこの著書は、異常な運命に遭った。政府の広報局はこの本を戦争目的に利用しようと思ったが、郵政省はこの本のなかにイギリスやアメリカにとって礼を失するもの言いが非常に多いとして、本書の郵送取り扱いを禁止した。

とうとう戦争が始まると、彼はワシントンで働きたいと申し出た。ヴェブレンにとっては、愛国主義は野蛮文化の別の兆候にすぎなかったのに、彼みずからが愛国心を備えていたのだ。しかしワシントンでの彼は厄介者扱いされた。だれもが彼のことは聞き知っていたが、彼を欲しがる人はいなかった。ついには、食糧管理局の閑職に棚上げされた。だが、ここで彼は本領を発揮した。穀物の収穫を高める最善策についての覚書を書いたのだ。しかし、彼の提案は農村社会の生活様式や取引方法についての全面的な再編成を含んでいたので、「面白い」とは言われたが、無視された。また、軍事要員を増やすために、下男・

下女を雇っている人に高額の税を課すことを提案したが、これも取り上げられることはなかった。これは、いかにもヴェブレンらしい提案だった。使用人頭や下男は、「まず体力的にすぐれており、日常の仕事がもう少し彼らの筋肉を引き締め、だぶつきを減らすならば、すぐにでも沖仲士や船荷人足になれるだろう」と彼は書いた。

一九一八年、彼はニューヨークへ出て、リベラルな雑誌『ダイアル』に執筆することになった。その少し前にヴェブレンは『平和論』を上梓した。その中で彼は、ヨーロッパは、すべてが戦争につながる野蛮な動機をもった旧秩序の永続を図るか、あるいは営利制度自体を放棄するかという二者択一に直面している、と言い募った。この意見は、当初は話題になったが、やがて流行《はや》らなくなった。ヴェブレンはこの説を『ダイアル』で執拗に論じたが、号を追って部数は減少した。彼は、ジョン・デューイ、チャールズ・A・ビアード、ロスコウ・パウンドといった有名人が居並ぶ、新設の「ニュースクール・フォー・ソーシャル・リサーチ」での講義を依頼された。だが、これもうまくいかなかった。彼は相変わらず教室でもぐもぐしゃべり、最初は入り切れないほどいた学生が、ほどなく一握りほどに減ってしまった。

名声と不首尾とが奇妙に入り混じっていた。H・L・メンケンは、こう書いている。「ヴェブレン主義が、栄光に満たされ輝いていた。ヴェブレン主義者が、ヴェブレン・クラブが、世のあらゆる悲しみを癒すヴェブレン治療法といったことが出現した。シカゴでは、かつて画家のギブソンが描いた理想的なアメリカ女性が中年になり、やけになった感じのご婦人方を、ヴェブレン・ガールと称した」。だが、ヴェブレン自身には何もなかった。「ニュースクール」のロビーには彼の胸像が置かれたが、ヴェブレンが非常に当惑したことから、図書館の目立たないところへ移された。ヴェブレンには、世話を焼いてくれる人がほとんどいなかったので、いまや立派な経済学者になっているウェズリー・ミッチェルやイサドア・ルービンなど、かつての教え子たちが日常の面倒をみた。しばらくのあいだ、彼は来たるべき新しい時代、技師や技術者の時代の兆候をじっと待ち、ロシア革命がそうした時代の先駆けになるのではないかと期待した。だが、彼は現実に失望した。「ニュースクール」のホーレス・カレンが書いたように、「事態が予想したように進行しなくなると、彼は意志と関心の弱まり、……死へ向かっているような兆候を見せた」。遅きに失したことだが、彼は「アメリカ経済学会」から会長になるよう要請された。だが、「みんなは、私がそれを必要としていたときに要請してくれなかった」と言って、就任を拒否した。結局、彼はカリフォルニアに戻った。もっとも信頼のおける伝記を著したジョゼフ・ドーフマンは、西部の小さな掘立小屋にヴェブレンが到着したときに、その土地をだれかが無断で横取りしたと思ったらしい様子を述べている。「彼は斧を持ち、順々に窓を壊していった。動作は鈍いが、破壊に夢中になっている様子は狂人のようであり、怒りに駆られて突然に暴れ出したかのようだった」。だが、横取りされたと思ったのは彼の誤解だった。彼はここに住むことにした。手製のごつごつした家具は、彼に少年時代を思い出させたに違いない。粗末な作業着は通販会社「シアーズ・ローバック」から購入したものだった。一本の草であっても自然破壊はせず、鼠やスカンクが彼の足下を走り回り、彼がじっとして不運な遠い昔に想いを馳せているあいだ、小屋の中で餌を探し回っていた。

顧みれば、彼の人生は幸福にも幸運にも見離されていた。一九一四年に結婚した二番目の妻は、被害妄想にかかり、病院に収容されていた。彼の仕事は好事家たちに奪われ、経済学者からはまったく無視され、技術者たちは彼の名を知らなかった。

彼はいまや七〇歳となり、もはや執筆はしなかった。「私は、安息日は守ることに決めたのだ。安息日はすばらしい」と彼は言い張った。彼の学生だった連中が会いにきたが、彼は前よりずっとよそよそしくなっていた。多くのお世辞を受け、自称弟子たちからたくさん手紙が来た。「あなたが初期の著書を執筆されたのはシカゴのどの家だったか、またおわかりでしたらどの部屋だったか教えていただけませんか」と問い合わせてきた人もいた。また、ある人は、『営利企業の理論』を読んだ後で、金儲けについてご助言をいただきたい、と書いてきた。

一九二九年、彼は大恐慌が起こる数カ月前に世を去った。彼は遺言状を残した。それは署名のない、鉛筆で走り書きした次のような指令書だった。「私が死んだ場合、速やかに、かつあまり金をかけないで火葬し、いかなる形のものであれ葬式のようなことはしないでもらいたい。また、私の灰は海か、あるいは海へ注いでいる大きな川にばらまくこと。墓石、石板、墓碑銘、彫像、銘板、碑文ないし記念碑などを、私の記念に、あるいは私の名でいっさいつくらないこと。死亡記事、追悼記事、人物回顧、伝記、さらには私宛の手紙あるいは私からの手紙等の印刷、出版はもとより、どんな形であれ複製、模写、配布を行なわないこと」。

こうした場合の常として、彼の要求は無視された。彼は火葬され、その灰は太平洋にばらまかれたが、彼を記念する文章はただちに現われた。

毀誉褒貶を越えて

この変わった人物について、われわれはどう考えるべきなのか。

彼は極端に走ったなどということは、指摘するまでもない。たとえば、有閑階級の特徴についての彼の記述は、あるページではきわめてすぐれた描写になっているが、次のページでは滑稽に描かれてる。彼がわれわれの認めている美の基準の中にある富という物言わぬ要素を取り上げるとき、つまり、「紳士の帽子やエナメル革の靴などの華やかな光沢は、すり切れた袖口に見られる同じような光沢よりも本質的な美しさをもつものではない」と冗談っぽく述べるとき、彼はまっとうな根拠に基づいているのであり、われわれの審美眼に対して下された俗物根性というこの判決をおとなしく受け入れざるをえない。しかし、

「倹約が牛のイメージとほとんど不可分に世間で連想されることは、この動物を装飾的に使うことへのおきまりの障害になっている」といった彼のもの言いは、次第に馬鹿げた調子になっていく。これにたまりかねたようにメンケンは、ヴェブレンのことをこう批判した。「この天才教授は大問題を考えながら田舎を散歩したことがあったのだろうか。そして、その散歩の途中で牛のいる牧場を横切ったことがあったのだろうか。横切りながら、牛の後を通ったことがあったのだろうか。後ろを通るときに、注意せずに歩いたのだろうか……」。

実業家についてのヴェブレンの特徴づけ、さらに言えば有閑階級自体についての性格づけに対しても、まったく同じような批判ができる。アメリカ資本主義の黄金時代における金融界の大物が泥棒貴族だったことは疑いない。それについてのヴェブレンの描写は、粗削りではあるものの、気持ちの悪いほど真実に近い。しかし、マルクスと同様にヴェブレンは、営利制度がイギリスの君主制とよく似て、大きく変革した世界に順応していくであろうことを真剣に追求しなかった。さらに言えば、ヴェブレンの考えでは、生活の全面的な再編成主である機械が労働者の思考過程を変えてしまうのだが、それとまったく同じに、企業家の役割の性格を変え、実業家自身が巨大な機械の作動を管理する人としての責務により、いっそう官僚的な鋳型にはまっていかざるをえなくなるとまでは彼は考えなかった。機械に対するヴェブレンの傾倒ぶりは、ちょっと首をかしげさせるところがあるのは確かである。ほかの面ではあれほど抒情性に欠けた哲学者に似つかわしくないものだった。機械はわれわれに即物的な考え方を強いるだろう。が、それは何についてなのか。「モダン・タイムス」においてチャーリー・チャップリンは、幸せな、あるいは順応性の高い人ではなかった。技術者の一団がわれわれの社会をもっと効率的に運営するかもしれないが、もっと人間的に運営するかどうかは別問題である。

だが、ヴェブレンは変化の中心的なプロセスを正しく指摘した。そのプロセスは、当時のどのプロセスよりも大きく立ちはだかっていたのだが、不思議なほどに同時代の経済学者の研究テーマから見逃されていた。このプロセスとは、近代における社会変動の主たる駆動力としてテクノロジーと科学が登場したことであったが、それが制度の力として大規模に出現したことは、本質的に近代を特徴づけるものであった。かくして彼の視点は、経済的なものであると同時に、何重にも歴史的なものだったのである。ヴェブレンは、技術時代の重大さは歴史のどの時点よりも大きいと考え、機械が生活のごく細部にまで、そして長い期間にわたって浸透していくことが、動物の飼育や都市での生活を学んだことに匹敵する革命を伴っていると考えた。見つかるまではっきりしなかったことを発見した大発見者がみなそうであるように、ヴェブレンもせっかちにすぎた。何世代も、何世紀にもわたるようなプロセスが、数十年あるいは数年で完成すると期待したのだ。だが、機械が当時の経済生活の根本的事実であると見て取ったことは彼の功績である。そして、このまばゆいばかりの洞察のゆえに、彼は世俗の思想家に列せられるはずである。

そしてまた、ヴェブレンは経済学にも世の中を見据える新しい目を提供した。日常生活の慣習にかんするヴェブレンの野蛮めいた記述の後では、行儀のよいお茶会のような新古典派的社会描写はますます行ないにくくなった。ヴィクトリア期の学派に対する彼の嘲りは、次の文章に辛辣に表れている。「熊手を持ち、魔術的な呪文を唱えながら、貝を取るために海草のあいだや波打ち際をじゃぶじゃぶ動き回っている一群のアリューシャン列島の人々は、……地代、賃金、利子の快楽主義的均衡という曲芸を行なっているのだ」。そして、原始的人間の争いを、血の通わぬ枠組みに当てはめることによって解決しようとした古典派の試みを嘲笑ったとともに、近代人の行動を、不完全で陳腐化した一連の先入観から導き出された言葉によって理解しようとすることの無意味さを強調した。人間とは、生来の狂暴性と創造力とが合理性の口実の下に覆い隠している、上手に組み立てられた「経済法則」によって理解されるべきものではない、とヴェブレンは述べた。人間を論じるには、人類学者や心理学者の、世辞の少ない、より根本的な語彙を用いたほうがよい。つまり、人間とは強力で不合理な衝動をもった、軽信的で粗野で儀式好きな生き物なのである。上辺だけ整った作り話を捨て、人間はなぜ現に行なっているような行動をとるのかを解明することを彼は経済学者に求めたのである。

ヴェブレンの弟子であり、みずからも偉大な経済学者だったウェズリー・クレア・ミッチェルは、彼のことをこう要約している。「ヴェブレンの影響力は人心を攪乱するものだった。学生が知らず知らずのうちに身につけた日常的な常識を、また学生の日常的なもっともありふれた考え方を、まるで外からの力でみずからの内部に築かれた奇妙な産物であるかのように事細かに分析した、よその世界からの訪問者だった。環境が及ぼす名状しがたい強力な圧力から知性を解放し、探求の領域をこれほど拡大したこのような人物は、これまで社会科学の分野にはいなかった」。

第九章　J・M・ケインズが打ち出した異論

繁栄から一転、大恐慌へ

死の数年まえソースタイン・ヴェブレンは、彼の人柄からいうといささか奇妙と見えることに手を染めていた——株式相場の世界に身を投じたのである。友人がある石油銘柄を推奨していて、老後の貯えを考慮したヴェブレンは、貯蓄の一部を注ぎこんでみることにした。当初この賭けは小金をもたらした。だが、とりついて離れぬ悪運に、彼は悩まされることとなる——値が上がるや否やその株は、流布しつつあった石油疑獄に巻きこまれてしまったのだ。結局のところ彼の投資は、価値なきものとなった。

この出来事は、それがヴェブレンの鎧兜《よろいかぶと》にもう一つの小さなひび割れがあることを暴露した点を除けば、それ自体は重要事とは言えない。だが、この哀れをさそう不幸な出来事は、別の文脈においてはかなり暗示的である。というのも、ヴェブレン自身が、アメリカの目がくらんだのと同様の眩しい誘惑の犠牲となったからである。もっとも醒めた監視者である彼でさえ、繁栄をもたらす錬金薬液《エリキシル》をひと飲みにする誘惑に負けていたのだから、アメリカがすでに酔い痴れていたとしても不思議ではない。

確かに、繁栄の兆候はだれの手のうちにも明らかにあった。一九二〇年代末期のアメリカは、四、五〇〇万の国民に職を与え、賃金・地代・利潤・利子の形で約七七〇億ドルを与えた。これは、それまで世界が体験したことのない所得の洪水だった。ハーバート・フーヴァー大統領は大まじめに、「神の御加護のもと、間もなくわれわれがこの国から貧困を追い払う日がやってくる」と言い放ったが、そのとき彼には先見の明がなかったかもしれない――だがだれにそんなものがあったろう――。しかし彼がそう判断したのは、平均的なアメリカの家庭が、それまで世界史上のいかなる平均的家庭よりもよい住居を持ち、よい食事をし、よい衣服を着て生活の快適さを満喫したという、議論の余地のない事実をよりどころとしていたからだった。

アメリカは、新たな自画像にとらわれていた。それは、一九世紀後半のアメリカの、泥棒貴族と呼ばれた悪徳資本家の海賊のごとき理想よりも、はるかに心を昂ぶらせるものだった。民主党委員長のジョン・J・ラスコブが『レディース・ホーム・ジャーナル』に書いた記事のタイトル「皆が豊かになるはずだ」が、これに的確な表現を与えている。ラスコブは書いた。「もし週に一五ドルを貯蓄し、一般的な優良株に投資するならば、二〇年後には少なくとも八万ドルと、月に四〇〇ドルほどの投資収入を得るだろう。つまり金持ちになるのだ」と。

この計算は、年に約六%とみこまれる配当を再投資し続けるだけのことを前提にしている。ところが、金持ちになるためには、さらにずっと魅力的な方法もあった。もし、ラスコブ方式の信奉者が、配当金は使ってしまったとしても、資産をただ株価の趨勢にまかせて増やしていたならば、同じ速さで、しかももっとずっと少ない苦労で、資産目標額に達していただろう。かりに、週に一五ドルの割で貯蓄してつくった七八〇ドルで一九二一年に株を購入したとしてみよう。一九二二年までにその金は、一、〇九二ドルの価値を持つことになる。それから毎年七八〇ドルをさらに追加していったならば、一九二五年には四、八〇〇ドル、もう一年後には六、九〇〇ドル、一九二七年には八、八〇〇ドル、そして一九二八年には、驚くなかれ一万六、〇〇〇ドルになっていただろう。信じがたいだろうが一九二九年の五月までならば、この世での資産は、二万一、〇〇〇ドルを上回る額にもなっていた――一九八〇年代ならば、その一〇倍の価値はもとうという金額である。その偉大なる強気相場がほとんど途切れることのない上昇を半世代〔一五年〕近く続けていた当時において、これこそは金持ちへの王道と考えたからといって、責めるのは酷というものだろう。床屋も靴みがきも、銀行家もビジネスマンも、皆が賭け、皆が勝ったのである。たいがいの人にとって心にあったただ一つの疑問はといえば、なぜこんなぼろい儲けを以前には思いつかなかったのか、ということだけだった。

その後何が起こったかをくどくどと書く必要はないだろう。一九二九年一〇月、あの呪われた最終週に相場は暴落した。株式取引のフロアにいた仲買人たちにとってそれは、まるで突然ナイアガラが窓を突き破ってあふれ込んできたようなことだったに違いない。抑制のきかない売りの奔流が、市場に集中したのである。すっかり疲労困憊した仲買人たちは、泣き、そして襟を引きちぎり、莫大な富が綿菓子のように融けるのを、麻酔でも受けたかのように見守った。そして買い手の注意を引こうと、声をからして叫び立てた。当時の薄気味悪いジョークが、事の事情をよく物語っている——ゴールドマン・サックスの株を買えば一株ごとにピストルが景品としてついてくるとか、ホテルの部屋を予約すると係の者が「お休みが目的ですか、それとも飛び降り自殺用ですか」と尋ねるとか。

屑の山が一掃されたとき、破滅の跡は見るも無惨だった。狂乱のふた月のうちに、市場はそれまでの躁病のごとき二年間に得たすべての基盤を失ってしまった。四〇〇億ドル分の価値が、きれいさっぱりと消え去ったのである。三年目の終わりまでに、投資家の二万一、〇〇〇ドル相当の手形の財産は、その八〇％が目減りしていた。当初の七、〇〇〇ドルの貯蓄が、わずか四、〇〇〇ドルの値打ちしかもたなくなったのである。「皆が金持ち」という幻想は、妄想にすぎなかったことが暴露された。

振り返ってみれば、それは避けがたい出来事だった。当時の株式市場は、蜂の巣のような貸付資金のうえに成立していたが、ぎりぎりのところで何とか緊張をしのいでいたものの、これ以上の負荷には耐えかねていたのだ。それどころか、華麗なる繁栄のショーを支えていた舞台の基礎には、ぐらつく角材や朽ちた木材が含まれていた。ラスコブ委員長が唱えた退職者のための資産づくりの算式は、算術的にはなるほど十分に正確なものだった。だがそれは決して、たかだか三〇ドルしか得ていない平均的な労働者が、給料袋からいかにして一五ドルを捻出して貯蓄にまわすのか、という肝心な疑問を想起させはしなかったのである。

国民所得の洪水は、嵩《かさ》の点では確かに疑う余地なく堂々としたものであったが、その流れのゆくえを幾百万の末流にまでたどってみるならば、国民が全体としてその流れから受け取った利益が非常にむらのあるものであったことは明らかである。社会のピラミッドの頂点に位置する約二万四、〇〇〇の家庭が得た所得の流れは、最下層に押し込まれた六〇〇万の家庭の所得の三倍もあった。頂上にある幸運な家庭の平均収入は、下層家庭のそれの六三〇倍だったのである。しかも、これだけが欠点というのではない。際限のない繁栄の馬鹿騒ぎのなかで軽んじられたのは、職のない二〇〇万の市民の存在であり、古典的な大理石の門構えの内側で顧みられなかったのは、崩壊までの六年間、日に二件の率で銀行が倒産し続けていたことだった。そのうえ、平均的なアメリカ人たちは、その繁栄を潰すように利用していたのだった。彼らは首までどっぷりと賭けの世界につかりきり、分割払い購入の誘惑に導かれて資金の使いみちを危いところまで押し広げ、途方もない量の資産――約三億株と推定される――を、即金でではなく思惑買いで、つまり信用取引で買いあさり、その運命を決定的なものにしてしまったのである。

経済学者もお手上げ

避けがたい出来事であろうがなかろうが、それは当時において、予想もつかないことだった。国民が基本的には健康であることを確信させるような、何らかの典型的なしるしとなるニュースが現われない日はほとんどなかった。イエール大学のアーヴィング・フィッシャーのような傑出した経済学者でさえ、繁栄の皮相的な証拠に惑わされて、われわれは「どこまでも高くそびえたつ高原」を行進しているのだと公言した。フィッシャーがそう言ってから一週間で、株価がその高原の崖っぷちから落ちることになったという事実は、その言を死の踊りのごとき不気味なユーモアとしたのであるが。

それは劇的な出来事ではあったが、繁栄が永久に続くという確信に固く結びついている世代の信頼をもっとも傷つけたのは、株式市場の暴落ではなかった。各地で起きたことこそが、衝撃的であった。この凄まじい数年からいくつかの記事を引けば、それがよくわかるだろう。インディアナ州のマンシー――「ミドル・タウン」〔リンド夫妻が一年半にわたり滞在し、住民の生活を多方面において描いて社会学の古典となった一九二九年の著作名〕に選ばれて有名になった都市――では、一九三〇年の終わりまでに工場労働者の四人に一人が失業した。シカゴでは、女性労働者の大多数が二五セント以下の時給しか稼げず、その四分の一は一〇セント以下だった。ニューヨークのボワリー通りだけでも、毎日二、〇〇〇人からの失業者がパン支給の列に群がっていた。国全体では、住宅建設は九五％も落ち込み、九〇〇万の預金口座が消失し、八万五、〇〇〇の企業が倒産した。国民総額でいって給料は四〇％、配当は五六％、賃金は六〇％低下した。

最悪だったのは、つまり大恐慌でもっとも気が滅入った面は、それに終わりが来ず、転換点もなく、救いがなく思えたことだった。一九三〇年には国民は『幸せな日がふたたび』という曲を雄々しく口笛で吹いたが、国民所得は八七〇億ドルから七五〇億ドルへと急激に下がった。一九三一年には国中が『五ドルを手に入れた』を歌っているうちに、所得は五九〇億ドルに落ち込んだ。一九三二年の曲はもっとひどく、『兄弟、一〇セント分けてくれよ』。国民所得は哀れにも四二〇億ドルに減っていた。

一九三三年には国民は、実際のところ疲れ果てていた。国民所得は三九〇億ドルまで下がっていた。ほんの四年まえの繁栄の半分以上があとかたもなく消え去り、平均生活水準は二〇年前に逆戻りしていた。一、四〇〇万の失業者は街角に、家の中に、失業者収容地域にうずくまり、国を悩ませた。アメリカのあの誇り高き希望の精神は、永久に崩れ去ったかと思われた。

もっとも耐えがたいのは、失業だった。数百万に上る無職の人々は、国家の活力を維持する血液循環を止める栓のごときものだった。多数の失業者が厳然と存在するということは、制度のどこかに欠陥があることを、いかなる教科書よりも力強く主張していた。それにもかかわらず経済学者たちは苦しみ、もがき、知恵を絞り、アダム・スミスの霊に訴えかけたが、診断を下すことも治療を施すこともできなかった。失業は——とくにこの種の失業は——この制度が患う可能性を持つと目される病のリストには、まったく入っていなかった。それは馬鹿馬鹿しく、理にかなわず、したがって起こりえないことだった。だが失業は確かに存在したのである。

救世主の登場

不十分な生産量と空しく職探しをする人々とが同時に存在するという矛盾を解こうとするような人間は、左翼でプロレタリアートに強い同情を寄せる経済学者であり、怒れる男だろうと考えるのは、筋が通っているように思えよう。けれども、これほど事実からかけ離れたことはない。この問題に取り組んだのは、喧嘩腰なところのまったくない、およそディレッタントというべき人物だった。彼はあらゆる方面の才能を持ち合わせていた。たとえば彼は、バートランド・ラッセルが「いくら高く評価してもしすぎにはならない」と宣言した、数学的確率論にかんする深遠な書物を著していた。そのうえ難解な論理を駆使する技能を金儲けの才覚に結びつけて国際的な金融・商品取引を行なうという、富をなすにはもっとも当てにならないやり方で、五〇万ポンドの財産を築き上げた。より印象的なのは、彼が数学の論文の多くを書いたのは役所勤めのいわば片手間仕事としてであり、私財を築くのに専念したのは、ベッドにもぐっていた、一日のうち半時間だけだったという点である。

だがこれらは、彼の多様な才能のほんの一例にすぎない。彼はもちろん経済学者であり、その地位にふさわしい威厳と学識を備えたケンブリッジ大学の学監だった。しかし妻選びでは、学問のある女性を避けて、ディアギレフ〔ロシアのバレエ演出家〕の著名なバレエ団のプリマドンナを選んだ。彼は、イギリスのもっとも前衛的な知的俊英の集まりであるブルームズベリー・グループの寵児であったと同時に、知的奔放さで注目を浴びることなどほとんどない人生を送る者が適任であるような生命保険会社の社長職につくという芸当をやってのけた。

彼はデリケートな国際外交問題にかんしては安定した大黒柱といった存在だったが、役人風の律義さを備えていたからといって、ヨーロッパの他の政治家たちがもっているような愛人やノイローゼや金銭的偏見についての知識にうといわけではなかった。彼は後の流行に先駆けて近代美術の収集を行なっていたが、それと同時に個人レベルでニュートンの筆跡を収集することにかけても世界一という古典愛好家でもあった。劇場を経営し、またイングランド銀行の頭取にもなった。ルーズヴェルトやチャーチルはもとより、バーナード・ショーやパブロ・ピカソも彼の知己だった。彼は投機家らしく、ブリッジでは手堅くコントラクトするよりも派手にプレイするのを好み、また統計学者らしく、独りトランプをする際にはゲームをひと通り終えるのにどれぐらいの時間がかかるかを念頭においていた。彼はかつて、「人生に一つだけ悔いを残した」と述べたことがある——「もっとたくさんシャンペンを飲めばよかった」と。

若き日のケインズ

彼の名は、ジョン・メイナード・ケインズ。一〇六六年のウィリアム・デ・ケインズという先祖までたどることができる、イギリスに古くからある名前（レインズ rains とおなじ韻で発音される）である。ケインズは伝統主義者だった。偉大さは家系に伝わるという考えを好み、事実、彼自身の父ジョン・ネヴィル・ケインズは、息子が生まれながらに父の才を引き継いだと言える著名な経済学者だった。とはいえ、その息子について説明するには、通常の親譲りの才能という以上のものが必要だった。それはまるで半ダースもの人の才能が、幸運な偶然によって一人の人間に押し込められていたかのようだった。

彼は一八八三年、ちょうどカール・マルクスが死んだ年に生まれた。だがこのように時間的に互いに接しており、ともに資本主義システムの哲学に甚大なる影響を与えもした二人の経済学者は、極端に異なった存在だった。マルクスは冷酷な物言いをし、追い詰められた感じを漂わせ、重苦しく、希望を失った男だった。周知のように、彼は「破滅に向かう資本主義」を構想した。ケインズは自分の愛した人生を、軽快に気楽に、そして完璧に首尾よく乗り切って、「存続の見込みある資本主義」の建設者となった。おそらくわれわれは、崩壊にかんするマルクスの情熱的な予言の下地に、彼の実生活の特徴であった神経衰弱を見ることができるだろう。一方、再建にかんするケインズの説得力ある売り込み手腕には、彼の実生活の特徴である陽気さと栄達を見ることができる。ケインズの少年期はヴィクトリア期に当たり、その保守的な空気を吸って、輝ける才能の開花を予感させていた。四歳半にしてすでに彼は、独力で利子の経済的意味の解読につとめていた。六歳のとき彼は、自分の脳がいかにして働くのかについて関心を抱いた。七歳のとき父は、息子が「一人前の愉快な話し相手」だと気づいた。彼はグッドチャイルド私立予備校なる学校に通ったが、そこでは同級生たちをあやつる勘のよさを発揮した。彼には、難しい宿題を手伝ってやる代償として教科書を抱えて従順に後につき従う「奴隷」がいたし、気にくわぬ生徒とは「通商協定」を結んでいた。すなわち、図書館から週に一冊ずつ本を借り出してきてやることと引き換えに、ケインズ一行の半径一五ヤード以内には近づかないことを承諾させたのである。

一四歳になってイートンの奨学金を得た。イギリスのパブリック・スクール〔おもに上流階級の子弟を教育する全寮制の私立中・高等学校〕にまつわる怪談とは逆に、彼はサディスティックに虐待されることも、知的に抑圧されることもなかった。彼は花開くがごとくに栄え、抜群の成績をおさめ、高得点によっていくつかの賞を得、ラベンダー色のチョッキを買い、シャンペンの味を覚え、前かがみかげんに背高く、口髭をたくわえ、ボートを漕ぎ、手ごわい論争家となり、スノッブになることなくイートン狂となった。だが、わずか一七歳で父親に書いた手紙には、年齢にそぐわぬほどの洞察力が示されている。ボーア戦争がクライマックスを迎え、校長が訓辞を垂れたが、ケインズはそれを五つの言葉にあますところなくまとめてみせたのである。「例のたわごとさ。感謝の念を示せ、学校の威厳を自覚せよ、何をするにも最善を尽くせ、つねに態度を変えるな」。イートンでは大成功だったが、ケンブリッジ大のキングス・カレッジでは大勝利を得た。アルフレッド・マーシャルに専任の経済学者になるよう請われたし、マーシャルの後継者として嘱望されていたピグー教授には週に一度朝食に招かれた。ユニオンの書記長に選出されたが、このポストについた者には自動的に、世界でもっとも名高い民間の討論会のひとつの会長の座が用意されることになっていた。レナード・ウルフとリットン・ストレイチー（ケインズはのちにその愛人になった）に見出され、かくして後世ブルームズベリー・グループとして知られることになる集団の中核ができあがったのである。ケインズは登山し（ストレイチーは低級な山が多かったとこぼしていたが）、書物を買い、明け方まで議論にふけり、異彩を放っていた。彼は鬼才だった。

だが、いかなる鬼才も食わねばならぬ。というわけで何をするかが問題となった。彼にはほとんど金がなく、そして学者商売は収入の見込みには縁遠いものだった。そこでもっと大きな見通しを立てることになる。ストレイチーへの手紙で言う、「鉄道を経営するかトラストを組織するか、悪くとも公共投資をたぶらかすくらいはやらかしたい。こうしたことの原理をマスターするのは実にたやすいし、魅力的でもある」。

だが、だれも鉄道やトラストを彼に提供しなかったし、「たぶらかす」というのはケインズの想像力の不信心な一面を示したにすぎなかった。彼はその代わりに、成功への公的ルートに挑むことにした。彼は文官試験を受けたが、あからさまに無関心な風を漂わせていたので、ストレイチーの妹が、その無頓着は恰好をつけているのかと尋ねたほどだった。だが、そうではなかった。彼はすっかり答えを書いたので、苛立つ必要などなかったのだ。一〇番以内の成績で合格すると確信していたし、もちろんその通りになった。順位は二番だったが、試験の点数のうちで最低は経済学だった。彼は後に「明らかに、私に比べて試験官たちは経済学を知らなかったのだ」と弁明しているが、そうでなかったとしたら、これは見過ごしがたいほど生意気な言いぐさである。だがこの場合は、確かにその通りなのだった。

こうしてケインズは、一九〇七年にインド省に出向することになった。彼はこれが嫌だった。もっとも活発なエネルギーを、家で数学の論文の草稿を書くことに注ぎはしたものの、官庁の下っ端役人の地位と鉄道経営とでは雲泥の差があると思った。二年が経ち、彼はいよいよ耐え切れなくなった。彼が言うところによると、自分の努力の成果は血統書つきの種牛をボンベイに送ったことだけであり、官庁勤めで知ったことといえば、不穏当な発言は鼻であしらわれるということだけだった、とのことである。彼は辞職してケンブリッジ大学へ戻った。だが、役人として過ごした日々がまったく無益だったわけではない。

インドの事情について学んだところを彼は一九一三年の『インドの通貨と金融』に書いたが、これはだれもがちょっとした傑作だと認める書物であり、同年にインドの通貨問題を調査するために王立委員会が創設された際、二九歳のケインズは委員に加わるよう要請された。これは大変な名誉だった。

ケンブリッジのほうがずっと彼の性格に合っていた。彼はすぐさま頭角を現わし、彼への敬意を示すものとして、イギリスでもっとも有力な経済関係の刊行物である『エコノミック・ジャーナル』誌の編集を任された——彼はこの地位に、三三年間座り続けることになる。

ケンブリッジよりもなお楽しかったのが、ブルームズベリーだった。ブルームズベリーというのは、場所であると同時に気分でもあった。かつてはケインズが一学生として所属していたこの小さなインテリ集団は、いまや住所と哲学と評判とを獲得していた。この魅力的なサークルに属していた者の数は、おそらく二〇名から三〇名を出ない。ところが、彼らの見解がイギリスの芸術の世界における基準を定めることになっていた。結局のところ、そこにはレナードおよびヴァージニア・ウルフ夫妻、E・M・フォースター、クライブ・ベル、ロジャー・フライ、リットン・ストレイチーが属していた。ブルームズベリーを微笑させた詩人であればその名は世に認められ、眉をひそめさせれば評判は地に落ちることとなった。一説によるとブルームズベリー・グループは“really”という語の発音を一五種類使い分けたそうである。だが彼らが退屈を洗練で紛らわそうとするのは、これで終わりではなかった。このグループは、理想主義的であると同時に皮肉屋であり、勇敢であると同時に打たれ弱かった。そしていささか狂ってもいた。ドレッドノート艦上のいたずら事件というのがあって、ヴァージニア・ウルフ(当時はスティーヴン)と数人の共謀者たちが、アビシニア皇帝とその側近の衣装を身につけ、皇帝陛下のもっとも警戒厳重な戦艦の一つに栄誉礼をもって護衛されつつ乗り込んだのである。

こうした事件では常にケインズが中心人物であり、アドバイザー、カウンセラー、そしてレフェリーを兼ねていた。彼は何ごとを話すにつけても自信満々であり、作曲家のウィリアム・ウォルトンや振付師のフレデリック・アシュトン、その他多くの芸術家や専門家たちが、ケインズから「いやいやそれは違う、君は完全にまちがってるね」といつも言われていた。付け加えていうと、彼のニックネームはポッゾで、これは多方面への関心と謀略心で知られるコルシカの外交官にちなんで付けられたあだ名である。

以上が、後に資本主義世界の耳目をそばだてさせることになる人物の、いささかディレッタント風の人生の幕明けだった。

ヴェルサイユ条約を批判

戦争の歳月はブルームズベリー・グループに、いささかの分裂を起こさせた。ケインズは大蔵省に招かれ、イギリスの海外金融担当を命じられた。ここでも彼は鬼才の一面を披露したに違いない。後年になって昔の同僚が物語った逸話が当を得ている。「スペイン貨幣のペセタが急に必要になったことがある。苦労の末に少額がかき集められた。ケインズはほっとして胸をなでおろした大蔵事務官にこのことを正式に伝え、その事務官は『ともかくもこれで一時的にはペセタが手に入ったね』と言った。『とんでもない』とケインズは答えた。『何だと』。上司がぎょっとすると、ケインズは、『全部売っ払っちゃいました。相場を崩してやろうと思いましてね』と答えた。実際に、相場は崩れた」。

ケインズはじきに大蔵省の鍵を握る人物となった。彼の伝記を初めて書いた同僚経済学者のロイ・ハロッドが言うように、円熟した判断力をもつ人々が、ケインズはいかなる民間人よりも戦争に勝つことに貢献した、と述べていた。それはともかく、彼は他のことに向ける時間も捻出していた。経済使節としてフランスへ行ったとき、ケインズは次のような着想を得た。すなわち、もしフランスがイギリスのナショナル・ギャラリーへ絵画を何枚か売却するならば、フランスの対イギリス貿易勘定を好転させるのに役立つだろう、というのである。

こうして彼は、イギリスのために何十万ドル相当のコロー、ドラクロア、フォラン、ゴーギャン、アングル、マネを購入し、自分用にはセザンヌを一枚入手した。ドイツの四二センチ巨砲がパリを砲撃しており、値段は喜ばしいほど下がっていた。ロンドンへ戻ってからケインズはバレエ観劇に出かけた。『陽気な貴婦人』で美人の役を踊ったリディア・ロポコヴァは大人気だった。シットウェル家がロポコヴァをパーティーに招き、そこでケインズは彼女と出会った。ケインズが高尚な英語をしゃべり、リディアが英語と高尚な格闘を演ずるありさまが想像できる。

けれどもこんなことは主要な問題からはずれている。主要な問題はヨーロッパの戦後処理だった。ケインズはいまや重要人物となっていた。国の元首の座の陰に立ち、適切な言葉を囁く、黒幕のひとりだった。最高経済会議の大蔵大臣代理として全権を委任され、また平和会議では大蔵省代表としてパリに向かった。けれども彼は、梯形《ていけい》編隊の第二位を占める存在でしかなかった。彼は正面観覧席で見てはいたが、ゲームに直接口出しする権限は与えられていなかった。ウィルソンがクレマンソーに裏をかかれ、人道的な平和への熱意が懲罰的な平和の実現にとって代わられるのを目のあたりにして、彼は欲求不満と何も口を出せないことで煩悶したに違いない。

ケインズは一九一九年の母親への手紙に書いている、「前にだれかに手紙を出してから、何週間か経ったはずです。それなのに、僕はまったく疲れ果てています。仕事が大変なのと、つきまとう不運に気が滅入っているからです。この二、三週間ほどみじめな気分を味わったことはありません。講和条約はひどいもので、お話になりません。これでは、後は不幸が待ち受けているだけです」。

彼は病床にあった身をひきずり起こし、彼言うところの「ウィーンの人殺し」に抗議したが、事態のなりゆきをとめることはできなかった。この講話条約はカルタゴ人にとってのものと同じ結果を生むことになった。ドイツは巨額の賠償金を支払わねばならなくなり、それゆえポンドやフランやドルを獲得するために、もっとも成果の上がらない国際貿易を行なうはめになったのである。もとより一般的見解ではないが、ヴェルサイユ条約はドイツに、独裁政治と軍国主義をより強力な形で復活させようとする刺激を知らず知らずのうちに与えているのだと、ケインズはにらんでいた。

彼は絶望のうちに辞任した。そして条約が調印される三日前に、これに反対する論戦を開始した。彼はこの主張を『平和の経済的帰結』と題したが、これが一二月に発表されるや（彼は怒りにまかせて最高速度で書き上げたのだ）、彼の名は世に知れわたるところとなった。

この本は実に鮮明に書かれ、読む者を圧倒する勢いをもっていた。ケインズは主役たちが実際に活動しているさまを見ていたし、彼らを描写するにあたっては小説家の技法とブルームズベリーの批評家の鋭い洞察力とを結びつけて用いていた。たとえばクレマンソーについてケインズはこう書いている。「彼にとってフランスはただ一つの幻影であり、人類は、彼自身の同僚たちも例外なく含めて、ただ一つの幻滅だった」と。そしてウィルソンについては、「オデュッセウスのように、彼は座っているときのほうが賢そうに見えた」

と。このようにケインズの人物描写は輝いていたが、忘れてならないのは、予想される悪い帰結についての分析だった。というのも、ケインズはかの平和会議を、ヨーロッパの全体的な統合と機能を復活させるという焦眉の課題を完全に無視した、政治的遺恨の無謀な清算だと見ていたからである。

四巨頭会談は、これらの問題には一切注意を払わなかった。他の問題に心を奪われていたのである。クレマンソーは敵国の経済生活を粉砕することに、ロイド・ジョージは一週間ぐらいは国民の気持ちをなだめておけそうな何物かを自国に持ち帰るよううまく取引することに、ウィルソン大統領は公明正大でないことはいっさい何事もすまいということに、心を奪われていた。ヨーロッパは彼らの眼前で餓え、解体しつつあったのだが、そのようなヨーロッパの根本問題がほかならぬ四巨頭の関心をまったく呼び起こさなかったということは、驚くべき事実である。経済の領域に彼らが足を踏み入れたのは主に賠償のためなのであり、そして彼らは賠償問題を、自分たちがその運命を操作している諸国家の経済的将来という視点以外のすべての観点から、つまり神学や政治や選挙時の言い抜け手段の問題として処理したのである。

これに続けてケインズは、次のようなおごそかな警告を発している。

したがって、われわれが直面している危険は、ヨーロッパ諸国の人々の生活水準が一部の人々にとっては実際の飢餓を意味する点(ロシアではすでに到達し、またオーストリアでもほぼ到達しかかっている点)にまで急激に低下することである。人間は、必ずしももの静かに死ぬとはかぎらないであろう。飢餓は、ある種の無気力と救いがたい絶望感をもたらすけれども、同時に他の気分もかきたてて、不安定な神経のヒステリー状態や、狂気の絶望感をもたらすからである。そして、これらの人々は、その苦難のあまりに、組織の僅かな残りの部分をも覆し、個人の打ち克ちがたい欲求を必死に満足させようとする企ての中に、文明それ自体をも埋没させてしまうかもしれないのである。これこそが、今やあらゆるわれわれの資力と勇気と理想主義とが相協同して、それが防がなければならない危険なのである。(『平和の経済的帰結』早坂忠訳、一部改訳)

本書は、大成功だった。条約がうまく働かないことは、ほとんど調印の瞬間から明らかだった。だが、このことを見抜き、口にし、即座に改定するよう示唆したのは、ケインズが初めてだった。彼は図抜けた予見力をもつエコノミストとして知られるようになり、一九二四年になって、一九一九年からの行き詰まりを切り開くという長い道のりをドーズ案が歩みはじめたとき、彼の予言の才は確認された。

ロシアのバレリーナと結婚

彼はいまや著名人だったが、何をなすべきかという問題は残っていた。彼はビジネスを選んだ。それもあたうかぎりリスクの高いビジネスを。数千ポンドを資金として、国際市場で投機を始めたのである。彼はほとんどその全額をすってしまったが、面識はないが戦時中の彼の著作に感銘を受けたある銀行家からの融資に助けられ、損失分を取り戻し、さらには当時の金で二〇〇万ドル相当の財産を築き上げた。それはすべて、まったくの無手勝流でなしとげられた。ケインズは内部情報《インサイダー》なるものを、軽んじていたのである。事実、彼は次のように断言したことがある。ウォール街の証券屋たちも「内部」情報など無視さえすれば巨万の富を築けるのに、と。その代わりに彼を導いた御託宣は、バランス・シートの精緻な吟味であり、彼の金融にかんする百科事典的な知識、人物を見抜く直感、そしてある種の取引勘だった。朝まだベッドにいるうちに彼は新聞で金融情報の記事をさらい、意思決定をし、電話で注文する。それでおしまいだった。起床後の一日はもっと重要なこと、たとえば経済理論に向けられた。デーヴィッド・リカード研究はさぞかしうまく運んだことだろう。

ところで、彼は自分のためだけに金儲けをしたのではなかった。彼はキングス・カレッジの会計係になり、三万ポンドの資金を三八万ポンドに増やした。投資信託を経営し、生命保険会社の財務指導をした。

そうこうするうちに——ケインズの場合、いつも一時に二つ以上のことが進行していたが——、彼は『マンチェスター・ガーディアン』に寄稿し、ケンブリッジでは、無味乾燥な理論に国際商品市場におけるやり口や雰囲気に詳細な評価を加えるという味付けをほどこした正規の講義をもち、さらに絵と本を買い、そしてリットン・ストレイチーやダンカン・グラント、その他数多くの男性の愛人たちとの乱れた生活の後に、リディア・ロポコヴァと結婚した。このバレリーナはケンブリッジ大学の学監の妻となったが、この新しい役柄をこなしきって、ケインズの友人たちにちょっとした驚き（と安心）を引き起こした。もちろん彼女は職業上の経歴を断ってしまったのだが、彼女を訪ねた友人が後に伝えるところによると、階上からドシンバタンとびっくりするような音が聞こえたという。リディアは、なおも芸に磨きをかけていたのである。

彼女は大変な美女だった。一方、彼は求婚するのに本当にふさわしい人物だった。ハンサムではなかったが、背が高く威厳があった。彼の大きくていくぶん不格好に見える体格は、面長で三角の、詮索好きそうな顔を載せるのにぴったりの台座となっていた。その顔には、真直ぐ通った鼻筋とイートン時代からずっと蓄えてきた刈り込んだ口髭、ふっくらしてよく動く唇、そしていささか期待外れの顎がある。瞳はもっともよく彼の人物の何たるかを表わしていた八の字型の眉の下で、時に厳粛に、また氷のごとく冷たく、火花を散らしてきらめき、そしてある編集者が言ったように「青い花に集まるミツバチの腹部のように柔らか」だった。これらの特徴は、政府の使節や投機家、ブルームズベリーの鬼才ないしバレエ狂など、演じる役柄に応じて現われるのだった。

ケインズにはひとつ奇妙な癖があった。彼は中国官吏のイギリス人版のような座りかたをするのを好んだ。両手をコートの反対側の袖に突っ込んで見えないようにするのである。これは手を隠そうとする仕種だったが、それがまったく奇妙に見えたのは、彼は他人の手にひとかたならぬ関心を示し、自分の手には誇りを持っていたからである。事実、この癖が昂じて彼自身の手と妻の手の鋳型を作るに至り、さらには友人たちの手の鋳型も作って収集したいとまで言いだす始末だった。彼が人に初めて会うとき、まず最初に注目するのは、その人の掌と指と爪の特徴についてだった。後に、初めてフランクリン・ルーズヴェルトと対談したときには、この大統領について次のような人物描写を書き留めている。

……だがもちろん最初は、私はこういったものをじっくりと見はしなかった。というのも私の視線は、自然と彼の手に集中していたからである。しっかりしていて相当強そうではあったが、器用とか精巧とかいうのではない、ビジネスマンの指先に見かけるような短めの丸い爪をしていた。私にはうまく言い表わすことができないが、これは（私の眼には）さほど際立った爪とは映らないものの、さりとてありきたりのものでもない。とはいえ、それは妙に親しみを感じさせる類のものだった。私はそれを以前、どこかで見たことがあるのだろうか。忘れてしまった人の名前を思い出すのに少なくとも一〇分間は記憶を探っていたため、私は銀や均衡予算や公共事業について自分が何をしゃべっているのか、ほとんど上の空だった。そしてとうとうその名が頭に浮かんだ。それはエドワード・グレイ卿だったのだ。彼の爪は、エドワード・グレイ卿のをもっと堅く、そしてアメリカ風にしたものだった。

もしもルーズヴェルトが、自分が他人の目から見てイギリスの外務大臣のビジネスマン版として総括されているのを知っていたのなら、フェリックス・フランクファーターに出したような手紙を書いたかどうか疑わしい。その手紙にはこうある。「K〔ケインズ〕との対談はすばらしかった。私は彼がすごく気に入った」。

景気循環の解明に取り組む

一九三五年までに彼はすでに輝かしい業績を築き上げていた。『インドの通貨と金融』は離れわざのごとき力作だったし、『平和の経済的帰結』は小さな作品ではあったが画期的な成功をおさめ、『確率論』ははるかに専門的であるにもかかわらず同様の賞賛を得た。

『確率論』については、面白い挿話がある。あるときケインズは、マックス・プランクと共に夕食をとっていた。プランクといえば、人類の精神が生み出したもっとも途方もない業績のひとつである量子力学を進展させた当事者であり、数学の天才である。その彼がケインズのほうに向きなおって、僕はかつて経済学を専攻しようと考えたことがあるんだが、そうはしなかった——経済学はあまりに難しかったんだ、と言った。ケインズはケンブリッジに帰り、この話を友達に面白そうに聞かせた。「何だい、それは、変な話だな」と友達が言うと、ケインズは答えた。「つい先だってバートランド・ラッセルが言うんだ。自分も経済学をやってみようかと思ったことがある。だけどあんまりやさしすぎると判断したんだ、とね」。

だが人も知るように、彼にとって数学は余技にすぎなかった。一九二三年に出版した『貨幣改革論』は、再び世間を瞠目させた。いまやケインズは金《きん》への物神崇拝《フェティシズム》に攻撃の焦点を絞るようになった。すなわち、人々が通貨の意識的な管理を放擲して、そこから生じる責任を国際金本位制度という無人格の機構に転嫁しようとしていることで明らかになった奇妙な盲従を痛罵したのである。これはもちろん専門的な書物だったが、ケインズのすべての著作に見られるように、ちりばめた警句で輝いていた。イギリスの金言集に、次のような苦い言葉がつけ加えられるに違いない。著名なある経済学の公理の「長期的」な帰結についてふれたとき、ケインズはこう冷たく言い放ったのだ。「長期的には、われわれは皆死んでしまう」。

そうこうするうちに『貨幣改革論』を完全なものとするため、彼は一九三〇年に『貨幣論』を出版した。これは、経済の全体の動き方について説明するもので、長い年月をかけ、困難にして起伏に富み、時には才気に溢れ、時には挫折を余儀なくされた試みである。『貨幣論』は、魅力的な本だった。というのも、それは論点の中心に、なぜ経済はこんなにむらのある動きをするのか、なぜ繁栄に賑わったかと思う間もなく不況に沈みこむことになるのか、という疑問を据えたからである。

もちろんこの疑問は、過去数十年にわたって経済学者の関心を引きつけてきた。投機相場の大々的な崩壊、つまり一九二九年の恐慌やそれ以前の歴史上の前例（一例を挙げると、ミシシッピ会社が倒産した当時の一八世紀フランスのような）などはさておくとしても、通常の取引過程が波のごとく膨張と収縮を繰り返すことは自明であって、それは経済が呼吸をしているといった類の比喩にはおさまりきれないものだと思われた。イギリスの例を挙げてみよう。景気は、一八〇一年に悪く一八〇二年によく、一八〇八年に悪くて一八一〇年によく、一八一五年にまた悪くてと、こうしたことが都合一〇〇年以上にわたって起こってきたのである。この波動のパターンはアメリカにもあてはまっていて、日時の点で多少のズレが見られるだけだった。

好況と不況の交替の陰には、何が潜んでいるのだろうか。当初、景気のサイクルは大衆の神経錯乱のようなものだと考えられていた。ある評者は一八九七年に、「このような周期的な崩壊はその本質においてまったく心理的なものであって、落胆から希望へ、興奮から失望へ、さらには錯乱へと至る変動に依存するものである」と書いている。けれども、こうした論説がウォール街やロンバート街、ランカスターやニューイングランドの心理状態をいかに疑いの余地なく巧みに描き出していたとしても、そこでは根本的な疑問が不問に付されたままだった。何が広汎に神経的ヒステリーを引き起こす原因だったのだろうか。

初期の説明のいくつかは、経済過程の「外」に解答を求めた。本書で以前にも少し触れたW・スタンリー・ジェヴォンズは、その原因を「太陽黒点」に負わせるという説明をあえて採った。ただし、これは一見して思われるほどにはこじつけのアイデアではない。というのも、ジェヴォンズは、一七二一年から一八七八年までのあいだの景気循環が、ある好況から次の好況までに要する一〇・四八年という時間を平均して持続していること、そして黒点の循環（これは一八〇一年にウィリアム・ハーシェルが発見した）もまた一〇・四五年の周期を示していることに関心を惹かれたからである。この相関の緊密性にはただならぬものがあり、とても純粋な偶然ではありえないとジェヴォンズは確信していた。彼の考えでは、太陽黒点の循環は天候の循環を引き起こし、それが降雨の循環となり、ついで穀物収穫の循環につながり、景気循環の原因となるのである。

ある一点を除けば、この理論は悪くない。黒点の循環をより厳密に計算してみたところ、その周期が一一年に延びてしまったため、天体の力学と景気の気まぐれとのあいだにあると思われた整然たる呼応にひびが入ってしまったのである。こうして黒点は天文学の軌道をたどり、景気循環を動機づける要因の探求は、もっと地上に足をつけた考察に立ち帰っていった。

事実、景気循環の研究は、一世紀前にマルサスが初めて、曖昧ながら直感に基づいて指摘した分野、すなわち貯蓄の領域に戻っていった。マルサスの疑惑、すなわち貯蓄をすればその結果なぜか「一般的過剰供給」になるという不明瞭な感覚を、われわれは思い起こすだろう。これをリカードは嘲笑い、ミルは鼻にもかけなかった。このアイデアは悪評を受け、不名誉であぶない戯言の一つとなってしまった。貯蓄が面倒の種かもしれないなんて言えば、おい、それじゃ倹約をけなすことになるじゃないか。これはまったく不道徳な話だ。アダム・スミスも書いているではないか、「個々の家庭のすべてがなす行為のうちで分別あることが、一国の行為として愚かということはありえない」と。

けれども初期の経済学者たちが、ある経済にとって貯蓄がつまずきの石かもしれぬということについて思いを巡らすのを拒んだとき、彼らは道徳の伝道に耽っていたわけではない。ただ、現実の世界で事実を熟視していただけなのである。

というのも一八〇〇年代の初め頃は、貯蓄を行なう主体と貯蓄を使う主体がおおむね同一だったからである。リカードやミルの階級間の圧力が強い世界では、貯蓄する余力をもつのは事実上富裕な地主や資本家に限られており、彼らのかき集めた貯蓄は通常どんな額であれ、いったん活用されるとなれば、何らかの意味で生産的といえる投資機会に投入された。それゆえ貯蓄が「蓄積」と呼ばれたのにはそれだけの理由《わけ》があったのであり、この語はコインの両面を象徴していたのである。つまり、一面ではそれは貨幣額を蓄積することを意味し、他面ではより多くの貨幣を獲得するために道具や建物、土地を購入するのに資金として使うことを表現していたのである。

だが一九世紀も半ばになると、経済の構造に変化が生じた。富の分配が進み、それにつれて貯蓄の可能性が社会のより多くの成員に向けて開かれていった。と同時に事業が拡大し、制度化が進行した。そこで新たな資金源として、個々のオーナー社長のポケットマネーだけではなく、次第に国中の名もなき貯蓄者たちの財布が当てにされるようになっていった。こうして貯蓄と投資は互いに離れてゆくことになった。これらは、別々のグループが果たす別々の機能となってしまったのである。そしてこれが経済の中に困難を導き入れる火種となったのである。結局、マルサスは正しかったのだ。もっとも、その理由については彼は予測できなかったのだが。

マクロ的理論分析前夜

ここでいう困難は、不況という問題の核心をついていて、非常に重大なものである。それゆえこの点を明らかにすべく、いま少し時間を割かねばならない。まずは、一国の繁栄をどのような尺度で測るべきかを理解することから始めなければならない。それは金《きん》では測れない。貧困に疲弊するアフリカには、金は長年にわたり豊富にある。またそれは、物的資産でも測れない。一九三二年には、建物や鉱山、工場そして森林が蒸発してしまっていたわけではない。繁栄と不況は、過去の栄光というよりも現在の実績の問題なのである。したがって、これらはわれわれの得る「所得」によって測られるのである。われわれの大半が個人として(集計していえば全員が)高所得を得ているときには、国は富んでいる。個人の(もしくは国民の)所得総計が下がれば、われわれは不況にある。

しかし所得——国民所得——は静学的な概念ではない。実際、経済を特徴づけるものの中心にあるのは、手から手へと渡る所得の「流れ《フロー》」なのである。人々が何かを購入するときはいつも、所得の一部が他人の懐へと移転している。同様にわれわれ自身の所得も、賃金であれ給料であれ、地代、利潤、利子であれ、もとをたどればだれか他人が費やしたカネから生じたものである。自分の得ている所得について考えてみよ。それがだれか他人の懐から出てきたものであることがわかるだろう。

経済が絶えず活力を蘇生させるためには、おカネをぐるぐる回すこと——互いに他人の洗濯物を引き受け合うと表現されてきた——が必要である。現在では、所得を循環させるというこの過程は、まったく自然にかつ滞りなく広範囲に生じている。人々は皆、所得の大半を、自分で使ったり楽しんだりするための財――いわゆる消費財――の購入に当てており、かなり一貫した規則性をもって人々が消費財を買い続けることが、国民所得の循環を保証しているのである。人間は食べなくては、そして着なくてはならない。また人々は娯楽を切望する。これらのことが、人々の規則正しく着実な支出を保証するのである。

ここまでは、すべてがまったく簡単で、直接的である。けれどもわれわれの所得のうちで、直接市場へ出てきて他人の所得になることのないような部分がある。それが、貯蓄だ。もし人々がこうした貯蓄を敷き蒲団のなかに縫い込んだり、現金の形で蓄めこんだりしたなら、明らかに所得の流れの循環を塞き止めることになるだろう。そんなことをすれば、人々が社会に還元する分が、社会から受け取る分を下回ることになるからである。もしこのような凍結の過程が広まり、そして継続するならば、人々のあいだをめぐるにつれてその額は減ってゆき、人々の貨幣所得の落ち込み分が漸増してゆくであろう。こうしてわれわれは、不況に悩まされることとなる。

だが所得の流れのこうした危険な断裂は、通常は起こらないものである。というのも、貯蓄は凍結されないからである。貯蓄は株式か債券もしくは銀行へ投入され、この経路から再び利用可能となる。つまり、もし新規発行の株式を買うのならば貯蓄は直接事業へ注ぎ込まれるし、貯蓄を銀行に預けるならば資本を求める実業家への貸し付けに利用される。

貯蓄を銀行預金するにせよ保険や証券の購入に当てるにせよ、こうした貯蓄には、事業活動を経由して所得の循環に還流する経路が開かれている。それは、貯蓄が事業に渡って支出されると、再びだれかの賃金や給料、利潤に形を変えて現われるからである。

しかし、次の重大な事実に注目していただきたい。この貯蓄と投資をつなぐ経路には、何ら「自動的な」部分はない。事業は日常の業務のために貯蓄を必要とするのではない。日常業務の出費は、販売収益からまかなわれる。事業が貯蓄を必要とするのは、ただ業務を「拡張する」場合に限られている。その理由は、通常の収入からは一般に、新工場を建設したり設備を充実させるに必要な資本が捻出されないからである。

そしてこの点で、例の困難が生じる。倹約的な社会は、常にその所得のある部分を貯蓄しようとするだろう。けれども、事業は常に業務を拡張できるわけではない。事業の先行き見通しが悪いときには、その理由が特定の市場における超過供給にある場合であれ、憂慮すべき国際状況にある場合であれ、インフレーションに対する事業家たちの神経過敏にある場合であれ、その他いかなる理由であろうとも、投資衝動は萎えてしまうだろう。将来に不安を抱いている時に、事業家たちが設備を拡張しなければならない理由はない。

そしてここに、不況が生じる可能性が存在する。もしも拡張しつつある事業会社の投資に貯蓄が使われないならば、人々の所得は減少するに違いない。ちょうど退蔵することで貯蓄を凍結した場合の結果と同じように、われわれは縮小の螺旋運動に落ち込むだろう。

そんな不測の事態が、本当に発生するのだろうか。それはおいおい明らかになるが、その前に、これは奇妙で醒めた綱引き合戦なのだということに注意していただきたい。ここには、強欲な地主も欲深な資本家もいない。そこにはただ、周到さゆえに所得のある部分を貯蓄しようと試みる、よき徳をもつ市民と、新たな機械の購入や工場の建設から生まれるリスクを冒すことに事業状態が保証を与えるか否かの判断を慎重に下す、よき徳をもつ事業家がいるだけである。ともかく、経済の命運はこれら二つの分別ある意思決定の結果にかかっているのだ。というのも、もしそれらの意思決定がかみ合わないならば——たとえば社会が貯蓄しようとする額よりも少なくしか事業家が投資しないならば——、そのとき経済は不況に適応しなければならないだろう。好況か不況かという重大問題は、何をおいてもこの点にかかっているのである。

貯蓄と投資の相互作用《インタープレイ》に弱点をもつわれわれの運命は、ある意味では経済的自由を享受するために支払わねばならぬ対価である。こんな問題はソビエト・ロシアには存在しなかったし、ファラオ時代のエジプトにも存在しなかった。というのも、指令に基づく経済においては、貯蓄と投資はともども上で決められ、国民の貯蓄がピラミッドや発電所への融資に活用されることを保証するのは、国民の経済生活全般にわたる管理だからである。けれども、資本主義の世界では事情が異なる。そこでは貯蓄への意思決定も投資への衝動も、ともに経済主体たち自身の自由意志に委ねられているからである。そしてこれらの意思決定が自由であるがゆえに、かみ合わぬという事態もまた起こりうるのである。そこでは貯蓄を吸い上げるには投資が過小であったり、投資を支えるには貯蓄が過小であることが起こりうる。経済的自由は、いかにも望ましい状態である。だが不況や好況においては、われわれはありうべき結果に対処しうるだけの準備をしておかなければならないのである。

われわれは、危うくジョン・メイナード・ケインズとその著作である『貨幣論』を見失うところだった。だが、まったく見失ったというわけではない。『貨幣論』は貯蓄と投資のこのような上下運動《シーソー》について、きらめく筆致で解説している。この考え方はケインズの独創ではない。名を連ねれば長くなる数多くの経済学者たちが、景気循環におけるこれら二つの要因の決定的な役割について、これまでにも指摘してきた。ところがケインズが取り上げたもののすべてがそうであったように、経済学が行なう抽象化も彼の綴る散文にかかると次のような光輝を放つ。

> 世界の蓄積された富は、われわれが倹約と呼んでいるもの、すなわち消費の直接的な享受に対する個人のまさに自発的な禁欲により、つらい想いをして築き上げられてきたもののように、通常は考えられてきた。しかし単なる禁欲が、それだけで、都市を築いたり沼沢を排水したりするのに十分でないことは、明らかなはずである。

……世界の財産を築きまたそれを改善するものは、企業的活動である。……もし企業的活動が目覚めて起きているならば、倹約がどうなっていようとも富は蓄積され、またもし企業的活動が眠っているならば、倹約が何をしようとしていても富は荒廃する。（『貨幣論』小泉明・長澤惟恭訳）

ところが、その見事な分析ゆえに、『貨幣論』を書き上げるや否やケインズは、たとえて言うとそれをみずから破り捨てた。というのも、貯蓄と投資の上下運動《シーソー》という彼の理論は、中心点の一つにおいて瑕疵《かし》を示していたからである。それは、経済がいかなる理由で長引く不況状態に「停滞」しうるのかを説明していなかったのだ。実際、シーソーの比喩がまさに指し示すように、余剰貯蓄の重みで下がった経済はただちに体勢を立て直し反対側へ振れるに違いないと、この理論は考えていたのである。

なぜなら、貯蓄と投資——倹約と企業——は、完全に切り離された経済活動ではなかったからである。それどころか、両者は事業家が貯蓄を「買う」か少なくとも借り入れる市場、つまり貨幣市場において結びつけられていたのだ。貯蓄には、他のすべての財と同様に価格がある。それは利子率である。したがって貯蓄があふれ出る不況のどん底においては、その価格は下がるだろう。それはちょうど靴が超過供給されたときに値を下げるのと同じことだ（と考えられた）。そして貯蓄の価格が下がるにつれて、つまり利子率が下がるにつれて、投資への「誘因」はいかにも増すように思われた。工場を新たに建てることは、資金を得るのに一〇%の費用がかかるときには高くつきすぎるとしても、五%の支払いだけですむときには収益が上がりそうに見えるのではないだろうか。

そこでシーソー理論は、貯蓄が過剰になると借り入れが楽になり、それゆえ事業の投資意欲が増すというような自動安全装置が、景気循環に正しく組み込まれていることを約束するかのように見たのである。経済は縮小するかもしれない、だが必ずや盛り返すだろう、とこの理論は言う。

ところが、こうしたことが大恐慌では起こらなかった。利子率は下がったが、何ごとも起こらなかった。古くから伝わる妙薬――少量なら局部の痛みが消え、一服したなら待つだけで希望が湧くという――を持ち出してきたのだが、依然として患者は快方に向かわなかった。貯蓄と投資の上下運動《シーソー》が均衡を保つよう常に上空を浮遊するという、利子率の小ぎれいな定式化は、論理的ではあれ明らかに何かが欠けていた。経済はその背後に、何か他のものも抱えこんでいるはずなのだ。

『一般理論』の生誕

ケインズの名著は、時間をかけて熟成されつつあった。ケインズはジョージ・バーナード・ショーの提案を受けてマルクス、エンゲルスを再び繙いてみたが、ほとんど好みに合わず、一九三五年にショーに手紙を書き送っている。「私の気分を理解していただくためには、……私が書きつつある経済学理論にかんする書物は、世間の経済問題についての考え方に、突然にとは思えないが、この先一〇年もたてば広く革命を引き起こすものだと私自身が信じていることを、あなたに知ってもらわねばなりません。……私は、現段階であなたや他のだれかがこのことを信じてくれると期待してはおりません。けれども私にとっては、いま述べたことはたんなる希望ではないのです。心の中で私は、そう強く確信しているのです」。

そしていつものように彼は、まったく正しかったのだ。その本は、爆弾のごときものとなったのである。だが、もしショーがこの本を味読しようとしたとしても、きちんと理解したかどうかは疑わしい。まず『雇用・利子および貨幣の一般理論』というタイトルからして近づきがたい雰囲気をかもし出しているが、その中身となるとなおさらである。次のようなくだりで、ショーが目を回すところが想像されよう。「N人を雇用した場合に得られる産出物に対する総供給価格をZとしよう。ZとNの関係は　$Z=\phi(N)$　と書かれ、これは総供給関数と呼ばれる」。これでもまだ皆を仰天させるところまではいかないというのなら、素人がスミスやミルやマルクスを一読したのちに期待するようになる社会的行為のパノラマが、そこにはまったく見られなかったことを付け加えよう。あちこちにすばらしい文章が散見される――そこには株式の選択を美人コンテストの勝者選びにたとえた有名なものもある——が、こうした章句は代数と抽象分析の砂漠の狭間から、オアシスのように現われるのである。

とはいえこの本は革命的だった。革命的という以外には、適当な言葉がみつからない。それは経済学を足下からひっくり返した。ちょうど『国富論』や『資本論』がそうだったように、『一般理論』の結論は、人を驚嘆させ狼狽させるようなものだった。結局、自動安定装置などは存在しない。経済は常に立ち直ろうとするシーソーというよりは、むしろエレベーターに似ている。昇降することができ、また完全な静止状態で止まることもできる。通過空間《エレベーター・シャフト》の最上階でも、途中階でも、同様に静止できるのである。言い換えると、不況は自己回復力を持っていないかもしれないのである。経済は、風が凪《な》いで進めなくなった船のように、いつまでも停滞したままでいることができるのだ。

だが、いったいどうしてこんなことが起こりうるのだろうか。不況のどん底で貯蓄の洪水が利子率を押し下げ、一転してこれが工場の拡張のために事業に安く資金を使わせる誘因となるといったことは起こらないのだろうか。

ケインズはこの議論の欠陥を、もっとも簡単で明白な（いったん指摘されてしまえばのことだが）経済生活上の事実の中に見出した。すなわち、「桶の底には貯蓄の洪水などない」ということである。というのも、ある経済が錐《きり》もみ状態に落ち込んでゆくときに生じるのは所得の縮小であり、所得の縮小につれて生じるのは貯蓄の圧縮だからである。皆が困窮しているときに、皆が繁栄していたときと同じ額だけ社会が貯蓄することなど、どうして期待できようか。ケインズが問い質したのはこのことだ。そんな期待を抱いてはならぬことは、明々白々である。不況の結果は貯蓄の供給過剰ではなく、貯蓄の枯渇であり、貯蓄の洪水ではなく、貯蓄の流れが細くなることであろう。

事実、その通りだった。一九二九年にはアメリカ市民は私人として所得から三七億ドルを貯蓄したが、一九三二年と一九三三年には一ドルも貯蓄しなかった。実際は、以前に貯蓄していた分をとり崩しさえしていた。好況の頂点では、税金と配当を支払ったのちにも二六億ドルの儲けを出して貯め込んでいた会社が、三年後には六〇億ドル近くの赤字を出した。ケインズが正しかったことは、きわめて明白である。貯蓄は、貧窮にはあらがいえぬ一種のぜいたく品だったのである。

けれども、こうした貯蓄の減少がもたらすもっと重大な帰結は、貯蓄減少に伴って個人の安全が損なわれることさえ上回る大きな意味を持っていた。その重大な帰結とは、経済は、ダイナミックであることがもっとも求められるまさにそのときに、麻痺状態に陥ってしまうということである。というのも、もし余分の貯蓄が存在しないならば、事業家に借りる意欲を持たせるような利子率への圧力も存在しないだろうからである。またもし借入れと投資支出が存在しないならば、拡張する意欲を持たせる刺激も存在しないからである。経済は、いっこうに動こうとしないだろう。失業している男女と停止している工場・設備が存在するというのに、経済は「均衡」状態を続けるのだ。

その結果が、豊富の中の貧困という逆説であり、労働力と機械力の異例の空費である。不況のどん底においては、財の緊急な必要と生産不足とのあいだに冷酷な矛盾が生じる。けれどもこの矛盾は純粋に道徳上の事柄である。というのも、欲望は常に夢と同じほど大きく、経済は人間の欲望を満たすために活動するのではないからだ。経済は需要を満たすために財を生産するのである。需要は人の財布と同じほど小さいのだ。かくして失業者は経済的にはほとんど無に等しい。つまり、失業者たちは、市場に与える全経済的影響力から言えば月に住んでいるのと同然である。

もちろん、いったん投資が減少し経済規模が縮小すると、社会的不幸が現われてくる。だがそれは、ケインズが指摘するように、「有効な」社会的不幸ではない。国民の良心は、十分な投資に代わるものとして効率的に働こうとはしないだろう。むしろ貯蓄が投資とともに減少したために、経済の流れは、かつてよりも小さくなったという事実の影響を全然受けないままで、一様に取引されるだろう。

実際、これは奇妙な事態である。悪役なき悲劇なのだから、貯蓄は明らかに私的な徳なのだから、だれも貯蓄にかんして社会を責めてはならない。同様に、成功のための恰好のチャンスを目前にしたときに比べてだれもさほど幸せそうに反応しないからといって、投資をしない事業家に懲罰を与えることはできない。困難は、もはや道徳上の事柄、すなわち正義や搾取にあるのではなく、ましてや人間の愚かさにあるのでもない。それは技術的な困難であり、ほとんど機械的な欠陥なのである。それにもかかわらず、その代価は決して安くはない。というのも、不活発さの代価は失業だからである。

そしてここに、もっとも理解しがたい事実が存在するのである。投資意欲が際限なく維持されることはありえないのだ。遅かれ早かれ投資は縮小する傾向をもっている。

なぜなら、いかなるときでも産業は、供給先の市場規模によって制約を課せられているからである。鉄道の新設に巨額の投資が行なわれていた一八六〇年代の鉄道産業を例にとってみよう。初期の鉄道王たちは、一九六〇年代を見越して鉄道を敷設していたわけではなかった。もし彼らが、一〇〇年後の経済が必要とするだけの線路をつくり続けていったなら、人気もない地域のいまだ存在せぬ都市にまで線路を延ばすことになっていただろう。それゆえ彼らは当時利用されうる分だけを敷設し、そこでとどめたのである。同様のことが、自動車産業についても言える。たとえヘンリー・フォードが一九一〇年に、一九五〇年竣工のリバー・ルージュ工場を建設するだけの資本を見つけだせていたとしても、短兵急では破産したことだろう。なにしろ当時は道路やガソリンスタンドが、そして車への多くの需要がなかった時代なのである。問題をもう少し現在に近づけてみるなら、アメリカの産業界は一九九〇年代後期までに耐久設備の追加分として毎年一兆ドルを越える支出を行なっている。けれどもそれは二兆ドルには届いていない。いつの日かその額を支払わねばならないのかもしれないが、世紀の転換点が迫っても、その日はやって来ていない。

そこで投資は、典型的なパターンをもつことになる。最初に新たな機会に乗じようとする熱意が生じ、次に熱狂のあまり超過建設しないようにとの警戒が続き、さしあたり市場が満たされた場合の不活発が最後をしめくくる。もし、互いに独立の投資計画が立ち消えになるたびに、別の投資が間髪入れずなされるならば、不況はけっして訪れないであろう。だがそんなことは、現実にはありそうもない。人間の欲望は巨大なものだという単純な事実は、どんな投資でも元をとれるということを意味してはいないのだ。経済は、向こう見ずで無謀な過剰拡張のせいで息絶えた事業の死骸で敷き詰められている。ほとんどの投資は、楽天的な期待がもたらす刺激以上の何かを必要としている。より具体的なもの、より新しい発明、よりよい手法、世間の目を惹きつけるだけの興味をそそる製品、等々。事業家たちは皆こうした機会を目ざしはするが、それが常に実在するわけではない。

したがって、ある投資計画が頓挫したからといって、隙間を埋める別な投資が待機しているとはかぎらないのだ。もしそうした投資が後に続くのなら——かりに投資が構成を変えるとしても規模を維持するならば——経済はよどみなく航行するだろう。だが、それぞれの投資の打ち切りに対して代わりの投資が準備されていないなら、景気の縮小が始まるだろう。

このような経済システム本来の脆弱さを目のあたりにして、ケインズは書いている。

古代エジプトはピラミッド建築と貴金属の探索という二つの活動をもっていた点で、二重に幸せであり、伝説にまでなったその富は疑いもなくこのためにできたものであった。これらの活動の果実は、消費されることによって人間の必要を満たすものではなかったから、過剰によって価値が下がることがなかった。中世は寺院を建て、鎮魂曲を歌った。二つのピラミッド、死者のための二つのミサは、一つのピラミッド、一つのミサの二倍の価値をもつ。しかしロンドンからニューヨークまでの二つの鉄道はそうではない。(『雇用・利子および貨幣の一般理論』塩野谷祐一訳)

『一般理論』の診断と処方箋

そこで『一般理論』は、次のような陰鬱な診断を下すことになる。

第一に、不況に沈む経済は、そのままの状態を続けかねない。不況から抜け出すための経済メカニズム固有の力などというものは、存在しない。失業、それも大量の失業すら抱え込んだままで、経済は「均衡」してしまう可能性をもつ。

第二に、繁栄は投資に依存する。もし資本設備に対する事業支出が減少するなら、縮小の螺旋運動が始まるだろう。事業投資が増大しさえすれば、拡張の螺旋運動がそれに続くだろう。

第三に、投資は経済にとって頼りにならぬ動輪である。不確実性すなわち確信の持てなさが、資本主義の中枢には横たわっている。事業家が過失を犯さずとも、投資は常に飽和の可能性に脅やかされており、投資の飽和は経済に衰退をもたらす。

確かにこれは、落ち着きの悪い展望だった。しかし陰鬱な診断を下し、それを放置することに甘んじていたとすれば、まったくケインズらしからぬことと言えよう。危機を予言しているにもかかわらず、『一般理論』はけっして滅亡の運命を語る書物ではない。それどころかこの本は、将来を約束し治療法を提起しているのである。

実のところ、現実的な処方箋が書かれるよりも前に、治療は始まっていた。薬は、医者たちがその効能について正しい確信を持つより以前から用いられつつあった。ニューディールの一〇〇日は、政府の無気力のダムに塞きとめられ二〇年にわたって後退し続けてきた社会立法を洪水のごとき勢いで数多く制定した。これらの諸法の制定は、欲求不満に陥った国民の社会的風潮や士気の向上を目論むものだった。だが患者の生気を蘇らせるために設計されたのは、社会立法ではなかった。強壮剤は別にあった。それが、経済を刺激するための政府支出という慎重な企てである。

当初、それは間に合わせの救貧対策として始まった。純粋に政治的な必要から何らかの手段を講じざるをえないところにまで、失業が達してしまったのである。なにしろ当時と言えば、ディアボーン〔フォードの工場所在地〕では暴動が起き、ワシントンではボロを着た人たちの行進があり、市営ごみ焼却場で暖をとろうと群がった人々が食べ物を探してごみ運搬トラックをかき回しさえした時代である。救貧対策が必須となり、それはフーヴァー政権のもとで発足することになった。ルーズヴェルト政権下では救貧対策は木の葉掻きに移り、木の葉掻きは建設的な事業に変わった。政府は、突如として大きな経済投資主体となったのである。道路やダム、公会堂、飛行場、港湾そして住宅の建設計画が花開いた。

ケインズは一九三四年にワシントンにやって来て――彼がルーズヴェルト大統領の掌について印象を記したのはこのときである――、この計画をさらに推進すべきことを力説した。統計は、個人部門の投資活動が底をついたことを示していた。一九二九年には賃金・給与・利潤の形で一五〇億ドルを吐き出していた事業拡張は、一九三二年には八億八、六〇〇万ドルという驚くべき数字に落ちこんだ。九四%の下落である。経済という車を軸上へ引き上げる投資という動力を、何かを用いて起動させなければならない。彼は政府支出が国民の一般購買力を活気づけ――当時はこれを「ポンプに呼び水をやる」と称した――、投資を起動させるための刺激として働くことを期待していた。

それゆえ一九三六年に『一般理論』が出版されたとき、それが提案したのは斬新で過激な計画ではなく、すでに適用されていた行動方針の弁護だった。それは弁護と説明の書だった。というのも、『一般理論』が指摘したのは、アメリカや実際にはすべての西側世界が直面している破局が、事業の側に十分な投資が存在しないことの結果にすぎないということだったからである。したがって、治療法はまったく論理的に導かれる。すなわち、もし事業が拡張できないのなら、政府がそのたるみを引き締めなければならない、ということだ。

一部に限られはするものの、からかい含みの調子でケインズはこう述べる。

もし大蔵省が古い壺に銀行券をつめ、それを廃炭坑の適当な深さのところへ埋め、次に都会のごみで表面まで一杯にしておき、幾多の試練を経た自由放任の原理に基づいて民間企業にその銀行券を再び掘り出させる(もちろん、この権利は銀行券の埋められている地域の借地料の入札によって得られるものとする)ことにすれば、もはや失業の存在する必要はなくなり、その影響のおかげで、社会の実質所得や資本資産もおそらく現実にあるよりもはるかに大きくなるであろう。もちろん、住宅やそれに類するものを建てる方がいっそう賢明であろう。しかし、もしそうすることに政治的、実際的困難があるとすれば、上述のことは何もしないよりはまさっているであろう。

(『雇用・利子および貨幣の一般理論』塩野谷祐一訳)

ケインズ的治療策の応用

政府の非正統的な計画が、ケインズの馬鹿げた提案同様に正気の沙汰ではないと一部の人々に見えたであろうことは、疑いない。だがいまや、政府の計画はその背後に、少なくともひとつは理論的根拠を持つことになったのだ。もし私企業が十分な大きさの投資計画を実現できないなら、政府は最善を尽くしてその穴を埋めねばならない。何らかの刺激が必要不可欠で、何事であれしないよりはましということだった。

そして投資を直接刺激することができないとしても、少なくとも消費を誘発することは可能だろう。投資は市場システムにおける気紛れな要素だが、消費は経済活動に大いなる基礎を提供しているのである。したがって公的事業の推進は、この問題の解決に諸刃の剣で迫ろうとしていると考えられた。つまり、一方では、さもなければ失業していたはずの人々の購買力を維持するのを助け、他方では、民間事業の拡張が再開される道を開いたのである。

ケインズ自身は一九三四年に『ニューヨーク・タイムズ』への手紙の中で書いている。「私は回復の問題については、次のように考えている。どれくらい待てば、正常な民間企業が救援にやって来るのだろうか。どれくらいの規模で、どのような方策で、どれほどの期間、異例の政府支出を行なうのが得策だろうか」。

「異例の」という言葉に注目していただきたい。ケインズは政府の計画を、事業の進路への永久的な干渉とはみなしてはいない。政府計画は、足を踏みはずしバランスの回復に悪戦苦闘している経済システムに、救いの手を差しのべるものだと考えたのである。

これは常識の本質であるように見える。また事実、それは常識の本質だった。にもかかわらずポンプへの呼び水計画は、立案者たちが望んでいただけの成果をもたらさなかった。政府総支出額は、一九二九年から一九三三年までの間は一〇〇億ドル台の水準をさ迷っていたが、一九三六年までには一二〇億ドルから一三〇億ドル、そして一五〇億ドルへと跳ね上がっていった。民間投資は最低水準から反転して、減少分の三分の二を復活した。民間企業は一九三六年までに一〇〇億ドルを投資したのである。国民所得と国民消費は、政府支出の投入時からの三年間で五〇％上昇した。それでも失業は長引いた。いまでこそ失業は管理しうるものとなったが、当時はまだ少なくとも九〇〇万人が職にあぶれていた。これではとても経済新時代の兆候とはいえまい。

なぜ治療策がもっと有効ではなかったか。その理由は二つ挙げられよう。一つには、政府の支出計画は、経済を完全雇用に引き上げるのに必要であったはずの限度いっぱいまでは遂行されていなかったという点である。後の第二次世界大戦中、政府支出は一、〇三〇億ドルという、当時では途方もない数値に達した。これは完全雇用のみならずインフレーションをもたらした。だが三〇年代の平和時の経済の枠内では、このような徹底的な支出政策はまったく不可能だった。実際、控え目な政府の支出計画ですら、やがて連邦当局は伝統的な領分を踏み越えているとの不平を浴びるに至ったのであるから。またさらにいっそうまずいことには、連邦銀行局は不況の底においてすら失業よりもインフレーションを恐れており、銀行に貸し出しを思いとどまらせるような政策が講じられていた。

二つ目の理由は、一つ目と密接な関係を持っている。ケインズも政府の支出担当者もともに、新しい治療薬の受益者たちが、薬を病よりも悪いものと考えようとは思ってもみなかったのだ。政府支出は、民間事業に救いの手を差しのべることを目的としていた。だがそれは、事業家の側からは脅迫のジェスチャーと解釈された。

とはいえ、これは別に驚くほどのことではない。ニューディールは、アンチ・ビジネスの感情の波に乗って流れ込んできたからである。神聖にして犯すべからずとされてきた価値や基準が突然、懐疑的な詮索や批判にさらされることになった。「営業権」や「所有権」、「政府の役割」などのすべての概念が乱暴にゆさぶられたのである。数年のうちに事業家たちは、卓越性を疑われることのなかったその伝統を忘れ、労働組合との協調や新たな規則・規制の受容、多くの慣行の改革といった新しい哲学を採用するように要請された。彼らがワシントンの政府を、敵意や偏見に満ちた容赦ない過激論者とみなしたとて、さほど不思議ではない。そしてこうした雰囲気の中では、大規模な投資を行なおうとする熱意が、このなじみのない環境で感じられる不安によって挫かれたとしても、まったく不思議はないのだ。

こうして政府は、失業者をすべて一掃するのに十分な大きさ——おそらくは実現された事業の少なくとも二倍の大きさ——の事業計画に着手しようとしても、社会主義者の陰謀のさらなる証拠だとして攻撃された。また同時に、政府のとった半端な方策は、民間事業を脅かして本格的な自助努力を行なう気を失わせるに十二分なほどのものだった。それは薬品を投与する場合に見られる状況に似ていなくもない。薬には、患者をある病気から治癒させた結果、副作用で弱らせてしまうことがありうる。政府支出が本当に経済を治癒させることはけっしてなかった。それが経済的な意味で不健全だからではなく、イデオロギー的な意味で不穏当だったからである。

政府支出は、不穏当たらんとして計画されたわけではない。それは陰謀からというよりも絶望から生まれた政策だった。かりに政府が公共支出のバルブを開きはじめなかったとしても、必ずや民間企業が最終的には再び活路を切り開いただろう。これまではいつもそうだったし、大恐慌がいかに苛烈であったとはいえ、民間企業がやがて新たな冒険の道を見出したであろうことは疑いない。だが待つことはできなかった。アメリカ国民は四年もの長きにわたって待っており、それ以上は待てない気分になっていたのだ。経済学者たちはスタグネーション〔景気沈滞〕を資本主義の慢性的な状態だと言いはじめていた。マルクスの声はかつてないほど高らかに鳴り響いていた。一目でマルクスが正しいことの十分な証拠が得られると言って、多くの人々が失業者を指さした。プロレタリアートではなくエンジニアの結集を望むテクノクラートの一時的《ファディッシュ》な流行の中で、ヴェブレンのつぶやきは異彩を放っていた。ヒトラーやムソリーニは彼らの国の失業者をどう扱えばよいか知っていたぞ、と倦むことなく指摘する、もっと寒気を催させる声が湧き起こっていた。こうした救済策の混乱と荒っぽい措置が唱えられた中にあって、『一般理論』のメッセージ、すなわちケインズの教養高い声は、確かに穏健で力強いものだった。

というのも、ケインズは資本主義管理政策を支持しはしたが、私企業に敵対したことはなかったからである。彼は『一般理論』で「人は同胞の市民に暴政を行なうよりは銀行預金の残高に圧制を強いたほうがましだろう」と書いているが、さらに続けて、もし政府が十分な公共投資の提供だけに関心を集中させるなら、大部分の経済活動は民間のイニシアティブに任せられるし任せるべきだ、と述べるに至った。振り返ってみると、『一般理論』は過激な解答ではない。というよりもそれは、不可避の救済策がどうしてうまく働くのかの説明だった。もし経済が無風帯を際限なく漂流し続けうるなら、政府が何もしないことのツケは、大胆な非正統派の帰結よりもはるかに重大なものになっていたであろう。

資本主義を「管理」する意義

本当の問題は道徳にかかわっており、経済的なものではなかった。第二次大戦中にハイエク教授の書いた『隷従への道』という書物は、誇張がありはするものの、過剰に計画された経済について痛感した切実な告発を含んでいた。ケインズはこの本に共鳴し、好感を持った。ところが賞賛する一方で、彼はハイエクに書き送っている。

私は……いささか異なった結論を出さねばなりません。われわれが望むのは計画しないことではなく、計画を少なくすることでもないと言うべきです。実際私は、われわれが計画をもっと多くすることを望んでいることは、ほとんど確実だと述べねばなりません。けれども計画は、指導者であれ追随者であれ、あたうかぎり多くの人々があなたと道徳的立場を共有するような社会において実行されるのでなければならないのです。実行者たちの精神や心情が正しく道徳問題に向けられているのなら、彼らの慎重な計画は十分に安全です。このことは事実、すでに計画者のうちの何人かには当てはまっています。ところが厄介なのは、果実を享受するために計画を求めるのではなく、道徳的にあなたと正反対の考えをもち、神にではなく悪魔に仕えようとすることから、計画化を望んでいると言える大きな集団も存在していることです。

はたしてこれは無邪気な希望であろうか。政府の計画担当者たちが民間投資を押しのけず、逆に補塡するように支出という栓を開閉するという意味で、資本主義は管理できるだろうか。この問いは今日のわれわれにも向けられており、いまだ解かれてはいない。

だが、この議論は後の章に譲ろう。その理由は、勘違いの判断を下すかもしれないとしても、われわれはケインズの人物と信条を論じているのだからである。また、資本主義の救出を目的としているこの人物を、資本主義の沈没を望む者の陣営に位置づけるならば、それは由々しき判断間違いだからでもある。確かに彼は、何を意味するかはあまり明快ではなかったが、投資の「社会化」ということを力説した。しかし彼が一部を犠牲にしたとしても、それは全部を救うためなのである。

というのも、彼は心情的には保守主義者であり、長いあいだエドマンド・バークとバークが支持した立憲政治を賛美してきたからである。「どうして私が(共産主義)理論を受け入れたりできようか」と彼は一九三一年に記しているが、当時、この見解は多数の賛意を得るものではなかった。「それは科学的意味で誤りであるだけでなく、現代世界への関心や応用力を失ってもいるような時代遅れの教科書を、批判の余地のない聖書のごときものとして祭り上げているのだ。魚よりも泥を好み、過ちも犯すにせよ卓越した人生を送り人間のすべての偉業の種子を疑いもなく伝えているブルジョアジーやインテリゲンチァよりも無作法なプロレタリアートを誉めそやすような信条を、どうして私が取り入れたりできようか」。

人はケインズの理論や診断、そして治療を揶揄するかもしれない。けれども公平を期するならば、ケインズは十分にうまく働くシステムに有害な干渉をしたにすぎないと主張する人々の側から、もっと思慮深い理論やもっと深遠な診断、そしてもっと納得のいく治療が提案されたことがないことを述べねばならない。さらに、資本主義の持続にとって最大の脅威である失業の大部分を解消する資本主義経済の創造というケインズの目標に、反駁することのできる者はいないだろう。

病を押しての戦中・戦後の活躍

彼は一時に一つのことだけをすることができない性分の男だった。頭の中で『一般理論』を組み立てながら、彼は自分の金でケンブリッジに劇場を建ててもいた。これはケインズらしい冒険の典型だった。劇場は初めは赤字を出したが二年で黒字に転じ、芸術的にはすばらしい成功を収めた。ケインズは同時にいたるところに顔を出していた。金融面のやりくりをし、(事務員が現金化しそこなった場合には)切符を引き受け、主役女優の亭主を務め(リディアはシェイクスピア劇に出演し、好評を得ていた)、売店の営業権すら持っていた。彼は劇場にレストランを附設し、客の気分によってどのように食べものの諸費用が変化するかを確認するために、演し物ごとにグラフを作成したりして熱心に売上げを監視した。そこにはバーもあり、消費を広く勧めるためにシャンペンは特別の安値で売っていた。おそらくこれは彼の楽しい人生の中でもとびきり楽しい一幕であった。

だが、それも長くは続かなかった。一九三七年に、彼のサクセス・ストーリーは突然の終止符を打たれた。心臓病を患い、無為な生活に甘んじなければならなくなったのである。だが無為とは言っても比較すれば の話である。彼は活発な取引の仕事と『エコノミック・ジャーナル』の編集、そして『一般理論』を弁護するための数編の論文の執筆をし続けた。『一般理論』が刊行されたときにある学会員は、「アインシュタインは、ケインズ氏が経済学のために行なったと自分で信じ込んでいることを、現実に物理学のために行なっている」と言ったが、ケインズはだれかにそんなことを言わせたままにしておくような人間ではなかった。いままででも好きなときに辛辣な筆をふるうことはできたのだが、いまや彼は自分に対する批判者たちを個別に、あるいはひとまとめに粉砕する仕事にとりかかった。ときには皮肉っぽく、たまには才気をきらめかせ、言葉に怒気がこもることもまれではなかった。「X氏は私の言い分を理解することからして拒絶している」というのは、彼の短信の多くから絶望の溜め息のように立ちのぼった言葉である。

けれども戦争の気配が近づいてきていた。ミュンヘンでは、悪いこと続きだった。ケインズは、多忙な時間をやりくりして委員を務めている『ニュー・ステイツマン・アンド・ネーション』誌に左翼の連中が卑怯な手紙を送り付けてきているのを、憤慨しながら見守っていた。彼は同誌のコラムに書いている。『『社会主義者』などといった人間がこの世に実在しうることなど、本当に信じがたいことだ。私はそんな人間の存在を、信用しない」。続けて、「いざ土壇場となれば、こんな連中はものの四週間もたたぬ間に、自分たちが平和主義者でコラムに敗北主義的な手紙を送って来たことなど忘れてしまい、自由と文明の擁護はブリンプ大佐〔イギリスの政治漫画家デーヴィッド・ロウの漫画の登場人物から、初老の尊大な反動主義者のこと〕や名門校のネクタイ族〔イギリスで、特定のパブリック・スクールを表わす色の縞入りのネクタイをさし、とくに卒業生が学歴を示すためにつけるところから、党派的な保守主義者のこと〕に任せきって、万歳三唱する」と。

戦争が始まったときには、ケインズは病状がすぐれず、政府の一員として常勤することができなかった。政府は彼に大蔵省の一室を与え、知恵を借りた。彼はすでに新著の『戦費調達論』を書き上げていたが、これは戦費調達の主要な手段として「据え置きした貯蓄」を用いることを主張する大胆な提案だった。この案は、すべての賃金所得者の給与の一部を自動的に政府公債に投資し、戦争が終結するまでは償還に応じないという、単純なものだった。さらに、消費者の購買が再び必要になったときにだけ、この貯蓄性証券は現金化するというのである。

以前には一種の強制投資を達成しようと努力したのに、強制貯蓄の提案とは、何という様変わりであろう。けれどもこの変化は時代の側に生じたもので、ケインズの思惟に生じたのではない。以前の問題は投資が過小だったことであり、その兆候が失業だった。今度の問題は、徹底的な軍備努力のせいで投資が過大であることであり、その兆候はインフレーションだった。けれども『一般理論』の枠組みは、失業というインフレーションの反対物の理解に有用であったのと同様に、インフレーションの解明にも役立った。それはひっくり返して考えればよいだけだったのである。いまや車輪が回転するたびに、徐々に少なくではなく、だんだん多くの所得が手渡されていた。したがって、治療策は不況の際の強壮剤とは反対だった。以前にケインズは、可能なかぎりすべての手段を用いて投資を奨励しなければならないと力説したが、今回は貯蓄を増大させねばならぬと主張しているのだ。

この点は重要である。というのも、多くの人々がケインズはインフレーション好きの経済学者だと誤解してきたからである。確かに彼は、不況のどん底からの「リフレーション〔通貨再膨張〕」（価格は維持して所得だけを汲み上げる）を好んだ。しかし彼がインフレーションを、それがインフレーションだからという理由だけで好んだと考えるのは、『平和の経済的帰結』の次のような一節を無視するものである。

レーニンは、資本主義体制を打倒する最善の道は通貨を台無しにすることだ、と宣言したといわれている。絶えざるインフレーションの過程によって、政府は密かに、それと知られずに、市民の富の大部分を没収することができる。この方法によって、政府は、単に没収するのではなく、恣意的に没収する……レーニンは、確かに正しかったのだ。通貨を台無しにしてしまうこと以上に、既存の社会基盤を覆す精妙、確実な手段は存在しないのである。この過程は、経済法則の一切の隠れた力を破壊の側に働

かせ、しかもそれを百万人中の誰一人として予断できないような仕方でやってのけるのである。(『平和の経済的帰結』早坂忠訳)

ケインズは、自分の据え置き貯蓄案が政府公債をもたせることで富の分配を押し広げるのに役立つという事実を大いに述べたてたが、こうした論理や訴えにもかかわらず、この案はたいした支持を呼び起こすことができなかった。この提案は、斬新すぎたのだ。課税や配給、無償貯蓄運動などの旧来の方法は、試験済みで信用のおける戦費調達の武器だった。据え置き信用計画は飾り書きのように添え付けられはしたけれども、けっしてケインズが目論んだように戦費調達論の中心に据えられることはなかったのである。

しかし、彼にはこうした冷ややかな受け取られかたを嘆いている時間はなかった。彼はいまやイギリスの戦争遂行のための活動にすっかり巻き込まれていた。一九四一年には、リスボン経由でアメリカへ飛んでいる。これは都合六回にわたる彼の同様の旅の最初のものだったが、リディアが看護婦兼保護者として同行した。第一回の心臓発作以来、彼女は疲れを忘れる夫のためにタイム・キーパーの役を買って出ており、多くの高官たちが限られた面接時間の終了とともに慇懃に、しかし断固たる態度で部屋から送り出された。「時間です、皆さん」というリディアの声とともに、面会は終わるのである。

彼の渡米は、イギリスの戦費調達という心もとない問題や、終戦直後のひどい時期に何が起こるかという懸案の疑問を抱えてのものだった。こうした問題を心配したのはイギリスだけではない。同様にアメリカも、それまであまりに多くの頻度で現実の戦争に繋がってきた絶望的な金融戦争を避けるよう、国際貿易の流れをしつらえるため、しかるべき基礎を築きたいと望んでいた。そこで、国際的な通貨の流れを保護する役割を果たすように、国際銀行と国際通貨基金が創設される運びとなった。それぞれの国が互いに出し抜こうとする共倒れの旧世界に代えて、通貨の危機に陥った国を助けるという新たな協力体制が求められた。

最後の会議は、ニューハンプシャー州のブレトン・ウッズで開かれた。ケインズは、病気と疲労をものともせず、鮮やかに会議の主導権を握った。だがそれは、彼の目的が達せられたというのではない。なぜなら、最終案はイギリス案よりもはるかにアメリカ案に近い出来上がりだったからである。会議に派遣された代表の一人が『エコノミック・ジャーナル』への投稿文で、ケインズについての洞察を披露してくれている。

今夕、私はとくに趣向を凝らした祝典に参加した。今日はケンブリッジのキングス・カレッジと、オックスフォードのニューカレッジのあいだで結ばれている協定の五〇〇周年の記念日で、ケインズは自室でささやかな宴会を開いていた。この行事を何週間も、まるで小学生のように興奮して待ちわびていたケインズは、この日もっとも輝いて見えた。彼は絶妙な訓示を行なった。それはこの非凡なる人物の、妙に複雑な人となりを物語る興味深い一例だった。彼は純粋に知的な事柄にかんしては一見あれほど過激であるのに、文化的な事柄については真正のエドマンド・バーク流の保守主義者だった。訓示は場所柄をわきまえ、たいそうか細い調子だったが、過去に対してわれわれが負う恩義を口にしたとき、彼は真実感動していたのだった。

ケインズは閉会にあたって最後にスピーチを行なった。「もしわれわれが、この限られた仕事で始めたことを、もっと大きな仕事として続けていくことができるなら、世界には希望がもてましょう」。このとき、代表たちは立ち上がり、彼に拍手を送った。

いつもそうであったように、彼は大きな仕事に骨折っているからといって、小さな仕事を投げ出すことはなかった。彼はイングランド銀行の理事と(「どちらを正妻とするかはご想像にまかせます」と彼は言ったが)、音楽・芸術関係の新たな政府委員会の会長に選ばれた。こうして、イギリスの見解を国際経済会議の席上で述べる重責を担いながらも、一方で彼は演奏旅行者やヴィック・ウェルズ・バレエ、詩の朗読、図書館の展示などについての流れ来る通信物をうまくさばいてもいた。もちろん、収集は続けていた。彼はフォルガー図書館を出し抜いてスペンサーの稀覯本を手に入れ、送られて来たカタログを入れるのに外務省の鞄を用いたことには罪悪感を覚えていると、図書館員に伝えた。

その後も栄誉の数々が彼の身に降り注いだ。彼は貴族の階級を昇っていった。いまやケインズ卿と呼ばれ、ティルトン男爵の爵位が与えられていた。男爵領の地所は彼が中年の頃買い込んだものであり、この土地はケインズ家の分家にあたる人がかつて所有していたと知って、ケインズは喜んだものだった。エディンバラ大学、ソルボンヌ大学および彼自身の大学から名誉号が授与された。ナショナル・ギャラリーの評議委員にも任命された。それでもまだ彼には仕事が待ちうけていた。イギリスへの第一次借款交渉がなされねばならず、もちろんケインズが現在のイギリスの立場を伝える役目を与えられたのである。この旅を終えて帰国したときある記者が、イギリスはアメリカの四九番目の州になるという噂は本当かと尋ねたところ、ケインズの答えは簡単明瞭であった。「そんな幸運はないよ」。一九四六年に、この試練は終わった。彼は読書と休養とケンブリッジでの講義を再開するための準備をしに、サセックスへ帰っていった。ある朝、咳込みが止まらなくなってしまった。リディアが傍らにかけつけたが、彼はすでに息絶えていた。

葬儀はウェストミンスター寺院でとり行なわれた。九三歳の父ジョン・ネヴィル・ケインズと母親のフローレンスが葬儀場の通路を歩み上っていった。イギリスは、ケインズの鋭敏と英知をもっとも必要としたそのときにこの偉大なる指導者を失い、国を挙げて喪に服した。四月二二日の『タイムズ』紙が長い死亡公示の中で述べたように、「彼の死によって、イギリスは偉大なイギリス人をひとり失った」のである。

彼はけっして天使ではない。偉大な経済学者の中でももっとも才気に溢れていたケインズも、非凡とはいえひとりの人間にすぎず、人がだれしも持つ欠点と弱点を持ち合わせていた。ブリッジで二人の伯爵婦人と一人の公爵から二二ポンドを巻きあげて歓声を上げたり、アルジェリアでは靴磨きにチップを少なめにしかやらず、間違いを正すのを拒んだこともあろうに「私は通貨価値を下げるような手合いにはならんぞ」と言ったりしたのである。彼は理解の遅い生徒には並はずれて親切になれたが(経済学者は歯医者のように控え目であれ、と彼は言っている)、たまたま直感的に嫌悪感を抱いた事業家や高官に対しては、不快さを痛烈に示した。地方銀行頭取のハリー・ゴッシェン卿の「ものごとはなりゆきに任せるのがよい」という主張にいらだったケインズの返事は、「こんな無邪気な意見には笑っていいやら怒っていいやら、おそらく一番よいのは、ハリー卿にご自分のなりゆきに従っていただくことでしょうな」というものだった。

ケインズ自身が、彼の天才の謎を解く手掛かりを残している。もっとも、当時の彼は自分のことには触れなかったのではあるが。老師アルフレッド・マーシャル(この恩師をケインズは敬愛すると同時に愛情を交えて「馬鹿な老人」と愚弄もした)を論じた文章で、ケインズは経済学者の資格を述べている。

経済学の研究には非常に高級な特殊能力が必要とは思われない。知的側面から言えば、それは哲学や純粋科学といった高級部門に比べて非常にたやすい学科ではないだろうか。やさしいくせに、優秀な研究者がほとんどいない学科。この逆説を解く鍵はおそらく、経済学の大家は種々の才能のたぐい稀な組み合わせを要求されるという点にあるのであろう。相当程度に数学者、歴史家、政治家、哲学者を兼ねなければならないのだ。彼は象徴を解読し、言葉で表現しなければならない。彼は普遍に鑑みつつ特殊を熟視し、同程度の思考の跳躍をもって抽象と具体に接しなければならない。将来の目的のためには、過去に光を当てて現在を研究しなければならず、人間の持つ性質や制度で関心からすっかりはずしてしまってよいものはない。彼は目的意識にあふれつつも同時に公平無私でなければならず、芸術家のごとく超然とし、しかも潔癖でありながら、時には政治家のごとく地上に近づかねばならない。

ケインズが言うように、マーシャルはこの理想を粗削りに満たしたにすぎない。というのも、やはり彼はヴィクトリア時代人であり、その経済学に深い社会的洞察力を付け加えるのに必要な因習打破《イコノクラズム》の能力が欠けていたのである。ケインズはこの理想に、より肉迫した。「聖なるものは何もなし」というブルームズベリーの気構えを、経済学の正統の神聖なる境内に注ぎ込んだのである。世の中の疾病を見落とすほど盲目ではなく、その治療を望まぬほど情緒的・知的に堕落していない一人の男によって、世界はいま再び焦点を合わせることになった。もし彼が経済学において洗練された人だったとしたならば、政治的意味においては善良だったのであり、彼のヴィジョンは、工学的な精神と希望に満ちた心の組合わせを示しているのである。

では、彼の分析はどうなっただろうか。それについては、話はもっと複雑である。「ケインジアン」の経済学は、アメリカでは一九四〇年から一九六〇年代まで支配的だった。次いで衰微が始まり、それは一九八〇年まで続いた。忠実な支持者であるアラン・ブラインダーの言葉を借りれば、「アメリカの四〇歳以下の経済学者で、ケインジアンであると公言する者を見つけだすのは困難だった」ということになる。

これほど劇的な変遷が生じた原因は何だったのだろうか。投資家の予測しがたい「アニマル・スピリット」にしばしば決定されるような支出の大規模な流れによって経済が支配されているとみなす、ケインズの「マクロ」的な観点と、売り手と買い手の合理的な思慮によって統治される個別市場が経済の中心を占めることを強調するマーシャリアンの「ミクロ」的な観点とを和解させるだけの、満足なやり方を見出すのに失敗したことが一因ではある。他の角度から言えば、貨幣をインフレーションと関連づけるような問題への関心が息を吹き返したことによって、ケインジアンの立場は弱体化させられたし、さらに他方面では、政府に能動的活動の役割を当てようとするケインズに顕著な考え方には幻滅が広がっており、対照的に、個々人の行動が、ケインジアンの政策によっては裏をかかれることのない駆動力であると同時に舵取りでもあるという信念への回帰が始まっていた。

かくしてケインジアンは衰退したのである——とはいえ死んだわけではないのだが。一九八〇年代の初頭には、われわれはそれに代えて経済をいかに認識するのかについて明確な合意を欠くような、新たな経済思想の時代に突入していった。その結果、これはこの本の結論でもあるのだが、ヴィジョンの危機が生じたのである。その結果、いかなる明快な分析上の処方箋も、不可避的に存在しえなくなってしまった。奇妙なことに、そしておそらくは意義深いことに、このひび割れは、ヨーロッパよりもはるかにアメリカに、そしていくぶんかはイギリスにも影響を及ぼしたのである。ヨーロッパの経済専門家たちはマーシャルの帰依者であったことはついぞなかったし、ケインズとも一定の距離をとっていた。その代わりに、スカンディナヴィアやドイツ、オランダ、そしてフランスには、ミクロとマクロの一種の実践的な融合が生じていた。そのヴィジョンはおそらく、現状では唯一機能しうるシステムとしての資本主義、という概念で要約できるだろう。けれどもそれは、これまでになくグローバライズした世界において競争する必要と、その過程で被害に遭った人々のために福祉や教育の両面にわたる寛大なプログラムを提供する必要とを、ともに認識するような、強力な政府の存在なしには満足に機能しえない代物なのである。こうした成果はきわめて実践的な「世俗の」哲学であって、わが国ではそれに相当する有効な概念を見出せていない。この問題については、再び論じることにしよう。

第一〇章　シュンペーターのヴィジョン

資本主義の未来

陰鬱の度を深めていく不況に多くの人々が気を取られていた一九三〇年、ケインズはかなり色合いの異なる観念をもてあそんでいた。長期的に見ればわれわれは皆死んでしまうというのが持論だったにもかかわらず、彼はまさに未来、それも長期的な未来に目を転じ、うなりをあげて進んでいく当時のスタグネーション〔景気沈滞〕から見れば、きわめて対照的な予言を行なったのである。というのも、ケインズが将来に対して抱いたのはほとんど信じられぬほど有望な見通しであり、それはまるでアダム・スミスが予告した普遍的に豊饒な世界であった。当時の悲惨や不振に彩られた状況は、抑えのきかない人口の氾濫や、すべてにおいて破壊的な戦争のようなカタストロフがなければ、長続きするものではない、というのが彼の見通しだった。

ケインズは彼の未来への散策を、『孫たちの経済的可能性』と呼んだ（ただし、彼自身には孫がなかったことは付け加えておくべきかもしれない）。では、その可能性とはどのようなものなのだろうか。まあ叙情にあまりみがきをかけずに言うと、その可能性として暗示されたのは、至福千年の理想郷を控え目にしたような代物だった。ケインズは考えた。二〇三〇年までに経済問題は解決されているだろう、しかも不況という直接の障害だけにとどまらず、「あまねく行きわたるには不十分」という古くからの事実、すなわち経済問題そのものが、解消されてしまうだろう。有史以来初めて、人類——少なくともイギリス人——は欠乏との格闘から脱して新たな環境に入り、社会の食卓での大盛りの食事を、みなが楽しい気分で享受できるようになるだろう。

それはケインズ特有の、意表をついた方向への一突《スラスト》きだった。第一次大戦後、世界が自己満悦のほてりに身をひたしていた頃、身内の秘密をペラペラと喋っていたのがケインズである。そして三〇年代、世界が自己憐愍《れんびん》に転じたとき、大胆にもそうした産みの苦しみはもうすぐ終わると言ってのけたのも同じケインズだった。だが彼は、なにも闇夜に警鐘を鳴らしていただけではない。むしろ反対に彼は、資本主義の成長傾向という過去のものになった観念の主要な立案者たちがすべて従っている経済学の糸を、巻き取っていただけなのである。

不況の時期には、この傾向は見過ごされがちだった。けれども、資本主義を過去二〇〇年にわたって振り返ってみるならば、このシステムを特徴づけるのは陽気なブームと不審のつのる破産《バスト》の無意味な連続というよりも、むしろひどく不規則ではあるが着実な上昇だった。ケインズの時代の四、〇〇〇万人のイギリス人たちが、自分たちは寛大な神慮の恩恵をこうむっていると考えていなかったことは確かである。しかし、当時も貧窮はしてはいたものの、彼らがマルサス時代の一、〇〇〇万人のイギリス人に比べ、自然の食卓でははるかに上席を占めていたことは疑いようがない。

とはいえ、自然そのものがより寛容になったというのではない。むしろ逆に、有名な収穫逓減の法則が明らかにしたように、自然は集約的に耕作すればするほど、富の産出を億劫がるようになっていた。経済の成長の秘密は、各世代がみずからのエネルギーと資源のみならず、先人の蓄積してきた遺産としての装備をもって自然に対して挑んできたという事実のうちに潜んでいる。そしてその遺産が増えるにつれて――それぞれの世代が新たな知識や工場、道具や技術を過去からの富に付け加えるにつれて――、人間の生産性は驚くべき速度で進歩していった。一九六〇年代のアメリカの工場労働者は、南北戦争当時の先人から見ればスーパーマンのような技術力をもって働いた。

さらに、着実に生産性を拡大していくというこの過程がもう一世紀、つまり三世代続いたとしたならば、そのとき資本主義は手品を披露して見せただろう。というのは、ケインズの計算によれば、過去の一〇〇年と同じペースであと一〇〇年間富が蓄積されていったならば、イギリスの実質の生産的な富は七・五倍に増えただろうからである。二〇三〇年までに労働者たちはみな、一九三〇年に生きていた祖父たちから見ればスーパーマンとなりうるに十分な機械を手近に持つことになる、というのである。

そして生産力のかくも大幅な増進があればこそ、すべてが変わりうることになるのだ。それは稀少性の〔調整を分析する〕科学としての経済学を、歴史上の遺物の座に追いやることであろう。新しい社会問題は、いかにして余暇を見出すかではなく、いかにして未曾有の量の余暇をうまく過ごすかということになるだろう。ケインズは、にやりと笑って古くから伝わる日雇い老婆の碑文を引用している。

友よ、私のために嘆いてくれるな、泣いてくれるな、くれぐれも。
私はこの先いつでも、けっして何もしはしない。
讃美歌と心地よい調べが天国に響く。
だが私には、歌に合わせてすることがない。

もちろん、それは未来への理論的小旅行にすぎず、だれもまじめには考えなかった。一九三〇年には機械は不穏な音をたてており、だれもそんな見通しを楽しげな幻想といった程度にしか受け取らなかったが、ケインズ自身、世界を麻痺させている失業の本性を分析するという課題に直面するうちに、やがて見通しを見失っていった。
だがその見通しが希望に満ちているか、地味な色合いかにかかわらず、ケインズの予想《ヴィスタ》はわれわれにとって重要である。なぜなら、われわれは『孫たちの経済的可能性』によって、初めてわれわれ自身の将来という問題に直面したからである。結局のところ、われわれがそれまでに考察してきたのはすべて、歴史でしかない。たとえば、一七世紀の規制と法に縛られた世界から、アダム・スミスの描いた原子論的な市場資本主義への発展、リカードが予想した地主支配の経済や、マルサスが恐れた過剰人口ゆえの最低生活水準社会からの資本主義の辛うじての脱出、マルクスの予測した資本主義の自滅、ケインズが解剖した資本主義の慢性的不況傾向、これらすべての資本主義の冒険や不幸は、いかに面白いものであれ、いまひとつサスペンスに欠ける嫌いがあった。というのも、われわれは歴史の転換点ごとに、結局はどのような結果になるかを知っていたからである。だがいまやわれわれは、もっと居心地の悪い位置にいる。現代の経済学者に目を向けるとき、われわれはもはや、過去を形どるのに役立った観念を論じてはいない。天秤にかけられているのは、われわれ自身の社会であり、運命であり、子供たちへの遺産なのだ。

そしてそれゆえに、われわれは過去についての研究から転じて、未来の評価に立ち向かわねばならない。資本主義は今日、どこにたたずんでいるのだろうか。どんな道標が、何年か後の行く手を指しているのだろうか。いま、われわれが注意を向けねばならない現代の世界には、大問題が横たわっているのである。

不況は資本主義の「お湿り」

こうしてわれわれは、疑いようもなく今日的な声で、おそらくはケインズ以上のことを語りかけてくる一人の世俗の哲学者の方へ進んでいく。その声の主は、不気味な文章と芝居がかったしぐさを好む、小さくて浅黒い、貴族風の男だった。不況のさなかにハーバード大学で経済学を講義したとき、ヨーゼフ・シュンペーターは講義室へ大股で歩み入り、ヨーロッパ風のマントを脱ぎつつ、びっくりした表情の受講生たちに向かってウィーンなまりで告げた。「皆さん、君たちは不況に悩まされているが、心配することはない。資本主義にとって、不況は適当なお湿りなのです」。驚いた受講生の一人だった私は証言できる。われわれの大半は不況が「お湿り」になるとは気づかなかったが、これが非常に奇妙ではあっても反ケインズ的な発言であることは間違いない、とはっきり理解していたのである。

経済生活にかんするシュンペーターの見解が、ケインズのものとは相容れないということを最初に強調したのは、シュンペーター自身だったようだ。この二人は、多くの社会的見解、とりわけ教養あるブルジョア生活への賞賛や、資本主義の一般的価値への信頼を共有していたが、しかし未来にかんしては正反対の見解をもって登場した。すでに見てきたように、ケインズにとって資本主義は、本質的に景気後退《スタグネーション》の可能性によって脅かされており、われわれの孫たちにとっての楽観的な見晴らしも、実際には政府の適切な手助け次第だった。一方、シュンペーターにとっての資本主義は、本質的にダイナミックで、成長によって導かれるものだった。彼は政府支出を、不況に陥った際には社会的な困窮を和らげるのに用いるべきであると認めてはいたが、恒常的な補助エンジンとして必要だとは考えなかった。

しかし、資本主義に固有の回復力に信頼を置いていたにもかかわらず、シュンペーターの長期的な展望は、ケインズのそれとは鋭く対立するものだった。ほとんどひねくれていると言っていいような小煩いやり方で彼が最初に主張したのは、資本主義は短期的には長い上昇軌道を実際に進んでいくだろうということだったが、それにつけ加えて、「こうした場合は、一世紀といえども『短期』である」と言っている。だがその後で、読者を当惑させるような最終判決を下すのだ。「資本主義は生き延びうるだろうか。いや私はそうは思わない」。われわれは、この興味深い反抗的な人物について、もっと多く知らねばならないようである。

アンファン・テリーブル

ヨーゼフ・アロイス・シュンペーターは、ケインズが生まれたのと同じ年の一八八三年、オーストリアの、堅実ではあるが平凡な家柄に生まれている。彼の父親は彼が四歳のときに死亡しているが、その七年後に母親が著名な将軍と結婚し、幼いシュンペーターは貴族階級の子弟だけを集めた排他的な学校のテレジアナム〔ウィーンの小学校〕に送り出された。まったく異なる社会階層にさらされたことは、総合評価から言えば、この少年のものの見方を形づくるのに決定的な重要性をもっていた。シュンペーターはじきに級友たちの習慣や趣味を取り入れて、生涯にわたり彼がかもし出していた貴族的な雰囲気を身につけせた。彼はひとつではきかぬ数の大学の教授会に乗馬服で現われて、同僚たちをいらだたせた。そして、立派な恋人になること、優秀な馬術家になること、偉大な経済学者になることの三つの願いをもっている、と好んで言い張った。だが、こうした貴族的な雰囲気にもかかわらず、シュンペーターは、結局は歴史の栄誉をもうひとつのグループのほうに与えている。しかしそれは物語の落ちであって、そのくだりを述べるのは本章の最後になる。

彼は当時の経済学研究の一大中心地だったウィーン大学に入学し、すぐさま、著名な経済学者アーサー・スピートフの意見によると「とても初学者ではない」ということになる学生の星となったが、はたまたすぐに、教師としてははるかに著名なオイゲン・フォン・ベーム＝バヴェルクとの意見の不一致をあからさまにするという振舞いで運命を危険にさらし、アンファン・テリーブル〔恐るべき子供〕となった。彼はウィーンの後、イギリスに滞在し、短期間の不幸な結婚をするはめに陥ったが、次いでエジプトで王女の財務顧問という稼ぎのよい地位を得た。そこで彼は、王女の地所の賃貸料を半額に切り下げながら、一方で彼女の所得を倍増させるという離れわざをやってのけた。ただし、自分の個人所得としては、法的に権利が保障されている分だけを受け取ることにした。だがエジプト滞在でもっと重要なのは、経済学の理論化の特質にかんする書物を処女出版し、それによってオーストリアで博士号を授与され、さらに三年後、二七歳のときに『経済発展の理論』を出版し、これはただちにちょっとした傑作と認められたことである。

資本主義発展の解明

『経済発展の理論』という書名は、今日では低開発世界と呼ばれている領域の分析を思わせる響きをもっている。けれども一九一二年には、この「世界」の特殊な経済的地位や問題は、いまだ存在してはいなかった。当時はまだ厚顔無恥な植民地政策の時代だったのである。シュンペーターの書物は、別種の発展、すなわち資本主義がその成長傾向を発展させるやり方にかんするものだった。論調は学術的で文体は退屈だったため、（時を経るにつれ脚光を浴びはしたが）本書が特筆すべき政治的重要性をもつという印象は、一般読者に植え付けられなかった。しかしこの学術論文は後に、資本主義にかんしてそれまで書かれた中でももっとも影響力の強い解釈のひとつとなる彼の議論を基礎づけるという運命にあった。

その説明は、シュンペーター流の矛盾を込めた方法をもって始まっている。これは資本主義の成長と力学《ダイナミックス》にかんする書物だったが、成長が総体的に見て存在しないような資本主義経済の描写から開始しているのである。シュンペーターが冒頭に描いた肖像は、成長をスミスやミル、マルクス、ケインズの世界にもちこんだ当の要因である資本蓄積を欠いた資本主義である。シュンペーターはその代わりに、蓄積なき資本主義を描いた。それは、創造した富に決して変化を加えたり拡張したりしないような「循環的な流れ《サーキュラー・フロー》」の中で自己を再生産しながら、生産の流れを完全に静的かつ不変にとどめておくような資本主義なのである。

このモデルはリカードとミルが思い描いた定常状態に似ているが、先行の二人にとって定常状態は資本主義の帰結であったのに対して、シュンペーターにとってそれは資本主義の開始のための舞台装置だった。したがって、循環的な流れの特徴について、もう少し注意深く検討してみなければならない。システムに始動因がないために、慣性が経済生活の習いとなっている、とシュンペーターは書いている。「すべての知識と習慣はいったん獲得されると、大地における鉄道の土手と同じくらい堅固にわれわれのうちに根付くようになる」。こうして、人々にとってもっとも有利な経済的経路が試行錯誤によって見出され、人々はそれを日常業務《ルーティーン》として反復するのである。経済生活は、元々は挑戦であったかもしれない。けれどそれは、習慣に変わってしまうのだ。

だがもっと重要なのは、この変化なき流れにおいては、産出物に対してだれかが果たした貢献の価値を上回る儲けをすべて競争が取り去ってしまうだろう、ということである。このことが意味するのは、雇用主間の競争によって、労働者がつくり出した産出物の価値の全額は労働者に支払われ、同様に土地もしくはその他の自然資産の所有者には、彼らの資源が貢献した価値のすべてを使用料として支払われる、ということである。つまり、労働者と地主は、循環的な流れの中から分け前を得るのである。では、資本家どうだろうか。

ここには、もうひとつの驚くべき事柄がある。資本家は、管理者としての賃金以外には何も受け取らないのである。なぜなら、彼らの所有する資本財が産出物の価値を創造するのに果たしたいかなる貢献も、これらの財の生産に注がれた労働の価値と資源の価値によって完全に吸収されてしまうからである。こうして、まさしくリカードとミルが予見したように、静止した経済においては利潤の占める場所はない。

なぜシュンペーターは、このシステムについてかくも奇妙な――不自然な、とは言わないまでも――イメージを提起するのだろう。彼のこうした方法の裏にある目的は、静学的な資本主義モデルを、利潤がどこから生じるのかという問いに答える試みとすることにある。

利潤の源泉は何かというのは、ほとんどの経済学者によってこわごわ扱われてきた問題である。スミスは、利潤を労働によって創出された価値からの控除分とみなす観点と、資本それ自体のうちに位置づけられる独立の報酬の一種とみなす観点とのあいだで揺れ動いた。もし利潤が控除であるならば、この説明はもちろん労働が報酬を誤魔化されていることを意味し、またもし利潤が資本の貢献なのだとしたならば、その利潤が機械の所有者のものとなり、その発明者もしくは使用者のものとならないことが説明されねばならなくなるだろう。ミルは、利潤は資本家たちの「禁欲」に対する報酬だとほのめかしはしたけれど、資本家として自分のためにしたことが明らかな活動に対して、なぜ報酬を得る権利をも与えられるのかを説明しなかった。それにもかかわらず、他の経済学者たちは利潤を「資本」の所得として描き、あたかもシャベルそのものに対して産出物への貢献分の報酬が支払われるかのように語っている。スミスは最初は正しかったが、利潤が労働者によって創出された価値からの控除分であることに気づかなかったとマルクスは述べている。マルクスは労働価値説の一部としてこう述べたのだが、この説についてはだれもが誤りを承知しており、考慮する必要がなかった。

シュンペーターはここで、このいらだたしい問題に対するすぐれた解答をひっさげて登場したのである。彼は言う。利潤は労働の搾取や資本の所得からは生じない。それは、まったく別のプロセスの結果なのである。静止した経済における利潤は、循環する流れがお決まりの経路《ルーティナイズド・コース》を踏みはずしたときに現われるのである。

イノベーションのメカニズム

いまやわれわれは、かくもむやみに非現実的な循環的な流れが、なぜに輝かしき出発点となるのか、その理由を知ることができる。というのも、日常的業務《ルーティーン》の崩壊をもたらすべての力のうち、ひとつが突出しているからである。この力とは、新たな、もしくはもっと安い生産方法、ないしはまったく新しい製品の生産方法という意味での、技術的・組織的革新《イノベーション》が循環的な流れの中へ導入されるということなのである。こうした革新の結果、労働と資源所有者のいずれの貢献にも起源をたどれない所得の流れが発生する。新しい生産工程は、革新的な資本家が競争相手と同じ製品をずっと低コストで生産することを可能にするが、これはちょうど、好ましい地理的条件をもつ土地がその所有者に対して、条件の劣る土地をもつ仲間の地主よりも、もっと安く作物を生産することを可能にするのと同様である。そして、幸運な地主の場合とまったく同様に、今度は革新的な資本家が「地《レン》代《ト》」をコストの差から受け取るのである。けれどもこの地代は、地理や肥沃度といった、神から授かった優位に基づいて得られたものではない。それは革新者《イノベーター》の意志や才覚から湧き起こり、他の資本家が創始者《パイオニア》の仕掛けを学ぶやいなや消失してしまう。したがって、新たな流れは永久的な地代ではなく、ごくつかの間の利潤なのである。

革新《イノベーション》は、生産要素を新たなやり方で結合することの責任を負う者、すなわち革新者《イノベーター》の存在を意味している。明らかに革新者は、確立された日常的業務《ルーティーン》に従う「普通の」ビジネスマンではない。経済生活に変化を持ち込む者は、別の階級の代表である。いや、革新者は必ずしもいずれかの社会階級の出身というわけではないし、もっと正確に言うと、別のグループの代表なのである。シュンペーターは経済学の辞書から古い語句を持ち出して、こうした生産にかんする革命家たちの描写に用いた。彼は生産革命者を企業家（entre-preneurs）と呼んだのである。このように企業家とその革新活動が、資本主義システムにおける利潤の源泉だったのである。

『経済発展の理論』の内容は、企業家への賛美にとどまらない。革新が循環的な流れに対して与える衝撃についてのシュンペーターの分析からは、利潤の起源の理論のみならず、利子と信用の理論が、さらにそれを越え景気循環の説明が現われてくる。シュンペーターは言う。革新は通常は創始者の業績であるが、先導《リーダーシップ》が稀少かつ困難であるのに対して、追随《フォロワーシップ》は容易である、と。革新に追随して、模倣者の群れ——これはシュンペーターの言葉である——が登場する。こうして革新はその産業全体に普及し、銀行借入れと投資支出の続発が好況を引き起こす。けれども、まさにその革新の普及こそが、差別的な優位性を取り除いてしまうのである。競争は価格に対して、新たな生産コストまで下がるように圧力を加え、革新が引き継がれて日常的業務《ルーティーン》となるにつれて、利潤は消失する。利潤が縮小するにつれ、投資もまた減退する。実際、収縮というのは、何人かの人が投資の時期もしくは計画を誤っていたことが判明したときに始まるのかもしれない。

景気循環にかんするシュンペーターの説明に戻ろう。ただし、ここで興味を引くのは、彼が企業家の機能を強調している点である。注意したいのは、企業家は利潤の生産者であるにもかかわらず、彼自身が必ずしもその利潤の受取人ではないという点である。ちょうど地代が土地所有者のものとなるように、利潤は企業所有者のものとなる。リカードの資本家にもましてシュンペーターの企業家は、自分が原動力となった過程の当の力学によって、所得の分け前を搾取されているのである。

さらに、企業家は職業ではなく、また世代から世代へと受け継がれるような地位でもない。それは特別な種類のリーダーシップであって、将軍や政治家を生むほどの魅力はない。事業上の優位を看破し奪取することはできるものの、社会的には尊敬されない能力である。シュンペーターは次のように書いている。

企業家の地位には、他のすべての種類の社会的指導にとっては栄誉であるような、人に感動を与える類の特性の出現がわれわれには観察されない。これに付け加えて、個別の企業家であれ、そのグループであれ、ともにその経済的地位は不安定であり、経済的成功ゆえに社会的地位が上がることがあったとしても、頼りにすべき文化的な伝統や態度をもたず、成り上がり者として社会で動き回るが、そのやり方は嘲笑の的にされやすい。したがってこのタイプにこれまで人気がなかった理由を、われわれは理解することになる。

それでは、なぜ企業家は、当てにならず、しばしば割りの合わない仕事を実行するのだろうか。シュンペーターは言う。「第一に、私的な帝国を、常に必ずというわけではないが王朝を、建設しようとする夢想と意志とがある。……次に、征服への意志がある。これは自分が他人に勝っていることを証明しようとし、また成功すること自体を、すなわち成功から得られた果実をではなく、成功そのものを目的とする闘争衝動である。……最後に、創造の喜び、物事をなしとげることの喜び、もっと簡単にいえば活動力や想像力を働かす喜びがある」。

これは、ヴェブレンによって賞賛された製作者本能に突き動かされる人物と、彼が軽蔑した掠奪衝動に突き動かされる人物とを合成したような、奇妙な肖像画である。確かに、マルクスの富豪に資本家に蓄積を動機づけたのは、公の尊敬を求めるような欲望ではなく、マルクスの資本家に資本を拡充するよう強いたのは、それらの複合的な圧力ではなかった。シュンペーターの企業家は、浪漫主義的な人物像により近く、それはこのシステムにおける武者修行者のごときものである。企業家自身は必ずしもブルジョアではないのだが、ブルジョアにあこがれ、このあこがれを実現すべく、トーマス・マンの『ブッデンブローク家の人々』に登場する敬虔な商人の世界のように面白味のないものになりかねない社会に、命を吹き込んだのである。後に見るように、企業家はさらに、シュンペーター自身が明示的に書き記した以上の意味を担う役割を果たしている。それを見るには、シュンペーターのヴィジョンについての最終的な説明を待たねばならない。

ハーバード大学へ

シュンペーターは『経済発展の理論』によって学者としての経歴を開始したが、それは第一次大戦直後のごく短期間、政財界に進出した時期を除いてとぎれることがなかった。一九一九年に彼は、新たな社会主義政府が創設した産業国有化のための委員会への加入を承諾した。企業をもち上げた当人が、国有化を目指す委員会に参加することの辻褄はどうやって合わせるのか、とある若い経済学者が問い質した。シュンペーターは、「もしだれかが自殺をお望みなら、医者が立ち会うのがいいんじゃないかな」と答えた。

この年に彼は、オーストリアで新たに結成された中央社会主義政府から、大蔵大臣への就任を要請された。彼はオーストリア通貨の安定のために大胆なプランを案出したが、このプランが認可される前に、確執や見解の不一致のため辞任に追いやられた。だがおそらくそれは、実施されたとしても失敗に終わったであろう。何ものも当時勢力を増しつつあったインフレーションのジャガノート〔インド神話でこれにひき殺されると極楽へ行けると言われるクリシュナ神の偶像を乗せた山車〕を押しとどめえなかっただろうから。

これに続いては彼は、ウィーン民間銀行ビーデルマン・バンクの頭取の仕事を一時的に引き受けたが、（仲間の不誠実のみならず）嵐が起こってそれは引きずり倒されてしまった。銀行が倒産したとき、次の頭取は、個人的には彼から大いに恩恵を受けたと知った。自称貴族の特質ではあるが、彼は破産法に従えば義務づけられたであろう以上の額を、自己資本を費やしてまで債権者に十分に支払い、しかも自分の負債に対しても、所得からその後一〇年以上にわたって支払い続けたのである。彼の私生活上の不幸をつけ加えると、彼は今度は母親のアパートの管理人の二一歳になる魅力的な娘と五年間の恋愛期間を経て結婚したが、彼女は結婚後一年もたたぬうちにお産で亡くなってしまった。彼女を亡くした痛手は、ただでさえ陰気だったシュンペーターの性格をいっそう暗いものにした。喜劇めいた物語だというのがあまりにあからさまだから、本物の悲劇が付け加わらざるをえなくなる。シュンペーターは友人たちに、アニーの卑しい家柄について話す気にはれなかった。結婚する前に一年間離れていた際も、彼は彼女がフランスとスイスできちんとした教育を受けているのだと説明した。実際のところ彼女はパリで家政婦として生計を立てていたのだが。

そのあと、彼の本当の経歴《キャリア》が始まった。客員教授として最初は日本、次にドイツを訪れ、その直後ハーバード大学に迎えられたが、彼の立ち居振舞いと外套は、彼をすぐにキャンパスの名士にした。彼が経済学者のエリザベス・ブーディと結婚したのもハーバードだった。最後に、彼が不況は適当なお湿りだと述べ、少なくとも一人の若い学生にとってこの発言を忘れえぬものとしたのも、ハーバードだった。

不況は、まさにシュンペーターの考えにとっての試金石だった。もし資本主義がそのエネルギーを企業家の革新《イノベーション》から引き出しているのだとすれば、なぜそうした刺激は一九三〇年代の不吉な年月には失われていたのだろうか。ケインズは、不況は事業家の期待の状態を反映していると言ったが、その理論ゆえにケインズは、事業家の「アニマル・スピリット」が低かった理由を説明する必要はなかった。シュンペーターは好況《ブーム》と破産《バスト》を、革新の集中と事業家の群がりによって説明したため、より骨の折れる課題をかかえることになった。なぜ新たな革新が定期的にやってこないのか、その理由を求めて際限のない不況は叫び声を上げていた。

景気変動の原因解明に取り組む

シュンペーターはその理由について二つの説明を行ない、一九三九年に二、〇〇〇ページからなる研究書『景気変動論』を出版した。部分的には、彼はあの不況の苛酷さの原因を、次のような事実に求めた。まず、景気変動には一つだけでなく三種類のものがあり、その一つは持続期間のごく短いもの、二つ目は七年から一一年というリズムをもつもの、三つ目は蒸気機関車や自動車のような画期的な発明に関連した五〇年の巨大な波動である。そして、これら三つの循環のすべてが、同時にそれぞれの底に達したというのである。もう一つの理由は外生的な要因によるマイナスの影響で、これにはロシア革命から、もっと一般的には政府の不適切な政策に至る幅がある。後者の理由は景気変動理論の射程の「外部」にあるものだが、それにもかかわらず状況の重さの一因となっていた。

景気変動の原因として群がり現象を挙げるというのは、けっして確立されたやり方ではなかったが、危機の評価としてはけっして理解できないものではなかった。だがシュンペーターの書物は、まったく別の理由で興味深い。それは、資本主義もまた他のすべての社会システムと同様に、パンのみで生きるものではない、としているからである。それは確信を、それも資本主義が産み落とし、また逆に資本主義を再生する、文明の価値や美徳に対する確信を必要としている。そして資本主義システムの成功にもかかわらず、この確信が牽引力を失いつつあったのである。

こうして本書は、またしても（！）自家撞着的な論調をもって終わる。経済的な基盤からだけで判断するかぎり、資本主義はいまだにその報酬を得るのに膨大な費用をかけている。実際、シュンペーターが最後の行の直前で言っているように、もし三つの投資循環の相互作用という彼の図式が正しければ、この次の三〇年はこれまでの二〇年よりもはるかに活力あるものとなるだろう。ところがその後に、人を惑わせる最後の行が出てくる。「しかし、社会学的な潮流が変わることは期待できない」。

資本主義システムのヴィジョン

われわれはすでに、『経済発展の理論』において議論の暗示を見出し、『景気変動論』からは暗示以上のものを得た。だが、資本主義の将来に対する十分に行き届いた見解は、一九四二年まで現われていない。この年にシュンペーターは『資本主義・社会主義・民主主義』を出版して、資本主義システムにかんする人々の考え方を変えたのである。

この本は、マルクスから始まっている。もっぱら自分の考えだけを推し進める人物だったシュンペーターが、奇妙なことに、自分の知的活動を自分のためではなく、むしろ他人に対して向けたのである。彼にとってケインズは近くて苦手な人物だった。彼はケインズのヴィジョンに哲学的に反発しただけでなく、自分は学会の同輩から認められることで満足しなくてはならなかった一方で、ケインズが全世界の注目と賞賛の的であったことを苦々しく思ったのである。シュンペーターとしては、自分に与えられて当然の名誉をケインズに譲る気にはけっしてなれなかった。『一般理論』が現われたとき、シュンペーターはこれを評して、かの巨匠に及び腰で敬意を表した（「経済問題に対してこれまで精力を注いだ者のうちでもっとも輝かしい才能の持ち主の一人」と）。しかし無作法に、悪く言えば理解しえぬやり方で、この作品をあしらっている。「それを論じる者はもっと少ないほうがよい」と。

しかしシュンペーターの知的生活における本当の敵はケインズではなく、マルクスだった。シュンペーターは学生時代にマルクスを研究し、当時のもっとも有能な二人の新進マルクス学者であったルドルフ・ヒルファーディングとオットー・バウアーの研究会で、論議に参加している。彼は西欧のどの経済学者よりも、当時理解されたかぎりでのマルクスの著作に深く傾倒していた。ただし、マルクスの著作は一九五〇年代までアングロ－アメリカの世界に登場していなかったことを思い出しておこう。ハーバードに所属していたあいだ、彼は進んで若い世代の同僚たちとマルクスについて議論した。事実、彼はケインズに対してよりもマルクスに対して寛大だった。したがって、相手としてまったく不足のないただ一人の好敵手としてマルクスを論じることから『資本主義・社会主義・民主主義』が始まっていることに不思議はない。

マルクスとの相違

予言者マルクス、社会学者マルクス、経済学者マルクス、そして教師としてのマルクス。これらがこの書物の劈頭《へきとう》の四章である。これまでの議論から、この二人の人物がどこで同意し、どこで別れるのかは明らかだろう。マルクスにとって、資本主義の核心は弁証法的な変化と自己創出的な不均衡である。この点をシュンペーターは大いに援用している。資本主義の内在的発展というマルクスの概念が、シュンペーターの見解の出所であったことに疑問の余地はない。だが、マルクスはこのダイナミズムの原因を、労働階級と所有階級のあいだの闘争に置いている。この闘争とは、持続的に剰余価値を搾取し、それによって（創始者《パイオニア》にかぎらず）全資本家に労働節約的な革新を行なう動機を与え、利潤の生じる余地をもたらすものである。

ここが、シュンペーターがマルクスと別れる地点である。彼はこのシステムについて、別の見解を提出しているのだ。つまり、資本主義の飽くことなき貪欲な点ではなく、「ブルジョア的」な側面を強調するのである。シュンペーターにとってこのブルジョア的要素とは、合理的で快楽主義的、から威張りで出世志向の戦士というのとはちょうど対照的なビジネスマンに対する、文化的な表現である。彼は言う。「資本主義の生活様式の発展は、容易に、そしてきわめて効果的に、近代的な背広《ラウンジ・スーツ》の起源にからんで叙述されうるだろう」。これはヴェブレンを彷彿させる記述である。こうしてシュンペーターの見解では、資本主義はその中心人物、すなわちブルジョア資本家からではなく、外部からの侵入者、すなわち成り上がり者の企業から、もっとも重要な推進力を得ているのである。マルクスやヴェブレンならば、資本家と企業家の相違に疑いの目を向けただろうが、資本主義にかんするシュンペーターの解釈にとっては、それは決定的な違いだった。

マルクスとシュンペーターのその他の相違点について述べるのに、手間をかける必要はない。シュンペーターはこの敵を測る正確なものさしを持っていなかったかもしれないが、彼が自分の土俵で出会い、そして克服せねばならぬ恐るべき知性の輪郭を描き出していたことは明らかである。そしてそれがまさに、彼の手がけようとしたことなのだ。なぜなら、教師としてのマルクスにかんする章の次のページをめくると目に飛び込んでくるのは、「資本主義は生き延びうるか」だからである。そしてその答えを聞いて二度びっくりする。

「いや、私はそう思わない」と言うのだから。

だが、もし資本主義の命運が尽きたとしても、それはマルクスが述べた理由のせいではありえない。そこで、シュンペーターが「蓋然的《プローザブル》な資本主義」と呼んだものにかんする離れわざのごとき記述を考えてみよう。

蓋然的な資本主義とは、何だろうか。それは、ケインズがわれわれの目の前に差し出した、あの見通しについての注意深く考え抜かれたシナリオ、すなわち一世紀にわたる成長の可能性についてのシナリオに非常によく似ている。ここにシュンペーターの真骨頂がある。投資機会の消滅にかんする停滞論者たちの恐怖は、軽々と取り除かれる。彼は言う。そうした恐怖を除くことは、インドを征服するのと同じぐらいの価値があろう。革新的変化をもたらす主体が「独占体」そのものであっても、それが「絶え間なき創造的破壊の烈風」を引き起こすのが資本主義の革新であるとの記述によって、広がりゆく独占化の動脈硬化にかんする他の経済学者たちの心配も吹き飛ばされた。かくして、マルクスへの直接の反論と思えるもののための舞台がつくられる。蓋然的な資本主義とは、自己刷新的な持続的成長過程に没頭する経済システムのモデルなのである。

だがここで、シュンペーターの反論が現われる。資本主義は、経済学的には成功するかもしれないが、その成功は社会学的な成功ではないのである。というのも、すでにわれわれが見たように、資本主義の経済的基礎はそのイデオロギー的な上部構造を、浪漫的というよりは合理的に、雄々しいというよりは批判的に、鎧ではなく背広を着た人のためにつくり上げるのだからである。結局、このシステムを衰退させるのは、この資本家の心構え、すなわち資本家の心理状態なのだ。

資本主義は他のあまたの制度がもつ道徳的権威を破壊し去ったのちに、最後には資本主義自体に反抗の矛先を向けるようになる。ブルジョアジーは、みずからの合理的な態度が王や法王の信任状を攻撃するにとどまらず、私有財産やブルジョア的価値の図式全体にも攻撃を加えるのを見て驚くのである。

そこで偉大な企業家的冒険は終焉を迎えるのだが、それは労働階級が勃興したからでも、悪化の一途をたどる連続的な危機を結局はこのシステムが掌握できなかったからでもなく、たんに環境が変わったからにすぎない。人物や意志力があてにならなくなり、一方で官僚制的な管理の重みが増したのである。革新それ自体が制度化され、日常業務へと組み込まれることになったのである。資本家的価値の偉大なる伝達場所であるブルジョア家庭は、合理主義という病に感染している。ブルジョア階級は、みずからへの信頼を失ったのである。こうして、表面的には事態は良好であるが、「もう一つの文明へ向かう趨勢が、深いところでゆっくりと働いている」。

さらにもう一ページめくってみよう。「社会主義は作用しうるか。もちろん、作用しうる」。それはきわめてシュンペーター的色彩の濃い社会主義であって、柔和で官僚的な計画経済である。それについては、もうすこし後で述べよう。だがシュンペーターの議論の特徴には注意しておこう。彼は自分の土俵でマルクスを攻撃した。そして資本主義は生き延びうるかという論争において、決定的と思われる論点ではマルクスに降伏している。しかしシュンペーターは、資本主義が社会主義に打ち負かされるのは自分の示した理由ゆえであり、マルクスの理由によってではないことを論証した――少なくとも議論した。そのことにより、マルクスを乗り越えてもいるのである。マルクスはあらゆる名誉を受けたが、それにもかかわらずシュンペーターの見解が勝ちを制するのだ。

シュンペーターの予言と現実

だがそうだろうか。この疑問は大いに重要であるが、それはたんにシュンペーターを評価するためではなく、その予言が、シュンペーターがその運命を書き記しているシステムの住人であるわれわれに影響を及ぼすからである。

それではまず、いらだちの混じった、目のくらむような賞賛から始めよう。シュンペーターは、よきブルジョア保守主義の鼻をあかしているにせよ、あるいは狂信的ブルジョア主義者を鼻であしらっているにせよ、気取りを捨てられない。彼は自著を、お得意の観念を数多くひけらかすのに用いている。たとえば、マルクスは偉大なる保守主義者である（！）とか、独占は、「よき知性の影響範囲を広げ、悪しき知性の影響範囲を狭める」といった具合にである。そしてより「完全に資本主義的」である国ほど、積極性を失ってくるとも――これは、一九世紀イギリスの帝国主義や、二〇世紀アメリカの外交政策を学ぶ学生には興味深い判断であろう。

けれどもこうした論調の独特の華麗さには、議論の全体を反省することで、適切な釣り合いを与えねばならない。この議論には、権威主義の響きがないだろうか。広大な未開拓技術の最前線《フロンティア》についての展望や、政府だけではなく実業にもみられる官僚主義化傾向《ビューロクラタイゼーション》にかんする見通し、そしてブルジョア倫理の衰退には、不思議なほどの先見の明が見られるだろう。ここで、この書物が出版されたのが一九四二年だったことを思い出そう。予言者としてのシュンペーターは、当時においても並ぶ者がなかったが、現代でも、資本主義は姿を消しつつあると考えた左翼の向こう見ずな期待や、政府支出を穏当なだけ適用すれば状況はきっぱりと改善されるだろうと信じる中道の無邪気な希望、そしてわれわれは隷従への道へと向かっているとみなす右翼の不吉な予感などに、恥をかかせるものである。

それにもかかわらずシュンペーターの予言は非常に不公正であり、厳密に検討するならば、最初に見たときよりも印象が弱まるようなものである。技術にとって将来は広々と開かれていることを予測したという点で、シュンペーターが正しかったことは疑いない。けれども、核兵器やエネルギーからコンピュータライゼーションに至る技術の質が、投資の分野に対してはもとより、資本主義に対して小さからざる危険をもたらすであろうことを彼が予測しなかったこともまた、疑いないのである。巨大産業における官僚制の増大にかんして語るときには、彼の先見の明を否定することはできないが、足取り重い巨人たちの出現が彼らの積極的な振舞いの衰退をもたらすであろうというのは、けっして正しくない。世界市場でのシェアを求めて競う巨大な多国籍企業群の眺めは、資本家の拡張衝動の衰退を述べたシュンペーターの予言に反している。

一種の倦怠や信念の喪失が、やがて資本主義の世界に蔓延するというのは、本当だろうか。もしわれわれが一九六〇年代末の時点で本書を著しているのだとすれば、その予言は実に先見の明あるものと見えたことだろう。というのも、当時の西欧資本主義は明らかに一種の計画経済へと移行しつつあるように思えたからである。三〇年が過ぎ、その予言は、信頼度を低めている。アメリカだけでなく全ヨーロッパにおいて、計画をより多く含むシステムへの移行に伴って、まずは成長が、次にインフレーションが、最後には計画プロセスそれ自体に対する信頼の喪失が生み出され、ソ連の崩壊がとどめの一撃となって、資本主義への信頼が回復するのが目撃されてきたのである。

もちろん、シュンペーターは長期にかんして書いているのであるが、彼に対する批判は短期の時間的枠組みの中でなされている。資本主義への信頼回復は短命に終わるかもしれないし、穏便に社会主義的な資本主義とでもいうものへの移行が再開するのかもしれない。おそらく官僚主義化《ビューロクラタイゼーション》への動きは、結局は実業《ビジネス》支配の傾向よりも優勢となるだろうし、大多国籍企業は一世紀前の帝国主義のように世界を分割して、いくつかの私的な経済王国を築きつつ、みずからも集まって巨大カルテルのごときものを形成するだろう。

これらは推論にすぎない。だが、シュンペーターのヴィジョンもまたひとつの推論なのである。それは資本主義の蓋然性の一種であったが、唯一のものではなかった。彼のシナリオは輝かしくまたたいているかもしれないが、それはこのシステムのこれまでの発展から、リカードやスミス、マルクスの場合に見出されたのと同じ論拠をもって出てきたのではない。これは、シュンペーターの予言が、つまるところまったく経済的予言ではなかったからなのである。それはむしろ、スミスやマルクスがすぐれた理論を立てることができたのと同じ自信をもって予言することはできないような、社会的・政治的問題についてのほとんど抜け目のない主張なのである。シュンペーターの理解する資本主義の前途を台無しにするのに大きな役割を果たす〔官僚主義化した〕知的不満分子が、蓄積を行なう資本家や、競争的な商人が受けたのと同じ規範に従っていると言うことはできない。ただしここで言う知的不満分子とは、このゲームは割りが合わないと見切りをつけ、経済的な圧力にではなく文化的圧力に屈しているような実業家である。まさに、経済学の手続きだけではシステムがどのように進行するのかを決めるのには不十分なのだというのが、シュンペーターの意気揚々たる最終的結論なのだ。

それゆえ彼のヴィジョンは、他の世俗の哲学者たちの基準とまったく同じものでは判断できないのである。それは経済的予言というよりも社会的予言であり、どの方向から文化的変動の風が湧き起こるかという判断なのである。シュンペーターは、貴族趣味や超然とした学問的身構え、加えて現実の政治や企業にかんする辛い体験などによって、事のなりゆきについての判断を下す際には、世俗での成功をあまりにたやすくかちとったケインズや世俗ではまったく成功しなかったマルクスよりも、有利な位置を占めていたのかもしれない。けれども彼の洞察の切れ味は、古典的な予言者たちの見解にあのような力を与えた厳格な経済論理を犠牲にしたことで得られたのである。

歴史とエリート

シュンペーターの命題の含意は、たんに資本主義にとってだけでなく、経済学にとっても不穏なものである。世俗の哲学者たちの偉大な業績とは、社会が向かっていく方向について推測する彼らの能力のことではなかっただろうか。経済学は、予測する能力の上に築かれているのではないのか。そして、シュンペーターの書いたシナリオが意味しているのは、これらの見方のすべてがいまや過去のものであり、また経済学の予測能力がいかなるものであれ、そんなものはすでに重要事ではなくなっている、ということではないだろうか。この決定的な疑問については、最終章で振り返ることにしよう。しかし、われわれはシュンペーター自身にかんする熱狂的空想家像には完全にはケリをつけていない。彼の物語には、最後のひとひねりが残されている。それがシュンペーターの伝記に、たんなる洞察以上のものを付け加えることになる。

資本主義にかんするシュンペーターの、描写の大きな矛盾点について再考することから始めよう。その矛盾は、『経済発展の理論』の中で、静態的で不活発な、変化なき「循環する流れ」として描かれた資本主義と、変化の原動力、すなわち後に創造的破壊の烈風と呼ばれることになる原動力に巻き込まれるシステムとして描かれた資本主義とが、並置された点にある。シュンペーターは、かくも非整合的な用語でこのシステムを描くことの辻褄をどうやって合わせているのだろうか。自己創出的転換の連続的プロセスとも特徴づけられるシステムの精髄を象徴するものとして、変化なき循環の流れを語ることで、いったい何を意味しようとしているのだろうか。

この点にかんするシュンペーターの説明は理解できる。つまり、循環的な流れは、たんに資本主義の駆動力としてではなく、その利潤所得の流れの唯一の源泉として、企業のもつ衝撃力を人々が認識することを可能にするというのである。けれども、シュンペーターが奇妙なやり方で併置したことについて、もうひとつ別な解釈が存在する。シュンペーターの言う企業家は、いかなる特定の階級の出身でもなく、たんに革新の才の所有者であるにすぎないことを思い出してみよう。資本家の「発展」は、それだけでは資本主義の本質ではない。資本主義の本質は、非資本家エリートに担われた、社会の活性化にあるのだ。シュンペーター自身が歴史における「エリート」、すなわち非凡な才能をもった少数の個人の重要性を信じていたことは疑いない。エリートについて、彼が『経済発展の理論』で述べているところを読んでみよう。ここで彼は、音楽的能力の例を挙げている。

健康な人は欲するかぎり、だれでも歌を歌えると仮定できる。同一民族の個人のうち、おそらく半数は平均程度の歌唱能力をもち、四分の一は平均以下の能力をもち、残りの四分の一は平均以上の能力を備えている。この四分の一では歌う能力が高くなるにしたがって、その人数は次第に減っていき、ついにはカルーソー〔イタリアのテノール歌手〕ほどに達する。

これが歌唱能力にかんして正しいならば、経済的指導を含む指導能力についても同様であろう。シュンペーターは言う。人口の約四分の一がこのような資質を欠いているがゆえに、経済的指導は経済生活の中でもっとも日常業務化された側面、すなわち実業界における書記や官吏に委ねられることになるのだ。それから次の半分、革新能力を普通にもちあわせている人々が続く。彼らは、主に気楽な手慣れた経験に頼りはするが、通常の範囲なら日々の挑戦にも適応することができるような「ほとんどすべての実業人」である。その上に、真のエリート、「知識や意志の性質が並はずれているところに特徴があるようなタイプの人々」がいるのだ。

かくして変化と発展の物語としての歴史とは、社会における不活発な大衆に対してエリートが与える影響の物語となる。社会環境が異なれば、影響を及ぼすのに必要とされる資質も変わるだろう。軍事的才能は封建社会で花開き、経済的才能は市場社会に居場所がある、という具合に。だが、そこには常に、何らかの種類のエリートがもたらす推進力が働いている。こうして、指導者階層《エシャロン》は特殊な集団を構成するのである。こういったわけで、この階層は社会の頂点を自分たちにとっての適切な居場所と考えるのだ。指導者は代わるかもしれない。だが、指導ということは変わらないのである。シュンペーターは書いている。「社会の上層はいわばホテルのようなものであって、いつも人でいっぱいだが、その人たちは常に違っている」。

ここに見られるのは、マルクスに対する、そしてプロレタリアートという革命勢力にかんするマルクス主義的な観念に対する、もう一つの鋭い攻撃である。すべてが間違っている、とシュンペーターは言う。プロレタリアートは変革のための力とはなりえない。なぜならその絶対数は、主に人類の平均的な〔能力の〕範囲にとどまるはずだから。個々のプロレタリアンについていえば、指導能力を持つ者がいるのかもしれない。だが、指導そのものはほんの少数によってしかなしえないのである。

おそらくはこれが、シュンペーターが社会主義の到来にかんしてかくも達観していることの理由である。資本主義の衰退の最終結果として彼が直面した管理経済を、だれが運営するのだろうか。それは能力ある者、すなわちブルジョアジーであろう。彼は書いている。「ここにひとつの階級が存在する。それはみずからを生んだ淘汰過程の力で、質的に非凡な人間的素材を保持する。またそれゆえに、その階級は、いかなる社会組織にとっても用いるのが合理的であるような国家財産となる」。したがって管理階級には、社会主義を恐れる理由はない。社会主義システムを指導するに必要な技能は、ブルジョア・エリートがその頂点に自然な位置を見出すような進歩した資本主義システムを運営するのに必要とされる技能に、十二分に似通っているのだ。

これは経済学なのだろうか。伝統的な概念に照らすなら、いかなる意味でも経済理論ではない。それは歴史社会学と記したほうがよい。指揮を行なう高台を占めたのは、諸階級ではなくエリートたちであった。経済学は社会の成果によって技能が与えられると述べているが、その技能は、戦場や説法の演壇や管理事務所よりも市場において用いられるのである。しかしエリートにせよ他のだれにせよ、運営するのは常にカルーソーのごとき主役たちである。

こうしてシュンペーターは、より大きな社会のヴィジョンを求めて彼の経済モデルを採用する。この「ヴィジョン」という語そのものはシュンペーターのものである。死亡した一九五〇年に彼が取り組んでいた、堂々たる経済思想の概論において、「ヴィジョン」は中心的位置を占めている。分析は経済学にとって大いなる栄光であるかもしれないが、分析はミネルヴァがジュピターの眉から飛び出さないのと同様に、経済学者の精神から満開で湧き出してくるものではない。論理的なシナリオに先行する「前分析的《プレ・アナリティック》」過程は避けることのできない過程であり、人々の最深層にある価値や選好に不可避的に彩られている。シュンペーターは書いている。「分析的な仕事は、われわれの見ている光景のうちに、そして他ではなくこう見たいと望む動機があるならどんなところでも、ものごとについてわれわれが見たいと望むのとほとんど区別がつかぬふうに見えるよう、織り込まれている」。

これは際立った洞察であり、それこそがシュンペーター自身がまず確実に気づかなかった例となっている。それこそが、もっとも注意深く入念な経済学者であるマーシャルが、なぜ消費と投資の二つの流れのあいだにある決定的な相違についてのケインズの発見を先取りしなかったかについての理由である。

マーシャルの『原理』が、「消費財」の本質を「生産財」と呼ぶものと比較つつ論じる箇所で、われわれはその答えに出会う。彼は、これら二種の財には「いくぶん顕著な相違」がある、と記しているのである。ここでわれわれは息をのむ。というのもそれは、ケインズの決定的な洞察とは紙一重のところにあるからだ。だが、そうではなかった。マーシャルはその相違を、「ぼんやりしておそらくあまり実用的でない」と言ってしまうからだ。なぜだろうか。彼の経済にかんするヴィジョンでは、将来の成長に向けた生産の結果ではなく、財に「価格づけ」がなされる過程が強調されている。そしてこの観点からは、シャツと機械の価値づけのあいだには大差がない、と考えるマーシャルは正しい。彼はどの財を生産するのにも、相違は見て取らないのである。

ヴィジョンがもたらす分析の違いで、これ以上に劇的な例があっただろうか？　もしマーシャルの眼差しがケインズのごとく総生産の経路に注がれていたならば、ケインズと同じものを見たであろう。ところが彼は価格のみに注目したため、ケインジアンを理解し損なったのである。いまでは彼は、それから目をふさいだのだろうと考えられている。

それならば経済学は、明らかに「存在」している世界についての超然とした客観的な解剖というよりも、われわれが見てみたい、もしくは目を離すことができない世界の分析なのだろうか。この問題については次章で、世俗の哲学者たちの業績と、世俗の哲学全体の将来性を考察する際にふれることにしよう。

糸には、最後に結び目がひとつ残っている。ウィーンの貴族的な学校環境に押し込まれた若き日のシュンペーターは、彼の人生にとって非常に重要なものとなる価値を吸収している。それは、エリートが中心的な活動勢力になるような彼自身の歴史観に導入された価値である。確かにこのエリートは、社会にかんするすべての貴族的な見方の核心にあるような、選ばれし少数者の自然な優越性への信仰を体現している貴族である。しかし、シュンペーターの言う少数者は、血統によってではなく「知性と意志」によって選ばれていることに注目しよう。かくしてこれは、才能の貴族制度なのである。これがシュンペーターの属するエリートなのだ。したがってシュンペーターが心に抱いた通りの歴史のドラマが正当化するのは、資本主義だけでなく、たんなる氏名や生まれよりも耐久性と価値のある事柄に依存しているような集団、それも〔才能あふれるエリートたる〕シュンペーター自身〔と同等の人々から成る〕の集団（！）なのである。こうして、多くの矛盾のもつれを解くような最終的な一致が、個人的体験と歴史的視点《ヴィジョン》とのあいだに存在するのである。

以上はおそらく、シュンペーター自身が歓迎したであろうような評価ではない。だが彼はそうした評価を否定しはしないだろう。彼は偉大な経済学者たらんと切望した。この望みがかなえられたかどうかははっきりしない。学生や同僚の懇請にもかかわらず、シュンペーターがけっして自分の理論を講義しなかったことは興味深い。ある学者は、それは彼が最後の分析において自分の定式化が不適切であると感じたからだ、とほのめかしている。確かなのは、彼が偉大な夢想《ヴィジョナリー》家たらんと切望したことである。分析家であれ夢想家であれ、経済学に関心のある者はだれもが、彼と格闘しなくてはならない。彼は専門分野において業績を上げたのみならず、その限界を明示するという功績をなしとげているのだから。

第一一章　世俗の思想の終わり？

資本主義と「世俗の思想」

序文で私は、最後にどんでん返しがあるかもしれぬと警告しておいたが、本章のタイトルでそれが確認されたと思われたかもしれない。けれども読者には、「終わり《エンド》」には二つの意味があることを思い出していただきたい。それが「終了」と「目的」であるが、これらの両義は、ずっと昔に私がこの本を完成させ、何と呼ぶか決めようとしていた折に幸いにも授かった書名の「世俗の思想」について、その将来や有用性を考慮しようとするとき、留意せねばならないものである。

この困難な仕事を、どうやって始めればよいのだろうか？　私は、経済学とはつまるところ何にかんする学問なのかを思い起こしつつ、出発点に立ち戻るのがもっともよいと思う。言うまでもないことだが、経済学とは、日々の経済ニュースの素材であるような図表や予測、政府の発表についてたんに吟味するだけのものではない。すべての経済学研究者が慣れ親しんでいるような、需要と供給の図表や方程式でもない。経済学はその核心において、われわれが経済と呼ぶ複雑な社会的存在の働きについて、さらにはその問題点と見込みについて、われわれに教えるのを目的とする、説明の体系なのである。

これまでわれわれがこうした説明的なヴィジョンや分析についてとくに強調してきたのは、それが並はずれた多様性を持つということであった。重商主義者の君主からマーシャルの事務員まで、もしくは完全な自由を有するスミス的な社会からビジネス上の妨害に満ちたヴェブレンの社会までを辿ることは、ありとあらゆる領域を巡るようなものであるから、それは研究に統一的な対象が存在しうるという可能性をまったく無視するような行為に見えるだろう。けれどもこの最終章では、私は本書で並べた諸説について、別の展望のもとで眺めてみることを提案しよう。すなわち、表面上の多様性をあまり強調しないで、共通の構造的な核を追求することにしたいのである。

この課題に答えるには、第二章で考えたことをおさらいしなければならない。人類は地球上での生存の初めの九九パーセントを生き延びるに当たり、狩猟採集活動を統括するような伝統に頼ってきた。だがわれわれは、そうした複雑なルールやタブーを「経済学」と呼びはしないだろう。同様のことは、紀元前三〜四世紀頃に現われ、その社会体制において都市や灌漑システムや偉大なピラミッドを造り上げた、より複雑で創意に富んだシステムについてもいえる。すでに見たように、人類の物質生活は、今度は伝統の遺制によるのみならず、新たに指令という強力な力によっても統括されている。

おそらく、これらの社会の勃興以上にドラマティックな出来事は存在しない。けれどもわれわれは、指令に導かれた革命を説明したり理解したりするのに、「経済学」という概念を必要とするだろうか？　その必要はない、と私は考えている。一例にすぎないが、価格変化はつねに経済学という説明体系の主要な部分であったが、しかし〔古代エジプトの〕

ファラオの労働者が切り出した石塊には価格がついていなかったし、ピラミッドそのものにも間違いなく価格はつけられていなかった。指令は社会を目覚ましいやり方で変えたのであるが、われわれが経済学と呼ぶ、まったく新しい理解が要請されるような、生産や分配の組織を生み出したわけではなかった。

それならば、社会の働きを理解するこの新たな方法のお膳立てをしたのは、最終的には何だったのだろうか。これも第二章で見たのだが、それは中世の伝統や封建的な指令が、新たな様式の説明が真摯に求められる社会体制に、次第にとって代わられたことであった。やがてこの社会体制は「資本主義」と呼ばれることになり、物的生活を組織する手段は「経済」、その新たな説明のシステムは「経済学」と呼ばれるのである。

資本主義がもたらした変化については、簡潔に述べることができる。第一は、社会の物的なニーズを満たすよう生産や分配を組織する主要な手段として、獲得への欲求に依存するようになったことである。私は読者にぜひ思い起こしてほしいのだが、富の追求は、いかなる社会においても以前は合法ではなかったし、いわんやだれも褒められはしなかったのである。富の追求は、王様はもちろん行なったし、冒険家もおそらくはやっただろう。しかしそれ以下の階級については、けっして認められていなかった。

第二に、資本主義は生産の指示と分配のパターンを、ともに市場が促したり差し止めたりするのに委ねた。狩猟採集社会や指令システムにおいては、そうした過程は存在しなかった。競争的な売買によって生活物資までも提供するというのは、他のいかなる社会体制においても相当するもののない現実である。

第三に、資本主義は、その全体の指図を二つの権威のもとに置く最初の社会である。その二つの権威とは公的権威と私的権威で、それぞれが権力および権力を与える境界を伴っている。公的権威すなわち政府は、権力を振い法を制定するが、しかし生産や分配といった日々の業務をみずから遂行することはできない。そうした業務は主として利潤追求に励む〔私的〕個人の側の特権であり、彼らは望むものを作り、提示された賃金や条件を進んで受け入れる人を雇い、受け入れぬ人を馘首するが、しかしピラミッドの建設者がやったように強制労働をさせることはできないし、封建君主がやったように効率の悪い労働者を肉体的に懲らしめることもできない。

以上三つの歴史的な革新が、すべての偉大な経済学者が抱いたヴィジョンに、活躍の舞台を用意したのである。彼らの残した記述や処方箋は、伝統の惰性や指令の恣意性が衰退するのに対して、新たな経済が早いペースで応じていくにつれ、変化した。スミスからケインズ、そしてシュンペーターまで記述は変化したが、それにもかかわらず、彼らは共通の情報源とした社会構造について、思い違えることはなかった。世俗の思想は資本主義の落とし子だったのであり、資本主義なしには存在しえなかったからである。

経済学は「科学」か？

さて、本章のタイトルにある「終わり《エンド》」の二つの意味とは、第一は経済学そのものの終了する可能性、第二はその究極の目的のことだったが、では何がこれらに関係しているのだろうか。第一の問いに対する答えは、次第に経済学者たちのヴィジョンとなってきた、遠く及ぶ変化のうちに潜んでいる。われわれはその最初の表れを、売買の活動を抽象語で描こうとする傾向の強まりのうちに見ているが、それはおそらく第七章で触れたエッジワースの幸福計算にかんする快苦の記述や、フォン・チューネンの定式における労働の「公正賃金」を端緒としている。マーシャルの時代までに、美しい図表が経済学書の多くの章を飾るようになり、すでに指摘したように、ケインズは彼の分析的な所見を記述するのに代数を用いている。

ところが不思議なことに、現代の経済学における決定的な変化は、数学がますます多く用いられるようになったことではない。近代技術に依存するどんな社会体制にも、数字はあふれている。すべての工業システムは、高速度の生産やほぼ即時の情報伝達が登場する以前は想像もつかなかったような大量の量的情報を生みだすし、またそれを必要としてもいる。今日の経済は、アダム・スミスの描いたピン工場の労働者たちよりも相互依存的になり、そうした相互依存性が強まるにつれ、まったく新たな規模において、情報の量やその需要も増えるのである。ここで、統計学や数学が近代経済学に導入されることになる。それらなしに、いかにして何百万という組織の生産物をGDP〔国内総生産〕という数値にまとめ上げ、また無数の種類の財・サービスの平均価格を表すのに「価格水準」と呼ばれる数値を計算することができようか？　数理モデルが、降り注ぐ情報をもとにわれわれがいかにしてもっともうまく行動するかを表す、と言っているのではない。統計学と経済理論の近代的な結合である計量経済学の予測力にしても、精確さの点ではけっして目覚ましいものではない。むしろ問題なのは、経済学という存在が、分析上の目的としているものの多くを解明するために、数学を多様な形で用いる以外には選択肢を有していないことである。

経済学が数学化したことは顕著ではあるが、しかしそれは本章が焦点を当てる最重要の変化ではない。数学は今日では経済学に浸透し、形式化を推し進め、その好まれる表現様式となっているのだが、といって経済学を数学と混同する人など現実には存在しない。より深く、私の心中においてより重要な変化であるのは、経済学の〔実際に真髄であるような〕ヴィジョンとして、新たな概念がますます姿を現わすようになったことであり、と同時に別のはるかに古い概念が姿を消しつつあることだ。その新たなヴィジョンが「科学」であり、消え去りつつあるヴィジョンが「資本主義」なのである。

最近の二つの教科書を引用することで、この変化をもっと具体的に述べてみよう。二冊とは、N・グレゴリー・マンキューの『経済学原理』と、ジョゼフ・スティグリッツの『経済学』である。著者はともに職業人として最高位の栄誉をほしいままにしており、明晰さと知性、親しみやすさのお手本となるような教科書を著している。ここで二冊の本が私の主張の例として適うかどうか見てみよう。最初はマンキュー著の序章の引用である。

経済学者はその主題を、科学者の客観性をもって述べようと試みている。物理学者が物質の研究に、そして生物学者が生命の研究に用いるのとほぼ同じ方法で、経済学者は経済の主題に取り組む。理論を案出し、データを収集し、理論を証明すべくそのデータを分析するのである。

この引用からわれわれは、科学が中枢を占めるようになったということの意味を、一瞬のうちに理解するだろう。けれども経済を資本主義として描くことが放棄されたという主張のほうはどうだろうか。そこでスティグリッツの二巻本に目を転じて、彼が資本主義について語るのに、何を用意しているのかを見てみよう。答えは簡単だ。資本主義という言葉は、九九七ページにわたるこの本には現われないからである。この二巻からなる経済学の入門書には、資本主義は事実上、存在しないのである。

以上の引用の選択が恣意的だと疑う向きがあるのは、もっともなことだ。それゆえ私を疑う読者には、最寄りの公立図書館に赴いて、米国経済協会の誇る『アメリカン・エコノミック・レビュー』ないし英国でそれに相当する『エコノミック・ジャーナル』から、一九五〇年代以前の約一〇年間について無作為に何冊かを選び出し、ここ二〇年分から抽出した同数のものと比較することを願っておきたい。請けあってもよいが、疑いをもつ読者が図書館に出向いたなら、最近二〇年に科学的方法への言及が顕著に増加したことを発見するだろうし、「資本主義」の語が激減したことにも気づくだろう。それゆえ私の主張がいかに不確かに聞こえたにしても、私は変化が生じた理由について、あえて示唆しなければならないのである。

最初に、科学に注目しよう。人がなぜ、科学という概念は経済学者のヴィジョンとしてよりいっそう明瞭な要素になると期待しうるのかについては、複数の理由がある。第一の、そしてけっして承伏しかねる理由は、経済の働きを研究する者は、自然の働きを研究する者と同様、科学のおそらくはもっとも重要な業績である「法則」を発見するための最初の手がかりとして、行動の規則性を追求することである。重力の法則にかんする知識がないなら、惑星の軌道や飛行機の航路を説明する（もしくは予測する）ことはできないだろう。

そこで問題は、経済行動にも法則めいた側面がないのかどうかということになる。

私が「法則めいた」と言うのは、個人の行動は、空間を移動する物体の振舞いよりも明らかに複雑だからである。衣類の価格が上がるとき、われわれの購入量は下がるだろう。けれどもわれわれの嗜好がメーカーの広告活動に魅せられたなら、購入量は減らないかもしれない。それにもかかわらず、商品価格と購入量とのあいだに、価格が変化するにつれ購入量は普通逆に変化するという「一般的な」関係があることを、否定する人はいないだろう。

さらに、これと同種の一般的に予測可能な刺激—反応関係は、所得と消費財支出の変化にも見出せるし、また利子率と民間投資支出の変化においても認められる。このように経済行動の特質は、政治のような他の社会生活の領域では類似の例を見つけるのが困難もしくは不可能でさえあるほどの、高い予測可能性をもつ点にある。さらに同じくらい注目すべきなのは、経済的な刺激の変化は、購入者や販売者といったわれわれの役割に応じて、通常は反対方向への動きをもたらすという点である。これもまた、経済が生活における他分野から区別される特徴である。価格による刺激は行動に相反する効果をもたらし、事実それゆえに市場は、社会に無秩序ではなくして秩序を強制する手段となりうるのだが、こうした特異な安定化効果は、経済行動をある種の自己維持的な自然過程に再度関連づけている。

したがって、市場システムには、科学が関心を向けてきた自然過程と類似点があるという認識が早々に現われたことは、不思議ではない。こうした類似性に魅力があることは、疑いようがないのである。もしも経済学が科学の本物の一分野になるならば、それは事柄の推移を予測するわれわれの能力を著しく高めるだろうし、そうした推移を変化させようとする試みの成果もまた増大させるだろう。確かに経済科学は、物理科学によってわれわれが重力の方向を操作しうるようになった以上には、完全にわれわれに未来を管理させはしないだろうが、しかし経済システムの働きの変化がもたらすものを予測したり、それによりもっとも望ましい活動の方向を選択したりする能力をわれわれにもたらしたのは、疑いがない。それならば、なぜわれわれは、経済学を科学として理解する傾向が強まるのを祝福すべきではないのだろうか。

二つの理由がある。第一のものについては、マーシャルが記している。経済学の科学めいた側面は魅力的ではあるが、それでも「経済学は厳密な物理化学とは比較されえない。というのも経済学が扱うのは、人間的自然についての、絶えず変転する、とらえがたい力であるからだ」というのが彼の警告であった。われわれは、物理学や化学の法則が、まるで科学者が研究する電子や中間子の振る舞いを記述しているかのように言うけれども、これら自然界の要素の「振舞い《ビヘイビア》」と、社会科学の研究対象を構成する人間の行動《ビヘイビア》のあいだには、架橋しえぬ溝があるのだ。科学者たちが事象、たとえば光にかんして電子の振舞いに関連づけて説明したとしても、動くべきかとか、どこへ動こうかとか、個々の電子が「決意している」などと考える人はいない。対照的に、経済学者が価格の変化という事象を、購入者と販売者の行動によって説明するとき、個々の人が実際そうしたように行動しようと決意していたのだと仮定することなしには、研究対象を記述することができない。要するに、純粋な肉体的反射を別にすれば、人間の行動は決意——この瞬間にも心変わりしうる、予想不能な能力——という概念なしには理解できないものなのである。対照させていえば、自然界の要素が現にかくのごとく「振舞」っている理由としてわれわれが知っているのはただ一つ、物理学における粒子はみずからの振舞いを「選択」しはしない、ということだけである。

「振舞う」という言葉には、一方では意識ある存在の典型的な要素、他方は意識とはいかなる関係も持たないことという、二つのまったく異なる事柄の意味があるが、それは不用意に使われると、容易に混同されてしまう。もしも経済学が実際に科学であるのならば、われわれ人間はたんなるロボットにすぎず、磁石の前で鉄片がなすすべもないのと同様、価格上昇に対してありうべき反応を選択できないことになってしまう。

第二の反論はまったく異なって見えるが、実は同じコインの裏面である。それは、人間の社会生活はその本性からして「政治的」だ、というものである。それはすなわち、すべての社会は、いったん狩猟採集の段階から指令経済の段階へと移動したならば、貴族政治から奴隷制度へ、階級からカーストへ、財産権から貧窮の不利益へと及ぶ特権と隷従の区別をつくり出す、ということである。財産権や貧窮の不利益といったくだりからも明らかなように、資本主義もこの一般的な命題にとって例外ではない。資産や所得の分配のように重要な経済問題は、社会において〔物理学の〕重力に相当するものによって決定されているのだろうか？　税や相続権、もしくは搾取工場の存在は、不易の自然法則の表現だろうか？　それともそれらは、われわれの住む社会政治体制において定められた、ごく変わりやすい代物なのだろうか？

こうした疑問はマンキューの、経済学者は「その主題を、科学者の客観性をもって述べようと試みる」という言明に関係している。けれども相続した資産や窮乏化を深める貧困といった事柄について「客観的」であるとは、何を意味しているのだろうか？「客観的」とは、ちょうど科学者が望遠鏡を通したり顕微鏡の下において研究した現実をあるがままに受けとめるように、相続や貧窮といった現実は、受け入れざるをえない社会の特質を反映しているという意味だろうか？　それとも、かりにわれわれが社会の現実に対して、几帳面に私的な信任・不信任を与えていたなら、適切に割り引くことによって真に中立的な見解に達することができるという意味だろうか？　この場合、たとえ研究対象が自然ではなく社会の産物であるとしても、「科学」という言葉はわれわれの発見を描くのに用いられうるだろうか？

否、というのが答えである。もちろん、経済学が明らかにしようと努める多くの問題を分析するに当たって、科学的方法が働く余地は十分にある。それは、経済学者は観察したデータをあたうかぎり几帳面に報告せねばならないといった要請を含んでいる。ところが政治的提言を行なう段になると、経済分析は、社会に定着した知識から、あたかも異論の余地なく由来したかのごとく提出するわけにはいかなくなる。というのも、社会に定着した知識といっても、自然界には対応するものがないからだ。そのうえ、すべての階層化した社会の現実において権力や服従が存在するのを認めたからといって、自然を解明する際にわれわれが追求する客観性が、われわれの説明にも宿るということにはならない。われわれは社会を描くのに、自然の働きを記述する言葉を援用しているにすぎないのである。われもしも〔経済学を客観性にもとづかせようといった〕疑似科学的な見解が経済学の目的になるのなら、経済学は本当に世俗の思想としての終焉を迎えることになるだろう。

それゆえわれわれの議論は、私が本章の冒頭で提起したもっと大きな疑問の第二のもの、すなわち目的ないし目標という意味でのわれわれの主題の「終わり《エンド》」にかんする考察にたどり着くのである。もしも経済学が社会の科学でないのなら、何がその最終的な社会的有用性なのだろうか？

私の答えを述べよう。経済学の目的は、予見しうる未来に向け、われわれが集団としての運命を形づくっていかざるをえなくなるであろう資本主義の環境について、よりよく理解するのを助けることである。長年にわたり民主社会主義の考え方や目標を支持してきた経緯からいって、この答えは私にとっては容易には下しがたい主張であった。けれども社会主義体験は二〇世紀の形をもって与えられたのであるから、来るべき〔二一〕世紀に運よく復活すると期待するのは難しい。実際、過去何十年かのあいだに明らかになった緊張や圧迫を考慮に入れるなら、いかに将来性ある社会主義にしても、とりわけそれがもっとも登場しそうな発展途上地域において大いにありそうなのは、ふたたび政治的な誇大妄想や怠惰な官僚制、イデオロギー的不寛容といった傾向を促進するということだ。

確かにこうした緊張や圧迫は、資本主義社会に対しても、同様に破壊的である。環境の危機、なかでも地球温暖化は、より困難な局面をもたらすだろう。貧しい国々が天候の変化による損害を我慢しなければならないだけではない。天候を温暖化させる物質を排出する当事者である豊かな国々もまた、排出物を削減するというさらなる困難に挑まねばならないのである。付け加えて、一方では核兵器類が、他方では民族的、人種的、宗教的な憎悪が恐ろしく拡散している。問題や緊張の舞台は確実に整えられたのであり、そこからは資本家の力をもってしても隔離されないのである。最後に、急速に拡大している問題として、経済におけるグローバライゼーションがある。それは主として個々の資本主義の内部で勃興しているが、その管理を逃れて超国家的な存在となり、もっとも富んだ国々の主権をも脅かしている。要するに、富んだ資本主義の世界には、絶望的とは言わぬまでも脅威が予見されるのであり、それは資本主義以前、社会主義以前の貧しい世界も同様に直面するものなのだ。

資本主義に対する社会的な見方

こうした条件のもとでは、一体何がヴィジョンや分析の目的となるのだろうか。政治的なリーダーシップや外交上の手腕、社会的な妙案に対して経済学が提供できるものがほとんどないのは明らかである。それらは、こうした緊張が資本主義社会の運営可能性を台無しにしないように、決定的な役割を果たさねばならないのである。それにもかかわらず世俗の思想は、独自の可能性を有している。それは来る数十年を通じ、少なくともいくつかの資本主義が、あたうかぎり安全に繁栄するよう導くヴィジョンを提供するのである。

ここで、「いくつかの」資本主義という言い方を強調しておこう。それは最終的には一つかもしれないが、そう言うには、すべての資本主義の明らかな特徴として、資本に対する欲求と市場システムに対する誘導や制約、そして力を相互に浸透させはするが依然として独立である（確かにしばしば混同される）二つの部門に分割することへの共感を挙げるべきだろう。しかしながらこれには適応と革新の能力が付け加わっておらねばならず、それらが資本主義に多様な成果をもたらすのである。そうした多様性は、資本への欲求の強度や市場制度に与えられた自由の度合、領域を公的と私的に分ける境界のありかによって区別されるものである。こうしてわれわれは、経済の一般的な類似性にもかかわらず、資本主義「社会」に無視しえない多様性を見るのである。常に経済的に成功したとはいえないにしても、社会的にはうまくいっているスカンディナヴィアやヨーロッパの資本主義と、経済的には成功しても社会的には悲惨なアメリカ合衆国の資本主義とのあいだにある、大いなる隔たりを見よ。たとえばアメリカ合衆国の主要企業における経営者の報酬が、フランスやドイツにおけるものの二倍であるのに、アメリカの貧者の上の階層への可動性はそれらの諸国の半分、スウェーデンと比較するなら三分の一であることを考慮せよ。前者の比較は欲深さの文化に、後者は社会的平等の文化にかかわるものである。こうした組み合わせの数値は、世界のリーダーシップを握るモデルとしてはもちろんのこと、過去数十年のあいだ、緊張を最小化しようと努力した国ならばどこでも必要としたような制度の適応性が、ほとんど失われたことを示唆している。

生まれ変わった世俗の思想がもっとも有用な役割を果たしうるのは、資本主義に対するこうした社会的な見方なのである。経済分析は、それだけではわれわれの未来への道を照らす松明にはなりえないが、経済のヴィジョンならば、資本主義の構造がその動機付けを広げ、柔軟性を高め、社会的責任能力を発展させうるような方法を自覚するための源泉となりうるだろう。要するに、緊張が予見される現在においては、世俗の思想は、経済的に成功すると同時に、社会的にうまくいく資本主義が必要であることやその可能性に対して、新たな自覚を発展させることを目的とすべきなのだ。

このような遠大な計画の実現には、政治的リーダーシップを有する偉才が欠かせないし、そうしたヴィジョンに実体を与えうる学習の多くは、主に心理学や社会学から政治科学へと向かう他の知的領域の境界内に属しているのだが、こうした考えは疑いなく抗議を受けるだろう。

だがこれは正しい、まったく正しい考えなのである。経済学だけでは、活発なリーダーシップが発揮されていない国を導けないだろうが、リーダーシップもまた、啓発され拡張された経済学の自己認識から受ける刺激を欠いては、明確な方向を見失うであろう。確かにそうした新しい経済学は、社会を探究する他分野の研究から知識を汲み取るだろう。けれどももし二一世紀における世俗の思想が、一九世紀ないし二〇世紀初期のそれに匹敵するほど有用たらんとするならば、それは深められ広げられる必要があるだろうし、とりわけ今日われわれが手にしている干からびた残りかすのような経済学とは比較されねばならない。私がタイトルとした「終わり《エンド》」の二つの意味を心に留めつつ、本書は未来の世俗の思想の希望に満ちたヴィジョンに捧げられているのである。

読書案内〔邦訳のあるものは、絶版にかかわらず掲出した〕

よく言われることだが、経済学の書物はまさに無味乾燥な散文の砂漠である。正直言って、大部分はその通りである。経済学の学徒は、気持ちを一新させてくれるような文章に一度も出逢うことなく、長い旅を覚悟しなければならない。何冊かの大冊を読み終えるには、ラクダのような忍耐と聖人のような根気を要する。だが、すべての経済学がこのカテゴリーに入るわけではない。生気に満ち、挑発的で、初心者にとってさえ刺激的なものも少なくない。かなり読みにくいことは確かだが、非常に興味深く、説得力があり、重要な書物となると、その数はさらに増える。私がこれから推薦するのは、そうした類の書物である。それらは決して経済学のすべてを説明するものではない。おそらくそのリストは、ちょっと長いものとなるだろう。だが、これは全分野のうち一つの領域を調べるための出発点にすぎない。難しい本も含まれるが、読みこなせないものや得るところのないものは含まれない。いくつかの理由で、私はこれらの書物から得るところが多かった。

読者は、経済学とはいったいどんなものかを知るために、経済学のテキストブックから取りかかりたいと思うことだろう。目的が楽しむことではなく勉強することにあり、時間の都合がつくときに読み通そうとしているのであれば、それは十分試してみる価値がある。何十冊ものすぐれたテキストのうちから、私はまず、ポール・A・サミュエルソンの『経済学』〔邦訳・岩波書店〕を挙げる。これは、現代のもっとも知られた経済学の教科書である。本書は明快で幅が広く、ただたんに読むだけではなく、勉強しなくてはならないようになっている。もっと簡単な入門書を望む読者にはレスター・サローと私の共著である『経済学』（邦訳・TBSブリタニカ）を挙げておく。

経済学説の歴史についての読書案内は簡単ではない。とくに学説を詳しく扱い、しかも経済思想全般に十分な目配りをしたものを紹介するのは難しい。マーク・ブローグの『新版　経済理論の歴史』（邦訳・東洋経済新報社・全四巻）はきわめてすぐれたものであるが、経済理論についてかなりの知識を必要とする。ウェズリー・ミッチェルの名高い「講義録」は、『経済理論の諸形態』（邦訳・文雅堂銀行研究社・全二巻）の名で出版されている。すばらしい本だが、あいにく高価である。また、この本のおもしろさは編集によって一部損なわれている。というのは、最後に残った異文をいちいちテクストのなかに詰め込んでいるので、切りもない繰り返しが彼の並はずれた知識の展開を台無しにしているのである。ヨーゼフ・シュンペーターの遺著『経済分析の歴史』（邦訳・岩波書店・全七巻）はこの分野の代表作であり、経済分析のまさに百科全書的サーヴェイで、才気に満ち、かつ自説を強く打ち出している。ただし、専門家以外の人にとってはかなり読みにくいと思われるし、ほとんどの経済学者が本書を読み通してはいないと思う。最後に、自著だが『私は、経済学をどう読んできたか』（邦訳・ダイヤモンド社）を挙げたい。主要な学説を精選して提示し、私自身のコメントをところどころに配している。

資本主義の勃興というテーマを深く扱っているのは、カール・ポラニーの『大転換』（邦訳・東洋経済新報社）である。本書は、一八世紀に登場した市場という考えを、非市場志向的世界に押しつけることが困難であることを主に研究したものだが、この同じ問題の現代的局面をも扱っている。これは大変興味深い。ほとんど同じテーマを扱っているが、資本主義の勃興の別の側面に焦点を合わせているR・H・トーニーの『宗教と資本主義の興隆』（邦訳・岩波文庫）も、他の追随を許さない文体で書かれた、偉大な歴史家の奥の深い著作である。これよりもう少し読者の知識を要求するが、マックス・ウェーバーの『プロテスタンティズムの倫理と資本主義の精神』〔邦訳・岩波文庫〕は、この分野のもう一つの古典である。資本主義の発達史についてのさほど専門的ではない全体像を知りたい読者は、William Milberg と私の共著『経済社会の形成』〔邦訳・東洋経済新報社〕を見られたい。

さらに深く歴史的背景を知るには、アンリ・ピレンヌ『中世ヨーロッパ社会経済史』〔邦訳・一条書店〕がよい。また、二巻本の *Cambridge Economic History of Europe* (Cambridge University Press, London, 1952) には、さまざまな経済史家の、読む人の心を捉えて離さない評論が収められている。楽しい読み物としては、デーヴィッド・ランデスの『西ヨーロッパ工業史』〔邦訳・みすず書房・全二巻〕と、彼のさらなる傑作といわれる『「強国」論』〔邦訳・三笠書房〕を勧めたい。ポール・マントゥ『産業革命』〔邦訳・東洋経済新報社〕は、誇るべき古典である。

経済にかんするスミス以前の著作を読んでみたい人へのお勧め品としては、バーナード・マンデヴィル『蜂の寓話』〔抄訳・法政大学出版会〕を挙げておく。科学としての経済学の勃興についての系統だったサーヴェイとしては、William Letwin の *The Origins of Scientific Economics* (Doubleday, New York, 1964) と Ronald Meek の（専門的ではあるが）すばらしい *The Economics of Physiocracy* (Harvard University Press, 1963) がある。そしてともかくもC・B・マクファーソンの『所有的個人主義の政治理論』〔邦訳・合同出版〕にはふれるべきだろう。そのタイトルが示すように、「経済学」ではなく、経済にかんする事柄に広く光を当てて解明していることを読者は発見するだろう。締めくくりに、フランスの歴史家フェルナン・ブローデルの数々の傑作を挙げよう。これは「必読」である。

アダム・スミスはひとつの厄介な問題をくれた。グラスゴー大学が『国富論』二〇〇年を記念して、膨大で包括的で、恐ろしく高価な著作集を出したのである。スミスに入門したいならばこの中の *Essays* の巻

(ed. A. Skinner and E. Wilson, Clarendon Press, Oxford, 1975) を読むべきだろう。ほかには、『国富論』〔邦訳・岩波文庫、中公文庫ほか〕と『道徳感情論』〔邦訳・岩波文庫〕を読まれたい。さらに、*The Essential Adam Smith* (W. W. Norton, New York, 1985) もある。

マルサスとリカードについても、アダム・スミスと同様である。専門家以外の読者にはほとんど選択の余地はない。マルサスについては、ケインズが『人物評伝』〔邦訳・『ケインズ全集』第一〇巻、東洋経済新報社〕のなかで、簡潔ですばらしいスケッチを行なっている〔なお、マルサス『人口論』とリカード『経済学及び課税の原理』は岩波文庫に邦訳あり〕。ミッチェルの前述の「講義録」におけるリカードの論じ方は非常に興味深い。リカードの全著作はいま、Piero Sraffa の細心の監修による膨大な集成 *Works of David Ricardo* (Cambridge University Press, London, 1951) で読むことができる。この最終巻には、かなりの量の、非常におもしろい伝記的な記事がある。しかし、ひどく苦労する覚悟なくしてリカードに飛び込んでいくのはやめたほうがいい。すべては抽象的な議論であり、まったくたやすくはない。それでもなお知りたい向きは、Sraffa の労作の第二巻に挑戦を。そこには破壊しつくすようなリカードのコメントが各節に添えられて、マルサスの『経済学原理』が再現されている。最高の二人の親しき論敵がここにいる。また、マルサス本人と人口のディレンマについては *On Population* (Modern Library, New York, 1960) を読むとよい。歴史家 Gertrude Himmelfarb の非常に興味深い序文がついている。人口問題についての現代の書物を読むのもよい。近年サミュエル・ハンチントンが一、〇〇〇ページに及ぶ堂々たる書 *Malthus* (University of Toronto Press, Toronto, 1997) を書いた。これはこの分野のすべての研究者志望者に必須である。

ユートピアンの著作を読もうとしても、徒労に終わるだろう。それよりもフランク・マニュエル『サン—シモンの新世界』〔邦訳・恒星社厚生閣〕や、Alexander Gray の *The Socialist Tradition* (Longmans, Green, London, 1946) をためしてみよう。私は後者からサン・シモンとフーリエについて大いに学んだ。

Gray の文体は少し小ざかしいところがあるが、風変わりな幾人かの人物像を伝えている。本書は「科学的」社会主義に対抗するものとしてのユートピアンに大いに、また公然と好意を表明している。さらに興味がわいたら、図書館に行けばオリジナルの著作を読むことができる。——ただし耐えがたいほどの冗長さは覚悟して。オウエンの伝記としては F. Podmore の古風で魅力的な *Robert Owen* (Appleton, New York, 1907) と、より事実に即してはいるが読みにくい G. D. H. Cole の *Robert Owen* (E. Benn, London, 1925) がある。とはいえ、どちらもこの仰天すべき人物を公平に評するには至っていない。おそらく彼自身の『オウエン自伝』〔邦訳・岩波文庫〕がもっとも目的にかなうだろう。

ジョン・スチュアート・ミルの自伝〔『ミル自伝』邦訳・岩波文庫〕は古典だが、単調で退屈。しかし、Michael Packe による優れた伝記 (Macmillan, New York, 1954) がある。ミルに興味をもった人には、Friedrich A. Hayek が出版した、ミルとハリエット・テイラーの往復書簡 *John Stuart Mill and Harriet Taylor* (University of Chicago Press, Chicago, 1951) がある。本書は、この人物に新たな光を投じるものである。さらに Gertrude Himmelfarb の *On Liberty and Liberalism* (Knopf, New York, 1974) が、ミルおよび、彼と尊敬すべきハリエットの関係について、非常に啓発的な見方を与えてくれる。そして経済学にかんするかぎり、ミルは挑戦の努力に報いてくれよう。『経済学原理』〔邦訳・岩波文庫〕はきれいな文章で書かれ、自由思想が横溢しており、現代の読者にも興味深く読めよう。手軽なペーパーバック *The Essential Works of John Stuart Mill* には自伝が収録されている。『自由論』〔邦訳・岩波文庫〕も有名。

マルクスにかんする文献はおびただしい。たくさん出ている新しい伝記に取り組むのもよい。私がもっとも薦めたいのは、マクレラン『マルクス伝』〔邦訳・ミネルヴァ書房〕と、同じく彼のたいへん優れた、より短いもの (the Modern Masters series, Viking, New York, 1975) である。しかし、古いものだが、エドマンド・ウィルソンの『フィンランド駅へ』〔邦訳・みすず書房、全二巻〕を是非ともお薦めしたい。この本には、マルクスとエンゲルスの伝記や、彼らのなしたことへの論評、歴史著作全般にかんする評論などが入っており、きわめて優れた文体が、この本の卓越性をさらに高めている。まるで小説を読んでいるかのようである。

おそらく最良のマルクス入門書はマルクス自身の『資本論』第一巻〔邦訳・岩波文庫ほか〕であろう。これが読めたら、次は短い『資本論綱要』〔邦訳・岩波文庫〕に進むとよい。次は Robert Tucker の読本 (W. W. Norton, New York, 1978) がよい。その後には、ポール・スウィージー『資本主義発展の理論』〔邦訳・新評論〕がくるだろう。さらにその後となると、文献は膨大であり、簡潔な案内は不可能である。また自著をもちだして恐縮だが、私の *Marxism, For And Against* (W. W. Norton, New York, 1983) も紹介させていただきたい。

ヴィクトリア期の経済学者についてはまとまった書物はない。読者には、アルフレッド・マーシャルの『経済学原理』〔邦訳・東洋経済新報社・全五巻〕に目を通してもらいたい。同書は大冊だが、難解ではない。必要なのは知識ではなく、忍耐である。先に挙げたケインズ『人物評伝』は、マーシャルとエッジワースの二人についても、すばらしい小伝を含んでいる。

異端の世界は楽しい読み物をつくり出している。ヘンリー・ジョージはいまや時代遅れだが、彼の『進歩と貧困』〔邦訳・日本経済評論社〕は心に訴えるものがあり、時には行き過ぎなほどの含蓄のあるジャーナリスティックな文体で書かれている。ホブソンの方がずっと真摯であり、ずっと興味深い。『帝国主義論』〔邦訳・岩波文庫〕はいまなお的を射ており、レーニンの同名の書よりずっとおもしろい。

ヴェブレンは、文体に対する好き嫌いはあろうが、すばらしい読み物を残している。すべての人というわけではないが、熱烈なファンは、彼の珠玉の文章を引用しようとする。『有閑階級の理論』〔邦訳・岩波文庫、ちくま学芸文庫〕は彼のもっともよく知られた著書である。だが私は *The Portable Veblen* (Viking Press,

New York, 1950）を推したい。Max Lerner の才気あふれる序論で始まる本書は、彼の人となりと基本的な考えを大変明晰に描きだしている。この本だけでも、ヴェブレンの業績のかなりの範囲をカバーしている。ヴェブレンの思想についてはJack Diggins の洞察に満ちた研究 *The Bard of Savagery*（Seabury Press, New York, 1978）を強く推薦したい。当時という時代については Matthew Josephson の *The Robber Barons*（Harcourt, Brace, New York, 1934）が辛辣かつ陽気に描いている。〔ヴェブレンの人と思想については、ドーフマン『ヴェブレン』（HBJ出版局）〕。

ケインズの伝記については二種の大作がある。一つは、網羅的だが、やや大げさなロイ・ハロッド『ケインズ伝』〔邦訳・東洋経済新報社、全二巻〕であり、もう一つは、ロバート・スキデルスキー『ジョン・メイナード・ケインズ』（全三巻）だが、これはまだ第二巻までしか刊行されていない〔邦訳・東洋経済新報社〕。ケインズの才気みなぎる明晰な文章に直接あたってみるのもよい。それには『平和の経済的帰結』〔邦訳・『ケインズ全集』第二巻〕と『説得論集』〔同、第九巻〕が、ケインズの文体と思想への恰好の導入となろう。

資本主義の行方と経済学の行方については、私は相変わらずシュンペーター『資本主義・社会主義・民主主義』〔邦訳・東洋経済新報社〕を推す。シュンペーターの見解から発した展望について興味をもった読者は、私の *Nature and Logic of Capitalism* を参照してほしい。一方、シュンペーターの生涯についてならば、Robert Loring Allen の *Opening Doors, 2 vols.*,（New Brunswick, N. J., Transactions Publishers, 1991）に比肩しうるものはない。

最終章に関連して一言。最終章で私たちは経済学自身の本性にかかわる疑問について考察した。経済学が急速に、技術的な考察になってきたという問題である。しかしながら、このことに興味をもった読者には、下記の著作を薦めたい。「やさしく」はないが、どれも重要なものである。Deborah Redman の *Economics and the Philosophy of Science*（Oxford, New York, 1991）は、経済学と科学哲学が徐々に親密さを回復していくための見事な説明であり、歴史に関心をもつ人には必読だ。Philip Mirowski の *More Heat than Light* (Cambridge University Press, New York, 1989) は、「社会科学としての経済学」についての挑発的で、論争的で、大いに有益な批判的見解である。Thomas Mayer の *Truth versus Precision in Economics,* (Edw. Elgar, U.k., 1993) は、まさにこのタイトルが示す主題についての、もっとも公明正大で、いままででもっとも強靭な評論の最上のものの一つである。

最後に紹介するのは、入手困難ではあるのだが、現代の経済学はどのようにその歴史的道程を歩んできたのか、違う道もありえたのか、まだありうるのかについて追究した、魅力的な概説である。著者はノルウェーの経済学者 Erik S. Reinert である（著作は美しい英語で書かれている）。彼の著作が入手可能か知るには下記*に手紙で問い合わせるとよい。Reinert はこのテーマとその周辺についてたくさんのおもしろいブックレットや論文を書いているが、私だったらまず "The Role of the State" というブックレットについて問い合わせるだろう。面倒な問い合わせを後悔することにはならないだろう。（*the University of Oslo, Center for Development and the Environment, P.O. Box 1116-Blindern, N-0317, Oslo, Norway.)

訳者あとがき

およそ二〇年ほど前のことになろうか、出張でアメリカに行き、たまたまハーバード大学周辺の本屋をのぞき見したところ、ハイルブローナーのこの本のペーパーバックが山積みされていた。学生に読まれているのだと思い一冊購入、ヴェブレンについての章を読んだところ大変おもしろく、ヴェブレンに魅せられたと同時に、本書を翻訳したいと思った。帰国後、調べてみると、本書はすでに翻訳書が出ていることがわかった。しかも、その訳書が、筆者の書斎でほこりをかぶっていた。学生時代に拾い読みしただけで、その後はずっと無視されていたのだ。ハーバードで買った本と、ツンドクされていた訳書がうかつにも同じと気づかなかったのは、訳書のタイトルが『百万人の経済学』となっていたせいだと思う（その後、この訳書は『経済思想の流れ』と改められた。原書房刊）。ともかく、すでに訳書があるのではしかたない、と思ったが、この訳書はすでに絶版になっているようだった。原書は版を重ねており、著者もいろいろ手を入れているようなので、改めて翻訳したらどうかと思い、いくつかの出版社に話をしてみたが、事は進まないままにだいぶ長い年月が過ぎた。翻訳についてはほとんどあきらめていたのだが、何かの拍子に、訳者の一人にもなってもらった東大の松原隆一郎君がこの本はおもしろいので、学生にも読ませたいと言い出し、それなら翻訳しようか、ということになった。いぜんから訳書の出版ではお世話になっているHBJ出版局の小宮氏に話したところ、早速調べてくれ、翻訳は可能であるとのことだった。

本書は、原書の第六版（一九八六年刊）を訳したものである。冒頭の「序文」にも書かれているように、本書はアメリカの多くの学生を経済学へと誘《いざな》ってきた。わが国でも経済学を学ぶ学生は多いが、過去の偉大な経済学者ないしその学説を学ぶ機会なく卒業していく学生が最近は少なくない。経済学部にいながら、アダム・スミスの名も知らない学生がいるとか聞く。最先端の現代経済学を学ぶだけでなく、せめて本書ぐらいは経済学の知的基盤として読破してもらいたいと思うのは、筆者だけではなかろう。

本書の原題は、*The Worldly Philosophers* であり、この *Worldly* という言葉については、それを用いた由来と、それにからまるエピソードを、著者みずから「序文」で紹介している。サブタイトルは、*The Lives, Times, and Ideas of the Great Economic Thinkers* となっている。つまり、過去の偉大な経済学者の生きざま、それぞれの時代背景、そして彼らはどんなことを考えたのか、それが本書のメイン・テーマなのである。それを著者ハイルブローナーはじつに巧みに描いてくれている。だからこそ本書は、まだ経済学を学んだことのない人々に、経済学への関心をもたせるすぐれた媒体になってきたのであろう。

本書が取り上げている偉大な経済学者は、経済学的な分析技術の発明者というよりは、現実の経済社会と切り結び、将来の経済社会についてのヴィジョンを描こうとし、また描いた人たちである。もちろん、社会的背景は現代とは異なるが、彼らが見つめ、考えたことの多くは現代ともつながりをもつ。温故知新というスタイルは当今はやらないのかもしれないが、読者には本書を読みながら、あるいは読後でも、現代とのかかわりを忘れないでいてもらいたいと思う。

著者のロバート・L・ハイルブローナーについて、簡単に紹介しておこう。序文にもあるように、一九三六年にハーバード大学に入り、大経済学者の研究に取り組んだ。最優秀の成績で卒業、一時は官庁や企業に身をおいたが、「ニュースクール・フォー・ソーシャル・リサーチ」の大学院に進んだ。本書は彼の処女作だが、二十数カ国語に翻訳され、多くの大学で標準的な経済学への入門書とされている。現在、「ニュースクール」の教授。アメリカ経済学会の副会長も務めた。

著書は多く、日本語訳になったものも多い。『アメリカ資本主義』(サイマル出版)、『歴史としての未来』(ぺりかん社)、『現代マクロ経済学』、『現代ミクロ経済学』(以上、学習研究社)、『企業文明の没落』(日本経済新聞社)、『経済社会の形成』(東洋経済新報社)、レスター・サローとの共著『経済学』(TBSブリタニカ)等々。なお、最近著は *Behind the Veil of Economics —— Essays in the Worldly Philosophy*, 1988. これは、本書の姉妹版とも言えるもので、来年、HBJ出版局から訳書が出る予定〔『隠された経済思想』〕。

最後に、翻訳の担当を記しておきたい。

・序文、第一章、第五章、第八章、読書案内……八木

・第二章……浮田、奥井
・第三章……奥井
・第四章、第七章……堀岡
・第六章、第九章、第一〇章、第一一章……松原
全体を通じての文体の統一、訳語、訳文の監修は八木が行なった。
今回もHBJ出版局の小宮隆氏には大変お世話になった。記して感謝したい。

一九八九年（平成元年）九月

八木甫

文庫版　訳者あとがき

我が国でも著名な経済思想家ロバート・ハイルブローナーの *The Worldly Philosophers* の邦訳は、HBJ出版局から一九八九年に原著第六版（一九八六年）を底本として出版された。その際の訳者あとがきは監訳者の八木甫氏によるもので、本書にも収めてある。出版の経緯はそちらをご覧いただきたい（以前にも一度邦訳が刊行されているとのこと）。今回ちくま学芸文庫版として再び出版するに当たり、いくつかの変更点があったので、記すことにしたい。

原著は前回訳出後の一九九八年に第七版が出版されている。第六版とのあいだに起きた「世俗の経済学」にかかわる最大の事件は、なんといってもソ連を中心とする社会主義圏の崩壊であろう。それによって計画か市場かという経済思想上の対立図式においては、大いに市場側への評価が高まることとなった。一方、資本主義圏においても、ケインズ主義が退潮し、全般として市場主義が世界を覆うかのような様相を見せるに至った。けれどもそうした経済のグローバリゼーションの結果、世界各国で金融危機が頻発することとなり、逆に自由な市場活動に対しては疑問が呈せられてもいる。こうした情勢の変化を受け、第七版ではほぼすべての章に手が入れられた。とりわけ「まえがき」と「最終章」は、全面的に書き換えられている。そこで今回の訳出に当たっては、前回の邦訳にもとづきながらも、大幅な改訳を余儀なくされた。ことに前回の邦訳では監訳の労をとられた八木氏が九六年に逝去されたため、他の四人が分担で前回八木氏の担当された章も改訳した。それゆえ今回の担当は、

・序文・第一章・第四章・第七章・読書案内……堀岡

・第二章……浮田

・第三章・第五章……奥井

・第六章・第八章・第九章・第一〇章・第一一章……松原

であるが、このうち序文・第一章・第五章・第八章・読書案内は、故・八木氏の訳にもとづきつつ逐次改訳されている。

＊　＊　＊

本書の本領は、なんといっても経済学説史上の巨人たちの言動が生き生きと、ときにユーモラスに描かれているところにあり、それゆえ経済学および学説史の親しみやすい入門書として、原著とともに邦訳も順調に版を重ねた。けれども著者の立場は、現代の経済学がとりわけアメリカを中心とする新古典派によって専門的学問として精緻化されるとともに、それから離反していったように見受けられる。新古典派は数学を多用することにより「科学」として経済学を洗練しようとしたのだが、それが社会科学たる経済学としては誤った方向であるからだ。それについては第一一章に詳しいが、そこでは「科学」という言葉が経済学に頻出するにつれ、

「資本主義」の概念が用いられなくなったことが指摘されている。けれども人間の営む活動を対象とする経済学は、物理学のような意味では「科学」たりえない。それゆえハイルブローナーが提唱するのが、かつてシュンペーターが唱えた「ヴィジョン」の学として経済学をとらえ返すことであった。その点からいえば、スミスに始まりマルクス、ケインズ、シュンペーターと続く経済学の巨人たちは、みな直面していた経済に対する「ヴィジョン」をうち立てたのであり、経済を量的にのみとらえて数式で表現したのではない。厳密ではなくとも、より大きく経済の向かう方向を示唆しようとしたのである。経済学には、実はそれ以上のことはできないのかもしれないのだ。

それゆえ、ハイルブローナーが描いたのは、今日の主流派たる「経済学」にたどり着くまでの挿話をつづる学説史などではない。おのおのが人間の営みの本質を「ヴィジョン」として時代に即して描こうとした、「経済思想」の大海なのである。訳者として、後により専門的で高級な「経済学」に進むためのたんなる「入門書」としてではなく、現実の経済が進む方向が不透明になりがちな今日、将来を見通すための手がかりとして、時に触れ本書を繙かれることを読者に期待してやまない。

なお、文庫版の編集に当たっては、筑摩書房編集部の町田さおりさんに(監修者とお呼びすべきかもしれないほど)大変お世話になった。記して謝したい。

訳者代表・松原隆一郎識

288,431
マンキュー，N.グレゴリー（Mankiw, N. Gregory） 514, 519
マンデヴィル，バーナード（Mandeville, Bernard） 62, 96,287
ミッチェル，ウェズリー（Mitchell, Wesley） 395,400-401
ミル，ジェームズ（Mill, James） 137,311
ミル，ジョン・スチュアート（Mill, John Stuart） 205-218, 221,479
ムメリー，A. F.（Mummery, A. F.） 314-315
メンケン，H. L.（Mencken, H. L.） 394,398
モーガン，ピアモント（Morgan, J. Piermont） 348-349,353

ヤ 行

ユーゴ，ヴィクトル（Hugo, Victor） 310

ラ 行

ラスキン，ジョン（Ruskin, John） 231
ラスコブ，ジョン，J.（Raskob, John J.） 405,407
ラッセル，バートランド（Russel, Bertrand） 411
リカード，デーヴィッド（Ricardo, David） 125-169,257-258, 262,265,304,479
リックマン，ジョン（Rickman, John） 151
リンド，ロバート（Lynd, Robert） 379
ルーズヴェルト，セオドア（Roosevelt, Theodore） 308, 311
ルーズヴェルト，フランクリン（Roosevelt, Franklin） 426-427
ルクセンブルク，ローザ（Luxemburg, Rosa） 323
レーニン，V. I.（Lenin, V. I.） 323-324
ロー，ジョン（Low, John） 57
ロートベルトゥス，ヨハン・カール（Rodbertus, Johann Karl） 323
ローリン，ローレンス（Laughlin, J. Laurence） 353,365-366
ロジャース，ヘンリー（Rogers, Henry） 350-351
ロックフェラー，ウィリアム（Rockefeller, William） 350-351
ロックフェラー，ジョン・D.（Rockefeller, John D.） 366

ワ 行

ワルラス，レオン（Walras, Léon） 286

mund) 116-117,456
ハーパー，ウィリアム・レイニー (Harper, William Rainey) 367,371
ハイネ，ハインリッヒ (Heine, Heinrich) 221
バウアー，ブルーノ (Bauer, Bruno) 231
ハウエルズ，ウィリアム・ディーン (Howells, William Dean) 371
バクーニン，ミハイル (Bakunin, Mikhail) 245
バスティア，フレデリック (Bastiat, Frédéric) 289-296,336
ハチスン，フランシス (Hutcheson, Francis) 73
ビスマルク，オットー (Bismarck, Otto) 326
ヒューム，デーヴィッド (Hume, David) 66,72,76,78
フィスク，ジム (Fisk, James) 349
フィッシャー，アーヴィング (Fisher, Irving) 409
フーヴァー，ハーバート (Hoover, Herbert) 404-405
フーリエ，シャルル (Fourier, Charles) 197-201
フェイ，C. R. (Fay, C. R.) 334
フッガー家 (Fugger Family) 37
プライス，リチャード (Price, Richard) 121
フランクリン，ベンジャミン (Franklin, Benjamin) 79
フランス，アナトール (France, Anatole) 202
プルードン，ピエール (Proudhon, Pierre) 247-248
ベアリング，アレキサンダー (Baring, Alexander) 129, 153
ペイジ，ウォルター・ハインズ (Page, Walter Hines) 367
ヘーゲル，ゲオルク・ウィルヘルム (Hegel, Georg Wilhelm) 230
ベーム＝バヴェルク (Böhm-Bawerk, Eugen von) 477
ペーリー，ウィリアム (Paley, William) 121,151-152
ペティ，ウィリアム (Petty, William) 35
ベンサム，ジェレミー (Bentham, Jeremy) 281
ボナー，ジェームズ (Bonar, James) 132-133
ホブソン，ジョン (Hobson, John) 314-324,328,333,335-336

マ 行

マーシャル，アルフレッド (Marshall, Alfred) 333-344, 465,504-505,512
マルクス，カール (Marx, Karl) 220-274,276-279,288,413,481, 490,496
マルサス，ダニエル (Malthus, Daniel) 123-124
マルサス，ロバート (Malthus, Thomas Robert) 124-169,

ゴドウィン，ウィリアム（Godwin, William） 122-125, 134,146
コルベール，ジャン・バプティスト（Colbert, Jean Baptiste） 33

サ 行

サン・シモン（Claude Henri de Saint-Simon） 189-197,390-391
ジェヴォンズ，スタンリー（Jevons, Stanley） 280,285, 296,430
シジウィック，ヘンリー（Sidgwick, Henry） 284
シュンペーター，ヨーゼフ（Schumpeter, Joseph） 470-506
ジョージ，ヘンリー（George, Henry） 297-310,335-336
ジョゼフソン，マシュー（Josephson, Matthew） 383
ジョンソン，サミュエル（Johnson, Samuel） 63,78-79
スコット，ウォルター（Scott, Walter） 79,174
スティグリッツ，ジョゼフ（Stiglitz, Joseph） 514
ストレイチー，リットン（Strachy, Lytton） 415,417
スピートフ，アーサー（Spiethof, Arthur） 477
スミス，アダム（Smith, Adam） 20,43,64,66-117,121-122,126-127,152-154,156-158,257-258, 261,265,431,512
セイ，ジャン・バプティスト（Say, Jean-Baptiste） 162

タ 行

タウンゼンド，チャールズ（Townshend, Charles） 74-75
チューネン，ヨハン・ハインリヒ・フォン（Thünen, Johan Heinrich von） 285,512
ディズレーリ，ベンジャミン（Disraeli, Benjamin） 311
テイラー，ジェームス・ラッセル（Taylor, James Russell） 309
テイラー，ハリエット（Taylor, Harriet） 207-208,218
デフォー，ダニエル（Defoe, Daniel） 69
デューイ，ジョン（Dewey, John） 309
トウェイン，マーク（Twain, Mark） 312
ドーフマン，ジョゼフ（Dorfman, Joseph） 395
トクヴィル，アレキシス・ド（Tocqueville, Alexis de） 222,354

ナ 行

ネッケル，ジャック（Necker, Jacques） 202

ハ 行

バーク，エドマンド（Burke, Ed-

人名索引

ア　行

アークライト，リチャード（Arkwright, Richard） 94-95, 100,346
ヴァンダービルト，コーネリウス（Vanderbilt, Cornelius） 348, 384
ヴィクトリア女王（Victoria, Queen of England） 188
ヴィラード，ヘンリー（Villard, Henry） 385-386
ウィルソン，ウッドロー（Wilson, Woodrow） 309,422
ウェッジウッド，ジョサイア（Wedgwood, Josiah） 101
ヴェブレン，ソースタイン（Veblen, Thorstein） 346-401,404,454,485,492
ウォーカー，サミュエル（Walker, Samuel） 100
ウォーカー，フランシス（Walker, Francis） 309
ヴォルテール，フランソワ（Voltaire, François） 66,76
ウルフ，ヴァージニア（Woolf, Virginia） 417-418
エッジワース，フランシス・シドロ（Edgeworth, Francis Ysidro） 280-284,296,512
エッジワース，マリア（Edgeworth, Maria） 137-139
エリス，ハブロック（Ellis, Havelock） 143
エンゲルス，フリードリッヒ（Engels, Friedrich） 224-274, 278
オウエン，ロバート（Owen, Robert） 175-189

カ　行

ギッフェン，ロバート（Giffen, Robert） 277
キング，グレゴリー（King, Gregory） 120-121
グールド，ジェイ（Gould, Jay） 349-350,384-385
クラーク，ジョン・ベイツ（Clark, John Bates） 283, 353,362
クレマンソー，ジョルジュ（Clemenceau, Georges） 420-422
ケインズ，ジョン・メイナード（Keynes, John Maynard） 16,336,404-468,470-474,488, 490,504-505,512
ケネー，フランソワ（Quesnay, François） 77
コールリッジ，サミュエル・テイラー（Coleridge, Samuel Taylor） 151

ちくま学芸文庫

入門《にゅうもん》経済《けいざい》思想史《しそうし》 世俗《せぞく》の思想家《しそうか》たち

二〇〇一年十二月十日 第一刷発行
二〇一七年 四 月 五 日 第十九刷発行

著 者 ロバート・L・ハイルブローナー
訳 者 八木 甫・松原隆一郎
浮田 聡・奥井智之・堀岡治男

発行者 山野浩一
発行所 株式会社 筑摩書房
東京都台東区蔵前二―五―三 〒一一一―八七五五
振替〇〇一六〇―八―四一二三
装幀者 安野光雅
印刷所 三松堂印刷株式会社
製本所 三松堂印刷株式会社
乱丁・落丁本の場合は、左記宛にご送付下さい。
送料小社負担でお取り替えいたします。
ご注文・お問い合わせも左記へお願いします。
筑摩書房サービスセンター
埼玉県さいたま市北区櫛引町二―六〇四 〒三三一―八五〇七
電話番号 〇四八―六五一―〇〇五三

ISBN4-480-08665-X C0133